EMPODE RADOS
PARA
TESTE MUNHAR

EMPODERADOS PARA TESTEMUNHAR

O Espírito em Lucas-Atos

Robert Menzies

Dados Internacionais de Catalogação na Publicação (CIP)

Ficha Catalográfica elaborada por
Simone da Rocha Bittencourt – 10/1171

M551e Menzies, Robert.
Empoderados para testemunhar : o Espírito em Lucas-Atos / Robert Menzies ; [tradução de] B. Silva ; [revisado por] Eliana Moura. – Natal, RN: Editora Carisma, 2021.

360 p. ; 16 x 23 cm.

ISBN 978-65-990138-7-4

1. Teologia. 2. Novo Testamento. 3. Espírito Santo. 4. Lucas-Atos.
 I. Silva, Bezerra. II. Moura, Eliana. III. Título.

CDU: 226.4

Direitos de Publicação

© Robert P. Menzies, Empowered for witness: the Spirit in Luke-Acts, 2019.
Esta edição em português foi licenciada com todos os direitos reservados para Editora Carisma, mediante permissão especial. De acordo com a Lei 9.610/98 fica expressa e terminantemente proibida a reprodução total ou parcial desta obra, por quaisquer meios (eletrônicos, mecânicos, fotográficos, gravação e outros), sem a prévia e expressa autorização, por escrito, de Editora Carisma LTDA, a não ser em citações breves com indicação da fonte.

Caixa Postal 3412
Natal-RN | 59082-971
editoracarisma.com.br
sac@editoracarisma.com.br

Créditos

Direção Executiva: *Luciana Cunha*

Direção Editorial: *Renato Cunha*

Tradução: *Bezerra Silva*

Revisão: *Eliana Moura*

Capa: *Wilson Gonçalves*

Diagramação: *Marina Avila*

Composição Gráfica
Fonte: *Cardo e Source Serif Pro*
Impresso em *offset*

Edição
Ano: *2021*
Primeira edição
Impresso no Brasil

Sumário

PREFÁCIO 11

PREFÁCIO À PRIMEIRA EDIÇÃO 12

PREFÁCIO À EDIÇÃO REVISADA 13

AGRADECIMENTOS 15

CAPÍTULO 1 17

PARTE I

INTRODUÇÃO 57

CAPÍTULO 2 59
A literatura da Diáspora

CAPÍTULO 3 77
A literatura palestina

CAPÍTULO 4 87
A literatura de Qumran

CAPÍTULO 5 103
A literatura rabínica

CONCLUSÃO 128

PARTE II

INTRODUÇÃO   131

CAPÍTULO 6   133
A renovação da profecia:
as narrativas da infância (Lucas 1.5-2.52)

CAPÍTULO 7   154
A profecia de João Batista (Lucas 3.16)

CAPÍTULO 8   166
Jesus e o Espírito Santo:
a unção pneumática (capítulos 3 e 4 de Lucas)

CAPÍTULO 9   197
Jesus e o Espírito:
as palavras pneumáticas

CAPÍTULO 10   218
Os discípulos e o Espírito Santo:
o dom profético (Atos 2)

CAPÍTULO 11   253
Os discípulos e o Espírito Santo:
a comunidade profética

CONCLUSÃO   282

PARTE III

INTRODUÇÃO 287

CAPÍTULO 12 289
A questão da segunda bênção

CAPÍTULO 13 304
As línguas como evidência do batismo no Espírito Santo

CAPÍTULO 14 319
Conclusão

APÊNDICE 322
O Espírito de Deus em Atos

REFERÊNCIAS 324

ABREVIATURAS 333

PREFÁCIO

O papel central de Lucas-Atos para a teologia pentecostal é bem conhecido. Com a possível exceção da primeira carta de Paulo aos Coríntios, nenhum outro livro do Novo Testamento foi tão crucial no desenvolvimento da vida, do pensamento e da visão pentecostais sobre o mundo. Quando o livro de Robert Menzies, *The Development of Early Christian Pneumatology, with Special Reference to Luke-Acts* (*Journal for the Study of the New Testament Supplement*, n. 54; Sheffield: Journal for the Study of the Old Testament Press, 1991), apareceu pela primeira vez, criou um alvoroço no mundo dos estudos do Novo Testamento, bem como dentro dos círculos pentecostais, e continua a provocar uma série de respostas em ambas as arenas.

Em *Empoderados para testemunhar: o Espírito em Lucas-Atos*, Menzies revisou seu trabalho anterior de dois importantes modos. Primeiro, forneceu uma tradução da maioria das citações em línguas estrangeiras não bíblicas encontradas na primeira edição e, em segundo lugar, adicionou dois capítulos que esclarecem as implicações desse estudo para a teologia pentecostal.

PREFÁCIO À PRIMEIRA EDIÇÃO

Costumamos reclamar que muitos cristãos têm pouco zelo pela propagação do evangelho. Como poderia ser de outra maneira, quando nossa membresia tem sido ensinada sobre o Espírito Santo ser dado, reconhecendo-o, em suas próprias almas, quase que só em termos de santificador, revelador da verdade, fortalecedor e, na Igreja, como organizador e conselheiro, embora não seja ensinada de igual maneira sobre [o Espírito] como o espírito de amor redentor, ativo nos crentes, que os leva a buscar outras pessoas, movendo-se em cada alma para quem [o Espírito] tem sido dado e para a Igreja na qual [o Espírito] habita, despertando-a para desejar e trabalhar com o objetivo de levar todas as pessoas, em todos os lugares, a Deus em Jesus Cristo?

Roland Allen, "The Revelation of the Holy Spirit in the Acts of the Apostles", *International Review of Missions* (Abril, 1918)

PREFÁCIO À EDIÇÃO REVISADA

Este livro é uma edição bastante revisada do meu livro *The Development of Early Christian Pneumatology with Special Reference to Luke Acts* (publicado em 1991 pela Journal for the Study of the Old Testament Press, de Sheffield, Inglaterra, sob o número 54 da Série de Suplementos do *Journal for the Study of the New Testament)*. Esforçando-me para tornar o livro acessível a um público mais amplo, inúmeras alterações foram introduzidas: as notas de rodapé e a discussão da literatura secundária nelas contidas foram bastante reduzidas; o material em língua estrangeira, quando necessário, foi traduzido; e os dois capítulos sobre a teologia do apóstolo Paulo foram substituídos por capítulos que buscam abordar questões mais contemporâneas.

Esta nova edição me proporcionou a oportunidade de apresentar novo material que desenvolvi durante meu ministério docente no *Asia Pacific Theological Seminary*. Quero expressar minha gratidão aos alunos e professores daquela magnífica instituição pelas muitas contribuições que deram para o desenvolvimento do meu pensamento sobre os temas tratados neste livro. Quero também agradecer a John Christopher Thomas, editor do *Journal of Pentecostal Theology* [Supplement Series], por seu incentivo à produção deste livro e por seus esforços para concessão de bolsas de estudos pentecostais em geral.

Robert Menzies
7 de janeiro de 1994

AGRADECIMENTOS

Gostaria de expressar meu agradecimento às inúmeras pessoas que, de várias maneiras, permitiram-me escrever este livro, originalmente escrito como tese de doutorado na Universidade de Aberdeen (Escócia). Estou particularmente grato ao corpo discente e docente do *Asia Pacific Theological Seminary*, pois o estímulo para a realização deste projeto surgiu de minha associação com esses amigos e colegas. O programa de incentivo oferecido por essa instituição tornou possível meu tempo de pesquisa em Aberdeen. Por tudo isso, sou muito grato.

Embora o ambiente físico de Aberdeen seja consideravelmente diferente do que encontramos no sudeste da Ásia, eu me vi num ambiente intelectual e espiritual igualmente enriquecedor. Estou especialmente grato por ter tido o privilégio de trabalhar sob a supervisão do professor I. Howard Marshall, um homem de mente incisiva, maneiras gentis e um óbvio entusiasmo pelo estudo do Novo Testamento. Considero-me duplamente afortunado, pois, enquanto em Aberdeen, tive acesso a outro talentoso erudito com um interesse especial na obra do Espírito, tanto no passado como no presente, Max Turner. Meus colegas estudantes de pós-graduação também foram uma importante fonte de encorajamento. Mike Nola ajudou um jovem "novato" a se sentir em casa. Conrad Gempf e Chuck Guth ofereceram valiosa ajuda quando tive problemas com o computador. E o "grupo do almoço" sempre fornecia alimento para o pensamento. Embora várias pessoas me tenham ajudado na fase de revisão do texto, tenho uma grande dívida com Gary Alan Long e Lynn Graham, já que ambos acharam, em suas agendas cheias, tempo para ler todo o meu manuscrito. O companheirismo e o apoio da Abbey Christian Fellowship foram uma fonte constante de força. Uma bolsa de pesquisa no exterior fornecida pelo governo britânico aliviou o custo financeiro. o dr. David Hilt e a Sheffield Academic Press gentilmente disponibilizaram a tese para um público mais amplo. De modo especial, agradeço à minha esposa Joanne por permanecer alegremente comigo ao longo destes meus estudos, dando-me seu amoroso companheirismo e pagando a maior parte das nossas contas durante esse período. Ela também me deu uma linda filha, que tornou a nossa vida interessante e divertida.

CAPÍTULO 1

Introdução

1. A tarefa

estudo a seguir é uma tentativa de reconstruir o papel do desenvolvimento da pneumologia cristã primitiva. A perspectiva pneumatológica de Lucas pode ser mais bem compreendida mediante uma análise da maneira pela qual usa e modifica Marcos e a fonte Q[1]. Por esse

---

[1] **Fonte Q**: "A sigla 'fonte Q', ou mais simplesmente Q, deriva do alemão *Redenquelle*, que significa 'fonte dos discursos' ou 'ditos' de Jesus. Essa fonte é formulada na crítica histórico-literária dos evangelhos, e de forma especial em relação à 'teoria das duas fontes', que seriam o evangelho de Marcos e precisamente Q. Logo, o contexto geral em que se situa a fonte Q é o da questão sinótica que a maioria dos exegetas do século XIX julga resolver com a 'teoria das duas fontes'. Assim, o evangelho mais antigo continua sendo Marcos: dele hauriram, embora de modo independente, tanto Mateus como Lucas. Todavia, Mateus e Lucas são muito mais extensos que Marcos, trazendo alguns discursos, ou *logia*, de Jesus completamente ausentes em Marcos. Com base nesses resultados, chegou-se a pensar em uma fonte paralela de Marcos, igualmente escrita, que desse a razão do fenômeno sinótico. A partir de uma consideração global a respeito da formação do NT, não deveria causar surpresa uma coleção de 'ditos" do Senhor. Quanto à datação da composição [da fonte Q], torna-se difícil a escolha de Marcos como termo de comparação: com efeito, continua discutível a origem pré ou pós-marcana. De qualquer forma, partindo do pressuposto de que Q representa uma fonte real do material sinótico, a maioria dos exegetas propende para um período compreendido entre 50 e 70 d.C. como limite máximo. No que se refere à origem da comunidade, muitos acham que Q provém da Palestina (Kümmel). Com efeito, se se considerar como sendo mais fiel a Q o evangelho de

motivo, a perspectiva lucana pode ser facilmente comparada com a pneumatologia da Igreja Primitiva não paulina refletida em Mateus, Marcos e Q. Além disso, como historiador e teólogo que narra o surgimento da Igreja Primitiva, Lucas discute com riqueza de detalhes a natureza da experiência cristã primitiva do Espírito. Assim, a perspectiva lucana pode ser comparada com as ideias pneumatológicas de Paulo.

Iniciarei este estudo revisando as contribuições significativas de um século de estudos acadêmicos sobre o nosso tema. Cada um dos autores citados a seguir, embora de várias maneiras (algumas indiretamente), lida com uma questão central para esta pesquisa: em que medida Lucas segue Paulo ao atribuir significado soteriológico ao dom do Espírito? Em outras palavras, até que ponto Lucas, de maneira análoga a Paulo, vê a recepção do Espírito como necessária para alguém entrar e permanecer na comunidade de salvação: a fonte da purificação (1 Co 6.11; Rm 15.16), a justiça que provém da fé (Gl 5.5; Rm 2.29; 8.1-17; 14.17; Gl 5.16-26), da comunhão íntima com Deus (Gl 4.6; Rm 8.14-17), o conhecimento dele (1 Co 2.6-16; 2 Co 3.3-18) e, finalmente, a vida eterna por meio da ressurreição (Rm 8.11; 1 Co 15.44-45, Gl 6.8)? Em vista da importância desse tema, para a tarefa em questão, categorizarei os principais autores discutidos abaixo de acordo com suas respostas a essa pergunta fundamental. Três categorias principais emergem: aqueles que dão ênfase à continuidade entre Lucas e Paulo, neste ponto, aqueles que dão ênfase à descontinuidade e aqueles que adotam posições intermediárias.

....

Mateus, a identidade de Q resultará mais próxima do ambiente 'judaizante'. Se, ao contrário, a preeminência for atribuída ao evangelho de Lucas, Q parecerá majoritariamente relacionada com o ambiente helenístico. Portanto, podemos afirmar que as duas hipóteses, Mateus e Lucas, afirmam-se e negam-se reciprocamente. Do ponto de vista do conteúdo, a partir das perícopes registradas em Q, emerge uma cristologia 'jesuana', quer dizer, uma mensagem que enfatiza a vida pública de Jesus, e não apenas sua morte e ressurreição. Finalmente, é preciso não esquecer a conotação escatológica da mensagem evangélica contida em Q: é possível que sua continuidade ateste, mais do que outras, a iminência da *parousia*. Portanto, é preciso reconhecer que se trata de uma hipótese, e como tal deve permanecer, sem fazer dela um documento do qual não temos nenhuma citação". A. Pitta, verbete "Fonte Q", Vários Autores, *Lexicon - dicionário teológico enciclopédico*, São Paulo: Edições Loyola, 2003. [Edição brasileira da obra de L. Pacomio e V. Mancuso (editores). *Dizionario teologico enciclopédico*, Milan: Edizioni Piemme, 1997]. [N. do E.].

2. O desenvolvimento da pneumatologia no cristianismo primitivo; um levantamento da pesquisa acadêmica moderna

2.1 DESCONTINUIDADE

2.1.1 Hermann Gunkel[2]

Já em 1868, B. Weiss, em seu *Lehrbuch der biblischen Theologie des Neuen Testaments* [Livro de Teologia Bíblica do Novo Testamento], observou a distinção entre a pneumatologia de Paulo e a das comunidades não paulinas da Igreja Primitiva (*Urgemeinde*)[3]. Segundo Weiss, o conceito do "Espírito como princípio da nova vida dada por Deus" foi exclusivamente de Paulo.[4] O. Pfleiderer, escrevendo pouco tempo depois de Weiss, chegou a conclusões semelhantes em seu longo trabalho sobre a teologia paulina, *Der Paulinismus* [Paulinismo]. Pfleiderer argumentou que a *Urgemeinde* via o Espírito essencialmente em termos do Antigo Testamento como Espírito de revelação: uma substância divina que, depois de vir sobre seres humanos, concedia-lhes poder sobrenatural para produzir milagres. Segundo Pfleiderer, Paulo partiu dessa concepção,

---

[2] Hermann Gunkel (nascido em 23 de maio de 1862, em Hannover, Alemanha, falecido em 11 de março de 1932, em Halle, Alemanha), estudioso alemão do Antigo Testamento, foi um dos primeiros a desenvolver o método de crítica bíblica conhecido como Crítica da Forma". Encyclopedia Britannica, Verbete *Hermann Gunkel*, material on-line, em https://www.britannica.com/biography/Hermann-Gunkel, acessado em 13/4/2020. [N. do E.].

[3] B. Weiss e outros, como O. Pfleiderer e H. Gunkel, não tentaram distinguir entre a perspectiva das comunidades representadas por Mateus, Marcos, Q e a de Lucas. Por esse motivo, viram Lucas-Atos como o principal recurso para a reconstrução da perspectiva da Igreja Primitiva não paulina. No que diz respeito à precisão da expressão, vou referir-me à Igreja Primitiva não paulina (inclusive a de Lucas-Atos) como o *Urgemeinde*, e me referir às comunidades cristãs primitivas dentro da *Urgemeinde* como "Igreja Primitiva", cuja perspectiva teológica está refletida em Mateus, Marcos e Q (excluindo-se Lucas-Atos).

[4] B. Weiss, *Lehrbuch der biblischen Theologie des Neuen Testaments* (2. ed., 1873), p. 216. A tradução do alemão para o inglês é do próprio Menzies. Veja também as páginas 338-39, 413-14 e 454.

porém indo além dela. Para Paulo, o Espírito não era simplesmente a fonte de poder milagroso, mas foi fundamentalmente o dinamismo que molda toda a vida cristã:

> Em resumo, o πνεῦμα, na mente de Paulo, deixa de ser um princípio abstrato, apocalíptico, sobrenatural, estático, para ser um princípio imanente, religioso, moral da vida da humanidade renovada, para ser a natureza da καινὴ κτίσις [nova criação].[5]

Embora Weiss e Pfleiderer lançassem as bases, foi H. Gunkel quem primeiro dedicou uma monografia inteira ao tópico, dando início a muito da discussão moderna.[6] Em *Die Wirkungen des heiligen Geistes* [Os efeitos do Espírito Santo], publicado primeiro em 1888, Gunkel ofereceu argumentação detalhada em apoio à sua tese de que Paulo, à luz de sua própria experiência, tentou corrigir a pneumatologia da *Urgemeinde*, para quem o "Espírito era apenas o poder que produzia maravilhas, o patrocinador de ações espetaculares".[7]

Realçando a natureza essencialmente judaica e experiencial do entendimento da *Urgemeinde* sobre o Espírito, Gunkel começou colocando a questão central: "Quais foram os sinais pelos quais o cristianismo primitivo determinou que um fenômeno era uma atividade do Espírito?".[8] Para Gunkel, a resposta não deve ser encontrada no caráter normal do comportamento cristão, muito menos na sua relação com os propósitos

---

[5] O. Pfleiderer, *Paulinism: A Contribution to the History of Primitive Christian Theology* [Paulinismo: uma contribuição para a história da Teologia Cristã Primitiva] (1877; orig. alemão, 1873), vol. I, p. 200.

[6] H. Gunkel, *Die Wirkungen des heiligen Geistes nach der popularen Anschauung der apostolischen Zeit e nach der Lehre des Apostels Paulus* [Os efeitos do Espírito Santo de acordo com a visão popular do Período Apostólico e de acordo com os ensinamentos do apóstolo Paulo] (1888). Todas as referências são dessa edição, salvo indicação em contrário. As referências em inglês são de Gunkel, *The Influence of the Holy Spirit* (1979, tradução de R.A. Harrisville e P. A. Quanbeck II), salvo indicação em contrário.

[7] *Die Wirkungen* (2. ed., 1899), p. 89. Tradução de Menzies.

[8] *Die Wirkungen*, p. 5. Tradução do próprio Gunkel, *The Influence*, p. 15

de Deus, mas antes na natureza misteriosa e poderosa de ações que desafiavam uma explicação natural".[9] Assim, segundo Gunkel, a atividade mais característica do dom do Espírito na *Urgemeinde* era a glossolalia.[10] Nela, o caráter misterioso e poderoso do Espírito era plenamente exibido: "Na glossolalia, o indivíduo é dominado por uma força poderosa que tomou posse dele totalmente".[11]

Essa atividade misteriosa e poderosa não ficou sem significado teológico. Tendo como pano de fundo o judaísmo do primeiro século, essas manifestações maravilhosas eram indicativas da erupção do Reino de Deus: "Onde está o Espírito, ali está o reino de Deus"; "A aparição do Espírito é a erupção de uma nova era na qual o reino de Deus está chegando".[12]

Com essa descrição completa da *Urgemeinde*, Gunkel partiu para estabelecer a singularidade do entendimento paulino sobre o Espírito. Como a *Urgemeinde*, Paulo entendeu o Espírito como fonte de poder sobrenatural. No entanto, Gunkel insistiu que havia duas diferenças significativas na perspectiva paulina. Primeiro, para o apóstolo, o sinal supremo do dom do Espírito não se limitava a efeitos misteriosos e poderosos, mas implicava outro ingrediente essencial: o propósito divino do dom – a edificação da comunidade cristã.[13] Por esse motivo, Paulo, ao contrário da Igreja Primitiva, mantinha a glossolalia em uma relativamente baixa estima.[14] Nisso, ele foi o primeiro a dar ênfase à dimensão ética do dom do Espírito".[15] Em segundo lugar, Paulo viu o Espírito não simplesmente como fonte de poder esporádico e misterioso, mas como fonte da vida cristã em sua totalidade. Assim, para Paulo, a vida cristã em sua inteireza era um sinal da presença do reino escatológico:

....
[9] *Die Wirkungen*, p. 22.
[10] Gunkel descreve a glossolalia como "ekstatische Raserei" [frenesi extático] (*Die Wirkungen*, p. 21).
[11] *Die Wirkungen*, p. 21; Gunkel, *The Influence*, p. 31.
[12] *Die Wirkungen*, p. 59; Gunkel, *The Influence*, p. 72.
[13] *Die Wirkungen*, p. 74.
[14] *Die Wirkungen*, p. 72.
[15] *Die Wirkungen*, p. 77.

A comunidade, portanto, considera como pneumático o que é extraordinário na existência cristã, mas Paulo o considera como habitual; a comunidade, o que é individual e único, mas, Paulo, o que é comum a todos; a comunidade, o que abruptamente aparece, mas, Paulo, o que é constante; a comunidade, o que está isolado na experiência cristã, mas, Paulo, a vida cristã como tal. E isso rendeu uma avaliação totalmente diferente e infinitamente superior da conduta cristã.[16]

Gunkel insistiu que a fonte da visão particular de Paulo sobre a obra do Espírito foi a própria experiência do apóstolo. Nada mais poderia explicar adequadamente sua nova perspectiva. Argumentando contra H. H. Wendt, Gunkel negou que Paulo tivesse baseado no Antigo Testamento "sua doutrina das ações morais e religiosas do πνεῦμα".[17] Em apoio à sua posição, Gunkel procurou demonstrar que, "para o judaísmo, a piedade do homem comum em geral parecia nada ter em comum com o רוח [ruah = vento]".[18] Gunkel reconheceu que houve casos em que os escritores do Antigo Testamento deram significado ético ao Espírito, embora tenha realçado o fato de que tais casos são relativamente raros.[19] Segundo Gunkel, as únicas passagens verdadeiramente paralelas a Paulo são os Salmos 51.13 e 143.10, mas a ausência de referências semelhantes em outros lugares provava seu argumento.

Gunkel também rejeitou a opinião de Pfleiderer de que Paulo foi influenciado pela literatura do judaísmo helenístico, particularmente sobre

---

[16] *Die Wirkungen*, p. 82; Gunkel, *The Influence*, p. 96.
[17] *Die Wirkungen*, p. 85; Gunkel, *The Influence*, p. 99. Ver também p. 83 para os argumentos contra H. H. Wendt, *Die Begriffe Fleisch und Geist in biblischen Sprachgebrauch* [O uso bíblico dos termos "carne" e "espírito"] (1878).
[18] *Die Wirkungen*, p. 85; Gunkel, *The Influence*, p. 99.
[19] *Die Wirkungen*, p. 10.

a Sabedoria.²⁰ Embora existam semelhanças superficiais entre o papel do Espírito no pensamento paulino e o da sabedoria/Espírito na Sabedoria, suas diferenças são dramáticas: "Um homem aprende a sabedoria, mas o Espírito o prende".²¹

Também sumariamente foi descartada a tese adiantada por J. Gloël de que Jesus e os primeiros apóstolos reconheciam o caráter ético da obra do Espírito.²² A tese de Gloël se apoiava nos textos de João, 1 Pedro e Atos. Gunkel respondeu revertendo a lógica do argumento de Gloël: João e 1 Pedro foram influenciados por Paulo. Gunkel deixou de lado a interpretação de Gloël sobre Atos, em sua descrição sobre o entendimento da Urgemeinde sobre o Espírito. Embora ele reconhecesse que em Atos o Espírito não estava completamente alheio à moral e à esfera religiosas, Gunkel deu ênfase ao fato de que a vida religiosa normal e contínua do cristão individual não era resultado do dom do Espírito. Quando a conduta ético-religiosa foi atribuída ao Espírito, foi simplesmente um acréscimo do que já estava presente no cristão. Assim, uma conexão com a dimensão moral e religiosa da vida cristã não estava no coração da compreensão do Espírito da *Urgemeinde* – era simplesmente um subproduto de uma perspectiva mais fundamental.²³ Gunkel então conclui que

> Paulo encontrou pronto o conceito πνεῦμα como um maravilhoso trabalho de poder, mas com base em sua experiência, pela qual o próprio cristão lhe parecia ser o maior milagre,

---

²⁰ Literatura Sapiencial é a nomenclatura atribuída a uma porção de escritos bíblicos da sabedoria hebraica que poderá ser representada, grosso modo, por Jó, Provérbios e Eclesiastes no cânon protestante. Essa divisão, contudo, não é evidenciada na Bíblia Hebraica, que costuma inserir Jó, Provérbios e Eclesiastes nos "Escritos", em companhia de Salmos, Cântico dos Cânticos, Rute, Lamentações, Ester, Daniel, Esdras-Neemias e Crônicas". [N. do R.]
²¹ *Die Wirkungen*, p. 87; Gunkel, *The Influence*, p. 100. Gunkel critica a posição de Pfleiderer apresentada em *Das Urchristentum* (1867), p. 86-88.
²² *Die Wirkungen*, p. 39. Gunkel criticou o ponto de vista de J. Gloël expresso em *Der heilige Geist in der Heilsverkündigung des Paulus* (1888).
²³ *Die Wirkungen*, p. 9.

ele descreveu a vida cristã como uma ação do πνεῦμα de um modo completamente original.²⁴

A clareza com que Gunkel separou a pneumatologia de Paulo daquela do Judaísmo e da *Urgemeinde* que o precederam é impressionante. Certamente nem todos permitiram que a cunha de Gunkel fosse encravada tão profundamente. De fato, sua insistência em que Paulo foi o primeiro a dar destaque ao caráter ético do Espírito tem sido amplamente questionada. Com base em seu exame de textos rabínicos, F. Büchsel respondeu: Não haver "dúvida quanto ao caráter ético do Espírito".²⁵ Mais recentemente, W. D. Davies concluiu que "a discussão de longa data sobre se Paulo foi o primeiro a "eticizar" o Espírito agora pode ser considerada, à luz dos manuscritos, como encerrada".²⁶ Parece que o judaísmo do primeiro século não era tão monolítico quanto Gunkel julgou. Isso levanta perguntas importantes sobre a descrição da *Urgemeinde* de Gunkel.

Gunkel também pode ser criticado por subestimar o grau em que a *Urgemeinde* identificou a obra do Espírito com os propósitos de Deus revelados no ministério de Jesus. Lucas identifica o trabalho do Espírito tão estreitamente com a missão de Jesus, que é "o Espírito de Jesus" quem dirige o envio de missionários (At 16.7). Nesse sentido, é questionável se Gunkel apresenta uma descrição adequada dos critérios da *Urgemeinde* para identificar a obra do Espírito.²⁷

Essas críticas de forma alguma prejudicam a genialidade e o significado do trabalho de Gunkel. De fato, só podemos imaginar como suas opiniões teriam mudado se ele tivesse acesso aos manuscritos de Qumran

---

²⁴ *Die Wirkungen*, p. 88; Gunkel, *The Influence*, p. 102.

²⁵ F. Büchsel, *Der Geist Gottes in Neuen Testament* [O Espírito de Deus no Novo Testamento] (1926), p. 133. A tradução para o inglês é de Menzies.

²⁶ W. D. Davies, "Paul and the Dead Sea Scrolls: Flesh and Spirit", *in: The Scrolls in the New Testament* (1958), p. 177.

²⁷ Gunkel afirma que a *Urgemeinde* reconheceu o Espírito em acontecimentos que foram descritos como misteriosos e poderosos, ligados de alguma forma à comunidade cristã, e que não causaram danos aos cristãos, tendo sido praticados por pessoas que não eram dignas de tal relação com Deus (*Die Wirkungen*, p. 47).

ou às contribuições que a Crítica da Redação trouxe para a nossa compreensão dos evangelhos sinóticos. Escrito em 1888, *Die Wirkungen* foi notável pela sofisticação metodológica e suas conclusões perspicazes. A ênfase de Gunkel no significado dos antecedentes Judaicos para a compreensão da pneumatologia da *Urgemeinde* e a natureza escatológica do Espírito como sinal da presença do reino de Deus e de sua sugestão da influência paulina em João e 1 Pedro anteciparam perspectivas suscitadas posteriormente. Sua tese central levantou muitas questões que ainda não estão resolvidas. Em suma, Gunkel estabeleceu a agenda para a discussão moderna.

2.1.2 Eduard Schweizer[28]

E. Schweizer é outro marco histórico significativo na discussão sobre o desenvolvimento da pneumatologia das primeiras décadas do cristianismo. Seu primeiro ensaio tratando do assunto, um artigo publicado na edição de julho de 1952 da revista acadêmica *Interpretation*, foi por sua contribuição com o verbete πνεῦμα, publicado no *Theological Dictionary of the New Testament* (TDNT), em 1956.[29] Ambos os ensaios tentam distinguir a pneumatologia de Lucas daquelas dos outros evangelistas sinóticos e também da de Paulo.[30]

Segundo Schweizer, Mateus e Marcos viam o Espírito de modo mais amplo em termos do Antigo Testamento como fonte de poder sobrenatural para a realização de milagres. Assim, se diferenciavam da perspectiva do Antigo Testamento somente em sua ênfase na presença do Espírito em

---

[28] Eduard Schweizer (1913-2006) foi um estudioso suíço do Novo Testamento que lecionou na Universidade de Zurique por um período prolongado. Ele escreveu vários livros influentes, muitos traduzidos para o inglês, inclusive *The Holy Spirit* (1980). [N. do E.]

[29] E. Schweizer, "The Spirit of Power: The Uniformity and Diversity of the Concept of the Holy Spirit in the New Testament", *Interpretation,* n. 6 (1952), p. 259-78; e πνεῦμα, TDNT, VI, p. 369-455.

[30] Schweizer atribui o desenvolvimento do pensamento pneumatológico inicial da Igreja Primitiva sobre o Espírito (em Mateus e Marcos) e Lucas à pneumatologia mais desenvolvida de Paulo.

Jesus.³¹ Contudo, isso por si só não comunicou o verdadeiro significado de Jesus, pois ele não era simplesmente outro operador pneumático de milagres ou inspirado pelo Espírito. Portanto, sempre que Mateus ou Marcos mencionavam o Espírito, o fizeram para sublinhar a singularidade de Jesus como o libertador escatológico.³² No entanto, as descrições que produziram não ficaram totalmente claras sobre esse seu intento, pois às vezes retratavam ingenuamente Jesus como um pneumático.

Lucas esclareceu essa imagem ambígua. Em sua vida terrena, Jesus "não é o objeto do Espírito. Ele é o Senhor sobre o Espírito".³³ Como o Senhor exaltado assunto aos céus, ele concede o Espírito à comunidade escatológica. Dessa maneira, Lucas deu ênfase ao caráter distintivo da experiência de Jesus do Espírito, ao contrário dos profetas do Antigo Testamento e seus discípulos.

Além do mais, Lucas se diferenciou de Mateus e Marcos ainda de outra maneira. Schweizer afirmou que a pneumatologia lucana, mais do que a dos demais evangelistas, foi moldada pela "ideia tipicamente judaica de que o Espírito é o Espírito de profecia".³⁴ Por esse motivo, apesar do interesse especial de Lucas nas manifestações visíveis do Espírito,³⁵ ele nunca atribuiu ao Espírito curas milagrosas ou exorcismos. Em vez disso, sempre retratou o Espírito como fonte de fala inspirada, quer como glossolalia, quer como pregação.³⁶

Segundo Schweizer, Lucas também foi além de Mateus e Marcos com referência à doação do Espírito. Enquanto Mateus e Marcos, consistentes com o Antigo Testamento, viam o dom do Espírito como

---

31 "πνεῦμα", p. 404; "*Spirit of Power*", p. 260.

32 "*Spirit of Power*", p. 264.

33 "*Spirit of Power*", p. 265 e "πνεῦμα", p. 405.

34 "πνεῦμα", p. 407; "Spirit of Power", p. 266.

35 Schweizer atribui esse interesse pelas manifestações visíveis do Espírito ao ambiente helenístico de Lucas "πνεῦμα", p. 407.

36 É lamentável que a posição de Schweizer tenha sido obscurecida por uma tradução errada. A afirmação sumária em inglês inclui erradamente um negativo: "Lucas assim compartilha com o judaísmo a visão de que o Espírito é essencialmente o Espírito de profecia. Isso **não** o impediu de atribuir diretamente ao πνεῦμα tanto os χαρίσματα ἰαμάτων [dons de cura], por um lado, quanto, por outro, os efeitos fortemente éticos, como a vida comum da comunidade primitiva" ("πνεῦμα", TDNT, VI, p. 409; o destaque em itálico e negrito é de Menzies).

limitado a alguns especialmente escolhidos, Lucas entendeu que uma nova era havia amanhecido: o Espírito havia sido dado a todo o povo de Deus.[37] No entanto, Lucas permaneceu relativamente parecido com os dois outros evangelistas sinóticos em sua avaliação do significado do dom do Espírito. Traindo sua dívida para com o judaísmo, ele compreendeu o Espírito como sendo um dom suplementar, não necessário à salvação:

> O Espírito não é, portanto, o poder que liga um homem a Deus e o coloca no estado de salvação; é um poder suplementar que o capacita a dar forma à sua fé na atividade concreta da proclamação do evangelho.[38]

Diferenciando sua própria posição da de Gunkel, Schweizer afirma que, para Lucas, "seria errado atribuir apenas efeitos religiosos extraordinários ao Espírito".[39] Por um lado, a ousadia (παρρησία) é atribuída ao Espírito, e, por outro lado, os milagres não o são. No entanto, Schweizer reconhece que, na perspectiva lucana, o Espírito é essencialmente "o poder extraordinário que possibilita atos incomuns de poder".[40] Essa visão foi modificada pela tradição judaica, que via o Espírito como fonte de inspiração profética, e pela tradição cristã, que via o Espírito como um dom para todos os membros da nova comunidade.

Schweizer distingue nitidamente a pneumatologia de Paulo da de Lucas. Para Lucas, uma vez que o Espírito não concedeu salvação, só poderia funcionar como um sinal apontando para aquilo que ainda estava por vir. Todavia, para Paulo, o Espírito era muito mais. O Espírito revelou o verdadeiro significado da cruz e, como tal, concedeu a salvação.

A pneumatologia particular de Paulo foi em grande parte o resultado do contexto helenístico em que ele se encontrava. Schweizer afirmou que a

---

[37] *Spirit of Power*, p. 267; "πνεῦμα", p. 410.
[38] *Spirit of Power*, p. 268. Ver também "πνεῦμα", p. 412.
[39] "πνεῦμα", p. 412.
[40] Idem.

sociedade helenística, em contraste com sua contraparte judaica, foi pensada em termos de esferas super-impostas em vez de *éons* isolados. O helenista também sempre pensou o poder em termos de substância. Portanto, no mundo helenístico, o Espírito não poderia ser um sinal de uma era vindoura. Tinha que ser uma substância da esfera celestial. Isso preparou o terreno para a pneumatologia particular de Paulo, bem como a dos gnósticos:

> Se Jesus era o portador do Espírito, então era o portador da substância celestial com a qual ele revestiu os crentes e os uniu ao mundo celestial. Uma solução radical tornou-se possível pela primeira vez. O objetivo da missão de Jesus foi trazer a substância celestial "πνεῦμα" ao mundo. A ligação com Jesus é ligação com essa substância de poder, com o mundo celestial. É, portanto, a própria salvação.[41]

Paulo, como os gnósticos, adotou essas ideias helenísticas, mas, ao contrário dos gnósticos, ele as colocou em um contexto exclusivamente cristão. Tanto os gnósticos quanto Paulo entenderam o Espírito como o meio pelo qual alguém é transferido do mundo terreno para o celestial. Mas, ao contrário dos gnósticos, que viam o Espírito como uma substância celestial inerente a todo ser humano e que poderia ser reacendida pelo mito do redentor, para Paulo, o Espírito era separado dos seres humanos, revelando-lhes o significado do ato salvador de Deus em Cristo.[42] Paulo se diferenciou do pensamento gnóstico, concentrando-se na necessidade histórica da cruz e da ressurreição e fundindo esses eventos com o revestimento do Espírito.

Dessa maneira, Paulo também se diferenciou de Lucas, pois agora o Espírito é o poder salvífico decisivo que une o indivíduo a Deus e, portanto, concede-lhe a salvação.[43] Isso, segundo Schweizer, constitui a

---

[41] "πνεῦμα", p. 416
[42] *Spirit of Power*, p. 273. Ver também "πνεῦμα", p. 425.
[43] *Spirit of Power*, p. 272.

diferença fundamental entre Lucas e Paulo. Não é a adoção ética, nem o foco na relação mais íntima com Deus; esses são meramente sintomas de uma diferença mais básica: "pneuma é agora o poder de Deus que leva a pessoa à fé na cruz e à ressurreição de Jesus".[44]

Embora Schweizer acentuasse o caráter distintivo da pneumática de Paulo, como Gunkel tinha antes dele, ele avançou a discussão em pontos significativos. Primeiro, baseando-se no trabalho de H. von Baer, Schweizer deu ênfase à importância dos antecedentes judaicos para a compreensão do Espírito de uma maneira única.[45] Argumentando que Lucas, mais do que os outros escritores sinóticos, foi influenciado pela concepção judaica do Espírito como o espírito de profecia, Schweizer distinguiu a pneumatologia de Mateus e Marcos, por um lado, e, por outro, a de Paulo. Dessa forma, Schweizer foi capaz de ir além de Gunkel. A afirmação de Schweizer de que o judaísmo tardio entendeu o Espírito predominantemente como a fonte de inspiração profética sem dúvida está certa; no entanto, outras perspectivas também existiam. Assim, Schweizer levantou uma questão importante: até que ponto o entendimento de Lucas foi moldado pela concepção judaica de Espírito como o Espírito de profecia?

Em segundo lugar, Schweizer argumentou que Lucas distinguiu cuidadosamente a experiência do Espírito a partir dos profetas do Antigo Testamento e seus discípulos. Jesus era o Senhor do Espírito. Esse é um tema ao qual voltaremos para discuti-lo de novo.

Em terceiro lugar, Schweizer mudou o foco em seu tratamento da pneumatologia de Paulo da dimensão ética para a dimensão da fé. A singularidade da pneumatologia de Paulo não se encontra na dimensão ética que ele acrescentou; ao contrário, é encontrada em sua compreensão do Espírito como o poder que gera a fé. Dessa maneira, Paulo transformou o Espírito de, "dom suplementar", em algo que é vital para a salvação. Embora esse elemento estivesse presente no trabalho de Gunkel, Schweizer representa uma mudança de foco.

---

[44] "πνεῦμα", p. 432.
[45] Ver subtópico 2.3.1 mais adiante, para uma discussão sobre H. von Baer.

Em quarto lugar, Schweizer argumentou que o entendimento de Paulo sobre o Espírito foi resultado da influência helenística. É claro que isso vai na contramão da insistência de Gunkel de que a particularidade paulina era apenas o produto de sua experiência pessoal. Schweizer pode ser criticado nesse ponto por atribuir anacronicamente ao mundo helenístico do primeiro século características exibidas pelo gnosticismo do segundo século[46].

2.1.3 David Hill

Empregando o método lexicográfico do *TDNT*, David Hill procurou descobrir o significado de "πνεῦμα" para os vários escritores do Novo Testamento. O título do seu trabalho, *Greek Words and Hebrew Meanings* [Palavras gregas e significados hebraicos], sugere a principal conclusão de seu estudo: o uso do termo "πνεῦμα" no Novo Testamento foi moldado pelo judaísmo, e não pelo helenismo.[47]

Hill, como Schweizer antes dele, afirmou que os dois volumes do trabalho de Lucas foram influenciados em grande parte pelo caráter profético do conceito judaico sobre o Espírito.[48] Com base nesse fundamento judaico, Lucas descreve o Espírito como o poder profético que energizou a expansão missionária da Igreja. O Espírito inspirou a proclamação dos profetas do final dos tempos.

Segundo Hill, Lucas não avança significativamente para além do Antigo Testamento e da perspectiva judaica, que viam o Espírito como um dom suplementar, um revestimento especial para cumprir uma

---

[46] E. Brandenburger argumentou que a origem do misticismo pneumático de Paulo não se encontra nas influências helenísticas-gnósticas, mas sim na sabedoria dualista do judaísmo helenístico (*Fleisch und Geist; Paulus und die dualistische Weisheit* [Carne e espírito: Paulo e a sabedoria dualista] (1968).

[47] D. Hill, *Greek Words and Hebrew Meanings: Studies in the Semantics of Soteriological Terms* (1967). A esse respeito, Hill se baseia no trabalho de W. D. Davies, que deu ênfase ao caráter judaico da teologia de Paulo, incluindo sua pneumatologia (*Paul and Rabbinic Judaism: Some Rabbinic Elements in Pauline Theology* [1948], esp. p. 177-220).

[48] *Greek Words and Hebrew Meanings*, p. 261-63.

tarefa específica. Hill nota que "há pouca referência no livro de Atos dos Apóstolos à presença do Espírito como o princípio interior da vida do crente ou como um dom permanente dentro da vida da Igreja".[49]

Em contraste, Paulo compreendeu as dimensões mais amplas da obra do Espírito. Em vez de ser simplesmente a fonte da atividade profética, o Espírito para Paulo foi a fonte de toda a fé cristã, incluindo as dimensões éticas. Hill minimiza a singularidade de Paulo nesse ponto, realçando sua dívida para com o judaísmo:

> Ao dar ênfase ao caráter ético do Espírito, Paulo não foi um inovador: ele trouxe à luz aquilo que já estava presente no Antigo Testamento e ao que estava implícito (embora raramente expresso) no pensamento judaico tardio.[50]

O trabalho de Hill é significativo nisso. Embora acentue as diferenças entre Lucas e Paulo de maneira semelhante a Schweizer, ele ressalta o caráter judaico da pneumatologia de Lucas e Paulo. A exemplo de Schweizer, Hill sustenta que, para Lucas, o Espírito é o Espírito de profecia. No entanto, a singularidade de Paulo não resulta de sua acomodação ao contexto helenístico, mas de sua apropriação de temas já presentes no Antigo Testamento e no judaísmo contemporâneo.

2.2 CONTINUIDADE

2.2.1 Friedrich Büchsel[51]

Com a publicação da obra *Der Geist Gottes im Neuen Testament* [O Espírito de Deus no Novo Testamento] (1976), F. Büchsel deu novo

---
[49] *Greek Words and Hebrew Meanings*, p. 264.
[50] *Greek Words and Hebrew Meanings*, p. 270.
[51] Büchsel foi professor de Novo Testamento da Universidade de Rostock, Alemanha [N. do E.].

ímpeto à discussão. Ao dar ênfase à homogeneidade relativa das diversas pneumatologias representadas no Novo Testamento, [Biichsel] ofereceu uma alternativa importante a Gunkel. E, se Gunkel foi o pai da perspectiva da descontinuidade, Biichsel representa sua contraparte na escola de continuidade.

Segundo Biichsel, as *Urgemeinde* viam Jesus como o supremo *Pneumatiker* (pessoa inspirada pelo Espírito). Jesus tornou-se o *Pneumatiker par excellence* em seu batismo. Essa perspectiva teria sido compartilhada por cada um dos evangelistas sinóticos. Embora Mateus e Lucas tenham associado o Espírito com o nascimento de Jesus, ele ainda não era guiado pelo Espírito, ainda não estava cheio com o Espírito, até o seu batismo[52]. Só depois de receber o Espírito no seu batismo Jesus embarcou em seu ministério de pregação e realização de sinais e maravilhas[53].

Qual foi o significado da recepção do Espírito por Jesus? O que significa tornar-se um *Pneumatiker*? Biichsel respondeu a essa pergunta apontando para a consciência única de Jesus de que ele era o Filho de Deus: "Para Jesus, a posse do Espírito é a filiação divina".[54] Biichsel reconheceu que havia uma diferença entre o autoconhecimento de Jesus como Messias e como o Filho de Deus. Embora ambos tenham sido mediados para Jesus pelo Espírito em seu batismo, Biichsel afirmou que a ênfase foi claramente sobre a filiação:

> A consciência messiânica de Jesus não era o ponto central de seu autoconhecimento de eficácia em seu ministério. Ele viveu e morreu em devoção e obediência a Deus. Isso foi de primordial importância. A autoridade sobre os judeus e o mundo esteve sempre em segundo plano. [...] Sua consciência messiânica cresceu de seu relacionamento filial

---

[52] De acordo com Biichsel, isso não representou qualquer problema para Mateus ou Lucas: "Jesus ist Gottes Sohn seit seiner Geburt, und er ist Gottes Sohn durch den Geist-empfang bei seiner Taufe" ["Jesus é o Filho de Deus desde o seu nascimento, e é o Filho de Deus mediante o recebimento do Espírito no seu batismo"] (*Der Geist Gottes*, p. 165) [Tradução do tradutor].
[53] *Der Geist Gottes*, p. 149. Ver também pp. 220-21.
[54] *Der Geist Gottes*, p. 165. Tradução, para o inglês, de Menzies.

com Deus. Sem dúvida, este último deu ao primeiro sua singularidade e profundidade.⁵⁵

Ser um *Pneumatiker* é se dirigir a Deus como Pai. Por essa razão, Büchsel negou que as *Urgemeinde* viam o Espírito simplesmente como poder milagroso. Pelo contrário, a Igreja Primitiva entendeu o Espírito ser o meio pelo qual a humanidade foi levada a um relacionamento especial com Deus:

> Quem recebe o Espírito é levado a um relacionamento pessoal com Deus. O destinatário do Espírito não só recebe poder para alguma tarefa, mas também a garantia de que é amado por Deus e o conhecimento de que ele é filho de Deus. A grande diferença que existe entre poder e relacionamento pessoal com Deus é mais evidente no relato do batismo de Jesus.⁵⁶

De igual modo, Büchsel rejeitou a sugestão de Gunkel de que o Espírito tinha pouco significado ético para a *Urgemeinde*. Foi errado conceber o Espírito simplesmente como fonte de poder tal e qual, pois o Espírito moldou a vida inteira do supremo *Pneumatiker*, Jesus.⁵⁷

A análise de Büchsel, como indicado, foi baseada em grande parte na descrição do Jesus que emergiu dos Evangelhos sinóticos. Jesus modelou o que significava ser um *Pneumatiker*, ao experimentar o poder do Espírito. Isso não ficou sem significado para a Igreja Primitiva. Büchsel insistiu em que "os primeiros cristãos [...] foram todos, de certa maneira, *Pneumatiker*.⁵⁸

---

⁵⁵ *Der Geist Gottes*, p. 165. Tradução, para o inglês, de Menzies.
⁵⁶ *Der Geist Gottes*, p. 168. Tradução, para o inglês, de Menzies.
⁵⁷ *Der Geist Gottes*, pp. 182, 186-87, e especialmente p. 223.
⁵⁸ *Der Geist Gottes*, p. 230. Tradução, para o inglês, de Menzies.

Embora os discípulos de Jesus não tivessem recebido o Espírito durante seu ministério terreno,[59] Jesus lhes prometeu que receberiam o dom do Espírito.[60] A subsequente recepção do Espírito pela Igreja Primitiva moldou sua existência como uma comunidade de *Pneumatiker*.

A experiência do Espírito pela Igreja Primitiva não apenas moldou sua existência, mas também exerceu uma tremenda influência sobre os documentos do Novo Testamento que por ela foram produzidos. O Espírito forneceu à Igreja um tema que influenciou o todo do Novo Testamento, dando-lhe unidade.[61] A experiência do Espírito uniu aquela comunidade.

Isso afirmado não é para negar que Paulo ofereceu uma contribuição particular. Ainda, segundo Büchsel, essa contribuição não foi um entendimento radicalmente novo sobre o Espírito. Mas Paulo foi único de duas maneiras. Primeiro, em suas epístolas temos acesso, pela primeira vez, à autorreflexão de um *Pneumatiker*.[62] Ou seja, Paulo, como nenhum outro escritor do Novo Testamento, expressou o que significava ser um *Pneumatiker* na perspectiva de uma experiência pessoal.

Em segundo lugar, Paulo, ao rejeitar a necessidade de obediência à lei, ressaltou o significado do Espírito de um novo modo. Ele colocou o Espírito, como nunca havia acontecido, no centro da vida cristã.[63] Entretanto, isso foi simplesmente uma continuação, uma extensão do que já estava presente na *Urgemeinde* antes dele, não representando decisiva uma nova compreensão do Espírito. De fato, a posse do Espírito significava essencialmente o mesmo tanto para a *Urgemeinde* e para Paulo, ou seja, que "o amor de Deus foi derramado em nossos corações".[64]

---

[59] *Der Geist Gottes*, p. 185.
[60] Büchsel distingue entre o dom do Espírito como um poder especial para cumprir funções específicas (somente para os apóstolos) e o dom do Espírito no sentido mais amplo descrito acima, concedido a todos os crentes (*Der Geist Gottes*, pp. 234-35).
[61] *Der Geist Gottes*, pp. 228-29.
[62] *Der Geist Gottes*, pp. 267-68.
[63] *Der Geist Gottes*, pp. 442-48.
[64] *Der Geist Gottes*, p. 333. Tradução de Menzies.

Metodologicamente, Biichsel tornou-se importante por sua ênfase na origem judaica da pneumatologia da Igreja Primitiva;⁶⁵ e isso apenas alguns anos depois de Bousset e Leisegang. Mas foi em outro assunto que Biichsel verdadeiramente contribuiu para o desenvolvimento do tema. Ao sustentar que o Espírito era, acima de tudo, a fonte da filiação a Deus, o poder que permitiu ao *Pneumatiker* se dirigir a Deus como Pai, Biichsel foi capaz de ligar a pneumatologia da *Urgemeinde* com a de Paulo. Escrito na sequência de Pfleiderer e Gunkel, é esse foco na continuidade da compreensão daquela Igreja sobre o Espírito que fez o volumoso trabalho de Biichsel tão importante. Embora eu tenha críticas à interpretação de Biichsel sobre Lucas, não pode haver dúvida de que sua influência veio para ficar.

2.2.2 James Dunn⁶⁶

A extensa obra de James Dunn exerceu, sem dúvida, a maior influência em discussões recentes sobre a pneumatologia da Igreja Primitiva. Seu livro *Baptism in the Holy Spirit* [Batismo no Espírito Santo]⁶⁷ foi uma crítica em duas frentes às interpretações pentecostais e sacramentais do dom do Espírito. Dunn afirmou que, na perspectiva da Igreja Primitiva, o dom do Espírito não era um *donum superadditum* [*dom acrescentado*], recebido após a conversão, nem inextricavelmente ligado ao batismo nas águas; antes, era o "elemento principal na iniciação como parte da experiência de conversão".⁶⁸ A enorme influência que *Baptism in the*

---

⁶⁵ *Der Geist Gottes*, pp. 200-201, 239-40, 252.

⁶⁶ James Dunn (1939-2020) foi um estudioso escocês do Novo Testamento na tradição anglicana, professor emérito da Faculdade de Teologia da Universidade de Durham. Dunn está associado à Nova Perspectiva sobre Paulo – tendo cunhado o termo em 1983 – e é um reconhecido especialista do cristianismo primitivo. [N. do E.]

⁶⁷ J. D. G. Dunn, *Baptism in the Holy Spirit: A Re-examination of the New Testament Teaching on the Gift of the Spirit in Relation to Pentecostalism Today* (Naperville, IL: A. R. Allenson, 1970) (Reimpressão, Louisville, KY: Westminster Press, 1977); (2. edição, Londres: SCM Press; 2010).

⁶⁸ *Holy Spirit*, p. 4.

Holy Spirit teve nas discussões subsequentes foi refletida na decisão da Westminster Press, em 1977, de reimprimi-lo como um "clássico". Na sequência, Dunn publicou *Jesus and the Spirit*, que igualmente recebeu grande reconhecimento entre estudiosos do tema.[69] O título é um tanto intrigante, pois nesse livro Dunn analisa tanto a experiência religiosa de Jesus como a da Igreja Primitiva. Essas obras, assim como outros ensaios mais curtos de Dunn,[70] seguem a tradição de Büchsel, pois ressaltam a continuidade subjacente que existia na experiência e no entendimento daquela Igreja sobre a obra do Espírito.

Embora as preocupações de Dunn sejam mais amplas que as respectivas pneumatologias de Lucas e Paulo, ele dedica um espaço considerável ao entendimento de Lucas sobre o Espírito, particularmente em *Baptism in the Holy Spirit*. Dunn argumenta que o dom do Espírito, para Lucas, assim como para a Igreja Primitiva como um todo, é o que torna um cristão verdadeiramente cristão. O dom do Espírito é o clímax da iniciação operada na conversão. O Espírito inicia os crentes na nova era e media para eles a vida da nova aliança.[71]

Os estudos de Dunn baseiam-se em três argumentos fundamentais. Primeiro, Dunn afirma que a experiência de Jesus no Jordão não foi primariamente uma unção com poder, mas marcou sua iniciação na nova era.[72] Seguindo os passos de H. von Baer e H. Conzelmann, Dunn vê Lucas retratando três épocas distintas na história da salvação.[73] Os

---

[69] J. D. G. Dunn, *Jesus and the Spirit: A Study of the Religious and Charismatic Experience of Jesus and the First Christians as Reflected in the New Testament* (Louisville, KY: Westminster Press, 1975).

[70] Ver J. D. G. Dunn, "Spirit-Baptism and Pentecostalism", *Scottish Journal of Theology*, n. 23 (1970), pp. 397-407; "Spirit and Kingdom", *Expository Times*, n. 82 (1970), pp. 36-40; "The Birth of a Metaphor: Baptized in the Spirit", *Expository Times*, n. 89 (1977), pp. 134-38, 193-75; *Unity and Diversity in the New Testament: An inquiry into the Character of Earliest Christianity* (Westminster Press, 1977), pp. 174-202.

[71] J. D. G. Dunn. *Holy Spirit*, pp. 23-32, 47-48, *Jesus and the Spirit*, p. 6: *Unity and Diversity*, p. 183.

[72] *Holy Spirit*, p. 32.

[73] H. von Baer, *Der heilige Geist in den Lukasschriften* [O Espírito Santo nos Escritos de Lucas] (1926); A. Conzelmann, *The Theology of St Luke* (1961, edição em alemão, 1953). No entanto, deve-se notar que esses autores colocam as divisões entre as épocas em diferentes estágios da narrativa.

pontos decisivos da transição são a experiência de Jesus no Jordão e o Pentecostes. É dito que cada uma dessas épocas é uma iniciação à nova era: Jordão para Jesus, Pentecostes para os discípulos.[74] Cada uma está ligada ao revestimento do Espírito. Como Dunn argumenta, o Espírito é o catalisador do Reino, a dinâmica da nova era: "Onde o Espírito está, ali está o Reino".[75]

Dunn, como Biichsel, vê a experiência de Jesus no Jordão como o ponto decisivo em sua vida. E, com Biichsel, Dunn também vê a recepção do Espírito por Jesus como mais do que simplesmente uma unção com poder. É a entrada de Jesus na nova era e aliança. Dunn pode até dizer que, através de sua recepção do Espírito no Jordão, Jesus entrou em uma "fase mais nova e mais completa de sua messianidade e filiação".[76] No entanto, Dunn reluta em dizer, como Biichsel, que o senso de filiação de Jesus fluiu de sua recepção do Espírito. Espírito e filiação são dois aspectos proeminentes da experiência religiosa de Jesus e ambos resultam de sua experiência no Jordão, mas não se pode dizer que um tenha prioridade sobre o outro, mas sim que são "dois lados da mesma moeda".[77] Nesse sentido, Dunn é mais sensível às dificuldades que a visão de Biichsel levanta para o Evangelho de Lucas. De fato, ele nega que o relato lucano sobre a experiência de Jesus no Jordão contradiga o que Lucas já escreveu nos capítulos 1 e 2 do Evangelho.[78] Dunn resolve a aparente contradição ao focar o esquema lucano da história da salvação. A experiência de Jesus no Jordão não foi tanto de Jesus se tornando o que não era antes, mas de Jesus entrando onde não estava antes – uma nova época no plano divino de redenção.[79]

Um segundo argumento central para Dunn é sua afirmação de que o Espírito é a essência e personificação da nova aliança. Esse argumento é particularmente importante para a interpretação de Dunn sobre

---

[74] *Holy Spirit*, p. 23-32, 40-41.
[75] *Jesus and the Spirit*, p. 49. Ver também "Spirit and Kingdom', pp. 36-40.
[76] *Holy Spirit*, p. 29.
[77] *Jesus and the Spirit*, p. 66. Ver também p. 62-67.
[78] *Holy Spirit*, p. 28.
[79] *Holy Spirit*, p. 28.

dom do Espírito no Pentecostes. Ele afirma que Lucas emprega o termo "promessa"[80] no mesmo sentido que Paulo para se referir à promessa da aliança de Deus para seu povo:

> Implícito aqui, portanto, é o conceito do Espírito como o cumprimento da nova aliança da promessa feita na antiga aliança. O dom do Espírito é agora o meio pelo qual as pessoas entram na bênção de Abraão. [...] É muito provável, portanto, que Lucas também visse o Espírito como a essência e a personificação da nova aliança, como aquilo que mais a distinguiria da antiga aliança.[81]

Que Lucas compreendeu o Espírito como a essência da nova aliança é confirmado pelo fato de que ele descreve o derramamento do Espírito como ocorrendo na Festa de Pentecostes. Isso é significativo, insiste Dunn, porque "o Pentecostes estava cada vez mais sendo considerado como o banquete que comemorava a entrega da Lei no Sinai".[82] Pentecostes, segundo ele, para Lucas, foi a doação da nova Torá. Assim, Dunn enfatiza a continuidade de Lucas com Ezequiel 36.26 e Jeremias 31.33 e, por último, Paulo.[83] A iniciação na nova era envolve a incorporação na nova aliança: ambas são mediadas pelo Espírito.

A vida da nova comunidade, bem como a de cada crente, é moldada pelo Espírito. Segundo Dunn, o Espírito forma os crentes incorporados ao corpo de Cristo, a Igreja. A pregação apostólica e a comunhão são um resultado direto da atividade do Espírito. "A narrativa histórica de Lucas neste momento demonstra a doutrina de Paulo".[84]

---

[80] τὴν ἐπαγγελίαν τοῦ πατρός [promessa do Pai] (Lc 24,49; Atos 1,4) e ἐπαγγελίαν [promessa] (At 2,33,38,39).
[81] *Holy Spirit*, pp. 47-48.
[82] *Holy Spirit*, p. 48. Veja também p. 49.
[83] *Holy Spirit*, p. 48.
[84] *Holy Spirit*, p. 51; cf. pp. 50-51.

Um terceiro ponto importante do argumento de Dunn é sua afirmação de que, para Lucas, "o dom do" ou "ser batizado no" Espírito sempre se refere a uma experiência iniciatória, o meio pelo qual alguém entra na nova era. Por essa razão, Dunn argumenta que Lucas não considerou os samaritanos, Paulo e os efésios como cristãos antes de terem recebido o dom do Espírito.[85]

A moldura da pneumatologia de Lucas que emerge é, de fato, muito semelhante à de Paulo. Certamente, existem diferenças. Dunn critica Lucas por ser "rudimentar" porque "compartilha do desejo dos entusiastas por tangibilidade".[86] O relato lucano também tende a ser "desigual", porque não lida suficientemente com os aspectos mais amplos da experiência religiosa da comunidade: "Em nenhum lugar essa desigualdade é mais evidente do que em seu completo desprezo pela experiência de filiação".[87] Em contraste, está Paulo, para quem a marca distintiva do Espírito é a sua "cristianidade". Essa foi a contribuição distintiva de Paulo, nascida de sua experiência pessoal.[88] No entanto, em última análise, o trabalho de Dunn sugere uma enorme quantidade de continuidade entre Paulo e Lucas em seus ensinos sobre o Espírito: pois o Espírito inicia o crente na nova era e medeia para ele a existência da nova aliança. Assim, o trabalho de Dunn aponta mais para a unidade do que para a diversidade entre os pensamentos de Paulo e Lucas.

A influência de Dunn não ficou sem justificativa. Ele apresentou uma tese cuidadosamente argumentada que vai muito além do trabalho anterior de Büchsel em sua sofisticação. Dunn integrou um amplo conhecimento dos modernos estudos com uma apreciação de algumas das dificuldades da perspectiva de Büchsel. Ao colocar a pneumatologia de Lucas no pano de fundo de seu esquema da história da salvação, Dunn mudou o foco da ênfase de Büchsel na "filiação" para "iniciação na nova era". Embora eu deva criticar os princípios fundamentais do argumento

---

[85] *Holy Spirit*, pp. 35-56 (samaritanos), 73-74 (Paulo), 83-84 (efésios).
[86] *Jesus and the Spirit*, p. 190
[87] *Jesus and the Spirit*, pp. 401-42. Ver também *Unity and Diversity*, pp. 194-95
[88] *Jesus and the Spirit*, p. 201. Ver também *Unity and Diversity*, p. 194.

de Dunn, é preciso reconhecer a importância de sua conquista.[89] Ele conseguiu colocar o argumento da continuidade num lugar de destaque na discussão moderna.

2.3 POSIÇÕES INTERMEDIÁRIAS

2.3.1 Heinrich von Baer[90]

Der Heilige Geist in den Lukasschriften (1926), de H. von Baer, pode ser visto como uma dupla polêmica contra H. Leisegang, o qual argumentou que a pneumatologia da Igreja Primitiva de modo generalizado refletia a influência helenística,[91] e contra as conclusões de Gunkel, descritas anteriormente. No entanto, as críticas de von Baer o levaram a desenvolver uma contribuição positiva. Observando o interesse de Lucas pela obra do Espírito e pela história da salvação, von Baer afirmou que os dois temas estão inter-relacionados: o Espírito é a força motriz por trás do esquema lucano da história da salvação. Esse foco na história da salvação forneceu a von Baer um pano de fundo distintamente judaico contra o qual pôde definir a pneumatologia lucana.

Antecipando as opiniões de Hans Conzelmann, von Baer argumentou que Lucas divide a história da salvação em três épocas distintas.[92] Na primeira época, várias figuras, particularmente João

---

[89] Observe a recente resposta de Dunn, "Baptism in the Spirit: A Response to Pentecostal Scholarship on Luke-Acts', *JPT*, n. 3 (1993), pp. 3-27. . Ver também minha réplica em "Luke and the Spirit: A Reply to James Dunn', *JPT*, n. 4 (1994), pp. 165-38.

[90] Pastor e teólogo luterano da Estônia [N. do E.].

[91] H. Leisegang, *Der heilige Geist: Das Wesen und Werden der mystisch-intuitiven Erkenntnis in der Philosophie und Religion der Griechen* [A essência e o desenvolvimento do conhecimento místico-intuitivo na filosofia e religião dos gregos] (1919), e *Pneuma Hagion: Der Ursprung des Geistbegriffs der synoptischen Evangelien aus der griechischen Mystik* [Pneuma Hagion: a origem do conceito de espírito dos evangelhos sinóticos do misticismo grego] (1922). Para a crítica de von Baer de Leisegang, ver *Der Heilige Geist*, pp. 13, 110, 138, 161; especialmente pp. 112-113, 131.

[92] H. Conzelmann, *The Theology of St Luke* (1961). Conzelmann reconhece sua dependência de von Baer, ainda que de certa forma inadequadamente (ver F. Bovon, "Aktuelle Linien

Batista, foram dotadas do Espírito de profecia para anunciar a vinda do Messias.[93] A segunda época foi inaugurada no nascimento de Jesus, quando "o Espírito de Deus como a essência do Filho de Deus aparece neste mundo".[94] A terceira época começou com o Pentecostes, o ponto em que o Espírito começa a operar na Igreja.[95]

Embora von Baer tentasse distinguir entre a natureza da atividade do Espírito nessas três épocas,[96] em nenhum lugar ele elaborou em detalhes suas características distintivas. Em vez de destacar os aspectos distintivos da obra do Espírito, von Baer tendeu a focar e continuidade que existia particularmente no relacionamento entre o Espírito e a proclamação:

> Uma característica dos escritos de Lucas, especialmente o livro de Atos, é que a atividade do Espírito está sempre direta ou indiretamente relacionada à proclamação do evangelho.[97]

Quando von Baer escreve que "o Espírito de Pentecostes é o Espírito da missão",[98] reconhece que está descrevendo a obra do Espírito ao longo do conjunto Lucas-Atos. Essa ambiguidade relativa à natureza da atividade distintiva do Espírito nas várias épocas ocorre ao longo da obra de von Baer. Aqui, então, há uma tensão fundamental que von Baer nunca resolveu.

Essa tensão é ilustrada no tratamento que von Baer dá à experiência de Jesus no Jordão. De acordo com von Baer, Lucas edita suas fontes para destacar os paralelos entre a experiência do Espírito de Jesus no batismo e a dos discípulos no Pentecostes. Em cada caso, o Espírito é primariamente

---

lukanischer Forschung" [Linhas atuais da pesquisa lucana], em *Lukas in neuer Sicht* [Lucas em uma nova perspectiva] [1985], p. 10).

[93] H. von Baer, *Der Heilige Geist*, pp. 45-47.
[94] *Der heilige Geist*, p. 49. Tradução, do alemão para o inglês, de Menzies.
[95] *Der Heilige Geist*, 92-93.
[96] *Der heilige Geist*, pp. 4, 45, 57-58, 111.
[97] *Der heilige Geist*, p. 103. Tradução, do alemão para o inglês, de Menzies.
[98] *Der heilige Geist*, p. 103. Tradução, do alemão para o inglês, de Menzies.

o poder para pregar o evangelho.[99] No entanto, von Baer insiste em que os dois eventos devem ser distinguidos, pois estão "em diferentes épocas da história da salvação e, portanto, devem ser julgados por padrões diferentes".[100] Exatamente como esses eventos devem ser distinguidos nunca é algo claramente delineado.

A tensão inerente ao trabalho de von Baer não é mais aparente do que quando ele critica a posição de Gunkel.[101] Em Atos 2, von Baer declara, encontramos "o poder do Espírito de Pentecostes para a renovação moral".[102] Essa afirmação está apoiada em textos nos quais o Espírito é citado como fonte de alegria (At 4.33), temor (At 2.43; 5.11) e unidade (4.32) .[103] No entanto, como observei, von Baer também coloca sua ênfase em outro ponto: "o Espírito de Pentecostes é o Espírito de missão".

Em suma, o impulso central de von Baer em *Der heilige Geist* não foi definir a natureza distintiva da atividade do Espírito nas várias épocas da história da salvação, mas mostrar que o Espírito é a força motriz por trás do esquema da história da salvação proposto por Lucas. Isso, no entanto, produz certa tensão no trabalho de von Baer, que nunca foi resolvida, como já dito acima. Por um lado, von Baer insiste que a atividade do Espírito é distinta em cada uma das várias épocas, mas, por outro lado, ressalta a continuidade fundamental que une a pneumatologia de Lucas e o esquema da história da salvação. Da mesma forma, von Baer afirma que o Espírito é a fonte da vida moral-religiosa do crente, mas ele reconhece que é fundamentalmente o poder para a proclamação do evangelho.[104] Fica-se com um sentido ambíguo.

Apesar da ambiguidade presente no trabalho de von Baer, ele é digno de nota por várias razões. Primeiro, von Baer argumentou de forma persuasiva contra Leisegang a respeito da origem judaica da pneumatologia

---

[99] *Der heilige Geist*, pp. 57-62, 98-99.
[100] *Der heilige Geist*, pp. 57-58. Tradução, do alemão para o inglês, de Menzies.
[101] *Der heilige Geist*, pp. 16-19; 100-102; 186-192.
[102] *Der Heilige Geist*, p. 188. Tradução, do alemão para o inglês, de Menzies.
[103] *Der heilige Geist*, pp. 188-90.
[104] Essa mesma ambiguidade caracteriza o trabalho recente de James Shelton, *Poderoso em palavras e obras* (Editora Carisma, 2018). Ver também R.P. Menzies, *JPT* 2 (1993), pp. 105-15.

lucana. Em segundo lugar, por sua ênfase no Espírito como força motriz no esquema de Lucas da história da salvação, ele antecipou o trabalho de Conzelmann e Dunn. Em terceiro lugar, as críticas de von Baer a Gunkel, com sua ênfase no Espírito como o "Espírito da missão" (*Missionsgeist*), deram nova direção à discussão sobre a natureza da pneumatologia de Lucas e sua relação com a de Paulo. Embora o próprio von Baer não tenha resolvido a tensão inerente ao seu trabalho, ele tentou estabelecer um caminho intermediário entre Gunkel, por um lado, e Biichsel, por outro.

2.3.2 Gonzalo Haya-Prats[105]

Escrito aproximadamente ao mesmo tempo que Dunn publicou o seu *Baptism in the Holy Spirit*, mas independente dele, a obra de G. Haya-Prats, *L'Esprit, force de l'église*, ofereceu conclusões sobre a pneumatologia de Lucas que diferiam dramaticamente das de Dunn.[106] Enquanto Dunn retratava o dom do Espírito como o clímax da iniciação da conversão, a fonte da existência da nova aliança, Haya-Prats argumentou que o Espírito não estava diretamente relacionado à conversão nem à salvação. No entanto, Haya-Prats não se contentou em restringir a pneumatologia de Lucas tão nitidamente quanto Gunkel ou Schweizer antes dele. O Espírito providenciaria mais do que poder profético. Dessa maneira, Haya-Prats assumiu a tensão no trabalho de von Baer e procurou resolvê-la.

....

[105] Gonzalo Haya-Prats, filósofo e teólogo espanhol, atualmente secularizado, recebeu seu doutorado pela Universidade Gregoriana. Desenvolveu sua atividade de ensino e administração no Chile, na Espanha e em Moçambique. Desde sua aposentadoria, tem colaborado com conferências e artigos em sites humanísticos e religiosos. Autor de *Impulsados por el Espíritu: El Espíritu Santo en los Hechos de los Apóstoles* (2011), com tradução para o francês, *L'Esprit force de l'eglise: Sa nature et son activité d'après les Actes des Apôtres* (1975) e tradução para o inglês, *Empowered Believers: The Holy Spirit in Acts* (2010) [N. do E.].

[106] G. Haya-Prats. *L'Esprit force de l'eglise: Sa nature et son activité d'après les Actes des Apôtres* [O Espírito, força da Igreja: sua natureza e atividade de acordo com os Atos dos Apóstolos] (1975). Esse trabalho, originalmente escrito em espanhol e posteriormente publicado em francês, mostra que seu autor não tinha conhecimento do trabalho de Dunn. Portanto, foi escrito provavelmente por volta de 1970.

Haya-Prats argumenta que existem três níveis discerníveis na história da composição de Atos. Primeiro, existia um registro do Pentecostes. Em segundo lugar, Lucas, o principal autor de Lucas-Atos, acrescentou a esse registro os relatos de Estevão, de Ananias e Safira e de Filipe, a fim de construir gradualmente duas perícopes de importância central: o relato sobre a conversão de Cornélio e a realização do Concílio de Jerusalém. Esses dois relatos, moldados por Lucas, mostram a intervenção decisiva do Espírito na evangelização dos gentios. Terceiro, as seções restantes de Atos foram completadas e amplificadas por um segundo redator que tentou imitar o estilo de Lucas. Assim, Haya-Prats afirma que Atos consiste em duas partes distintas: uma escrita por Lucas, o principal autor de Lucas-Atos, e a outra produzida por um redator posterior.[107]

As várias camadas da tradição e as respectivas partes de Atos que elas representam são distinguidas por Haya-Prats de acordo com a maneira pela qual a atividade do Espírito é descrita. Haya-Prats observa que, em várias passagens, o Espírito é descrito como operando em cooperação com um agente humano. O agente humano é objeto de uma ação da qual o Espírito é uma causa complementar.[108] Haya-Prats denomina esse modo de atividade de *influx complémentaire* [influxo complementar]. Porém, em outras passagens a atividade do Espírito é ressaltada com tanta força, que o papel do agente humano quase desaparece. O Espírito assume total controle, substituindo as decisões e ações do agente humano. Nessas passagens, o Espírito é frequentemente o único sujeito de uma ação. Esse modo de atividade é denominado *irruptions absorbantes*.[109] Haya-Prats argumenta que a redação de Lucas na primeira parte de Atos é dominada pela atividade *influx complémentaire*. A segunda parte de Atos, no entanto, é caracterizada pelas *irruptions absorbantes*, e, portanto, atribuída a um redator posterior.[110] Por esse motivo, a pneumatologia distintiva de Lucas emerge mais claramente da seção inicial de Atos e do Evangelho.

---

[107] *Force*, pp. 73-82.
[108] *Force*, pp. 73-78.
[109] *Force*, pp. 73-78.
[110] *Force*, pp. 73-82. *Force*, pp. 73-78.

Acima de tudo, três passagens se destacam como centrais à preocupação teológica de Lucas: o batismo de Jesus (Lc 3), o Pentecostes de Jerusalém (At 2) e o Pentecostes gentio (At 10).[111]

Com base em sua análise da parte inicial de Atos, Haya-Prats afirma que Lucas não retrata o dom do Espírito como o clímax da iniciação da conversão. Três argumentos principais apoiam sua tese. Primeiro, Haya-Prats argumenta que Lucas não relaciona diretamente o dom do Espírito ao batismo nas águas. Observando que o dom do Espírito é concedido à parte (antes ou depois) do batismo nas águas, Haya-Prats caracteriza o relacionamento como " internamente independente".[112] Em segundo lugar, Haya-Prats insiste que, no esquema de Lucas, a fé inicial não resulta do dom do Espírito; antes, essa fé é um pré-requisito para a recepção do Espírito.[113] Terceiro, de acordo com Haya-Prats, o Espírito não é fonte de perdão nem de purificação progressiva. Em vez disso, "Lucas atribui a Jesus a obra total da salvação".[114]

Positivamente, Haya-Prats argumenta que, para Lucas, o Espírito é a fonte de poder especial que realça (*réactivation extraordinaire* [reativação extraordinária]) certos aspectos da vida cristã já presentes no crente.[115] Geralmente, o Espírito dá orientação profética ao povo de Deus e, dessa maneira, dirige o plano de desenvolvimento da salvação divina na história. No entanto, Haya-Prats distingue dois aspectos da obra do Espírito: a *historique/kérygmatic* [histórico/kerigmático] e a *eschatologique/fruitif* [escatológico/frutífero].[116] A dimensão *historique/kérygmatic* do Espírito fornece poder especial para proclamar o evangelho. Haya-Prats limita essa

---

111 *Force*, pp. 192-193, 203.

112 *Force*, p. 137. Tradução, do alemão para o inglês, de Menzies.

113 *Force*, pp. 125-129, 130.

114 *Force*, p. 125. Tradução de Menzies. Por esse motivo, Haya-Prats, como Schweizer, não atribui milagres de cura à obra do Espírito (pp. 37, 147, 173).

115 *Force*, pp. 138-163. Haya-Prats reconhece que, para Lucas, o Espírito, às vezes, tem um significado ético. No entanto, ele nega que o Espírito seja o autor da santificação, pois o Espírito apenas realça certas características cristãs já presentes no crente, e essa é uma circunstância especial, não representativa do desenvolvimento cristão comum (p. 147).

116 *Force*, pp. 165-193. De acordo com Haya-Prats, o entendimento de Lucas sobre o Espírito é amplamente moldado pelo AT.

dimensão a Jesus e aos apóstolos.[117] A dimensão *eschatologique/fruitif* do Espírito, experimentada por todos os crentes, serve como sinal ou garantia de salvação. É uma antecipação da plenitude da salvação. Haya-Prats apoia essas distinções de sua análise nos textos de Lucas, particularmente as três passagens centrais mencionadas anteriormente: Lucas 3, Atos 2 e Atos 10.

No batismo, Jesus experimentou a dimensão *historique/kérygmatic* do Espírito: ele foi ungido com poder para sua missão messiânica. No entanto, essa não era a "promessa do Espírito". Somente em sua exaltação Jesus recebeu "a promessa do Espírito". Essa experiência em sua exaltação era bem diferente do que Jesus havia experimentado anteriormente no Jordão, pois, como rei messiânico, ele recebeu "o dom escatológico do Espírito" e o concedeu ao povo de Deus, para judeus (At 2) e gentios (At 10)[118].

Por essa razão, Haya-Prats insiste que a dimensão *eschatologique/fruitif* do Espírito é mais proeminente no Pentecostes.[119] O Espírito é recebido pelos discípulos como uma antecipação da plenitude da salvação. Manifestações dessa antecipação escatológica são louvores inspirados (glossolalia e profecia) e alegria. Essas manifestações testificam que os destinatários do Espírito foram incorporados ao povo escatológico de Deus.[120] Eles sinalizam o início de uma nova época, uma era do fim dos tempos em que a salvação é oferecida a todos. A dimensão *historique/kérygmatic* do Espírito não está totalmente ausente no Pentecostes, mas está limitada aos apóstolos.[121]

Segundo Haya-Prats, Lucas destaca os paralelos entre Atos 2 e Atos 10, a fim de ressaltar sua continuidade. Como em Atos 2, a dimensão *eschatologique/fruitif* do Espírito é mais proeminente em Atos 10: "O

---

[117] *Force*, pp. 165-193, 206-207.

[118] *Force*, pp. 69-70, 169-70, 174-75, 179, 182-83, 187, 193, 206-208. Essa dimensão do Espírito é, em certo sentido, também experimentada por outros membros da hierarquia, como os sete diáconos; contudo, de acordo com Haya-Prats, eles devem ser diferenciados dos apóstolos por serem escolhidos pelos apóstolos, que continuam sendo os líderes da expansão da Igreja (por exemplo, Pedro, em Atos 10). (Ver as páginas 182-183, 207-208.)

[119] *Force*, pp. 69-70, 170-175.

[120] *Force*, pp. 173-176, 185-189.

[121] *Force*, p. 169. Ver também p. 138

Espírito atesta que os gentios foram santificados pela fé em Jesus sem ter que observar a lei de Moisés e, dessa maneira, facilitar sua entrada *en masse* [em massa] na Igreja".[122]

Seguindo von Baer, Haya-Prats vê o Espírito em Lucas-Atos como a força motriz por detrás da história da salvação. No entanto, em contraste com von Baer e Dunn, Haya-Prats distingue nitidamente a obra de Jesus e o Espírito no esquema lucano: salvação é obra de Jesus; o Espírito guia o desenvolvimento histórico da história da salvação. Dessa maneira, Lucas separou a obra do Espírito da conversão, santificação e salvação.[123] Assim, segundo Haya-Prats, o Espírito não inicia nem sustenta a vida cristã naquele esquema. Em suma, o Espírito não é a fonte da existência cristã comum.

Parece que, da perspectiva de Haya-Prats, as pneumatologias de Lucas e Paulo são radicalmente diferentes. No entanto, vimos que Haya-Prats distinguia entre dois aspectos da obra do Espírito. Embora Lucas, às vezes, apresente a dimensão *historique/kérygmatic* da obra do Espírito, a dimensão *eschatologique/fruitif* representa o aspecto fundamental da pneumatologia lucana.[124] Por meio de seu foco na dimensão *eschatologique/fruitif* do Espírito, Haya-Prats encontrou um terreno comum significativo entre as pneumatologias de Lucas e Paulo, mantendo ao mesmo tempo a ideia de que o Espírito, para Lucas, não era a fonte da existência cristã comum. Embora eu questione a validade da distinção de Haya-Prats entre as dimensões *eschatologique/fruitif* e *historique/kérygmatic* da atividade do Espírito, e particularmente sua insistência de que este último seja limitado aos apóstolos, Haya-Prats representa uma alternativa significativa à posição adotada por Dunn.

---

[122] *Force*, p. 192. Sobre Atos 10, ver pp. 189-93.
[123] *Force*, pp. 201-202.
[124] *Force*, p. 200.

2.3.3 Max Turner[125]

A contribuição de Max Turner para a discussão atual vem na forma de uma tese de doutorado em Cambridge e de diversos outros trabalhos publicados.[126] À semelhança de Haya-Prats e von Baer, Turner abordou a questão quase exclusivamente da perspectiva da segunda metade do Evangelho de Lucas. O trabalho de Turner, de forma variada, lembrava os argumentos de Haya-Prats. Seguindo Haya-Prats, Turner criticou a tese de Dunn em vários pontos, particularmente a insistência de que o dom do Espírito iniciou o crente na nova era.[127] Ambos argumentaram que Lucas não equipara simplesmente o dom do Espírito, à salvação.[128] E Turner, como Haya-Prats, insistiu que o dom do Espírito para Lucas, oferecia mais do que simplesmente poder para proclamar o evangelho.[129] Aqui, porém, é o ponto no qual os caminhos de Turner e Haya-Prats se separam. Haya-Prats argumentou que o dom do Espírito tinha dois aspectos, nenhum dos quais diretamente relacionado à existência cristã comum. Turner, por outro lado, insistiu que, para Lucas, o dom pentecostal era o meio de comunicação entre o Senhor e seus discípulos. Portanto, o dom do Espírito era, na perspectiva lucana, essencial para a existência cristã (depois do Pentecostes).[130] Turner e Haya-Prats procu-

---

[125] Max B. Turner foi diretor de pesquisa e professor de Novo Testamento no London Bible College (atualmente London School of Theology), Londres, Inglaterra [N. do E.].

[126] Max B. Turner: *Luke and the Spirit: Studies in the Significance of Receiving the Spirit in Luke-Acts* (1980). Outras obras de Turner relacionadas ao assunto incluem: "The Significance of Spirit Endowment for Paul', *VE*, n. 9 (1975), pp. 56-69; 'Spirit Endowment in Luke-Acts: Some Linguistic Considerations", *VE*, n. 12 (1981), pp. 45-63; "Jesus and the Spirit in Lucan Perspective", *TynBul*, n. 32 (1981), pp. 3-42; "The Spirit of Christ and Christology", in *Christ the Lord* (1982), pp. 168-90; "Spiritual Gifts then and now", *VE*, 15 (1985), pp. 7-64; "The Spirit of Prophecy and the Power of Authoritative Preaching in Luke-Acts: A Question of Origins", *NTS*, n. 38 (1992), pp. 66-88.

[127] *Luke and the Spirit*, pp. 148-55.

[128] *Luke and the Spirit*, pp. 178-79.

[129] *Luke and the Spirit*, pp. 159, 183-84.

[130] Ver "Spirit Endowment in Luke-Acts", p. 59; "Jesus and the Spirit", p. 39; "Spiritual Gifts", pp. 40-41; e "Christology", pp. 180-81. O pensamento de Turner parece ter passado por um processo de desenvolvimento nesse momento. Em "Luke and the Spirit", Ele sugere que não é preciso receber pessoalmente o dom do Espírito para viver como cristão em relação a Deus: a

raram resolver a tensão no trabalho de von Baer e construir uma ponte entre as escolas de Gunkel e Biichsel. Enquanto a solução de Haya-Prats tinha mais afinidades com a escola de Gunkel, Turner se identificou mais com Biichsel e seus seguidores.

Mediante uma análise detalhada dos textos lucanos relevantes, Turner procurou responder à pergunta: "Qual atividade (ou nexo de atividades) do Espírito divino está sendo pensada para ser comunicada ao discípulo (ou iniciada nele) quando ele recebe o Espírito?"[131] A resposta de Turner a essa pergunta é moldada em grande parte por sua afirmação de que Lucas pensava o Espírito em termos judaicos do Espírito de profecia:

> No Espírito de profecia, a Igreja Primitiva tinha um conceito que poderia ser prontamente adaptado para falar de seu novo sentido como consciência imediata de Deus e de comunicação com ele, e, ao mesmo tempo, para se referir ao caráter carismático de boa parte de seus cultos em comunidade.[132]

Segundo Turner, a função essencial do Espírito, no judaísmo, como o Espírito de profecia, era revelar a mensagem de Deus ao seu profeta. Criticando a posição de Schweizer, Turner sustenta que o Espírito, como poder de pregar o evangelho, tem pouca relação com qualquer "típica ideia judaica" do "Espírito de profecia".[133] O Antigo Testamento e a literatura do judaísmo tardio[134] indicam que

---

existência cristã pode ser mantida através da resposta aos carismata manifesto por outros (ver p. 178, em especial p. 184). No entanto, ele afirma que o dom do Espírito é recebido por cada cristão após o Pentecostes (p. 159). Nos ensaios subsequentes citados acima, Turner parece ver a recepção do dom como um elemento essencial da experiência cristã individual. Assim, ele sustenta que é o *sine qua non* da existência cristã (por exemplo, "Spiritual Gifts" p. 41).

[131] *Luke and the Spirit*, p. 35.
[132] *Luke and the Spirit*, p. 134
[133] *Luke and the Spirit*, 65.
[134] Turner sustentou que o Espírito de profecia, como entendido pelo judaísmo apocalíptico, Qumran, Judaísmo rabínico e até Filon de Alexandria permanece aproximadamente dentro das diretrizes do conceito do AT (*Luke and the Spirit*, p. 66).

A esfera apropriada de atividade do Espírito de profecia não é, portanto, a transmissão de caráter ou da autoridade carismática para a entrega de uma mensagem, mas geralmente a revelação prévia ao profeta do conteúdo da mensagem a ser entregue como um oráculo, ou sobre a qual deve pregar. Profecia e pregação podem se sobrepor, mas a atividade do Espírito de profecia e o empoderamento dado pelo Espírito ao pregador em sua pregação são papéis complementares que não se correspondem.[135]

Turner interpreta Lucas como modificando e ampliando essa compreensão judaica. Para Lucas, a função do Espírito de profecia é diversa: o Espírito concede sabedoria, revela a vontade de Deus, edifica a comunidade por meio dos κάίσματα e inspira a pregação e o louvor.[136] Com base em sua crítica a Schweizer, Turner também afirma que o Espírito é a fonte de milagres de curas e exorcismos.[137] A extensão em que Lucas, na perspectiva de Turner, ampliou o conceito judaico é vista mais claramente em sua compreensão do dom do Espírito no Pentecostes:

> Muito claramente, após a ascensão, esse dom prometido por Pedro [At 2.38-39] é uma condição sine qua non da existência cristã. A pessoa que conhece a presença do Senhor, que experimenta Jesus falando com ele em seu coração [...] qualquer pessoa deve tudo isso ao Espírito experimentado, como o que Lucas quer dizer com o Espírito de profecia prometido por Joel.[138]

---

[135] *Luke and the Spirit*, p. 66.
[136] "Spirit Endowment in Luke-Acts", p. 58. Turner discute a evolução do pensamento sobre o Espírito de profecia no judaísmo e as modificações feitas pelos primeiros cristãos, em *Luke and the Spirit*, pp. 66-67, 130-34, 178-80.
[137] *Luke and the Spirit*, pp. 66-67, 139-146.
[138] *Spiritual Gifts*, p. 41. [Passagem bíblica entre colchetes acrescentada pelo tradutor]

Em resumo, de acordo com Turner, o Espírito de profecia é, para Lucas, fundamentalmente "o órgão de comunicação" entre Deus e a humanidade.[139] No entanto, Turner, como Haya-Prats, distingue entre o modo como o Espírito atua no ministério de Jesus e no dos discípulos, entre a experiência do Espírito de Jesus no Jordão e a dos discípulos no Pentecostes.

Turner afirma que a experiência de Jesus com o Espírito no Jordão foi essencialmente uma unção profética, uma investidura de poder para cumprir seus deveres messiânicos.[140] A experiência de Jesus no Jordão não fornece a ele poder para renovação moral ou alguma nova consciência existencial de filiação. Isso resultou do nascimento milagroso de Jesus. No Jordão, Jesus é ungido com poder para cumprir seu papel de arauto escatológico, o Moisés do fim dos tempos, que anuncia e traz libertação a Israel.[141] Portanto, Turner argumenta que a função principal do Espírito, como o Espírito de profecia, não é revelar mensagens divinas para Jesus; antes, o Espírito capacita sua palavra para que ela possa ser revelada a outros.[142] Em resumo, Jesus recebe o Espírito em favor de outros.

Contudo, a experiência dos discípulos no Pentecostes não deve ser comparada à de Jesus no Jordão. Falando sobre os discípulos, Turner escreve: "Seria sem significado afirmar que eles recebem o 'mesmo' Espírito [como Jesus]".[143] Embora, de acordo com Turner, os discípulos, antes de Pentecostes e durante o ministério de Jesus,[144] já tivessem começado a experimentar o Espírito, com a recepção do Jesus exaltado [pós ressurreição e ascensão] e subsequente doação do Espírito aos discípulos, temos o desencadeamento de um novo nexo da atividade do Espírito:

---

[139] *Spiritual Gifts*, p. 40. Ver também *Luke and the Spirit*, p. 185, em que Turner fala do Espírito como o "instrumento de revelação" para os discípulos.
[140] *Luke and the Spirit*, pp. 53, 56-57, 73, 76, 81, 93, 158, 180-181.
[141] *Luke and the Spirit*, p. 85: Turner, com base em Lc 4.1, 14, argumenta que Lucas retrata Jesus como o Moisés escatológico. Ver também "Christology", pp. 176-179.
[142] *Luke and the Spirit*, pp. 180-184.
[143] *Luke and the Spirit*, p. 185. Ver também *Jesus and the Spirit*, pp. 28-33.
[144] *Luke and the Spirit*, pp. 96-116; especialmente pp. 108-109, 115-16.

O dom do Espírito é o meio pelo qual o Jesus agora ascendido [aos céus] pode continuar a trazer as bênçãos do messiânico ἄφεσις [perdão], ou a salvação para sua Igreja e por ela ao mundo. Sem esse dom não poderia haver cristianismo após a ascensão, exceto como uma lembrança persistente do que havia acontecido nos dias de Jesus. O Espírito de profecia, como Lucas o entende, é a vitalidade da comunidade, tanto em seu testemunho de Jesus quanto em sua própria vida religiosa.[145]

Em vista dessa distinção, Turner insiste que o dom do Espírito no Pentecostes não foi primariamente um empoderamento para a missão; essa é "apenas uma esfera possível[...]. Lucas coloca pelo menos igual ênfase no Espírito como instrumento de revelação aos discípulos".[146] Enquanto Jesus recebeu o Espírito para os outros, os discípulos receberam o Espírito, em grande parte, para si mesmos.

Assim, a partir de Pentecostes, o Espírito aviva a comunidade, fornecendo o elo entre o Senhor ascendido e sua Igreja. No entanto, isso não significa que Lucas retrate o dom do Espírito como a fonte da salvação *in totum*. Turner oferece críticas detalhadas à tese de Dunn de que, para Lucas, o dom medeia para seu destinatário as bênçãos da nova aliança para o crente. O dom do Espírito "não é a matriz da vida da nova aliança, mas um elemento importante nela".[147] Com base em sua análise de Atos 8.4-24, Turner conclui:

> O próprio fato da separação do batismo em relação ao recebimento do Espírito e as características da descrição lucana favorecem a visão de que ele não identificou o receber do Espírito como o dom da própria salvação messiânica, mas

---

[145] *Luke and the Spirit*, p. 159.
[146] *Luke and the Spirit*, p. 185.
[147] *Luke and the Spirit*, p. 155. Ver pp. 148-55 para crítica de Turner a Dunn sobre esse ponto.

como um nexo particular: a versão cristã da esperança do judaísmo pelo Espírito de profecia.[148]

Turner, como Schweizer e Haya-Prats antes dele, enfatizou a importância do conceito judaico do Espírito de profecia para a pneumatologia lucana. No entanto, mediante suas críticas à análise de Schweizer sobre o Espírito de profecia no judaísmo e de sua descrição da modificação do conceito por Lucas, Turner levantou novas questões sobre a importância desse conceito para Lucas e ofereceu uma nova e estimulante análise da pneumatologia lucana. Para Lucas, o Espírito não é a matriz da existência da nova aliança nem um *donum superudditum*. Antes, o Espírito, como o Espírito de profecia, é o meio de comunicação entre Deus e os homens: essencial para a existência cristã, mas não idêntico a ela.

3. A tese

A pesquisa apresentada há pouco revelou que, além dos ensaios de Schweizer e Hill, que foram elaborados segundo abordagens gerais e, portanto, carecendo de argumentação mais detalhada, todos os principais estudos pós-Gunkel afirmaram a relativa homogeneidade da pneumatologia da Igreja Primitiva. É geralmente afirmado que a dimensão soteriológica da atividade do Espírito, que é tão proeminente nas epístolas paulinas, já era, em uma extensão significativa, parte integrante da pneumatologia da Igreja Primitiva (Büchsel, Dunn). Além disso, argumenta-se que essa perspectiva exerceu considerável influência sobre Lucas. Assim, diz-se que ele viu o dom do Espírito como a fonte de purificação e transformação moral (Dunn, von Baer),[149] o vínculo essencial que liga o indivíduo cristão a Deus (Turner) e um antegozo da salvação por vir (Haya-Prats).

---

[148] *Luke and the Spirit*, p. 170.
[149] Ver também J. Kremer, *Pfingstbericht und Pfitzgstgeschehen: Eine exegetische Untersuchung zur Apg* 2,1-13 [(Relatório de Pentecostes e eventos pentecostais: um estudo exegético sobre Atos dos Apóstolos 2.1-13] (1973), pp. 177-79, 197, 219-220, 273; G. W. H. Lampe, God as

Nas páginas a seguir, desafiarei essas conclusões. Procurarei estabelecer que Lucas nunca atribui funções soteriológicas ao Espírito e que sua narrativa pressupõe uma pneumatologia que exclui essa dimensão (por exemplo, Lc 11.13; At 8.4-17; 19.1-7). Mais especificamente, argumentarei que Lucas descreve consistentemente o Espírito como a fonte de inspiração profética, que (concedendo discernimento especial e discurso inspirador) capacita o povo de Deus para um serviço eficaz. Dois argumentos inter-relacionados serão oferecidos para apoiar essa tese.

Na primeira parte, argumentarei que as funções soteriológicas geralmente não eram atribuídas ao Espírito no judaísmo intertestamentário. O Espírito era considerado a fonte de inspiração profética, um *donum superadditum* concedido a várias pessoas para que elas pudessem cumprir uma tarefa divinamente designada. As únicas exceções significativas a essa perspectiva são encontradas nos escritos sapienciais posteriores (1QH,[150] Sabedoria).

Na segunda parte, argumentarei que Lucas, influenciado pela percepção judaica dominante, retrata consistentemente o dom do Espírito como um dom profético que permite que seu destinatário participe

---

Spirit: The Bampton Lectures, 1976 (1977), pp. 64-72; J. H. E. Hull, *The Holy Spirit in the Acts of the Apostles* (1967), pp. 45-46, 53-55, 143-68.

[150] **1QH**: é a sigla pela qual é conhecido "um dos pergaminhos encontrados pelos beduínos [nas imediações do Mar Morto], na caverna de número 1, comprado em novembro de 1947 por Eleazar Sukenik para a Hebrew University. É composto por uma coleção de aproximadamente trinta poemas semelhantes aos salmos bíblicos. Pelo fato de que em sua maioria esses poemas começam com a frase 'Agradeço-te, Senhor', Sukenik os designou como 'Rolo de Ação de Graças', e os próprios poemas passaram a ser chamados de 'Hodayat' (em português, Salmos ou Hinos de Ação de Graças). As fotos e as transcrições desses pergaminhos, denominados 1QH, foram publicadas nos '*Manuscritos do Mar Morto*' da Hebrew University. [Tais Salmos] tinham importância e autoridade para a comunidade que os escreveu e os preservou nas cavernas perto do Mar Morto. Eles refletem o vocabulário distinto e as ideias religiosas que marcaram esse tipo de judaísmo [do período tardio do Segundo Templo] encontrado em outras obras essenciais, como a *Regra da Comunidade* e o *Pergaminho de Guerra*, e pelo menos alguns poemas podem ter sido compostos pelo Mestre da Justiça, o fundador desta seita", cf. Eileen M. Schuller e Carol A. Newsom, *The Hodayot (Thanksgiving Psalms): A Study Edition of 1QHa*, Atlanta, GA: Society for Biblical Literature, 2012, p. 9. [Sukenik, arqueólogo, professor e diretor do Museu de Antiguidades Judaicas da Hebrew University, em Jerusalém, foi responsável pela organização do Departamento de Arqueologia daquela universidade e foi um dos primeiros acadêmicos a reconhecer a idade e a importância dos manuscritos do Mar Morto] [N. do E.].

efetivamente da missão divina. Embora a Igreja Primitiva, seguindo os passos de Jesus, ampliasse as funções tradicionalmente atribuídas ao Espírito no judaísmo do primeiro século e, assim, apresentasse o Espírito como a fonte do poder para a realização de milagres (assim como a inspiração profética), Lucas resistiu a essa inovação. Para ele, o Espírito permaneceu a fonte de discernimento especial e do discurso inspirado. O corolário importante é que nem Lucas e nem a Igreja Primitiva, assim como Paulo, atribuíram significado soteriológico ao dom pneumático. Portanto, distinguirei a pneumatologia "profética" de Lucas da perspectiva "carismática" da Igreja Primitiva, por um lado, e, por outro, a compreensão "soteriológica" de Paulo acerca do Espírito.

Na terceira parte, esboçarei as implicações de minhas descobertas para questões geradas pelo surgimento do movimento pentecostal. Especificamente, discutirei o significado da pneumatologia lucana para as perspectivas pentecostais clássicas sobre o batismo no Espírito: a doutrina de que o batismo no Espírito é uma experiência "subsequente e distinta da" conversão; e de que a glossolalia é a "evidência física inicial" dessa experiência.

Finalmente, como conclusão, resumirei minhas descobertas.

PARTE I

PERSPECTIVAS
PNEUMATOLÓGICAS
NO JUDAÍSMO
INTERTESTAMENTÁRIO

INTRODUÇÃO

Artigos e livros exaltando as virtudes dos estudos judaicos para a interpretação do Novo Testamento são mais do que numerosos. Os escritos volumosos de Jacob Neusner, com a capacidade produtiva de Geza Vermes e E. P. Sanders, além de trazerem renovado interesse e controvérsia aos estudos judaicos, também aumentaram a conscientização sobre a importância do campo para o estudo do Novo Testamento. Hoje todo o mundo concorda com a afirmação de que "Jesus era judeu".[151] O corolário importante para este estudo é o fato de que os primeiros cristãos que refletiram sobre o significado de sua experiência do Espírito o fizeram à luz de sua origem judaica. De fato, devido aos primeiros esforços de H. Gunkel, F. Biichsel e H. von Baer, agora é reconhecido que o judaísmo forneceu a estrutura conceitual para a reflexão pneumatológica de Lucas e da Igreja Primitiva antes do próprio Lucas. Por essa razão, minha investigação sobre o caráter da pneumatologia lucana

---

[151] G. Vermes, "Jewish Studies and New Testament Interpretation", *J/JS* 31 (1980), p. 1: "Tenho certeza de que não é nenhuma surpresa, como o foi para muitos leitores do grande estudioso da Bíblia alemão Julius Wellhausen, no início deste século [século XX], ouvir que Jesus não era cristão, mas judeu. Veja também G. Vermes, *Jesus the Jew: A Historian's Reading of the Gospels* (1973).

começa com um levantamento das várias perspectivas pneumatológicas que estavam presentes no judaísmo intertestamentário.

Para facilitar a análise, organizei as fontes em quatro grupos: literatura da diáspora, literatura palestina, literatura de Qumran e literatura rabínica. Embora as fontes da diáspora e da Palestina possam ser distinguidas com base na linguagem e na geografia, o significado dessas distinções, como se tornará aparente, não deve receber demasiada ênfase. Martin Hengel estabeleceu que, a partir de meados do século III d.C., a "Palestina judaica não era uma ilha hermeticamente fechada no mar do sincretismo oriental helenístico".[152] Claramente, linhas firmes de demarcação não podem ser traçadas simplesmente com base na linguagem e na geografia.

---

[152] M. Hengel, *Judaism and Hellenism* (1974), l, p. 3 12. Ver também Davies, Paul, pp. 1-16; e D. E. Aune, *Prophecy in Early Christianity and the Ancient Mediterranean World* (1983), p. 16.

CAPÍTULO 2
A literatura da Diáspora[153]

1. *A Septuaginta*

Com a tendência de traduzir como *pneuma* a *ruah* [vento, Espírito] das Escrituras em hebraico, os tradutores da LXX acrescentaram

---

[153] As fontes examinadas incluem os escritos produzidos durante o período intertestamentário em regiões fora da Palestina e escritos originalmente em grego: Acréscimos a Ester; Daniel (isto é, A Oração de Azarias; O Hino dos Três Jovens; a História de Susana; Bel e o Dragão); A Oração de Manassés; A Epístola de Jeremias; Demétrio; Eupolemus; Artapanus; Cleodemus; Fílon, o poeta épico; Teódoto; Ezequiel, O Tragédico; Aristóbulo; Oráculos Sibilinos 3.98-808; Pseudo-Hecataeus; Pseudo-Phocylides; 2º Enoque: 3º Baruque; 3º e 4º Macabeus; Carta de Aristeas; Livro da Sabedoria; os escritos de Fílon de Alexandria; os escritos de Flávio Josefo; o Texto Alexandrino (K) do Antigo Testamento Grego (LXX); Tratado de Shem (embora o Tratado de Shem tenha originalmente sido escrito provavelmente em hebraico ou aramaico, eu o listo na literatura da diáspora devido à sua proveniência, que, segundo J. H. Charlesworth, provavelmente foi Alexandria [*Pseudoepígrafa*, p. 475]); Apócrifo de Ezequiel; Apocalipse de Sofonias; Testamento de Jesus; Escada de Jacó; Oração de José; Órfica; Fragmentos de poetas pseudogregos; Aristeas, o Exegeta; Pseudo-Eupolemo. José e Asenath foram excluídos de consideração devido à sua possível origem do século II a.C. (ou posterior) e evidências de interpolações cristãs. Veja T. Holtz, "Christliche Interpolationen in 'Joseph und Aseneth'", *NTS* 14 (1967-1968), pp. 482-97. As subseções focadas em um único autor são organizadas (com exceção de Josefo) em ordem cronológica. Essas obras podem ser datadas da seguinte forma: (1) LXX (século III a.C.). A Carta de Aristeas coloca os escritos da LXX durante o reinado do rei Ptolomeu II Filadelfo (284-247 a.C.). Embora a natureza lendária do conto não deva ser contestada, a data da composição provavelmente está próxima da marca. (2) Os escritos de Josefo (c.90 a.D.). Essa data é amplamente reconhecida e confirmada pelo próprio Josefo. (3) O Livro da Sabedoria de Salomão (primeiro século a.C.). A data dessa fonte continua sendo motivo de disputa. Embora seja geralmente colocada no primeiro século a.C., as datas possíveis variam de meados do século II a.C. a meados do primeiro século a.D. (4) Os escritos de Fílon (c.25 a.C.). Essa data é comumente aceita e substanciada por comentários autobiográficos.

novas dimensões ao termo. Enquanto, no pensamento grego, com a notável exceção do estoicismo, *pneuma* não era geralmente associado a Deus e confinado a tais conceitos, como "vento, respiração e ar", na LXX a associação com a divindade se torna bastante comum. Da mesma forma, embora os gregos frequentemente aludissem à inspiração profética, eles raramente a relacionavam com *pneuma*.[154] No entanto, no LXX, o *pneuma* de Deus é rotineiramente descrito como a fonte de inspiração profética. De fato, à parte da inspiração do Espírito, a profecia genuína é uma impossibilidade.

Para os tradutores da LXX, a atividade característica do Espírito era a profecia (por exemplo, Nm 11.25-26; 1 Rs 10.6-7; Ez 2.2-3). A estreita associação entre o Espírito e a atividade profética é particularmente evidente em dois casos em que *pneuma* é inserido no texto da LXX, embora, no texto massorético,[155] Espírito [*ruah*] esteja totalmente ausente:

1. Em Números 23.7, pouco antes de Balaão proferir sua profecia, a LXX insere a frase: "o Espírito de Deus veio sobre ele" [*kai egenē-thē pneuma theou ep' autōn*][156], que aparece no TM em 24.2 com referência a Balaão. Assim, o tradutor da LXX tomou essa frase no texto hebraico "e veio sobre ele o Espírito de Deus" (ĕlōhîm rūaḥ *'ālāw wattəhî*), e não apenas a traduziu como aparece em Números 24.2, mas também a inseriu em Números 23.7, mostrando sua propensão a atribuir profecia ao Espírito.

2. Em Zacarias 1.6, a palavra do Senhor veio a Zacarias dizendo: "Mas recebestes minhas palavras e minhas ordenanças, tudo o que eu vos ordeno pelo meu Espírito (*en pneumati mou*) e aos meus servos, os profetas?" A frase pelo meu Espírito (*en pneumati mou*)

---

[154] M. Isaacs, *The Concept of Spirit* (1976), p. 15.

[155] O texto massorético [TM] é a forma final do texto da Bíblia Hebraica. O texto foi trabalhado por escribas judeus que durante a Alta Idade Média cuidaram o que é hoje conhecido como Antigo Testamento, preservando-o. Estes escribas introduziram no texto os sinais de vocalização, acentuações e notas explicativas. Dito em outras palavras, o TM é o texto hebraico vocalizado. [N. do R.]

[156] Todos os textos da LXX citados são de A. Rahlfs, *Septuaginta* (1979).

está ausente do texto massorético (TM), e indica o quanto esse tradutor em particular associou a inspiração profética ao Espírito.

Em suma, o conceito *pneuma* (espírito, vento) recebe uma definição mais ampla pro meio de sua associação com a *ruah* (espírito, vento) do TM. De importância primeira para este estudo é a maneira pela qual vários tradutores da LXX equiparam a inspiração profética com a atividade do Espírito.

2. Judaísmo da Diáspora: Vários Textos

Embora a atividade do Espírito não seja um tema proeminente em grande parte na literatura judaica helenística do período intertestamentário, existem referências dispersas que merecem atenção, além de Flávio Josefo, de Fílon de Alexandria e do Livro da Sabedoria[157].

2.1 O ESPÍRITO COMO A FONTE DA INSPIRAÇÃO PROFÉTICA

Quando na literatura judaica intertestamentária é feita referência[158] ao divino *pneuma*, quase sempre ela aparece como fonte de atividade profética (inspiradora da fala profética ou concessão de conhecimentos especiais). Para Aristóbulo, profecia e inspiração pelo Espírito estão inextricavelmente unidas.. Eusébio registra a afirmação de que pessoas inteligentes

---

[157] A expressão "Livro da Sabedoria" é usada pelo tradutor, apesar de não constar no original de Menzies, no qual essa obra é sempre simplesmente citada como *Wisdom*. O tradutor achou por bem usá-la, para evitar que o título da obra do período intertestamentário *Sabedoria* usado por Menzies seja confundido com o substantivo "sabedoria" na língua portuguesa [N. do E.].

[158] "Nesta literatura" estão incluídos todos os trabalhos citados na seção introdutória como fontes para o judaísmo da diáspora, excluindo-se os trabalhos tratados separadamente: a LXX, Flávio Josefo, os trabalhos de Fílon e o Livro da Sabedoria.

"se maravilham com a sabedoria de Moisés e com o Espírito divino, de acordo com o qual ele também foi proclamado como profeta" (*kath' ho kai prophētēs anakekēryktai*)[159]. A preposição *kata* indica que Moisés foi proclamado profeta por causa da maravilhosa atividade do Espírito em sua vida.

Na *História de Susana*,[160] a narrativa é sobre como o jovem Daniel, que recebeu os dons especiais de discernimento e sabedoria, foi capaz de expor a traição de duas testemunhas cujo falso testemunho condenou Susana por adultério. A LXX atribui essa sabedoria especial a um anjo, que deu um "espírito de entendimento" (*pneuma syneseōs*) ao jovem Daniel (LXX, Sus 45). No entanto, Teodócio altera a leitura da LXX e atribui o discernimento especial de Daniel diretamente ao Espírito Santo. De acordo com Teodócio, "Deus agitou o Espírito Santo" (*exēgeiren ho theos to pneuma to hagion*) já presente em Daniel (Teodócio, Sus 45). Não há menção aqui à mediação de anjos do conhecimento. Ambos, a assistência angélica (Dn 9.21; 10.5), e o poder do Espírito (Dn 4.9,18; 5.11), estão associados ao Daniel já adulto. Aparentemente, a antiga tradição foi retomada pelo autor da leitura da LXX e, a posterior, por Teodócio.[161]

Um manuscrito grego do *Testamento de Jó* [45.3] atribui o recitativo de Elifás de um hino à inspiração do Espírito.[162] Louvor inspirado também está associado com o Espírito em 48.3:

> Ela [Hemera] falou em êxtase no dialeto angelical, entoando um hino a Deus de acordo com o estilo dos hinos angélicos.

---

[159] Fragmento 2 de "Aristóbulo", em Eusébio, *Praeparatio Evangelica* 8.10.4. Tradução para o inglês de A. Yarbro Collins, "Aristobulus", Charlesworth, *The Old Testament Pseudepigrapha*, II, p. 838 (1985). O texto grego citado é de A. M. Denis, *Fragmenta* pseudepigraphorum qu ae supersunt graeca (1970), p. 218.

[160] A *História de Susana* (Sus = Livro de Susana) é uma adição feita pela *Septuaginta* ao livro de Daniel, em seu capítulo 13, considerada deuterocanônica pelos protestantes, mas aceita por católicos e ortodoxos [N. do E.].

[161] Essa hipótese é apresentada por C. A. Moore em "Daniel, Ester e Jeremias", em *The Additions* (2. ed., 1978), p. 108.

[162] Ver R. P. Spittler, "Testamento de Jó", em Charlesworth, *Pseudepigrapha*, II, p. 861, nota no capítulo 43.

> E, enquanto ela falava em êxtase, permitiu que fosse inscrito em suas vestes "O Espírito"[...][163]

Vimos que textos isolados da diáspora, de maneira consistente com tradutores da LXX, apresentam o Espírito como fonte da atividade profética. As únicas exceções descrevem o divino *pneuma* como o sopro de Deus que dá vida física a todos os homens. Assim, lemos: "o espírito é um empréstimo de Deus (*theou krēsis*) para os mortais (Pseudo Foclides, 106).[164] 2Enoque lista sete componentes do ser humano. O sétimo é "seu espírito de meu [de Deus] espírito e do vento" (30.8).[165]

A falta de referências ao Espírito em outros contextos indica que a experiência do Espírito foi virtualmente identificada com a inspiração profética. Embora *Oração de Manassés*, 7b-15, seja semelhante ao Salmo 51.1-14 em estrutura e conteúdo",[166] o texto é silencioso a respeito do Espírito. O Salmo 51.11a, "não me repulses", é paralelo ao verso 13 do *Oração*, mas o 51.11b, 'não me retires o teu Santo Espírito", está notavelmente ausente.

2.2 SABEDORIA, LEI E RAZÃO: A FONTE DA VERDADEIRA RELIGIÃO

A sabedoria esotérica pode ser associada à inspiração do Espírito na literatura da diáspora (por exemplo, Teodócio, Susana 45). No entanto, a sabedoria em um nível mais fundamental é virtualmente identificada

---

[163] Tradução, para o inglês, de Spittler, "Testamento de Jó", p. 866.

[164] Tradução, para o inglês, de P. W. van der Horst, "Pseudo-Foclides", em Charlesworth, *Pseudepigrapha*, II, p. 578; Texto, em grego, de Denis, *Fragmenta Pseudepigraphorum Graeca*, p. 152.

[165] Tradução, para o inglês, de F. I. Andersen, 2 (Apocalipse eslavo de) Enoque, em Charlesworth, *Pseudepigrapha*, 1, p. 151. Manuscritos existentes de 2Enoque estão disponíveis apenas em eslavo, portanto o texto grego subjacente não está disponível.

[166] Para os paralelos entre Oração de Manassés e Salmo 51, ver Charlesworth, *Pseudepigrapha*, II, p. 630.

com o estudo racional da Lei. Esse é certamente o caso na definição de sabedoria que lemos em 4Macabeus 1.15-19:

> Agora, sugiro, a razão é a mente fazer uma escolha deliberada da vida da sabedoria. A sabedoria (*sophia*), a seguir, é o conhecimento dos assuntos divinos e humanos e suas causas. E essa sabedoria, presumo, é a cultura que se adquire da Lei (*hautē dē toinyn estin ē tou nomou paideia*), pela qual aprendemos com reverência os assuntos divinos e os assuntos humanos em nosso proveito. Agora, as formas de sabedoria consistem em prudência, justiça, coragem e autocontrole. A prudência (*phrónēsis*) é suprema sobre tudo isso, pois, por meio dela, a razão domina as paixões (*hex hēs dē tōn pathōn ho logismos epikratei*).[167]

Nesse texto, a fonte da sabedoria é a instrução da Lei (*hē tou nomou paideia*). O resultado mais significativo da sabedoria é a prudência (*phrónēsis*), pois por meio dela as paixões são controladas pela razão. Da mesma forma, o vínculo entre a Lei e o intelecto (*nous*) é feito em 2.23: "Ao intelecto ele deu a Lei, e se um homem vive sua vida pela Lei, ele reinará sobre um reino que seja moderado, e justo, e bom e corajoso". Aqui, novamente, as virtudes da sabedoria resultam como a mente ou o intelecto segue a lei.[168]

Todo o livro de 4Macabeus exalta o triunfo da razão sobre as paixões. Eleazar, os sete filhos e sua mãe, todos torturados e mortos por Antíoco por não terem comido alimentos impuros, são oferecidos como exemplos do triunfo da razão sobre a paixão, da vitória da verdadeira religião centrada na Lei. Os mártires são justificados, pois a ressurreição é a derradeira recompensa por tal vida (17.18; 18.18; 18.23).

---

[167] Tradução, para o inglês, de Anderson, 4Macabeus, em Charlesworth, *Pseudepigrapha*, II, p. 545.
[168] Veja também 18.1-2.

Segundo o autor do 4Macabeus, a fonte da verdadeira religião é o intelecto informado pela Lei, no lugar da iluminação do Espírito. Assim, enquanto a sabedoria esotérica é atribuída ao Espírito na literatura, a conquista sapiencial em um nível mais fundamental está associada com o estudo racional da Torá, independentemente da iluminação do Espírito.

2.3 FONTES DE PODER MILAGROSO

Embora a atividade profética seja frequentemente atribuída à ação do Espírito, eventos milagrosos não associados à fala inspirada ou revelação especial são sempre atribuídos a outras fontes: a anjos, ao nome de Deus e ao próprio Deus. De acordo com o *Hino dos Três Jovens*, um anjo do Senhor salvou os hebreus do calor do forno (LXX: Dn 3.49). É também um anjo que arrebata Enoque ao céu mais alto (2En 67.2).

Artapanus atribui poder milagroso à vontade de Deus e ao nome divino. Ele registra como Moisés, que havia solicitado a libertação de seu povo, foi trancado na prisão pelo rei do Egito. Quando a noite chegou, de acordo com o relato de Eusébio, "todas as portas da prisão se abriram por si mesmas" (Pr. Ev. 9.27.23). Clemente de Alexandria, no entanto, diz que a prisão foi aberta à noite "pela vontade de Deus" (*katà boulēsin tou theou*; *Stromata* 1.154.2).[169] Moisés foi ao palácio do rei e o acordou. Assustado, o rei ordenou a Moisés que declarasse o nome do Deus que o havia enviado. Eusébio então registra esses eventos climáticos:

> Ele se inclinou para a frente e pronunciou [o nome divino] em seu ouvido. Quando o rei ouviu, ficou sem palavras (*hakousanta de ton Basilea pesein aphōnon*) (Pr. Ev. 9.27.25).[170]

---

[169] Tradução, para o inglês, de J. J. Collins, "Artapanus", em Charlesworth, *Pseudepigrapha*, II, p. 901. Texto, em grego, de Denis, *Fragmenta Pseudepigraphorum Graeca*, p. 192.

[170] O texto de Clemente de Alexandria, neste ponto, é quase idêntico. O texto em grego é de Denis, *Fragmenta Pseudepigraphorum Graeca*, pp. 192-93.

3. Flávio Josefo

Ao lidar com o Antigo Testamento, Flávio Josefo retém o uso de *pneuma* com referência ao vento e à respiração. No entanto, ele reluta em empregar *pneuma* com referência ao espírito da humanidade, e esse uso praticamente desaparece. Quando *pneuma* se refere a Deus, Flávio Josefo está muito mais pronto a conservá-lo, embora prefira a ideia de "espírito divino" (*pneuma theion*) a espírito de Deus (*pneuma theou*) da LXX. De especial relevância para este estudo é o peso que Flávio Josefo atribui a *pneuma* como o "Espírito de Deus". Flávio Josefo nos deixou pistas importantes sobre sua própria percepção do papel do Espírito de Deus pelas alterações que introduziu no texto do Antigo Testamento. Para essas pistas, volto-me agora.

3.1 ADIÇÕES DE PNEUMA À SEPTUAGINTA E/OU AO TEXTO MASSORÉTICO

Em quatro ocasiões, Flávio Josefo insere *pneuma* em textos nos quais o termo não está presente no TM ou na LXX, mas é encontrado no contexto imediato. Em *Antiguidades* 4.108, refletindo Números 22.15-16, Flávio Josefo introduz a ideia de que a jumenta de Balaão estava consciente do *pneuma* de Deus. O Espírito se aproxima da jumenta, que começa a falar com uma voz humana. Embora o TM (24.2) e a LXX (23.7; 24.2) se refiram ao Espírito que vem sobre Balaão, nenhum deles fala do Espírito com referência à jumenta. Flávio Josefo acrescenta, assim, a ideia de que a fala da jumenta, bem como a profecia de Balaão foram inspiradas pelo *pneuma* divino. Da mesma forma, em *Ant.* 4.119-20, Flávio Josefo altera a leitura do TM e da LXX de Números 23.12 para que o discurso profético de Balaão seja atribuído ao *pneuma de Deus*, em vez de a Deus. O texto de Josefo enfatiza a passividade de Balaão e a compulsão do Espírito. Em *Ant.* 6.166, Flávio Josefo amplia o relato da transferência do Espírito de Saul para Davi (1Rs 16.13-14), notando que Davi começou a profetizar quando o Espírito veio sobre ele. E, em uma repetição interpretativa de 1Rs 22.21-25, um dos personagens de Flávio Josefo declara: "saberás se ele é realmente um verdadeiro profeta e tem o poder do Espírito divino" (*kai tou theiou pneumatos echei thēn dynamin*), *Ant.* 8.408).[171]

Em cada adição citada acima, o *pneuma* de Deus é retratado como a fonte da profecia. Isso é ainda mais impressionante quando se observa que naquelas passagens em que Flávio Josefo mantém a referência bíblica ao Espírito, todas, exceto uma (*Ant.* 1,27 = Gn 1.2), se referem ao *pneuma* divino como fonte de inspiração profética.[172] No entanto, nunca fala dos profetas contemporâneos como inspirados pelo Espírito. Ele estava sem dúvida satisfeito com o fato de que a profecia inspirada pelo Espírito era uma coisa do passado.

Há uma adição do *pneuma* divino a um contexto do Antigo Testamento em que a referência ao Espírito está totalmente ausente. Ant. 8.1/4 (1Rs 8.27-30) registra a súplica de Salomão ao Senhor: "envia uma porção do teu Espírito para habitar no templo". Flávio Josefo pode ter interpretado o pedido de Salomão como um pedido de revestimento do dom profético aos sacerdotes do templo. Ou possivelmente, como Ernest Best sugere, Josefo substituiu *Shekinah*, um termo que seria estranho aos gregos, por *pneuma*[173].

3.2 OMISSÃO E INTERPRETAÇÃO DE *PNEUMA*

Flávio Josefo não apenas adiciona referências sobre o *pneuma* de Deus aos textos do Antigo Testamento; ele também omite essas referências,

---

[171] Todas as citações de Flávio Josefo (inglês e grego) são de H. J. Thackeray (ed.), *Josephus* (LCL, 1926-1965).

[172] E. Best justificadamente minimiza o significado dessa única exceção: "Em 1.27, *pneuma* não desempenha um papel claro; a lealdade a uma passagem tão importante das Escrituras depende de sua retenção; um grego poderia facilmente entender "vento" ou "respiração" ("The Use and Non-Use of Pneuma by Josephus", *NovT* [1959], p. 223).

[173] Best, "Josephus", p. 223.

substituindo-as por comentários interpretativos. Em várias passagens em que a LXX fala explicitamente do Espírito que vem sobre os indivíduos, Josefo altera o texto para dizer que eles profetizaram. Assim, enquanto em Juízes 13.25 lemos sobre Sansão: "o Espírito do Senhor começou a despertá-lo", em *Ant.* 5.285 Josefo escreve: "ficou claro [...] que ele deveria ser profeta". Da mesma forma, Josué (*Ant.* 4.165 = Nm 27.18), Azarias (*Ant.* 8.295 = 2Cr 15. l), Zacarias (*Ant.* 9.168 = 2 Cr 24.20) e Jaaziel (*Ant.* 9.10 = 2Cr 20.14) profetizam. É digno de nota que Sansão, que foi dotado de força descomunal para derrotar os filisteus, é chamado de "profeta" por Josefo (*Ant.* 5.285). Aqui Josefo usou o termo "profeta" de uma maneira bastante ampla. Esse uso parece sugerir que Josefo atribuiu a operação de milagres e de grandes façanhas de força ao Espírito. No entanto, a omissão do Espírito por Josefo em contextos nos quais milagres e façanhas especiais são mencionados indica que esse não seria o caso. De acordo com Juízes 14.6, o Espírito do Senhor veio sobre Sansão e permitiu-lhe despedaçar um leão. Ainda em *Ant.* 5.287, nenhuma menção é feita à atividade do Espírito. Novamente em Juízes 14.19 diz-se que Sansão, inspirado pelo Espírito, matou trinta filisteus; o registro dessa história em *Ant.* 5.294 omite qualquer referência ao Espírito. De acordo com Juízes 15.14-15, o Espírito do Senhor capacitou Sansão a soltar-se de suas amarraduras e matar mil filisteus com a queixada de um jumento. Ainda em *Ant.* 5.301, a façanha é atribuída simplesmente à "assistência de Deus" (*theou synergian*). Outras façanhas, como o translado milagroso de Elias (*Ant.* 8.333 = 1Rs 18.12), a interpretação dos sonhos por José (Ant. 2.87 = Gn 41.38) e as habilidades especiais dadas aos artesãos (Ant. 3.200 = Êx 28.3; 32.3; 35.31), ainda que atribuídas ao Espírito na LXX, não são ligadas por Josefo explicitamente ao *pneuma* divino[174].

A omissão do *pneuma* nesses textos indica que Josefo via o Espírito exclusivamente como fonte da sabedoria esotérica e da fala inspirada. Essa perspectiva é consistente com a estreita associação entre o Espírito e a profecia que encontramos em outros lugares nos escritos de Josefo. Profecia é a transmissão da sabedoria esotérica por meio de uma fala inspirada.

---

[174] Ver F. Manns. *Le symbole eau-esprit* (1983), p. 147, n. 33; e Best, "Josephus", pp. 224-25.

A perspectiva de Josefo também está de acordo com o padrão geral do pensamento judaico no período intertestamentário. As ações do profeta não foram limitadas por Josefo (por exemplo, Sansão, *Ant.* 5.285) ou por seus contemporâneos (*Ant.* 20.167-68; *Guerra* 2.259) à profecia oracular. De fato, Josefo ridiculariza os líderes dos movimentos revolucionários como "falsos profetas" que prometeram realizar milagres legitimadores (*Ant.* 20.168). No entanto, os autores judeus do período, como Josefo, exibem uma notável relutância em atribuir ações milagrosas ao Espírito.

4. Sabedoria de Salomão

O autor do Livro da Sabedoria emprega *pneuma* com variados significados. O termo refere-se à respiração ou ao vento[175], uma força que permeia "preenchendo o mundo" e mantém todas as coisas juntas (Sb 1.7), fonte da vida física e fonte da sabedoria. As referências ao *pneuma* que se enquadram nas duas últimas categorias formarão a base dessa análise.

4.1 *PNEUMA* COMO FONTE DE VIDA FÍSICA

Como fonte da vida física, *pneuma* se refere a um dom permanente que Deus concede a todo ser humano na criação. O autor do Livro da Sabedoria afirma que o "Espírito imortal" de Deus (*to aphtharton pneuma*) está em todos (12.1). Assim, ele castiga o fazedor de ídolos, "porque ele nunca conheceu o Deus que o moldou, que nele inspirou uma alma ativa e soprou nele um espírito vivo" (*pneuma zotikon*; 15.11), e repudia a idolatria, pois os ídolos são feitos por uma pessoa "que tomou emprestado o seu espírito" (*to pneuma dedaneismenos*; 15.16).

---

[175] Para *pneuma* como fôlego, ver Sb 2.3; 5.3; e 11.20. Para *pneuma* como vento ou ar, ver Sb 5.11, 23; 7.20; 18.18.

4.2 *PNEUMA* COMO FONTE DA SABEDORIA

O autor do Livro da Sabedoria também identifica o Espírito de Deus com a sabedoria de Deus. Ele usa os termos *pneuma* e *sophia* de maneira intercambiável (Sb 1.4-7; 9.17), refere-se ao "espírito de sabedoria" (*pneuma sophias*; 7.7; cf. 7.22) e descreve a sabedoria como "um sopro do poder de Deus" (*atmis [...] tēs tou theou dynameōs*; 7.25). Ele também transfere à sabedoria funções normalmente reservadas ao Espírito. O Espírito é frequentemente citado na literatura da diáspora como fonte de discernimento especial concedido aos líderes (*Amtscharisma*)[176]. No entanto, no Livro da Sabedoria, esse papel é assumido pela sabedoria: a sabedoria fez de José o governante do Egito (10.14) e permitiu que Moisés resistisse a Faraó (10.16). A profecia, em outras partes da literatura atribuída à inspiração do Espírito, também está associada à sabedoria (7.27; 11.1). Portanto, é difícil distinguir entre *pneuma* e *sophia*. No entanto, como R. Scroggs observa, vários textos sugerem que "*sophia* é mais o conteúdo da revelação, enquanto *pneuma* é o meio pelo qual esse conteúdo é revelado"[177]. Assim, parece que a identificação entre o Espírito e a sabedoria no Livro da Sabedoria deve ser vista principalmente em termos de sua função: a sabedoria é experimentada por intermédio do Espírito.

O autor do Livro da Sabedoria distingue claramente o *pneuma* divino, que todos os humanos têm como princípio da vida, do Espírito da sabedoria[178]. Enquanto fonte de sabedoria, o Espírito é concedido apenas àqueles que humildemente o pedem em oração (7.7; cf. 8.20-21; 9.4). É também negado aos ímpios (1.5). O caráter desse dom pneumático recebe uma expressão mais clara na Oração de Salomão:

---

[176] Ver, por exemplo, "Josephus", *Ant.* 6.166 (1Rs 6.13-14) e Fílon, *Gig* 24 (Nm 11.17).
[177] R. Scroggs, "Paul: Sophos Pneumatikos", *NTS* 14 (1967), p. 50. Scroggs cita Sb 1.4-7; 7,22-23, e particularmente 9.17 nessa sua consideração.
[178] G. Verbeke, *L'évolution de la Doctrine du Pneuma* (1945), pp. 228-30.

Ninguém pode conhecer a tua vontade, se tu não lhe deres a sabedoria, se das alturas não enviares o teu Espírito (*epemphas to agion sou pneuma apo ypsistōn*)? Foi assim que aqui na terra os povos encontraram o caminho certo, e aprenderam o que te agrada; eles foram salvos por meio da tua sabedoria (*kai tē sophia esōthēsan*) (Sb 9.17-18).

Considero que o Espírito é frequentemente citado nos textos da diáspora como a fonte de sabedoria esotérica[179]. A perspectiva de Sabedoria 9.17-18 é única na medida em que todo grau da realização sapiencial, do mais baixo ao mais alto, é atribuído ao dom do Espírito. De fato, à parte da iluminação do Espírito, a vontade de Deus não pode ser conhecida. Assim, o autor do Livro da Sabedoria vê o dom do Espírito como fonte essencial da moral e da vida religiosa. Como tal, é necessário ter o dom do Espírito para poder alcançar a salvação[180]. Embora *sōzō* (salvo) do verso 18 possa referir-se principalmente à preservação física[181], em outros lugares, imortalidade e autoridade sobre as nações são prometidas aos justos e sábios (Sb 3.1-9; cf. 5.1-23)[182].

J. C. Rylaarsdam observa corretamente que o autor do Livro da Sabedoria, mediante a identificação da sabedoria com o Espírito, transformou o conceito de sabedoria[183]. O corolário importante é que essa identificação também transformou o conceito de Espírito[184]. Em contraste com seus contemporâneos discutidos adiante, eu não vejo o dom do Espírito como um *donum superadditum* que permite aos profetas ou sábios cumprirem sua tarefa divinamente ordenada. Pelo contrário,

---

[179] Veja, por exemplo, Sus 45 (Teodócio); Eusébio, *Pr. Ev.* 8.10.4; e Josefo, *Ant.* 8.408.
[180] J. S. Vos, *Traditionsgeschichtliche Untersuchungen zur paulinischen Pneumatologie* (1973), p. 64.
[181] Ver Sb 10.4; 14.4,5; 16.7, 11; 18.5.
[182] Ver também Sb 6.18; 8.13,17; 15.3.
[183] J. C. Rylaarsdam, *Revelation in Jewish Literature* (1946), pp. 116-17.
[184] G. T. Montague, *The Holy Spirit: Growth of a Biblical Tradition* (1976), p. 110.

o dom do Espírito é a fonte essencial da vida moral e religiosa; e, como tal, é uma necessidade soteriológica[185].

5. Fílon

G. Verbeke observa que Fílon, influenciado significativamente pela filosofia helenística, emprega o termo *pneuma* de quatro maneiras distintas.[186] Fílon usa o termo com referência a um dos quatro elementos: ar (*Gig.* 22)[187]; uma força imaterial que une elementos materiais (*Deus Imm.* 35- 36)[188]; o aspecto racional da alma humana (*Leg. All.* 1.32-33); e inspiração profética (*Gig.* 24). Limitarei minha análise a esses dois últimos usos mencionados.

5.1 *PNEUMA* COMO O ASPECTO RACIONAL DA ALMA

Fílon afirma que a essência da alma comum a humanos e animais é o "sangue", mas a essência da alma "inteligente e razoável" (*noeras kai logikēs*) é o espírito divino (*pneuma theion*) (*Spec. Leg.* 4.123)[189]. De acordo com Fílon, esse pneuma divino é soprado em toda alma humana na criação. Faz a mente (*nous*), que é o elemento mais alto da alma, racional e capaz de conhecer a Deus (*Leg. All.* 1.31-38)[190]. Embora a alma, que permite que a mente seja dominada pelos desejos do corpo, em certo sentido, possa morrer (*Leg. All.* 1.105-108)[191], o potencial para a imortalidade

---

[185] Vos, *Untersuchungen*, p. 65.
[186] Verbeke, *Pneuma*, pp. 237-51.
[187] Veja também *Ebr.* 106; *Cher.* 111; e *Op. Mund.* 29-30.
[188] Veja também *Rer. Div. Her.* 242; e *Op. Mund.* 131.
[189] Todas as citações de textos de Fílon (em grego e inglês) são de F. H. Colson e G. H. Whitaker, *Fílon* (10 volumes e 2 Suplementos, Vols. LCL, 1929-1962).
[190] Veja também *Op. Mund.* 135; *Det. Pot. Ins.* 80-90; *Plant.* 18-22; e *Congr.* 97.
[191] Veja também *Quaest. in Gen.* 1.16,51; *Rer. Div. Her.* 52-57, 242-45.

reside no dom divino de *pneuma*, a mente ou aspecto racional da alma, concedido a toda alma na criação[192].

Fílon, à semelhança do autor do Livro da Sabedoria, afirma que é necessário receber o dom do *pneuma* para conhecer a vontade de Deus e alcançar a imortalidade. Contudo, diferentemente daquele autor, Fílon mantém que, na criação, tal dom foi dado a todos os humanos[193]. Essa ênfase única na universalidade do dom do Espírito permite a Fílon afirmar a centralidade da graça divina sem negar a responsabilidade humana[194]. A perspectiva de Fílon fica claramente expressa em *Leg. All.* 1.33-34, em que procura explicar "por que Deus considerou digna do fôlego divino a mente terrena amante do corpo". Em sua resposta inicial, Fílon realça o caráter gracioso de Deus: Deus ama dar coisas boas a todos, "mesmo àqueles que não são perfeitos" (*kai tois mē teleios*), "encorajando-os a buscar e participar da virtude" (*prokaloumenos autous eis metousian kai zēlon aretēs*). Fílon então aponta para o corolário importante: como todos têm capacidade de buscar a virtude, ninguém sem virtude pode reivindicar que Deus os esteja punindo injustamente.

5.2 *PNEUMA* COMO A FONTE DA INSPIRAÇÃO PROFÉTICA

Há um sentido em que o *pneuma* divino não é uma possessão permanente de todo ser humano. Como fonte de inspiração profética[195], o dom do Espírito é reservado para um grupo seleto e é temporário em sua

---

[192] Ver *Leg. All.* 1.31-38, as referências citadas acima e as seguintes literaturas secundárias: A. Wolfson, *Fílon* (1948), I, pp. 393-413; Verbeke, *Pneuma*, p. 242; A. Laurentin, "Le pneuma dans la doctrine de Philon", *ETL* 27 (1951), p. 411; D. T. Runia, *Filon of Alexandria and the Timaeus of Plato* (1986), pp. 336-38; B. A. Pearson, *The Pneumatikos-Psychikos Terminology* (1973), pp. 18-21.

[193] Isaacs, *Spirit*, p. 42.

[194] Verbeke, *Pneuma*, pp. 243-244.

[195] Para o termo *prophētikon pneuma*, consulte *Fug.* 3 e *Vit. Mos.* 1.50, 277.

natureza[196]. O destinatário do dom recebe um discernimento especial e a persuasividade da fala.

Segundo Fílon, existem três tipos de conhecimento[197]: (1) o conhecimento determinado pelos sentidos mediante a observação; (2) o conhecimento que é alcançado pela reflexão filosófica; (3) e a mais alta forma de conhecimento, o "conhecimento puro" (*Gig*. 22), que transcende a razão[198]. "Conhecimento puro" é alcançado mediante uma experiência de êxtase profético inspirado pelo Espírito "dado apenas a relativamente poucos homens bons e sábios"[199]. A natureza extática dessa experiência é frequentemente realçada por Fílon. Ele descreve o estado profético em termos de "frenesi inspirado" (*theophorētheisa*) (*Rer. Div. Her.* 69), "intoxicação divina" (*theia methē*) (*Leg. All.* 3.82) e "êxtase" (*ekstasis*) (*Rer. Div. Her.* 249, 265-66).

Fílon fornece numerosos exemplos do poder revelador do Espírito de profecia. Moisés, o profeta por excelência, recebe sabedoria especial para que possa liderar a nação (*Vit. Mos.* 2,40). Quando os filhos de Israel ficaram desanimados durante a fuga do Egito, Moisés lhes deu coragem profetizando sua libertação futura (*Vit. Mos.* 2.246-52). Moisés também emitiu palavras proféticas de orientação sobre o maná do céu (*Vit. Mos.* 2.259-60) e o sábado (*Vit. Mos.* 2.263-64).

No *Gig*. 22, Fílon declara que *theou pneuma* é puro conhecimento [*akēratos epistēmē*] que é compartilhado por todo homem sábio. Ele apoia o declaração citando dois textos-prova do Antigo Testamento: uma citação de Êxodo 31.2-3, "E Deus chamou pelo nome a Bezalel [...] e o encheu com o espírito divino, com sabedoria, entendimento e conhecimento para inventar todo trabalho" (*Gig*. 23), seguida por uma alusão a "esse espírito de perfeita sabedoria" (*tou pansofou pneumatos ekeinou*) que Moisés transmitiu aos setenta anciãos (*Gig*. 24 = Nm 11.17).

....

[196] Ver *Gig*. 20-21; *Quaest. in Gen.* 1.90; *Rer.Div. Her.* 259; e *Deus Immut.* 2.
[197] J. Davis, *Wisdom and Spirit* (1984), p. 52.
[198] *Gig*. 13-14. Ver também Wolfson, *Philo*, II, pp. 7-10.
[199] Pearson, *Pneumatikos-Psychikos*, p. 45.

O Espírito também capacita o profeta a comunicar a mensagem divina com poder persuasivo. Fílon descreve como o Espírito veio sobre Abraão e deu às suas palavras especial persuasão (*Virt.* 216-19). A estreita associação entre o Espírito de profecia e a fala inspirada é consistente com a ênfase de Fílon à natureza extática da profecia. No *Spec. Leg.* 4.49, Fílon descreve o profeta como um veículo passivo pelo qual o Espírito fala:

> Pois nenhum pronunciamento de profeta é sempre dele; ele é o intérprete movido por um Outro em todas as suas declarações; quando não sabendo o que faz, ele é cheio de inspiração, pois a razão se retira subtendo a cidadela da alma a um novo visitante e inquilino, o Espírito Divino se apodera do órgão vocal e dita as palavras que expressam claramente sua mensagem profética.[200]

É possível, como sugere Marie Isaacs, que Fílon tenha limitado a inspiração do Espírito profético aos profetas dos períodos bíblicos[201]. Embora fale da inspiração profética como uma realidade contemporânea[202], tal qual Josefo, nunca liga a profecia contemporânea à inspiração do Espírito.

6. Resumo

Na literatura da diáspora, o Espírito de Deus quase sempre aparece como a fonte de atividade profética. Como tal, inspira falas e concede sabedoria esotérica. A conquista sapiencial em um nível mais fundamental é alcançada através do estudo da Torá (sem ajuda do Espírito). A literatura mostra uma relutância geral em associar o Espírito a ações

---

[200] Ver também *Quaest. in Gen.* 3.9.
[201] Isaacs, *Spirit*, p. 49. Ver também Wolfson, *Philo*, II, p. 54.
[202] Fílon afirma que experimentou inspiração profética (*Abr.* 35; *Migr. Abr.* 34-35; *Cher.* 27).

miraculosas. Pela identificação funcional do Espírito e da sabedoria, o autor do Livro da Sabedoria rompe com seus contemporâneos e atribui significado soteriológico ao dom pneumático. Ele insiste em que o dom do Espírito é a fonte da realização sapiencial em todos os níveis. Portanto, a recepção do dom é necessária para que se conheça a vontade de Deus e se alcance a imortalidade. Fílon, com sua concepção do Espírito como o racional elemento da alma, oferece um paralelo mais próximo a essa perspectiva. No entanto, em contraste com o autor do Livro da Sabedoria, Fílon insiste que esse dom é concedido a toda alma humana na criação. Na perspectiva de Fílon, o dom pneumático que é reservado às pessoas piedosas é o Espírito de profecia.

CAPÍTULO 3

A literatura palestina*

1. A aquisição da sabedoria no Eclesiástico

Para Ben Sirach, a lei é o *locus* da sabedoria[203]. Sendo assim, a aquisição da sabedoria está intimamente ligada ao estudo da Lei (6.37; 21.11; 15.1). No entanto, Ben Sirach pode relacionar essa sabedoria nomística à inspiração do Espírito:

---

[203] As fontes examinadas incluem os seguintes escritos judaicos escritos na Palestina entre 190 a.C. e 100 d.C., tendo a maioria sido escrita em linguagem semítica: o Livro dos Jubileus; 1Enoque; Pseudo-Filo; 1Baruque; Salmos de Salomão; 1Esdras; 4Esdras; Eclesiástico; Tobias; Judite; 1 e 2Macabeus (embora 2Macabeus tenha sido escrito originalmente em grego, eu o incluo entre as fontes palestinas devido à sua grande afinidade com o judaísmo da Palestina; veja R. Longenecker, *Paul: Apostle of Liberty* [1964], pp. 8, 12; e G. Stemberger, *Der Leib der Auferstehung* [1972], p. 8); Testamento de Moisés, Vida de Adão e Eva; A vida dos profetas; Eldade e Medade; Mais salmos de Davi; e o Martírio de Isaías. Evitei analisar os Testamentos dos Doze Patriarcas nesta seção porque eles refletem um alto grau de influência cristã.
As subseções que destacam um autor em especial estão colocadas em ordem cronológica. Essas obras devem ser datadas da seguinte forma: (1) Eclesiástico (c. 180 a.C.). Veja G. Nickelsburg, *Jewish Litterature between the Bible e the Mishnah* (1981), p. 55, e E. Schürer, *The History of the Jewish People* (1986), III, 1, p. 202; (2) 1Enoque (século II a.C. – século I d.C.). 1Enoque é uma obra compartilhada entre vários autores de várias épocas. Veja E. Issac, '1 (Ethiopic

Diferente é aquele que aplica a sua alma,
o que medita na lei do Altíssimo
Ele investiga a sabedoria de todos os antigos
ocupa-se de suas profecias
Conserva as narrações dos homens célebres
penetra na sutileza das parábolas
Investiga o sentido obscuro dos provérbios,
deleita-se com os segredos das parábolas
Presta serviços no meio dos grandes
e é visto diante dos que governam
Percorre países estrangeiros
fez a experiência do bem e do mal entre os homens
Desde a manhã, de todo coração,
volta-se para o Senhor, seu criador
Suplica diante do Altíssimo
abre sua boca em oração
Suplica o perdão dos seus pecados
Se for da vontade do supremo Senhor
ele será repleto do *espírito de inteligência*
(πνεύματι συνέσεως ἐμπλησθήσεται)
Ele mesmo fará chover abundantemente palavras de sabedoria
e na sua oração dará graças ao Senhor
Ele mesmo adquirirá a retidão do julgamento e do conhecimento
meditará os seus segredos
Ele mesmo manifestará a instrução recebida
gloriar-se-á da lei da aliança do Senhor (Eclesiástico 39.1-11)

....

Apocalypse of) Enoch' em Charlesworth, Pseudepigrapha I, pp. 6-7. Veja Eclesiástico 1.26; 3.27; 6.37; 15.1; 19.20; 21.11; 24.23; 33.3; 34.7-8.

A expressão πνεύματι συνέσεως (39.8) sem dúvida se refere à sabedoria que vem do Espírito de Deus. O uso da palavra πνεῦμα sem artigo combina com essa proposta, porque em Eclesiástico 48.24 lemos que Isaías viu o futuro por meio de um πνεύματι μεγαλῳ. Nessa passagem, a palavra πνεῦμα sem artigo claramente se trata de 'uma circunlocução para o Espírito Santo de Deus, a fonte de toda profecia verdadeira'.[204] Além disso, a colocação de πνεῦμα e σύνεσις frequentemente acontece na LXX com referência à sabedoria concedida pelo Espírito de Deus (Ex 31.3; Dt 34.9; Is 11.2). Minha avaliação é confirmada pelo contexto, que indica que o Espírito de inteligência é concedido em concordância com a vontade do Senhor (39.8a).

James Davis observa que em Eclesiástico 38.24-39.11 se definem três níveis de conquista sapiencial. O nível mais baixo dessa conquista é alcançado por aqueles que trabalham com suas mãos, fazendeiros e artesãos (38.25-34). Um nível mais elevado de sabedoria é alcançado pelo escriba que estuda a lei (39.1-7). O nível mais sublime da sabedoria é reservado para o sábio que recebe o Espírito de inteligência (39.8).[205] Portanto, embora Ben Sira atribua o nível mais alto de conquista sapiencial à inspiração do Espírito Santo, ele afirma que essa conquista só se atinge a um nível mais básico pelo estudo da Lei.

As perspectivas de Ben Sirach e do autor de 4Macabeus convergem nesse ponto: os dois insistem que a sabedoria pode ser alcançada somente por meio da razão. Essa visão otimista da capacidade racional da humanidade se expressa em Eclesiástico 32.15: "O que procura conhecer a lei é saciado por ela". Essa também é a premissa sobre a qual se baseia o chamado ao comportamento responsável: "Se quiseres, observarás os mandamentos" (ἐὰν θέλῃς, συντηρήσεις ἐντολὰς, 15.15).

Ben Sirach também retrata o dom do Espírito como a fonte da fala inspirada. O escriba que é cheio do espírito de inteligência "fará chover abundantemente palavras de sabedoria" (αὐτὸς ἀνομβρήσει ῥήματα σοφίας, 39.9) e "manifestará a instrução recebida" (αὐτὸς

---

[204] Davis, Wisdom, p. 164, n. 53.
[205] Davis, Wisdom, p. 16-21.

ἐκφανεῖ παιδείαν διδασκαλίας αὐτοῦ, 39.11). Empoderado para ver o futuro por meio da inspiração do Espírito, diz-se que Isaías revelou as coisas ocultas que viriam (48.25). Portanto, de acordo com Ben Sirach, o Espírito concede ao sábio ou ao profeta uma sabedoria esotérica, de modo que ele possa transmiti-la às outras pessoas.

2. O Espírito Santo em 1Enoque e na literatura apocalíptica judaica[206]

2.1 O ESPÍRITO SANTO E A REVELAÇÃO DIVINA

As referências à atividade do Espírito de Deus em 1Enoque são relativamente raras. Só se pode encontrar três referências ao Espírito divino em toda essa obra (49.3; 62.2; 91.1). Excluindo a passagem exótica de 99.16, o único texto grego existente dessa passagem, o papiro *Chester Beatty* (1Enoque 97.7-104, 106-107) simplesmente se refere à "sua ira" (τὸν θυμὸν αὐτοῦ).[207] Em 91.1, o Espírito de Deus aparece como a fonte da atividade profética: Enoque declara ao seu filho Matusalém: "uma voz me chama, e o espírito foi derramado sobre mim para que possa mostrá-lo tudo que lhe acontecerá".

Em 68.2, o "poder do espírito"[208] provoca a ira do anjo Miguel por causa da severidade do julgamento dos anjos. Em vez de ser uma referência ao Espírito de Deus, essa expressão descreve o estado emocional de Miguel com relação a seu espírito.[209] De acordo com 70.2, Enoque foi arrebatado em uma "carruagem de vento (ou espírito)". Essa expressão provavelmente se refere a um redemoinho, em vez de ao Espírito de Deus. Em 2Reis 2.11, uma passagem bem parecida com 1Enoque 70.2,

---

[206] Todos os textos de 1Enoque citados são tradução livre da versão inglesa de Isaac, "1 Enoch".
[207] Para conferir o texto grego, veja M. Black, *Apocalypsis Henochi Graece* (1970), p. 40.
[208] R. H. Charles sugeriu que o texto originalmente dizia "o poder do meu espírito" (The Book of Enoch [1912], p. 135).
[209] D. S. Russell, *The Method e Message of Jewish Apocalyptic* (1964), pp. 148, 158-164.

Elias é levado "num redemoinho" (בסערה). No entanto, não se pode descartar a referência à atividade do Espírito Santo, porque em 2Reis 2.16 os filhos dos profetas especulam: "pode ser que o Espírito do Senhor o tenha arrebatado e lançado nalgum monte".

É claro que a revelação da sabedoria esotérica equivale a um tema proeminente em 1Enoque. No entanto, em 1Enoque (e na literatura apocalíptica em geral), o Espírito raramente é citado como um agente revelador.[210] Embora o Espírito de Deus seja citado de vez em quando como a fonte da revelação especial (49.3; 62.2; 91.1), essas poucas referências contrastam muito com as várias passagens em que a revelação especial vem por meio de anjos e visões.

2.2 O ESPÍRITO SANTO E O MESSIAS

Existem várias referências em 1Enoque ao Messias como uma figura sobrenatural. São dados vários nomes a ele: "o Eleito" (e.g., 49.2), "o Filho do Homem" (e.g., 62.3), "o Justo" (e.g., 53.6), e "o Ungido" (e.g., 52.4). Em duas passagens (49.3; 62.2), se diz que o Messias foi ungido com o Espírito Santo.

A passagem de 1Enoque 49.3 descreve "o Eleito":

> Nele habita o espírito de sabedoria, o espírito que dá prudência, o espírito de conhecimento e força, e o espírito daqueles que dormiram em justiça.

Esse texto "reproduz praticamente palavra por palavra" a referência de Isaías 11.2;[211] um versículo que se refere claramente ao "Espírito do Senhor". Quase não há dúvida de que o autor de 1Enoque se inspira conscientemente em Isaías 11.2 e, desse modo, retrata o Messias como

---

[210] Russell, *Jewish Apocalyptic*, p. 160.
[211] M. Black, *Tiie Book of Enoch* (1985), p. 212.

aquele que recebeu o dom do Espírito de Deus. Em 1Enoque 49.3, do mesmo modo que em Isaías 11.2, o Espírito fornece a sabedoria necessária para governar e julgar (49.4; cf. 51.3). Em 1Enoque 62.2, ele se inspira em Isaías 11.4 e continua a exaltar o poder do "Eleito" para julgar e governar:

> O Senhor dos Espíritos se assentou no trono de glória, e o espírito de justiça foi derramado sobre ele [o Eleito]. A palavra da sua boca destruirá os pecadores, e todos os opressores serão eliminados de diante da sua face.

Em outro escrito judaico com características apocalípticas, os *Salmos de Salomão*, o dom do Espírito é retratado novamente como o meio pelo qual o Messias receberá sabedoria especial para governar (*Amtscharisma*).[212] O Messias será "poderoso no espírito santo (δυνατὸν ἐν πνεύματι ἁγίῳ) e sábio no conselho da compreensão, com força e justiça" (17.37). O vínculo entre a sabedoria do Messias e o dom do Espírito é explicitamente declarado em Salmos de Salomão 18.7. O Messias que vem agirá "no temor de seu Deus, na sabedoria do espírito (ἐν σοφίᾳ πνεύματος) e da justiça e da força, para direcionar as pessoas com gestos de justiça, no temor de Deus" (18.7).

Os livros de *1Enoque* e *Salmos de Salomão* afirmam, desse modo, que o Messias será dotado de sabedoria pelo Espírito de Deus para que possa governar efetivamente. Em nenhum lugar da literatura intertestamental judaica é registrado que o Messias concederá o Espírito de Deus aos seus seguidores.

---

[212] Todos os textos de *Salmos de Salomão* são de tradução livre da versão inglesa de R.B. Wright, "Psalms of Solomon", em Charlesworth, *Pseudepigrapha,* II. Texto, em grego, de A. Rahlfs, *Septuaginta*(1979).

2.3 O ESPÍRITO E A RESSURREIÇÃO DOS MORTOS

No pensamento apocalíptico, a ressurreição, vista de várias maneiras, torna-se um aspecto importante da salvação futura de Deus.[213] Embora o Espírito de Deus esteja associado à ressurreição em 1Ezequiel 37.14, um dos poucos textos do Antigo Testamento em que se descreve uma ressurreição futura, essa associação de Espírito e ressurreição é surpreendentemente ausente nos escritos apocalípticos judaicos e na literatura judaica do período interbíblico como um todo.[214]

Ainda que que a natureza exata da ressurreição retratada em várias passagens de *1Enoch* possa ser questionada, é claro que a ressurreição do corpo representa um motivo proeminente.[215] A ressurreição também aparece como um tema significativo em *Salmos de Salomão*, 2Macabeus, 4Esdras, Pseudo-Filo e *Vida de Adão e Eva*.[216] Ainda, como indicado acima, a conexão entre a ressurreição e o Espírito de Deus, tão proeminente em Ezequiel 37, não é apresentada nesses escritos.

3. O Espírito e a inspiração profética: vários textos

Vimos que o Espírito de Deus, quando é mencionado no Eclesiástico e nos textos apocalípticos, como Enoque, é retratado de forma coerente como a fonte de sabedoria esotérica e do discurso inspirado. Essa tendência de identificar o Espírito de Deus com inspiração profética também

---

[213] Montague, *Spirit*, p. 90.

[214] Veja D. Müller, "Geisterfahrung und Totenauferweckung" (1980), pp. 111-32. Müller argumenta que *Bar*. 23.5 é o único texto dos pseudoepígrafos do AT que (com várias citações rabínicas) retrata o Espírito de Deus como o agente da Ressurreição. No entanto, *2Bar*. 23.5 foi excluído da minha análise devido à sua origem tardia (século II d.C.).

[215] Dentre as passagens importantes em 1Enoque a respeito da ressurreição, citamos: 22.13; 51.1; 61.5; 90.33; 100.5.

[216] Veja, por exemplo, *Salmos de Salomão* 3.12; 14.10; 2Macabeus 7.8, 13, 23, 29; 14.46; 4*Esdras* 7.32; *Pseudo-Filo* 3.10; 19.12; 25.7; 51.5; 64.7; LAE 28.4; 41.3.

é característica de outros textos palestinos do período interbíblico. As referências ao Espírito de Deus ocorrem frequentemente em Pseudo-Filo.[217] Em 9.10, lemos que "o Espírito de Deus veio sobre Miriã" e a revelou em um sonho que ela daria à luz Moisés. De acordo com Pseudo-Filo 18.10, embora o profeta Balaão tivesse sido cheio do Espírito Santo, quando ele profetizou para Balaque, ele o foi deixando pouco a pouco. Depois de "um espírito santo [ter vindo] sobre Quenaz e [habitado] nele", ele profetizou em um estado de êxtase (28.6). Baraque declara que o oráculo que previu a morte de Sísera veio do "Senhor, que enviou seu Espírito" (31.9). Débora, em meio ao seu hino de alegria, atribui seu louvor ao Espírito: "Mas tu, Débora, canta louvores, e deixa a graça do santo ser despertada em ti, e começa a louvar as obras do Senhor" (32.14). Nesse texto, o *locus* da atividade do Espírito não se trata da revelação de alguma ideia em especial, mas sim de uma elocução inspirada.

O Espírito também aparece como *Amtscharisma* em Pseudo-Filo 60.1: "E naquela época o espírito do Senhor foi tirado de Saul". É discutível se 62.2 fala da atividade do Espírito de Deus. D. J. Harrington traduz o verso com "espírito" como um substantivo sem artigo: "e um espírito permaneceu em Saul e ele profetizou". No entanto, no texto latino, a palavra "espírito" pode ser interpretada como um substantivo definitivo ou indefinido.

O texto bíblico sobre o qual essa passagem se baseia, Samuel 19.23, atribui a profecia de Saul ao Espírito de Deus. É possível que Pseudo-Filo tenha tentado modificar o texto à luz de 60.1, deliberadamente evitando uma referência ao Espírito de Deus. No entanto, isso é improvável, já que o texto bíblico não faz essa alteração.

Vários outros escritos intertestamentais retratam o Espírito divino como a fonte da profecia. A maioria dos manuscritos do Livro dos Jubileus 25.14, que só sobrevivem hoje na língua etíope, registra que Rebeca abençoou Jacó depois que "um espírito de verdade desceu sobre sua

---

[217] Os textos de Pseudo-Filo, também conhecido pelos títulos latinos *Liber Antiquitatum Biblicarum,* só subsistem em latim. Fazemos uma tradução livre da versão em inglês de D. J. Harrington, "Pseudo-Philo", em Charlesworth, *Pseudepigrapha,* II

boca".²¹⁸ No entanto, o manuscrito C diz "o Espírito Santo", indicando que essa passagem deve ser interpretada como uma referência ao Espírito de Deus.²¹⁹ O Livro dos Jubileus 31.12-13 registra a bênção de Isaque sobre os filhos de Jacó, Levi e Judá como inspirada pelo Espírito Santo: "O espírito da profecia [*Spiritus profetiae*] repousou sobre sua boca [de Isaac]" (31.12). Nesse mesmo livro, em 40.5, Faraó atribui a sabedoria de José ao Espírito do Senhor.

Está registrado em 4Esdras 5.22-23 que Esdras, tendo "recuperado o espírito de compreensão [*intellectus spiritum*]" (5.22),²²⁰ teve a capacidade de falar com Deus mais uma vez. No entanto, à luz de 5.14, "minha mente [de Esdras] estava conturbada, de modo que desmaiei", temos que essa referência provavelmente se refere a uma restauração das faculdades mentais de Esdras. Apesar disso, em *4Esdras* 14.22 o Espírito Santo é claramente retratado como a fonte de uma visão especial. Esdras pede que o Espírito Santo (*spiritum sanctum*) seja enviado a ele, para que ele possa escrever tudo o que ocorreu no mundo desde o início (14.22).

O vínculo profundo entre o Espírito Santo e a atividade profética também é destacado pelo autor do *Martírio de Isaías*. Em 1.7, o profeta Isaías refere-se ao "Espírito que fala por meio de mim" (τὸ πνεῦμα τὸ λαλοῦν ἐν εμοί).²²¹ A força incrível de Isaías diante da perseguição é relatada em 5.14, em que Isaías, inspirado pelo Espírito Santo, profetiza até ser serrado ao meio.

O livro das *Vidas dos Profetas* atribui milagres aos profetas bíblicos (Jeremias, em 2.3-4; Ezequiel, em 3.8-9; Elias, em 21.6; Eliseu, em 22.4). No entanto, esses milagres não são realizados no poder do Espírito de forma significativa. Assim, embora os milagres sejam relacionados aos profetas, a atividade distinta do Espírito de Deus com relação ao profeta equivale à revelação da mensagem divina e à inspiração de sua proclamação. De fato, uma pesquisa sobre a literatura palestina revela que em

---

218 ET de Os. S. Wintermute, "Jubilees", in Charlesworth, *Pseudepigrapha, II*.
219 E. H. Charles, *The Book of Jubilees* (1902), p. 158.
220 Texto latino de B. Violet, *Die Esra-Apokalypse* (TV. *Esrd*) (1910).
221 ET de M.A. Knibb, "Martyrdom e Ascension of Isaiah", em Charlesworth, *Pseudepigrapha, II*. O texto grego (1.8) é extraído da obra de Denis, *Fragmenta Pseudepigraphorum*, p. 107.

apenas um caso o Espírito é descrito como o agente de atividade milagrosa não relacionada a funções reveladoras ou de fala. Pseudo-Filo 27.9-10 descreve como o Espírito de Deus transformou Quenaz em um guerreiro poderoso, permitindo-lhe matar 45 mil amorreus (v. 10):

> E Quenaz se levantou, e o Espírito de Deus o revestiu, e ele desembainhou sua espada. [...] ele estava revestido com o Espírito do poder e foi transformado em outro homem, e ele desceu para o acampamento amorreu e começou a prevalecer sobre eles.

4. Resumo

Na literatura palestina pesquisada, o Espírito age de modo consistente, como a fonte da sabedoria esotérica e do discurso inspirado. O Espírito possibilita que o sábio alcance as alturas da conquista sapiencial, empodera o Messias com conhecimento especial para governar e concede revelações especiais para vários servos do Senhor. A inspiração do Espírito, seja com relação ao sábio, ao Messias ou ao servo, é quase sempre relacionada com o discurso inspirado. Torna-se, portanto, evidente que os autores palestinos tenham visto o Espírito como um *donum superadditum* concedido a vários indivíduos para que eles pudessem cumprir uma tarefa comissionada por Deus. O dom do Espírito não é apresentado como uma necessidade soteriológica: não é preciso ter o dom para viver de modo agradável a Deus e alcançar a vida eterna através da ressurreição. Não se associa o Espírito à ressurreição dos mortos ou à realização de milagres e demonstrações de poder.[222]

---

[222] Conforme demonstrei, tendo como a única exceção Pseudo-Filo 27.9-10.

CAPÍTULO 4

A literatura de Qumran*

A palavra רוח aparece com frequência nos rolos de Qumran, com vários significados.[223] Ela pode se referir ao vento, como em 1QH 1.10: "Espalhaste [...] os ventos poderosos (רוחות עוז) de acordo com suas leis".[224] רוח também é usada de forma antropológica, geralmente com referência à disposição ou à atitude da humanidade. Logo, em 1QM 11.10 lemos que Deus "levanta o abatido de espírito (ונכאי רוח)" e o faz poderoso na batalha.[225] Entretanto, רוח geralmente se refere à totalidade do ser humano. O autor de 1QH 1.22 se descreve como "um

---

[223] e * A literatura de Cunrã foi produzida entre c. 170 a.C. e 68 d.C. K. G. Kuhn relaciona praticamente 150 referências de רוח em seu livro *Konkordanz zu den Qumrantexten* (1960). As fontes estudadas incluem os textos contidos na terceira edição da coleção prática de Geza Vermes, *The Dead Sea Scrolls in English* (1987).

[224] Tradução livre da versão inglesa do livro de Vermes, *The Dead Sea Scrolls in English*. Todos os textos hebraicos são de E. Lohse, *Die Texte aus Qumran* (1971), salvo indicação diferente. Para רוח como "vento", veja também 1QH 6.23; 7.5, 23; CD 8.13; 19.25.

[225] Para conhecer outros exemplos desses usos de רוח, veja: 1QS 3.8; 8.3; 10.12, 18; 11.2; 1QH 2.15; 1QM 7.5; 11.10; 13.7.

espírito perdido e pervertido (רוח התועה ונעוה) de incompreensão". A afinidade dos manuscritos com a literatura apocalíptica judaica pode ser vista nas alusões frequentes a espíritos sobrenaturais, tanto bons quanto maus, criados por Deus e ativos no mundo dos homens. O exército dos anjos que lutará com os justos na batalha final é chamado de "exército dos seus espíritos (צבא רוחיו)" em 1QM 12.9.²²⁶ Seus inimigos serão "o exército de Satanás" e "os espíritos da iniquidade" (רוחי 1) (רשעה QM 15.14).²²⁷ Neste estudo, meu foco principal se dirigirá a outra categoria, as passagens nas quais רוח designa o Espírito de Deus. Entretanto, devido ao modo ambíguo como o termo רוח geralmente é empregado, existe alguma controvérsia sobre quais textos devem ser incluídos nessa categoria. Há controvérsias também com relação à origem da pneumatologia dos manuscritos, principalmente da Regra da Comunidade de Qumran. Por causa disso, começo com uma análise dos "dois espíritos" nos capítulos 3 e 4 da Regra da Comunidade, uma passagem importante para esses dois debates.

1. Os dois espíritos nos capítulos 3 e 4 da Regra da Comunidade (1QS)

A passagem de 1QS 3.13-4.26 descreve o conflito entre dois espíritos que lutam dentro de cada ser humano. O resultado desse conflito molda o comportamento de cada indivíduo. Embora os dois espíritos sejam identificados com vários títulos, essas palavras diferentes, quando não se constituem sinônimos, guardam um significado bem próximo. O espírito da verdade (תמאה חור; 1QS 3.19; 4.23), ou o espírito de luz (חור רוא; 1QS 3.25), ou o príncipe das luzes (סירואה רש; 1QS 3.20), ou o anjo da [sua] verdade (1QS 3.24) governa os filhos da justiça, enquanto o espírito de engano (לועה חור; 1QS 3.19; 4.9, 20, 23) ou o espírito da escuridão (דשוח חור; 1QS 3.21) governa os filhos da escuridão. A batalha

---

²²⁶ Entre os outros exemplos estão 1QS 10.18; 1QH 3.21; 8.29; 13.13.
²²⁷ Veja também 1QH 7.29; 9.10; 1QM 13.10.

no coração de todo ser humano é travada até a era final, quando Deus destruirá o engano para sempre (1QS 4.18-22).

1.1 O DUALISMO, O DETERMINISMO E OS DOIS ESPÍRITOS

Há controvérsias importantes quanto à natureza exata e a função desses espíritos. M. Burrows e K. G. Kuhn[228] destacam o caráter cósmico e sobrenatural dos dois espíritos, e assim atribuem um dualismo cósmico de origem persa aos manuscritos. Por outro lado, P. Wernberg-Moller afirma de modo convincente que os dois espíritos não passam de atitudes humanas que se encontram em qualquer um, em vez de se tratar de duas forças sobrenaturais opostas. A tese de Wernberg-Moller se baseia na observação de que os dois espíritos passam a habitar no ser humano no momento de sua criação divina.[229] Assemelhando os dois espíritos aos impulsos bons e maus da literatura rabínica, Wernberg-Moller afirma que, de acordo com os capítulos 3 e 4 da Regra da Comunidade, cada indivíduo tem que escolher qual é o espírito que deve seguir. Sendo assim, ele rejeita a noção de que os manuscritos são caracterizados pelo dualismo cósmico e demonstra que eles se baseiam em fontes persas.[230]

M. Treves apoia as conclusões de Wernberg-Moller. Ele também vê os dois espíritos "simplesmente como tendências ou propensões que são colocadas no coração de cada um". Observando que cada indivíduo é influenciado pelos dois espíritos (1QS v3.24; 4.23) e que o pecado é voluntário (1QS 5.1, 8-10, 12), Treves afirma que a crença na predestinação do

---

[228] M. Burrows, *More Light on the Dead Sea Scrolls* (1958), p. 279; K. G. Kuhn, "πειρασμός-ἁμαρτία-σαρξ im Neuen Testament und die damit zusammen-hägenden Vorstellungen", ZTK 49 (1952), p. 206.

[229] P. Wernberg-Moller, "A Reconsideration of the Two Spirits in the Rule of the Community", RevQ3 (1961), p. 442.

[230] Wernberg-Moller, "Two Spirits", pp. 422-423.

autor de 1QS "tem sido bem exagerada. [...] ele não parece ter divergido muito das ideias tradicionais dos judeus".²³¹

Embora haja uma controvérsia grande sobre até que ponto a crença na predestinação está presente em 1QS, as conclusões às quais P. Wernberg Moller e M. Treves chegaram a respeito da natureza dos dois espíritos foram, no geral, bem recebidas. Sua influência é demonstrada no sinal de alerta sobre o caráter cósmico e sobrenatural dos dois espíritos em estudos posteriores de A. Anderson, D. Hill e H. W. Kuhn.²³² Kuhn os representa muito bem ao falar que רוח nos capítulos 3 e 4 de 1QSs se refere à "essência predestinada do 'ego' dos seres humanos".²³³ Por causa disso, houve também cautela ao atribuir a pneumatologia de 1QS diretamente às influências persas. Cada vez mais se reconheceu que a pneumatologia dos manuscritos não é tão diferente do que era comum ao judaísmo dessa época.²³⁴

Diante dos argumentos apresentados por Wernberg-Moler e por Treves, concluo que os dois espíritos em 1QS se referem a atitudes humanas. A doutrina dos dois espíritos foi uma tentativa de harmonizar a onipotência de Deus com o caráter variado da humanidade. Como criador de todas as coisas, Deus implantou no coração de todo ser humano o impulso (espírito) para fazer o bem e o mal. Cada indivíduo tem que escolher entre os dois impulsos ou espíritos. Até onde essa escolha é predeterminada na criação pela atribuição de espíritos continua a ser tema de um debate constante. Mesmo assim, é claro que deve haver toda a cautela ao atribuir aos manuscritos com base em 1QS um dualismo cósmico rígido e uma dependência de fontes persas (ou gnósticas). A pneumatologia dos manuscritos é essencialmente judaica.²³⁵

....

231 M. Treves, "The Two Spirits of the Rule of the Community", RevQ 3 (1961), p. 449.
232 Treves, "Two Spirits", p. 451.
233 A. Anderson, "The use of 'Ruah' em 1QS, 1QH e 1QM", JSS 7 (1962), p. 299; H. W. Kuhn, *Enderwartung und gegenwärtiges Heil* (1966), pp. 121-122, e Hill, *Greek Words*, p. 236.
234 Kuhn, Enderwartung, p. 122.
235 Veja F. Nötscher, "Heiligkeit in den Qumranschriften", RevQ2 (1960), pp. 343-344, Hill, Greek Words, p. 236; e Anderson, ""Ruah"", p. 303.

1.2 OS DOIS ESPÍRITOS E O PERGAMINHO DE AÇÃO DE GRAÇAS (1QH)

Depois de definir os dois espíritos como impulsos dentro de cada ser humano, temos que analisar os argumentos levantados por W. Foerster de que o espírito da verdade em 1QS é idêntico ao Espírito Santo em 1QH: o espírito da verdade e o Espírito Santo "iluminam o coração do ser humano» (1QS 4.2; 1QH 121; 12.11-12), enchem o coração do homem de reverência diante das obras justas de Deus (1QS 4.2; 1QH 1.23; 9.23), concedem descobertas e compreensões (1QS 4.3, 6; 1QH 6.35-37), e trazem firmeza (1QS 4.4; 1QH 2.7-8, 25) e pureza de coração (1QS 4.5; 1QH 3.21; 6.8).[236]

Vários fatores depõem contra a identificação de Foerster. Em primeiro lugar, deve-se observar que nenhuma das passagens que Foerster cita da Regra da Comunidade identifica o espírito da verdade como sujeito da ação. Pelo contrário, todas as citações vêm do capítulo 4 de 1QS e se referem aos vários espíritos que formam o conselho do espírito da verdade. Em segundo lugar, as passagens paralelas que Foerster cita geralmente são superficiais, demonstrando somente uma correspondência geral textual. Pode-se esperar que essas semelhanças existam entre a atividade do Espírito de Deus e o impulso para o bem em cada ser humano. Em terceiro lugar, de modo diferente do Espírito Santo no Manuscrito de Ação de Graças, os dois espíritos em 1QS são criados por Deus (3.13-14; 4.25). Em quarto lugar, o conflito dualista entre os dois espíritos em 1QS é completamente diferente da ação soberana do Espírito Santo em 1QH.

As referências a רוח em associação com אמת ("verdade") e קודש ("santo") em 1QS 3.6-7 e 4.21 são mais problemáticas. F. Nötscher[237] afirmou que, nesses textos, o Espírito Santo e o espírito da verdade são idênticos e descrevem um poder concedido por Deus que se torna ativo dentro dos homens para a salvação. Esse julgamento sem dúvida

---
[236] W. Foerster, "Der Heilige Geist im Spätjudentum, NTS 8 (1961-1962), pp. 129-131.
[237] Nötscher, «Heligkeit», pp. 340-341.

é correto; no entanto, será que esse poder salvífico concedido por Deus é identificado com o Espírito de Deus em cada uma dessas passagens? Além disso, segundo a tese de Foerster, podemos perguntar: será que as referências a רוח קודש e רוח אמת em 1QS 3.6-7 e 4.20-21 devem ser igualado ao רוח קודש de 1QH? Minha sugestão é que os espíritos mencionados em 1QS 3.6-7 não devem ser identificados como o Espírito de Deus, e que, por causa disso, esses espíritos devem ser distinguidos do רוח קודש de 1QH.

> Porque é pelo espírito do conselho verdadeiro רוח עצת אמת a respeito dos caminhos do homem que todos os seus pecados serão expiados, de modo que ele possa contemplar a luz da vida. Ele será purificado de todos os seus pecados pelo espírito de santidade וברוח קדושה, unindo-o à sua verdade, e sua iniquidade será expiada pelo espírito de justiça e humildade וברוח יושר וענות. Além disso, quando sua carne é aspergida com água purificadora e santificada com água limpa, será purificada pela submissão humilde de sua alma נפשו a todos os preceitos de Deus (1QS 3.6-8).

Todos esses termos, como "espírito do conselho verdadeiro", "espírito de santidade", "espírito de justiça e humildade" (1QS 3.6-8), se referem à atitude do indivíduo:[238] nesse exemplo, a inclinação para aderir às ordenanças da comunidade. Sendo assim, embora רוח possa destacar a origem divina dessa inclinação ou impulso, essa palavra não se refere ao Espírito de Deus. Essa avaliação é sugerida pelo contexto mais amplo que, como já observei, analisa o conflito entre os dois espíritos ou impulsos que lutam dentro de cada pessoa. Ela recebe apoio posteriormente com o modo pelo qual todas essas referências a רוח citadas anteriormente, que são relacionadas à purificação dos pecados do indivíduo, equivalem à atitude da alma: "ela [sua carne] será purificada pela submissão humilde de sua

---

[238] M. A. Knibb, *The Qumran Community* (1987), pp. 92-93.

alma (נפשו) a todos os preceitos de Deus". Essa conclusão é confirmada pelo uso de קודש em 1QS 9.3,²³⁹ uma passagem que se refere à readmissão na comunidade daqueles que, devido a um pecado involuntário, passaram por dois anos de penitência:

> Quando eles se tornam membros da Comunidade de Israel segundo todas essas regras, estabelecerão o espírito de santidade (רוח קודש) de acordo com a verdade eterna. Eles expiarão pela rebelião culpada e pelos pecados de infidelidade, para que possam obter a graça para a terra sem a carne de holocaustos, nem a gordura de sacrifícios (1QS 9.3-4).

Nessa citação, רוח קודש se refere à tendência de obedecer fielmente às ordenanças da comunidade. É essa atitude interior que trará a expiação em vez dos sacrifícios.²⁴⁰

> Então Deus purificará pela sua verdade todas as obras do homem e refinará por si mesmo a situação do homem, tirando todo espírito de injustiça (הלוע חור) de dentro de sua carne e o purificando, pelo espírito de santidade (שדוק חור), de toda ação ímpia. Além disso, ele derramará sobre ele o espírito de verdade (תמא חור), como águas purificadoras, (para retirar) todas as abominações do engano (com as quais) ele se contaminou pelo espírito de impureza (הדנ חורב), de modo que os justos podem ter compreensão do Altíssimo e os perfeitos no caminho tenham conhecimento na sabedoria dos filhos do céu (1QS 4.20-22).²⁴¹

---

239 Veja também o modo como רוח קודש é utilizado em CD 5.11; 7.4.
240 Knibb, *The Qumran Community*, p. 138.
241 Knibb, p. 101.

Novamente o contexto é instrutivo. Essa passagem se constitui o auge de toda a análise dos "dois espíritos". O "espírito de santidade" ou "espírito de verdade" é diferenciado do "espírito de injustiça" ou "espírito da impureza" que, no tempo final, será extirpado da humanidade. Portanto, o tempo do conflito entre os dois espíritos chegará ao fim, e o espírito de santidade e verdade dominará. Embora a expressão "derramará sobre ele" dê a entender que o espírito da verdade será concedido aos fiéis no final, essa linguagem é metafórica, e simplesmente descreve o auge de uma batalha que acontece desde a criação: a vitória completa do espírito de verdade sobre o espírito do engano, do bom impulso sobre o impulso mau.[242] Essa conclusão é confirmada por 1QS 4.26: "Ele [Deus] os reservou [os dois espíritos] para os filhos dos homens [...]; que o destino de todos os vivos possa estar de acordo com o espírito dentro [deles no momento] da visitação". Os paralelos entre 1QS 4.20-22 e os vários textos rabínicos que falam sobre a retirada do mal יצר do fim dos tempos apoiam ainda mais a tese de que os dois espíritos são impulsos implantados em cada pessoa no momento da criação.[243]

O contraste entre o רוח קודש dos capítulos 3 e 4 de 1QS e o de 1QH fica claro quando se reconhece que, em 1QH, a expressão nunca se apresenta como רוח קודש, mas sempre como רוח קודשך (seu Espírito Santo [de Deus]). Além disso, também se deve observar que 1QS 4.20-22 representa o único uso escatológico de רוח em toda a literatura de Qumran. Com base na minha rejeição dos paralelos de Foerster, a minha análise de 1QS 3.6-8 e 4.20-22 e as considerações que acabei de citar, concluo que o espírito da verdade, nos capítulos 3 e 4 de 1QS, não deve ser igualado ao Espírito Santo de 1QH, o Espírito de Deus.[244] Os manuscritos se constituem um depósito literário de uma "comunidade de

---

242 Wernberg-Moller, "Two Spirits", p. 423.
243 Veja Exod. R. 15.5; 41.7; Num. R. 14.4; Deut. R. 6.14; Midr. Sl 14.6; Cant. R. 1.2.4; Eccl. R. 2.1; 9.15.
244 Encontramos referências inequívocas ao Espírito de Deus em 1QH 7.6-7; 9.32; 12.12; 14.13; 16, 2, 3, 7, 12; 17.26 (outras passagens dos manuscritos: 1QS 8.16; DD 2.12; 4Q504 2 [frag. 4], 5; 1Q34bis 2.6-7). Outras possíveis alusões ao Espírito de Deus se encontram em 1QH 12.11; 13.19; 16.9, 11.

sabedoria". Como Ben Sirach, os autores dos manuscritos identificam a sabedoria com a Lei.[245] Mesmo assim, eles insistem que a sabedoria de Deus continua inacessível para aqueles que não pertencem à comunidade (1QS 11.5-6). A sabedoria é a propriedade exclusiva da comunidade (Documento de Damasco [DD] 3.12-16; 1QS 5.11-12), porque não pode ser adquirida somente pelo estudo. A iluminação divina é necessária para chegar à sabedoria,[246] e esse dom de revelação é reservado a quem faz parte da comunidade.

Essa atitude pessimista com relação à habilidade humana de adquirir sabedoria sem a iluminação divina recebe sua total expressão em 1QH. Os caminhos e as obras de Deus são incompreensíveis para o homem (1QH 7.32), que nada mais é que pó e uma criatura feita de barro (1QH 11.3). Como espírito de carne, ele não pode entender a sabedoria de Deus (1QH 13.13, também 15.21). Entretanto, os hinos de 1QH também declaram que os membros da comunidade supriram essa carência ao receberem o Espírito:

> E eu sei pelo entendimento
>
> que vem de Ti
>
> Que em tua boa vontade [cinzas
>
> derramaste] Teu Espírito Santo [sobre mim]
>
> e assim me deste a oportunidade de te entender (1QH 14.12b-13).

H. W. Kuhn afirmou, de forma persuasiva, que 1QH 14.13 se refere ao dom do Espírito que é concedido a cada membro quando começa a fazer parte da comunidade.[247] Os paralelos entre 14.12b-16 e 14.17-21a, particularmente a repetição de ואני ידעתי ("eu sei") e o verbo נגש ("se

---

[245] J. E. Worrell, "Concepts of Wisdom in the Dead Sea Scrolls" (1968), pp. 120-154.
[246] E. Schnabel, *Law e Wisdom from Ben Sira to Paul* (1985), pp. 206-226.
[247] Kuhn, *Enderwartung*, pp. 131-132, Veja também Holm-Nielsen, Hodayot, p. 221.

aproximar'), demonstram que essas passagens são bem próximas. Sendo assim, já que a fórmula בשבועה הקימותי על נפשי ("um voto coloquei sobre minha alma") em 14.17 sem dúvida se refere a um voto que era realizado quando se passava a fazer parte da comunidade,[248] podemos concluir que esse também é o contexto de 1QH 14.13. Essa conclusão se confirma com o fato de que נגש se constitui um termo técnico para a entrada na comunidade.[249] Portanto, de acordo com 1QH 14.12b-13, o dom do Espírito Santo empodera cada membro da comunidade para se aproximar do "entendimento de ti [Deus]" (לבינתך).

> E eu sei que ninguém é justo
>
> sem que seja por teu intermédio
>
> E, portanto, eu te imploro
>
> pelo espírito que [me] deste
>
> Para aprimorar teus [favores] ao teu servo [para sempre]
>
> me purificando pelo teu Espírito Santo
>
> e me aproximando de ti pela tua graça
>
> segundo a abundância das tuas misericórdias (1QH 16.11b-12).

Esses versículos também se referem à iniciação à comunidade. O verbo נגש é empregado em 16.12. Além disso, a fórmula ברוח אשר נתתה [בי] ("pelo Espírito que me deste") aparece com frequência se referindo ao Espírito como um dom a ser concedido (evidenciado pela conjugação no sufixo) quando se passa a fazer parte da comunidade.[250] Embora não haja palavras que se refiram à sabedoria nessa passagem, a palavra

---

[248] Kuhn, *Enderwartung*, p. 131. Cf. 1QS 5.7-11; DD 15.5-16.
[249] Veja 1QH 12.23; 14.13, 18, 19; 1QS9.16; 11.13.
[250] Veja Kuhn, *Enderwartung*, p. 130; e 1QH 12.11-12; 13.19.

ולהגישני ("e me aproximando") indica a revelação da sabedoria oculta de Deus (cf. 1QH 14.13):

> Eu, o Mestre (משכיל), te conheço (ידעתיכה), ó meu Deus,
> pelo Espírito que me concedeste,
> e pelo teu Espírito Santo tenho ouvido fielmente
> ao teu conselho maravilhoso (לסוד פלאכה).
> No mistério da tua sabedoria (ברז שכלכה)
> Tu me abriste o conhecimento (דעת)
> e pelas tuas misericórdias
> [tu me revelaste] a fonte do teu poder
> (1QH 12.11-13)
> E eu, teu servo (עבדך)
> Eu sei (ידעתי) pelo Espírito que me concedeste
> [que tuas palavras são verdade],
> e que todas tuas obras são de justiça,
> e que tu não voltarás atrás em tua palavra (1QH 13.18-19).

Essas passagens também são instrutivas. A fórmula ברוח אשר נתתה בי ("pelo Espírito que tu me concedeste") se encontra nessas duas referências, e as palavras sapienciais são abundantes. De acordo com esses hinos, alcança-se a sabedoria quando se recebe o Espírito Santo, a partir do momento em que se passa a fazer parte da comunidade. De acordo com as passagens citadas anteriormente, o autor de 1QH 9.32 situa a recepção do Espírito Santo no passado e a compara com a revelação da verdade certeira (אמת נכון):

> Tu me sustentaste com a verdade certeira;

> Tu me deleitaste com o teu Espírito Santo
>
> e [abriste meu coração] até hoje.

As passagens de 1QH 7.6-7 e 1QH 17.26 também situam a recepção do Espírito Santo no passado, embora seus contextos sejam respectivamente imprecisos e fragmentários. A referência de 1QH 16.2 e 3 também é fragmentária, mas a de 16.6-7 é mais reveladora:

> Prostrando-me e [confessando todos] os meus pecados,
>
> Buscarei [teu] espírito [de conhecimento];
>
> Firmando-me no teu espírito de [santidade];
>
> Serei fiel à verdade da tua Aliança,
>
> Para que te [sirva] em verdade e inteireza de coração,
>
> E para que ame [ao teu nome].

Embora se encontrem verbos completos e incompletos em 16.6-7, isso se deve com certeza à natureza declarativa da passagem, e não se opõe ao recebimento do Espírito em um momento anterior. Essa avaliação se baseia no uso dos sufixos conjugados nos versículos anteriores a 16.6-7 e em 16.9, em que a análise do acontecimento do passado é abordada novamente: "Tu [...] me agraciaste com teu espírito de misericórdia". A revelação da verdade de Deus é vinculada novamente ao dom do Espírito recebido no momento em que se passa a fazer parte da comunidade.

Os textos que acabamos de citar indicam que os hinos de 1QH associam receber o Espírito Santo com a entrada na comunidade. Como parte essencial da iniciação a essa comunidade, o dom do Espírito revela a sabedoria oculta de Deus para aquele que o recebe. A conquista sapiencial em todos os níveis depende da recepção desse dom. Na verdade, a recepção do dom capacita a pessoa a conhecer a Deus e viver dentro da comunidade. Sendo assim, os hinos de 1QH atribuem um significado soteriológico para o dom do Espírito Santo.

É possível que os hinos de 1QH que atribuem funções soteriológicas ao Espírito Santo representem um estágio tardio no desenvolvimento da pneumatologia da comunidade.[251] Fica bem claro que a perspectiva pneumatológica de 1QH é diferente de 1QS, em que os dois espíritos, de um modo análogo ao bem e ao mal יצר rabínicos, são apresentados como impulsos colocados dentro de cada indivíduo no ato da criação. O fato de a pneumatologia soteriológica ser tão importante em 1QH e praticamente não estar presente nos outros textos de Qumran ainda traz mais apoio a essa hipótese.[252] Essas provas sugerem que a pneumatologia de Qumran passou por um processo de desenvolvimento de modo não muito diferente do que ocorreu na tradição sapiencial judaica como um todo. A tradição sapiencial demonstra um pessimismo cada vez maior com relação à capacidade humana de alcançar a sabedoria por meios exclusivamente racionais (estudo da lei sem o auxílio do Espírito Santo). A antropologia relativamente otimista de Ben Sirach é substituída por avaliações mais pessimistas a respeito do ser humano em 1QH e no Livro da Sabedoria. Pode-se identificar mudanças semelhantes dentro dos manuscritos. Segundo 1QS, o espírito da verdade e o espírito do engano habitam em cada indivíduo. Logo, o indivíduo parece ter alguma capacidade, ainda que pequena, de conhecer a vontade de Deus e reagir de forma adequada. Por outro lado, 1QH apresenta o ser humano como completamente incapaz de alcançar a sabedoria sem a iluminação do Espírito. Portanto, o dom do Espírito, que era visto anteriormente como a fonte da sabedoria esotérica e do discurso inspirado, se torna a fonte da conquista sapiencial em todos os níveis. O processo de desenvolvimento, tanto dentro da comunidade de Qumran quanto no pensamento sapiencial judaico como um todo, culmina na atribuição de importância soteriológica ao dom do Espírito Santo (no Livro da Sabedoria e no Pergaminho de Ação de Graças).

....

[251] Uma hipótese parecida de desenvolvimento, embora seja justificada de outra forma, é proposta com cautela por Davies, "Flesh and Spirit", p. 165.
[252] 4T504 2 (frag. 4), 5 e lQ34bis 2.6-7 também atribuem funções soteriológicas ao Espírito.

3. O Espírito e a inspiração profética

De um bom modo bem coerente com seus contemporâneos judeus, os autores dos pergaminhos retratam o Espírito Santo como a fonte da inspiração profética. O elo é provado em 1QS 8.16 e CD 2.12:

> Este [caminho] é o estudo da Lei que Ele ordenou pela mão de Moisés para que pudessem agir de acordo com tudo o que foi revelado de geração em geração, e que os Profetas revelaram pelo seu Espírito Santo (1QS 8.15-16).

> E em todos eles ele levantou para si mesmo homens chamados pelo nome, a fim de que um remanescente pudesse permanecer na terra, e para que a face da terra pudesse estar repleta da sua semente. Além disso, ele lhes revelou o Seu Espírito Santo por meio dos Seus ungidos, para que ele [lhes] proclamasse a verdade. Entretanto, ele afastou aqueles a quem ele aborrecia (CD 2.11-13).

Embora o texto esteja gravemente danificado, é provável que 1Q34bis 2.6-7 também associe o Espírito Santo com a revelação divina:

> E, na verdade, Tu renovaste tua aliança com eles [baseada] em uma visão gloriosa e sobre as palavras de Teu Santo [Espírito], sobre as obras de Tuas mãos e sobre o escrever de Tua mão direita, para que eles possam conhecer os fundamentos da glória e dos passos para a eternidade.

Estes textos são, naturalmente, descrições da atividade do Espírito no passado distante.[253] No entanto, a inspiração do Espírito não se limita

---

[253] Há também referências nos pergaminhos a uma figura messiânica que recebeu o dom do Espírito Santo (1QSb 5.25; 1QMelch). Esses textos têm um caráter semelhante aos textos de

aos profetas do passado. O título "profeta" nunca é atribuído ao Mestre da Justiça ou a outros membros da comunidade, mas os pergaminhos sugerem que o Espírito continuou a conceder sabedoria esotérica para os sábios na comunidade, com o propósito de instrução.

Esses sábios são mais frequentemente designados pelo termo משכיל. [254]As várias funções do משכיל estão estabelecidas em 1QS 3.13-15, 4.22 e 9.12-20. Acima de tudo, o משכיל deve "instruir os justos no conhecimento do Altíssimo" (1QS 4.22). Esse conhecimento é derivado de uma interpretação inspirada da lei (1QS 9.17; 1QH 5.11). Fica claro que o Espírito é a fonte dessa inspiração a partir de 1QH 12.11, em que, como temos visto, o משכיל atribui sua sabedoria ao Espírito de Deus. Vários textos se referem ao discurso inspirado por Deus, sem que se faça uma referência clara ao Espírito Santo (lQH 1.27-29; 3.6-18; 7.11; 8.36; 11.12).

A inspiração do Espírito, que era recebida quando se ingressava na comunidade, continuava a ser ativa na vida do membro no seu crescimento em pureza e santidade. A santidade era intimamente associada ao estudo e à obediência à lei. Assim, a comunidade distinguia vários níveis de conquista sapiencial. Todos os membros da comunidade eram classificados "de acordo com o seu entendimento e com as suas obras" (1QS 5.23-24).[255] Os líderes da comunidade deveriam ser perfeitos em santidade e sabedoria (1QS 8.1-2).[256]Ambos os atributos estão associados à inspiração do Espírito por todo o Pergaminho de Ação de Graças (1QH). Os sábios, então, por definição, eram aqueles que experimentavam o Espírito Santo de uma forma bem íntima. Eles deveriam instruir a comunidade partindo de sua sabedoria inspirada pelo Espírito Santo.

1Enoque e Salmos de Salomão, que já foram analisados (retorne para o §2.2 do Capítulo 3).
[254] O título חכמי ocorre de fato (1QSa 1.28; 2.16), mas é menos frequente e provavelmente se constitui um sinônimo de משכיל.
[255] Davis, *Wisdom,* p. 42; e D. Flusser, "The Dead Sea Scrolls e Pre-Pauline Christianity" em *Aspects of the Dead Sea Scrolls* (1967), p. 247.
[256] Veja também 1QH 10.27.

4. Resumo

Embora a comunidade de Qumran tenha reservado o termo "profeta" para as figuras bíblicas do passado, ela percebia a ação do Espírito Santo de forma clara dentro dela. Os pergaminhos apresentam o Espírito como a dinâmica da vida religiosa da comunidade. O Espírito concede sabedoria esotérica ao משכיל, com o propósito de instruir e, de acordo com o 1QH, permite que cada membro da comunidade desfrute de uma maior intimidade com Deus. A perspectiva pneumatológica de 1QH é, no entanto, decididamente diferente da de 1QS, no qual os dois espíritos, de uma forma análoga aos princípios do bem e do mal rabínicos, aparecem como impulsos colocados dentro de cada indivíduo no momento da criação.

Os hinos do 1QH podem representar um estágio posterior na reflexão comunitária sobre o Espírito. Eles declaram que o dom do Espírito consiste na fonte da conquista sapiencial em todos os níveis. Por essa razão, receber o dom do Espírito é necessário para que se conheça a Deus e se viva dentro da comunidade da salvação. Assim, os hinos do 1QH, como o Livro da Sabedoria, atribuem uma importância soteriológica ao dom do Espírito.

CAPÍTULO 5

*A literatura rabínica**

1. O ESPÍRITO SANTO E A INSPIRAÇÃO PROFÉTICA

Os rabinos equiparavam a experiência do Espírito à inspiração profética. O Espírito é retratado de modo coerente como a fonte de visão especial e de um discurso inspirado em toda a literatura rabínica. Várias citações rabínicas se referem a vários indivíduos "vendo" ou "falando no Espírito".[257]

No entanto, uma questão deve ser abordada antes que a importância deste material para nossa investigação possa ser devidamente avaliada.

---

[257] A literatura rabínica que foi analisada inclui passagens da Mishná, da Toseftá, do Talmude Babilônico, do Talmude de Jerusalém, dos Midrashim tanaíticos, dos Midrashim homiléticos, do Midrash Rabá, dos Midrash sobre os Salmos, da Ética dos Pais do rabino Eliezer e do rabino Natã, e dos targuns. Veja os numerosos textos citados por P. Schäfer, *Die Vorstellung vom heiligen Geistinderrabbinischen Literatur* (1972), pp. 151-157, 161.

Será que esses textos nos fornecem material valioso para reconstituir as perspectivas judaicas do primeiro século sobre o Espírito Santo? Procurarei responder a essa pergunta de forma afirmativa, demonstrando que há registros de tradições rabínicas que identificam o Espírito com inspiração profética desde a era pré-cristã.

A tradição targúmica também representa uma rica fonte de informação a respeito das perspectivas judaicas sobre o Espírito Santo. Depois de alguns comentários preliminares sobre a antiguidade da tradição targúmica, passarei a analisar alguns textos importantes que se acham presentes em vários targuns.

1.1 TRADIÇÃO RABÍNICA PRIMITIVA

Embora os escritos rabínicos tenham sido compilados entre 200 e 500 d.C., geralmente se reconhece que eles contêm tradições da era pré-cristã. No entanto, essas tradições primitivas devem ser diferenciadas daquelas que surgiram em eras posteriores.[258] Uma metodologia que nos ajudará a chegar a esse objetivo foi proposta por Renee Bloch.[259] Bloch sugere que a antiguidade de uma tradição pode ser determinada por um processo de comparação interna e externa. A "comparação interna" consiste em identificar a evolução de uma tradição rabínica pelas várias etapas que os documentos que contêm a tradição representam. É importante para distinguir os elementos primitivos da tradição das adições ou das revisões posteriores. Jacob Neusner ofereceu algumas diretrizes úteis para iniciar o processo de comparação interna.[260] Dentre elas, podemos notar

---

[258] Os estudiosos do Novo Testamento têm sido criticados por "maciços e sustentados ancaronismos em seu uso das fontes rabínicas (P. S. Alexander, "Rabinnic Judaism e the New Testament", ZNW 74 [1983], p. 244.

[259] R. Bloch, "Methodological Note for the Study of Rabbinic Literature", em *Approaches to Ancient Judaism: Theory e Practice* (1978), pp. 56-61.

[260] J. Neusner, "The Teaching of the Rabbis: Approaches Old e New", *JJS* 27 (1976), pp. 231-233.

a sugestão de Neusner de que as tradições relacionadas sejam organizadas em uma sequência lógica de desenvolvimento. A "comparação externa" requer a comparação entre as tradições rabínicas, que, em grande parte, não são datadas, ou são datadas de forma imprecisa, com textos alheios ao judaísmo rabínico "que tenham pelo menos uma data aproximada e em que se podem verificar as mesmas tradições.[261] Tendo essas considerações metodológicas em vista, voltemo-nos para os textos rabínicos.

1.1.1 T. Sot. 13.2. Um lamento rabínico a respeito da cessação da profecia é encontrado em T. Sot. 13.2

Quando os últimos profetas morreram, a saber, Ageu, Zacarias e Malaquias, então o Espírito Santo foi extinto em Israel. Entretanto, mesmo assim esses profetas fizeram Israel ouvir as mensagens celestiais como um eco.[262]

O texto iguala claramente a profecia com a inspiração do Espírito: a cessação da profecia é a cessação da experiência pneumática. Além disso, há indícios de que *T. Sot.* 13.2 representa a tradição primitiva. Já que se trata de um documento tanaítico redigido no final do século III ou no século IV d.C., a Tosefta vem do período mais antigo da redação rabínica.[263] Os critérios internos confirmam a antiguidade da tradição contida no texto; já os critérios externos sugerem que a tradição se originou na era pré-cristã.

---

[261] Bloch, "Methodological Note", p. 56.
[262] Tradução livre da versão inglesa de J. Neusner, *Sota* 13.3 (texto hebraico: 13.2), em *Nashim* (1979), *The Tosefta*, HI. A versão posterior mais literal é tradução livre da versão do autor.
[263] Schurer, *History,* I, p. 77.

Critérios internos

t. Soy. 13.2
Quando Ageu, Zacarias e Malaquias, os últimos profetas, morreram, então o Espírito Santo partiu de Israel (פסקה רוח הקודש מישראל), mas, mesmo assim, a mensagem foi ouvida como um eco.

Temos como referências de *t. Sot.* 13.2:[264]
y. Soy. 9.13/14
Quando os profetas posteriores morreram, isto é, Ageu, Zacarias e Malaquias, então o Espírito Santo partiu deles (פסקה מהן רוח הקודש). Mas, mesmo assim, eles os fizeram ouvir [mensagens celestiais] por um eco.

b. Soy. 48b
Quando Ageu, Zacarias e Malaquias morreram; então o Espírito Santo se afastou de Israel (נסתלקה רוח הקודש מישראל), mas, mesmo assim, eles os fizeram ouvir [mensagens celestiais] por um eco.

b. Sanh. 11a
Quando os profetas posteriores morreram, isto é, Ageu, Zacarias e Malaquias, então o Espírito Santo se afastou de Israel (נסתלקה רוח הקודש מישראל). Mas, mesmo assim, eles os fizeram ouvir [mensagens celestiais] por um eco.

b. Yom. 9b
Quando os últimos profetas morreram, isto é, Ageu, Zacarias e Malaquias, então o Espírito Santo saiu de Israel (נסתלקה רוח הקודש מישראל). Mas mesmo assim, eles os fizeram ouvir [mensagens celestiais] por um eco.

As semelhanças marcantes entre esses textos indicam que eles se baseiam em tradições inter-relacionadas. No entanto, os textos têm diferenças importantes, e a comparação entre eles é reveladora. Enquanto *t. Sot.* 13.2 e *y. Sot.* 9.13/14 empregam פסקה com referência ao afastamento

---

[264] O texto hebraico de *t. Sot.* 13.2 é de M. S. Zuckermandel, *Tosefta* (1882). O texto hebraico de *y. Sot.* 9.13/14 é de תלמוד ירושלמי (Wilna: Romm, 1926). Os textos de *b. Sot.* 48b, *b. Sanh.* 11a e de *b. Yom.* 9b são de L. Goldschmidt, *Der Babylonische Talmud*. As citações traduzidas são nossas.

do Espírito Santo de Israel ou deles, respectivamente, as três citações do Talmude Babilônico empregam נסתלקה. No entanto, todas as três citações do Talmude Babilônico concordam com *t. Sot.* 13.2 de forma diferente do Talmude de Jerusalém em seu uso de רוח הקודש מישראל ("Espírito Santo de Israel) em vez de מהן רוח הקודש ("Espírito Santo deles"). Assim, nos pontos importantes de discrepância, os textos do Talmude de Jerusalém (y. *Sot.* 9.13/14) e dos Talmudes babilônicos *(b. Sot.* 48b; *B. Sanh.* 11a; *b. Yom.* 9b) concordam com *t. Sot.* 13.2. Esse fato sugere que o Talmude de Jerusalém e os Talmudes Babilônicos se baseiam na tradição anterior contida em t. *Sot.* 13.2.[265]

Essa conclusão recebe mais apoio de uma análise do contexto imediato de *t. Sot.* 13.2 e de suas referências. Cada uma das passagens citadas acima, com exceção de *b. Yom.* 9b,[266] registra uma mensagem proferida pelo בת קול ("eco") no meio de uma reunião dos sábios em Jericó:

> "Há entre vocês um homem que é digno de receber o Espírito Santo, mas essa geração é indigna de tal honra". Todos eles observaram Samuel, o Menor. Entretanto, o que eles disseram no momento de sua morte? "Ai do homem humilde, ai do piedoso homem, do discípulo de Hillel, o Velho!" (*t. Sot.* 13.4).[267]

As referências no Talmude Babilônico (*b. Sot.* 48b; *b. Sank.* 1 la) substituem o רוח הקודש ("Espírito Santo") de *7. Sot,* 13.4 por שכינה ("presença de Deus"). O uso de שכינה em vez de רוח הקודש é característico do Talmude Babilônico e provavelmente representa uma redação

---

[265] Schäfer, *Die Vorstellung*, p. 95.

[266] *B. Yom.* 9b não segue as outras passagens paralelas neste momento e representa uma redação independente de várias tradições.

[267] Samuel, o Pequeno, é da segunda geração de Tannaim (90-130 AD; H. L. Strack, *Introduction to Talmud e Midrash* [1931], p. 112).

posterior.²⁶⁸ Isso sugere que o Talmude Babilônico alterou a tradição inicial preservada em *t. Sot.* 13.4.

A discussão rabínica sobre a datação da retirada do Espírito Santo e da cessação da profecia segue uma evolução lógica de pensamento. Colocando *t. Sot.* 13.2 dentro dessa sequência lógica, é possível descobrir mais provas da antiguidade relativa da tradição subjacente a esse texto. *T. Sot.* 13.2 data a retirada do Espírito Santo a partir da morte de Ageu, Zacarias e Malaquias. Essa declaração contradiz outra vertente de tradição rabínica que associa a retirada do Espírito Santo com a destruição do primeiro templo,²⁶⁹ porque Ageu, Zacarias e Malaquias viveram no período pós-exílico, depois da destruição do primeiro templo.

Duas tentativas de resolver essa aparente contradição estão registradas em *Pes. K.* 13,14:

> Como Benjamim foi a última tribo, Jeremias acabou sendo o último de todos os profetas. Mas Ageu, Zacarias e Malaquias não profetizaram depois dele?
>
> Rabino Eleazar e Rabino Samuel bar Nachman: R. Eleazar disse: Eles encurtaram (קיצורי) a profecia dele [Jeremias]. R. Samuel bar Nachman disse: O chamado para profetizar a eles já estava nas mãos, nas mãos de Ageu, Zacarias e Malaquias.²⁷⁰

Com a palavra קיצורי ("encurtado"), o rabino Eleazar afirma que Ageu, Zacarias e Malaquias se basearam na profecia de Jeremias. Sendo assim, o rabino Eleazar consegue criar um vínculo entre os profetas pós-exílicos com o período antes da destruição do primeiro templo e reconciliar as duas tradições aparentemente contraditórias sobre a

---

²⁶⁸ Veja Schäfer, *Die Vorstellung*, pp. 93, 97, 142; A. M. Goldberg, *Untersuchungen über die Vorstellung von der Schekhinah in der frühen rabbinischen Literatur*, pp. 219-224.

²⁶⁹ Entre as citações rabínicas que vinculam a retirada do Espírito Santo com o primeiro templo estão: *Lam. R. Proem* 23; *Eccl. R.* 12.7.1; *Num.* R. 15.10.

²⁷⁰ O texto hebraico de *Pes. K.* 13,14 é de B. Mandelbaum, *Pesikta de Rab Kahana* (1962), p. 238. Tradução livre da versão do autor.

retirada do Espírito Santo e a cessação da profecia. O rabino Samuel bar Nachman resolve o problema de uma maneira diferente. Ele afirma que os profetas pós-exílicos já tinham recebido suas profecias ou sua vocação profética na época de Jeremias, que é anterior à destruição do primeiro templo: eles *só se limitaram a proclamar* suas profecias depois de o primeiro templo ter sido destruído.[271] Essas tentativas de reconciliação indicam que essas duas visões conflitantes já estavam bem definidas de longa data.[272] Assim, à luz de *Pes. K.* 13,14, a passagem de *T. Sot.* 13.2 deve ser situada no período mais antigo do desenvolvimento do pensamento rabínico sobre esse assunto.

Critérios externos.

É inútil procurar referências exatas com t. Sot 13.2 fora da literatura rabínica. No entanto, as passagens de 1Macabeus 4.46, 9.27 e 14.41 refletem a convicção de que a era profética havia terminado.[273] Estes textos atestam a existência de uma tradição sobre a cessação de profecia do início do século I a.C.[274] Esse testemunho externo, com os critérios internos que expus anteriormente, sugere que *T. Sot.* 13.2 representa uma tradição que se originou antes da era cristã.

1.1.2. *ARN A.34.* Um comentário sobre o tratado mishnaico, *A Ética dos Pais do Rabino Natã* (*ARN*), apresenta um esclarecimento importante sobre as perspectivas rabínicas a respeito do Espírito:

---

[271] Schäfer, *Die Vorstellung*, p. 96.

[272] Os rabinos Samuel bar Nachman e R. Eleazar (ben Pedath) podem ser situados, parte inicial do século IV d.C. (ver J. Bowker, *The Targums e Rabbinic Literature* (1969), p. 369; Strack, *Introduction,* pp. 124-125).

[273] Assim, Marmorstein afirma que o autor de 1Maccabeus deve ter tido conhecimento da visão de que a presença do Espírito Santo se foi com os últimos profetas (*Studies in Jewish Theology* [1950], pp. 123-124). Veja também Sl 74.9; Zc 13.2-6; Josefo, *Apion* 1.41; *2 Bar.* 85.1-3.

[274] Nickelsburg situa a data de 1Macabeus entre 104 e 63 a.C. (Jewish Literature, p. 117); veja também Schürer, *History,* III, p. 181.

> Por dez nomes o Espírito Santo foi chamado, a saber: parábola, metáfora, enigma, discurso, palavra inspirada, glória, instrução, encargo, profecia e visão (*ARN* A.34).[275]

Há uma coerência impressionante entre os dez nomes dados para o Espírito Santo em *ARN* A.34: praticamente todos os nomes estão relacionados a fenômenos característicos de inspiração profética. A maioria dos nomes é diretamente relacionada com aspectos da fala. O Espírito Santo também é associado com a revelação especial (visão), como uma alusão clara à fonte da profecia.

Em várias referências paralelas de *ARN* A.34, a expressão "Espírito Santo" é substituída por "profecia" (por exemplo, *ARN* B.37; *Gen. R.* 44,6; *Cant.R.* 3.4).[276] Esses textos não se referem ao Espírito Santo. *Cant.R.* 3.4 serve como exemplo dessa mudança na tradição:

> Há dez expressões denotando profecia: visão, profecia, pregação, discurso, palavra inspirada, instrução, encargo, poesia, enigma.[277]

Uma terceira variação na tradição é encontrada no *MHG* Gen. 242:

> A profecia é identificada de dez formas: "visão", como está escrito: "o Vidente está aqui?" (1Sm 9.11); "observação", como está escrito: "Eu te pus como atalaia" (Ez 3.17 e 33.7); "provérbio", como está escrito: "os provérbios de Salomão" (Pv 1.1); "interpretação", como está escrito: "meus intérpretes são meus amigos" (Jó 16.20); "o Espírito Santo", como está

---

[275] Tradução de J. Goldin, *The Fathers acording to Rabbi Nathan* (1955).
[276] Para uma lista mais abrangente de textos, consulte Schäfer, *Die Vorstellung*, p. 19.
[277] A tradução do hebraico é de M. Simon, "Song of Songs", *The Midrash Rabbah* (1977), IV.

escrito: "não retire de mim o seu Espírito Santo" (Sl 51.13);²⁷⁸ "profecia", como está escrito: "Eu levantarei um profeta no meio deles" (Dt 18.18); "visão", como está escrito: "visão de Isaías, filho de Amoz" (Is 1.1); "oráculo" como está escrito: "oráculo que Habacuque viu" (Hc 1.1); "sermão", como está escrito: "não pregar contra a casa de Isaque" (Am 7.16); e "enigma", como está escrito: "Filho do homem, propõe um enigma" (Ez 17.2).²⁷⁹

Invertendo os papéis das expressões "Espírito Santo" e "profecia" encontradas em *ARN* A.34, *Midrash HaGadol,* Gen. 242 apresenta רוח הקודש como equivalente a נבואה. O texto bíblico que *o* MHG Gen. 242 cita como apoio à identificação do Espírito Santo com a profecia, Salmo 51.11 (Sl. 51.13 no TM), é particularmente impressionante. Esse texto é frequentemente interpretado pelos exegetas modernos com referência ao Espírito Santo como a fonte da vida moral e religiosa. Ainda de acordo com o MHG Gen. 242, o Espírito Santo de Sl 51.11 é o Espírito de Profecia. Portanto, o texto de Gen. 242 nos dá uma valiosa visão de como o dom do Espírito foi amplamente identificado com a inspiração profética pelos rabinos.

Critérios internos: A tradição dos "dez nomes" foi preservada em três formas variantes representadas por *ARN* A.34, Ct 3.4 e *MHG* Gen. 242. Como vamos avaliar o desenvolvimento dessa tradição? Em termos de redação final, *ARN* A deve se situar em uma data anterior a *Midrash Rabbah* e *Midrash Haggadol*.²⁸⁰ Embora *ARN* A, em sua forma atual, pertença ao período pós-talmúdico, todos os rabinos que cita pertencem à época da Mishná, e "pode ser considerado como essencialmente tanaítico".²⁸¹ A ques-

---

²⁷⁸ Texto Massorético: Sl 51.13; Texto em inglês: Salmo 51.11.
²⁷⁹ O texto hebraico é de M. Margulies, *Midrash Haggadol no Pentateuch: Gênesis* (1947), p. (242). Fiz uma tradução livre.
²⁸⁰ Schürer situa *Midrash Haggadol* no século XIII d.C. e *Cant. R.* no século VII ou VIII d.C. (*History,* I, pp. 93, 95).
²⁸¹ Schürer, *History, I,* p. 80. Veja também Goldin, *The Fathers* (1955), p. xi; e Bowker, *The Targums,* p. 88.

tão da relação entre *ARN* A e *ARN* B é importante, já que representa duas das formas variantes dessa tradição. Embora essa pergunta ainda não tenha recebido uma resposta definitiva, alguns sentem que *ARN* A representa uma versão anterior (ainda que seja menos fiel) de um documento *proto-ARN* que foi perdido.[282] Se formos autorizados, em nossa análise da relação literária entre esses textos, a empregar o critério de crítica textual que diz que se deve preferir a leitura mais difícil, *ARN* A.34 seria, sem dúvida, selecionado como a versão mais primitiva. Podemos visualizar redatores posteriores alterando o texto para apresentar a palavra "profecia" em vez da expressão "Espírito Santo" por razões contextuais. No entanto, é mais difícil especular por que algum redator faria o contrário, particularmente à luz do fato de que *ARN* A.34 se constitui o único texto que preserva a tradição dessa forma. Também é possível que a inclusão de "Espírito Santo" como um dos nomes para profecia em *MHG* Gen. 242 é uma acomodação à tradição primitiva preservada na *ARN* A.34 e sua alteração por redatores posteriores. Portanto, é mais provável que *ARN* A.34 represente uma tradição inicial, na qual os outros textos paralelos se baseiam.[283]

Critérios externos. Não há textos fora da literatura rabínica que se refiram a *ARN* A.34. No entanto, como vimos, inúmeros textos ao longo do período interbíblico associam o Espírito Santo à inspiração profética de uma maneira semelhante *ARN* A.34. Portanto, é bastante provável que esta tradição citada pelos rabinos do período tanaítico tenha se originado na era pré-cristã.

1.2 OS TARGUNS

Geralmente se reconhece que os targuns equivalem à expressão de tradições exegéticas antigas.[284] Assim, embora a natureza do desenvolvimento da tradição dos targuns continue sendo questionada, a maioria dos

---

[282] Veja Goldin, *The Fathers,* p. xxii.
[283] Schäfer, *Die Vorstellung,* p. 20.
[284] G. Vermes, *Scripture e Tradition in Judaism: Haggadic Studies* (1973), p. 177.

estudiosos concorda que os targuns constituem uma fonte inestimável para reconstruir o pensamento judeu do século I.[285] Passarei, portanto, a avaliar a importância dos targuns para essa avaliação sobre as perspectivas judaicas sobre o Espírito Santo.

1.2.1 Os targuns do Pentateuco

O *Códice Neofiti*: No *CN,* além das referências ao Espírito Santo com relação à criação,[286] o Espírito de Deus é quase sempre identificado pela expressão רוח קדושא.[287] A única ocorrência de רוח נבואה é encontrada na margem de Êxodo 2.12. A tradução do CN de Êxodo 31.3 também contém uma referência a רוח דנבי ("espírito de um profeta"), que pode ser uma corruptela de רוח נבואה ("Espírito de profecia"). Em cada uma dessas ocorrências, ele aparece como a fonte de inspiração profética.

A perspectiva pneumatológica dos Targuns Neofiti aparece de modo especial naqueles textos em que o TM passou por mudanças importantes. A fuga de Jacó da casa de Labão para o planalto de Gileade é descrita em Gênesis 31.21. O *CN* acrescenta, na margem, esta nota explicativa: "porque ele tinha visto pelo espírito santo (רוח קדושא) que a libertação seria realizada naquele lugar para Israel nos dias de Jefté de Gileade".[288] De acordo com o *CN,* em Gênesis 42.1, Jacó viu "no Espírito santo" (ברוח קדושא) que o milho estava sendo vendido no Egito. A

---

[285] Eu me refiro aos targuns do Pentateuco (*Neofiti, Onkelos, Pseudo-Jonathan, Fragmentos*) e ao *Targum de Jonatã (TJ)* para os Profetas. Geralmente, os targuns sobre os hagiógrafos são considerados de origem posterior (no entanto, têm sido descobertos fragmentos aramaicos de Jó em Cunrã). Por essa razão, vou limitar a análise aos targuns do Pentateuco e dos profetas. Para uma pesquisa sobre tendências recentes, consulte M. McNumara, *Palestinian Judaism e the New Testament* (1983), pp. 211-217.

[286] Ver Gn 1.2; 2.7 no CN.

[287] Ou expressões similares (רוח דקדש; ברוח קודשא). Ver Gn 31.21 (M); 41.38; 42.1; Ex 2.12 (M2); 35.31; Nm 11.17, 25 (2x), 26, 28, 29; 14.24; 24.2; 27.18. Essa lista inclui as leituras marginais em Gn 31.21 e Ex. A passagem de Ex 2.12 tem duas leituras marginais (M1: רוח נבואה; M2: ברוח קודשא).

[288] O texto aramaico do *CN* é de Diez Macho, *Neophyti I* (6 vols.; 1968). A mesma obra apresenta uma tradução para o inglês de M. McNamara e M. Maher.

nota marginal de Êxodo 2.12 no *CN* justifica o assassinato do egípcio realizado por Moisés: "[Moisés viu] os dois mundos pelo espírito santo, e eis que não havia como aquele egípcio se tornar um prosélito; e ele feriu o egípcio e enterrou-o na areia".[289] Já Números 11.28, no CN, apresenta que Josué, em resposta à profecia de Eldade e Medade, pediu a Moisés para "afastar o espírito santo deles" (מנע מנהון רוח קודשה). Em cada um desses acréscimos ao TM apresentados no *CN,* o espírito é a fonte da revelação especial ou do discurso inspirado.

Targum de Ônquelos: Esse Targum afirma de forma clara o que está implícito na redação de *CN:* o Espírito de Deus é "o Espírito de profecia" (רוח נבואה).[290] A exceção é uma referência a רוח קדושא no TO em Gênesis 45.27. J. P. Schäfer questionou a autenticidade dessa leitura.[291] Independentemente de qual leitura deve ser preferida, nessa passagem de Ônquelos, o Espírito funciona como o Espírito da profecia, revelando a Jacó a veracidade da mensagem trazida a ele de que José estava vivo. O *TO* frequentemente traduz o רוח אלהים do TM como רוח נבואה, como nos dois exemplos seguintes:

Gênesis 41.38:

TM: um homem em quem habita o Espírito de Deus (רוח אלהים)

TO: um homem em quem habita o Espírito da profecia (רוח נבואה) de diante do Senhor.

Números 27.18:

TM: um homem em quem habita o Espírito (רוח)

---

[289] Esta é a leitura de M2. M1 diz: "[Moisés olhou] em um espírito de profecia neste mundo e no mundo vindouro e eis que não havia nenhum homem inocente para ir adiante dele e ele feriu o egípcio e enterrou-o na areia".

[290] Consulte o *TO* em Gn. 41.38; Êx 31.3; 35.31; Nm 11.25, 26, 29; 24.2; 27.18. Os textos aramaicos são de A. Sperber, *The Bible in Aramaic*. I. *The Pentateuch according to Targum Onkelos* (1959). Os textos traduzidos citados na nota 292 são meus.

[291] P. Schäfer, "Die Termini "Heiliger Geist" e "Geist der Prophetie" in den Targumim und das Verhältnis der Targumim zueinander", VT20 (1970), p. 307.

TO: um homem em quem habita o Espírito da profecia
(רוח נבואה)

Essas redações no *TO* representam mais provas da tendência na tradição dos targuns para igualar a atividade do Espírito com a inspiração profética.

Targum Pseudo-Jonatã: Esse targum reflete a característica da terminologia característica tanto do CN quanto do *TO*, usando a expressão רוח קדושא quinze vezes e a expressão רוח נבואה onze vezes.[292] Tanto para o *Targ. Sl-J.* quanto para o *CN*, ele é identificado como a fonte de inspiração profética. Nota-se em particular os vários textos em que o *Targ. Sl-J.* adota a expressão רוח קדושא que não se encontra no *CN*. Um exemplo é a passagem de Gênesis 27.5, que afirma que Rebeca foi capacitada pelo Espírito Santo para ouvir as palavras que Isaque disse para Esaú:

TM: Rebeca ouviu enquanto Isaque falava com Esaú.

CN: Rebeca ouviu enquanto Isaque falava com Esaú.

Targ. Sl-J: Rebeca ouviu pelo Espírito Santo enquanto Isaque falava com Esaú.[293]

O *Targum Fragmentário.* Como em *CN*, o *TF* geralmente usa a expressão רוח קדושא em vez de רוח נבואה. No entanto, רוח נבואה aparece em Números 11.28 no TF:

....

[292] רוח קדושא: Gn 6.3; 27.5, 42; 30.25; 31,21 (= *CN*); 35.22; 37.33; 43.14; Ex 31.3 (= *CN*); 33.16; Dt 5.21; 18.15, 18; 28.59; 32.26. Gn 41.38 (= *TO*); 45.27; Ex 33.16; 35,31 (= *TO*); 11.17, 25 (= *TO*), 26 (= *TO*), 28, 29 (= *TO*); 24.2 (= *TO*); 27.18 (= *TO*).

[293] O texto aramaico de *Targ. Sl-J.* é de M. Ginsburger, *Pseudo-Jonathan* (1903). A tradução é minha.

E Josué, filho de Num, o assistente de Moisés, de entre os jovens, falou e disse: "Meu mestre, Moisés, retire o espírito profético deles" (פסוק מנהון רוח נבואה).²⁹⁴

Além disso, apenas cinco ocorrências de רוח קדושא podem ser encontradas no *TF*²⁹⁵, e, dessas cinco ocorrências, duas são exclusivas de *TF* em relação com *CN*: Gênesis 27.1 e 37.33. De acordo com o Gênesis 27.1 no TF, Isaque era capaz de ser enganado por Jacó porque "ele era velho e seus olhos eram muito escuros para ver" (com o TM) e, além disso, porque "o espírito santo o tinha deixado". No TF, todo o sentido da passagem bíblica de Gênesis 37.33 é alterado. Ao ver a túnica rasgada de José, em vez de pensar no pior (como no TM), Jacó responde:

> Trata-se da roupa do meu filho; nenhuma besta selvagem o devorou nem meu filho foi morto; no entanto, eu vejo pelo espírito santo que uma mulher má está em frente a ele, a esposa de Potifar *(TF de* Gn 37.33).

Nos textos exclusivos do *TF* não se faz alteração com relação ao *CN* na forma como a atividade do Espírito Santo é percebida: o Espírito é a fonte de revelação especial e inspiração. Embora os targuns do Pentateuco se refiram ao Espírito de Deus com diferentes termos e em diferentes contextos, todos concordam em um ponto fundamental: o Espírito de Deus é o Espírito da profecia.

---

²⁹⁴ O texto aramaico e a tradução são de M. L. Klein, *The Fragment-Targums of the Pentateuch according to their Extant Fontes* (2 vols.; 1980).
²⁹⁵ Gn 27.1; 37.33; 42.1 (= CN); Ex 2.12 (= CN; Nm 11,26 = *CN).*

1.2.2 Targum Jonatã dos Profetas

O *Targum Jonatã* modifica a linguagem referente ao Espírito Santo do TM de várias maneiras.[296] As referências ao Espírito de Deus no TM são frequentemente traduzidas como no *Targum Jonatã*.[297] De acordo com 1Samuel 10.10 no TJ, "o Espírito da profecia (רוח נבואה) da parte do Senhor residia sobre [Saul] e ele cantou louvor no meio deles". Assim também Isaías 61.1 no TJ diz: "O Espírito da profecia (רוח נבואה) da parte do Senhor Elohim está sobre mim".

O caráter profético da experiência pneumática é subentendido em três outros textos do Targum de Isaías. Compare os seguintes textos de Isaías no *TJ* com seus equivalentes no TM:

Isaías 40.13 (TM) Quem guiou o espírito do Senhor (רוח־ יהוה)?

Isaías 40.13 (TJ) Quem tem guiado o Espírito Santo (רוח קודשא) pela boca de todos os profetas (בפום כל נבייא)?

Isaías 63.11 (TM) Onde está o que pôs no meio deles o seu santo Espírito (רוח קדושו)?[298]

Isaías 63.11 (TJ) Onde está aquele que fez com que a palavra de seus santos profetas habitasse entre eles? (הישדוק ייבנ רמימ)

---

[296] Os textos aramaicos são de A. Sperber, *The Bible in Aramaic*. II. *The Former Prophets according to Targum Jonathan* (1959); *The Bible in Aramaic*. III. *The Latter Prophets according to Targum Jonathan (1962)*. As traduções são de S. H, Levey *The Targum of Ezechiel* (1987); D. J. Harrington e A. J. Saldarini, *Targum Jonathan of the Former Prophets* (1987); J. F. Stenning, *The Targum of Isaiah* (2.ed., 1953).

[297] Veja, por exemplo, *TJ* Jz 3.10; 1Sm 10.6, 10; 19.20, 23; 2Sm 23.2; 1Rs 22.24; 2Rs 2.9; Is 61.1; Ez 11.5.

[298] Uma alteração semelhante ocorre em Is 63.10 no *TJ*. רוח é frequentemente traduzida no Targum de Isaías: ver Is 4.4; 28.6; 30.28; 34.6; 48.16; 59.19; 63.10, 11, 14 no TJ.

Isaías 59.21 (TM) Este é o meu pacto com eles, diz o Senhor: o meu Espírito (רוחי), que está sobre ti, e as minhas palavras (דברי), que pus na tua boca, não se desviarão da tua boca.

Isaías 59.21 (TJ) Este é o meu pacto com eles, diz o Senhor; o meu Espírito Santo (ישדק חור), que está sobre ti, e as palavras de profecia (ימגתפו) que pus na tua boca não devem se desviar da tua boca.

No Targum de Ezequiel, a expressão "a mão do Senhor" (TM: יד-יהוה) é frequentemente alterada para "o Espírito de profecia".[299] Compare, por exemplo, Ezequiel. 1.3 no *TJ*, "o Espírito da profecia da parte do Senhor descansou sobre (Ezequiel)", com o texto bíblico: "a mão do Senhor estava sobre (Ezequiel)". Nos textos em que não se fala da inspiração profética, as referências à mão do Senhor, "minha mão" (TM: ידי), são traduzidas como "meu poder" (גבורתי).[300] Em textos dos profetas anteriores que falam de feitos miraculosos (não proféticos), como as conquistas de Sansão, "o Espírito do Senhor" (TM) muitas vezes é traduzido como "Espírito de poder" (רוח גבורא).[301] No entanto, de vez em quando é encontrado em textos nos quais esperamos encontrar רוח גבורא (por exemplo, Jz 3.10; 2Rs 2.9 no *TJ*). Esses textos, com as modificações de Ezequiel e de Isaías que acabamos de citar, indicam que os redatores do *TJ* tendem a associar o Espírito Santo exclusivamente à inspiração profética.

---

[299] Ver Ez 1.3; 3.22; 8.1; 40.1 no *TJ*. Compare também Ez 3.14 (TJ), "e a profecia que vem de diante do Senhor me impressionou", com o texto bíblico: "e a mão forte do Senhor esteve sobre mim".

[300] Ver Ez 6.14; 13.9; 14.9, 13; 25.7, 13, 16; 39.21 no TJ. Essa prática não se limita a esse livro: veja, por exemplo, Js 4.24; Jr 6.12; 15.6; 16.21; 51.25.

[301] Veja, por *exemplo,* Jz 11.29; 13.25; 14.6, 19; 15.14; 1Sm 16.13, 14. Veja também 1Sm 11.6, em que "o Espírito de Deus" é traduzido como "Espírito de poder".

2. O Espírito e o tempo vindouro

Várias passagens nas Escrituras Hebraicas antecipam um derramamento universal do Espírito sobre a casa de Israel "nos últimos dias".[302] Na seção seguinte, passarei a analisar como essas passagens bíblicas foram interpretadas pelos rabinos e a discutir a importância das evidências rabínicas para reconstituir as expectativas escatológicas no judaísmo do século I.

2.1 O DERRAMAMENTO ESCATOLÓGICO DO ESPÍRITO

A expectativa de um derramamento do Espírito no fim dos tempos está presente em vários textos rabínicos. Embora os rabinos tenham afirmado que o Espírito Santo tinha deixado Israel devido ao seu pecado,[303] eles ansiavam pelo dia em que o Espírito voltaria a habitar com seu povo. Esse derramamento escatológico do Espírito é geralmente interpretado à luz de Joel 3.1-2 (TM) como restauração do Espírito da Profecia.[304] O capítulo 140 do Midrash HaGadol de Gênesis e *Num. R.* 15.25 representa muito bem essa perspectiva:

> O Espírito Santo diz nas Escrituras: "Suscitei profetas de seus filhos" (Am 2.11). No entanto, porque eles pecaram, ele os deixou, como está escrito: "Também os seus profetas não recebem visão alguma da parte do Senhor" (Lm 2.9). Mas, um dia, o Santo o trará de volta para Israel, como está escrito: "Acontecerá depois que derramarei o meu Espírito

---

[302] Nm 11.29; Jl 3.1-2; Ez 37.14; 39.29; Is 44.3; Zc 12.10.
[303] Ver *MHG* Gen. 135, 139-140; *MHG* Exod. 438; *Ruth R.* Proem 2; *Sif, Deut.* §173.
[304] Ver *MHG* Gen. 139-40; *R. Num.* 15.25; *O Deut. R.* 6. 14; *Lam. R.* 4.14; Midr. *Sl* 14.6, 138.2. *Ag. Ber.* §23.2 refere-se claramente a uma restauração do Espírito de profecia, mas sem citar Joel 3.1.

sobre toda a carne; vossos filhos e vossas filhas profetizarão (Jl 3.1 TM) (MHG Gen. 140).

O Santo, bendito seja ele, disse: "Neste mundo apenas alguns indivíduos profetizaram, mas no mundo vindouro todo o Israel profetizará", como diz: "Acontecerá depois que derramarei o meu Espírito sobre toda a carne; vossos filhos e vossas filhas profetizarão, os vossos anciãos, etc (Joel 3.1 TM). Essa é a explicação trazida por R. Tanhuma, filho de R. Abba *(Num. R.* 15.25).[305]

O texto de Ezequiel 36.26 é frequentemente citado com referência ao tempo vindouro. No entanto, geralmente é interpretado como uma profecia sobre a retirada do יצר (impulso) mal no fim dos tempos e, nesse aspecto, quase sempre sem se referir à atividade do Espírito Santo.[306] Uma exceção notável é *Tan. add.* para חקת:

A respeito disso os Sábios dizem: Aquele que não olha para a mulher do próximo, o impulso maligno (יצר הרע) não tem poder sobre ele. No mundo vindouro, o Santo, bendito seja Ele, tirará o impulso mal de nós e colocará o em nós seu Espírito Santo como está escrito: "Também vos darei um coração novo, e porei dentro de vós um espírito novo; e tirarei da vossa carne o coração de pedra, e vos darei um coração de carne. Ainda porei dentro de vós o meu Espírito" (Ez 36.26-27).[307]

....

[305] O texto hebraico de *MHG* Gen. 140 é de M. Margulies. *Midrash Haggadol on the Pentateuch, Genesis*, p. 140. A tradução é minha. Já a tradução *de Num. R.* 15.25 é de J. J. Slotki, "Numbers", em *The Midrash Rabbah*, III.

[306] *Exod. R.* 15.6; 41.7; *R. Num.* 14,4; *Deut, R.*6.14; *Cant. R.* 1.2.4; *Eccl. R.* 9.15; *Midr. Sl* 14.6. Cita-se também Jr 31.33 em conjunto com a esperança de que o mal ou o יצר seria removido na era vindoura: *Cant. R.* 1.2.4; *R.2.1*.

[307] O texto hebraico é de S. Buber, *Midrasch Tanchuma* (1885). A tradução é minha. *Num. R.* 17.6 também se refere ao Espírito citando Ezequiel 36.27 como *Tan. add para* חקת. No

Vários textos citam Ezequiel. 36.26 sem que se faça qualquer referência ao יצר mal. Esses textos também são notavelmente silenciosos sobre a atividade do Espírito: eles geralmente se referem à transformação do coração no final dos tempos, sem aludir ao Espírito.[308] Concluo que os rabinos geralmente interpretavam o derramamento escatológico do Espírito como a restauração do Espírito da profecia (Jl 3.1-2 TM), tendo como base *Deut. R.* 6.14 e *Midr. Sl* 14.6. Esses textos falam do tempo vindouro com referência tanto a Ezequiel 36.26 quanto a Joel 3.1. Nas duas passagens, a transformação do coração citada em Ez 36.26 é apresentada como pré-requisito para o derramamento escatológico do Espírito, que é interpretado à luz de Joel 3.1 (TM) como o derramamento do Espírito de profecia.

Em *Deut. R.* 6.14, a erradicação futura do יצר mal está vinculada a Ezequiel 36.26 e é citada como pré-condição para a restauração da presença de Deus (שכינה) no fim dos tempos. Os rabinos geralmente acreditavam que a experiência do Espírito Santo dependia da imanência da שכינה.[309]

Portanto, Joel 3.1 (TM) é oferecido como prova bíblica de que, no tempo vindouro, a שכינה será restaurada a Israel:

> Deus disse: "Neste mundo, porque há entre vós caluniadores, eu tenho retirado minha presença divina (שכינתי) dentre vós", como está escrito: "Seja exaltado, ó Deus, acima dos céus" (Sl 57.5). "Mas, no tempo vindouro, quando eu arrancar a Inclinação do Mal de entre vocês", como está escrito: "Tirarei da vossa carne o coração de pedra, e vos darei um coração de carne" (Ez 36.26). "Restaurarei minha presença divina (שכינתי) entre vós". De onde vem isso? Pois está escrito: "Acontecerá depois que eu derramar o meu Espírito sobre toda a carne"

---

entanto, Nm 17.6 não apresenta o comentário editorial ויתן בקרבנו רוח קדשו, que é exclusivo de *Tan. add.* to חקת.

[308] Veja *b. Suk.* 52a; *Gen. R.* 34.15; *R. Num.* 15.16; *Cant. R.* 6.11.1; *Eccl. R.* 1.16. De modo diferente, os seguintes textos se referem à atividade do Espírito com referência a Ez 36.26-27: *b. Ber.* 31b; *b. Suk.* 52b; *Num R.* 9.49; *Midr. Sl* 73.4.

[309] Veja *b. Yam.* 9b, *Ag. Ber.* §23.2, e Schäfer, *Die Vorstellung*, pp. 140-143.

etc. (Jl 3.1 TM); "e devido ao fato de que farei com que a minha presença divina (שכינתי) descanse sobre vós, todos vós merecereis a Torá, e habitareis em paz no mundo", como está escrito, " E todos os teus filhos serão ensinados do Senhor; e a paz de teus filhos será abundante" (Is 54.13) (Deut. R. 6.14).[310]

O *Midr. Sl* 14.6 também se refere à transformação do coração de Israel (Ez 36.26) como pré-condição para o derramamento escatológico do Espírito de profecia (Jl 3.1-2):

> Outro comentário: Davi falou pela primeira vez em nome do Mestre, o Santo, bendito seja Ele, que disse: "Quem dera que eles tivessem tal coração que me temessem, e guardassem em todo o tempo todos os meus mandamentos" (Dt 5.29); e ele falou pela segunda vez em nome do discípulo Moisés, que disse: "Oxalá que do povo do Senhor todos fossem profetas, que o Senhor pusesse o seu espírito sobre eles!" (Nm 11.29). Nem as palavras do Mestre nem as palavras do discípulo devem ser cumpridas neste mundo, mas as palavras de ambos serão cumpridas no mundo vindouro: as palavras do Mestre, "E vos darei um coração de carne... e farei que... guardeis as minhas ordenanças" (Ez 36.26), serão cumpridas; e as palavras do discípulo: "Derramarei o meu Espírito sobre toda a carne; vossos filhos e vossas filhas profetizarão" (Jl 3.1 TM), também serão cumpridas (*Midr. Sl* 14.6).[311]

Um grande grupo de textos refere-se ao derramamento escatológico do Espírito em termos gerais.[312] Esses textos oferecem pouca informação

---

[310] A tradução é de J. Rabinowitz, "Deuteronomy", em *The Midrash Rabbah*. O texto hebraico é de S. Liebermann, *Midrash Debarim Rabbah* (1940).
[311] A tradução é de W.G. Braude, *The Midrash on Psalms* (1959).
[312] *MHG Gen.* 135; *Num. R.* 15.10; *Cant. R.* 1.1.11; *Pes. R.* 1b; *Lam. R.* 3.138.

sobre a função futura do Espírito. No entanto, tendo em vista as evidências que acabei de citar e a tendência geral dos rabinos para identificar o Espírito Santo com a inspiração profética, pode-se supor que esses textos estão em harmonia com a perspectiva de *MHG* Gen. 140 e de *Num. R.* 15.25: o derramamento escatológico do Espírito Santo indica a restauração do dom profético. Embora muitos textos que acabamos de citar tenham sido editados em uma data relativamente tardia,[313] os seguintes fatores sugerem que eles testemunham as tradições que refletem com precisão aspectos da esperança do judaísmo do primeiro século.[314] Em primeiro lugar, 1QS 3.13-4.26 se baseia, a princípio, nos textos rabínicos que falam da erradicação do mal no fim dos tempos à luz de Ezequiel. As semelhanças conceituais entre 1QS 3-4 e os textos rabínicos importantes são claras; e o termo יצר aparece em 1QS 4.5.[315] Em segundo lugar, por causa da antiguidade da tradição sobre a retirada do Espírito Santo e dos textos bíblicos como Números 11.29 e Joel 3.1-2 (TM), é altamente provável que tradições semelhantes às encontradas em *MHG* Gen. 140 e *Num. R.* 15.25 já tinham se desenvolvido no século I. De fato, embora seja bem provável que essas tradições fossem muitas vezes suprimidas na era pós-cristã por razões polêmicas,[316] é difícil imaginar a hipótese de os rabinos desse período posterior criarem essas tradições em reação a propostas cristãs. No entanto, o silêncio da literatura intertestamental não rabínica sobre o derramamento universal do Espírito de profecia pode indicar que essa expectativa consistia em um elemento periférico na esperança do judaísmo do primeiro século.[317]

---

[313] Por exemplo, o *Midrash Haggadol* foi compilado no século XIII d.C. (Schurer, *História*, I, p. 93).

[314] Assim também Davies, *Paul*, p. 216.

[315] Sobre a relação entre os pergaminhos e o יצר rabínico, veja B. Otzen, יצר, *ThWAT,* III, p. 839. Cf. *Jub.* 1.20-25.

[316] Ver Kremer, *Pfingstbericht,* pp. 81-82.

[317] Veja D. Hill, *New Testament Prophecy* (1979), pp. 35-36 e M.A. Chevallier, *L'Esprit et le Messie* (1958), p. 105.

2.2 O ESPÍRITO E A RESSURREIÇÃO

Os rabinos ocasionalmente associam o Espírito Santo com a ressurreição na era vindoura. Essas citações em geral se enquadram em uma das duas categorias: textos que se referem à tradição "encadeada" do R. Fineias b. Jair[318] e aos textos que citam Ezequiel 37.14.[319]

A "corrente" de R. Fineias b. Jair é encontrada nas primeiras camadas da literatura rabínica, a Mishná:

> R. Fineias B. Jair diz: A atenção leva à limpeza, e a limpeza leva à pureza, e a pureza leva à abstinência, e a abstinência leva à santidade, e a santidade leva à humildade, e a humildade leva ao abandono do pecado, e o abandono do pecado leva à santidade, e a santidade leva a[o dom do] Espírito Santo, e o Espírito Santo leva à ressurreição dos mortos. E a ressurreição dos mortos virá através de Elias, de memória abençoada. Amém *(m. Sot* 9.15).[320]

A parte inicial da "corrente" (até o elo onde "a santidade leva a[o dom do] Espírito Santo)" retrata o Espírito como um dom ao qual o fiel tem acesso no presente. A última parte da "corrente" ("o Santo Espírito leva à ressurreição dos mortos") descreve o Espírito como um presente escatológico concedido à nação. Como esses conceitos desiguais sobre o Espírito Santo (contemporâneo-individual/escatológico-nacional) podem ser reconciliados? P. Schäfer sugere uma possível solução.[321] Ele propõe

---

[318] Veja *m. Sota* 9.15; b. *'Abod. Zar.* 20b; *Yalq, Is* §503; *Sheq.* 3.4; *R.* 1.1.9 e os vários outros textos citados por Schäfer, *Die Vorstellung*, pp. 118-119.

[319] *Gen. R.* 14,8; 96 *(MSV);* 96,5; Êxodo R. 48,4; *Cant. R.* 1.1.9; *O Midr. Sl* 85.3; *Pes. R.* 1.6. Na "corrente" de *Cant. R.* 1.1.9, Ez 37.14 é citado como referência da afirmação "o Espírito Santo leva à ressurreição dos mortos".

[320] Strack situa a época de R. Phineas b. Jair na quarta geração do Tannaim (cerca de 180 d.C.) *(Introduction,* p. 117). A tradução é de H. Danby, *The Mishnah* (1933).

[321] Schäfer, *Die Vorstellung,* pp. 120-121.

que a parte inicial da "corrente" representa a forma original de uma tradição que se originou em círculos místicos fora do judaísmo ortodoxo. A última parte da "corrente" foi inserida mais tarde para harmonizar essa "corrente" à perspectiva ortodoxa (que inclui a retirada do Espírito no passado e o retorno na era vindoura).

A hipótese de Schäfer não é totalmente convincente. Embora haja algum apoio textual para sua sugestão de que a referência a Elias é secundária,[322] a frase importante que vincula o Espírito à ressurreição é encontrada em todos os textos paralelos. Além disso, vários outros textos se referem ao Espírito Santo como uma recompensa pela piedade.[323] Já que esses textos não eram excluídos nem alterados pelos rabinos, não estou muito disposto a ver *m. Sot* 9.15 como resultado de tal atividade.

Há uma solução alternativa, que não depende de nenhuma atividade redacional hipotética. F. Büchsel afirmou que, quando os rabinos falavam sobre o Espírito Santo como uma recompensa pela vida piedosa, eles não queriam dizer que a experiência do Espírito Santo naquela época era possível.[324] Em vez disso, foram usando linguagem que descrevia a era vindoura com o propósito de fazer uma exortação moral no presente. Portanto, Büchsel interpreta as referências do Espírito na "corrente" como descrições do futuro ideal.[325] Dessa forma, Büchsel apresenta uma solução satisfatória para o problema colocado pelo texto. A contradição temporal foi resolvida, pois ambas as declarações a respeito do Espírito se referem ao que será experimentado na era porvir. As dimensões individuais e nacionais do texto também são harmonizadas, já que o objetivo do texto é trazer uma exortação moral: ele afirma que a piedade do indivíduo leva à futura redenção da nação. Essa redenção é descrita em termos da ressurreição futura, que é associada ao dom escatológico do Espírito.

---

[322] *"Abod. Zar.* 20b e *Yalq. Isa* §503 omitem a parte que fala de Elias.
[323] O Espírito Santo é citado como uma recompensa: pela "obediência à lei" *(Mech.* 113-114); "aprendendo e fazendo [a lei]" (por exemplo, *Lev. R.* 35,7; *b. Ber.* 17a); "boas obras" *(Num. R.* 10.5; *Ruth R.* 4.3); "a proclamação da Torá" *(Cant. R.* 1.1.8-9); "devoção a Israel" *(Num. R.* 15.20); "estudo da Torá" *(Eccl. R.* 2.8.1).
[324] Büchsel, *Der Geist Gottes,* pp. 128-129.
[325] Büchsel, *Der Geist Gottes,* p. 131.

O segundo grupo de textos vincula o Espírito à ressurreição, baseando-se em Ezequiel 37.14.[326] Vários desses textos perpetuam uma tradição que fala sobre o destino dos justos que morrem fora de Israel.[327] O texto de Ezequiel 37.12-13 é um elemento crucial na tradição, porque associa a ressurreição à "terra de Israel" (Ez 37.12). A frase ונתתי רוחי בכם ("e porei em vós o meu Espírito", Ez 37.14), desempenha uma função de importância relativamente menor. Isso fica bem claro em *Pes. R.* 1.6, em que a frase é interpretada à luz de Isaías 42.5 como uma referência à restauração do "fôlego" (נשמע) de vida:

> "E fará expiação pela sua terra e pelo seu povo" (Deut. 32.43). Será que esta afirmação significa que os justos fora da Terra se perderão? Não! Por que não? Porque, como R. Eleazar, citando R. Simai, prosseguiu dizendo: Deus criará passagens subterrâneas para os justos que, rolando por eles como odres de vinho, chegarão à Terra de Israel, e quando eles chegarem à Terra de Israel, Deus fará tornar o fôlego de vida deles, como está escrito: "aquele que dá a respiração ao povo que nela está, e o espírito aos que andam nela" (Is 42.5). Na verdade, em Ezequiel há um versículo claro sobre essa questão: "Quando eu vos abrir as sepulturas, e delas vos fizer sair... sabereis que eu sou o Senhor" (Ez 37.13), "e vos trarei à terra de Israel" (Ez 37.12) . Naquela hora, "porei em vós o meu Espírito, e vivereis" (Ez 37.14). Portanto, aprenda que, nos dias do Messias, os mortos da Terra de Israel estarão [de uma só vez] entre os vivos; e que os justos [mortos] fora da terra devem chegar a ela e ressuscitarem sobre ela *(Pes. R.* 1.6).[328]

---

[326] *Gen. R.* 14,8; 96 (MSV); 96.5; *Exod, R.* 48,4; *Midr. Sl* 85.3; *Pes R.* 1.6.
[327] *Pes. R.* 1.6; *Gen R.* 96.5; cf. *Gen. R.* 96 (MSV).
[328] A tradução *de Pes. R.* 1.6 é de W.G. Braude, *Pesikta Rabbati: Discourses for Feasts, Fasts e Special Sabbaths* (1968).

O texto de Ezequiel 37.14 não parece ter exercido influência significativa sobre as expectativas escatológicas rabínicas. Os textos que se referem a Ezequiel 37.14 são poucos e relativamente atrasados. Além disso, quando Ezequiel 37.14 é citado na literatura, muitas vezes está subordinado a Ezequiel 37.12. A "corrente" de R. Phineas b. Jair *(m. Sot* 9.15) indica que o Espírito Santo era associado, em alguns setores, à ressurreição em uma data relativamente antiga. No entanto, em vista do silêncio virtual sobre esse assunto nas fontes não rabínicas do período interbíblico,[329] deve-se concluir que o Espírito de Deus geralmente não era associado à ressurreição no judaísmo do século I.

3. Resumo

Vimos que a tradição rabínica primitiva identifica o Espírito como a fonte de inspiração profética. As antigas tradições exegéticas contidas nos targuns também tendem a associar o Espírito exclusivamente com a inspiração profética. Essa perspectiva pneumatológica se reflete na expectativa escatológica dos rabinos. De acordo com os rabinos, o Espírito tinha deixado Israel devido ao seu pecado; no entanto, no tempo vindouro, o Espírito viria mais uma vez sobre seu povo. Esse derramamento escatológico do Espírito é geralmente interpretado à luz de Joel 3.1-2 como restauração do Espírito de profecia. Em contrapartida, Ezequiel 36.26-27 geralmente é interpretado como uma profecia sobre a erradicação final do mal, na maioria das vezes sem referência à atividade do Espírito. De fato, a remoção do mal é apresentada como um pré-requisito para o derramamento do espírito de profecia no fim dos tempos. Essas expectativas provavelmente se baseiam na tradição inicial, embora elas possam se constituir um elemento periférico na esperança do judaísmo do século I. A passagem de Ezequiel 37.14 não exerceu muita influência nos conceitos rabínicos sobre o tempo vindouro. Assim, pode-se concluir com alguma confiança que o Espírito de Deus geralmente não era associado à ressurreição no judaísmo do século I.

---

[329] Ver o capítulo 3 §2.3 acima.

CONCLUSÃO

A literatura do judaísmo interbíblico identifica de modo coerente a experiência do Espírito com a inspiração profética. O Espírito Santo capacita o sábio a alcançar as alturas da conquista sapiencial, equipa o Messias com um conhecimento especial para governar, e concede discernimento para o profeta do Senhor. A inspiração do Espírito Santo, seja com relação ao sábio, ao Messias ou ao profeta, quase sempre está relacionada à elocução inspirada. No entanto, a literatura demonstra uma relutância geral em associar o Espírito Santo com os feitos milagrosos. O homem ou a mulher dotados do Espírito Santo podem fazer milagres, mas essas maravilhas geralmente não são atribuídas a esse Espírito. Além disso, ou a experiência contemporânea do Espírito Santo era considerada uma impossibilidade ou era considerada algo menos profundo em natureza do que no passado. A perspectiva do futuro era mais positiva. Embora as expectativas judaicas se centralizassem na aparição de uma figura profética ou messiânica capacitada pelo Espírito Santo, o derramamento escatológico do Espírito de profecias provavelmente se constituía um aspecto da esperança messiânica. Portanto, concluo que os judeus da era pré-cristã geralmente consideravam o dom do Espírito como um *donum superadditum* concedido a vários indivíduos para que executassem uma tarefa comissionada por Deus. O dom do Espírito Santo não era visto como uma necessidade soteriológica: não era necessário ter o dom para viver em um relacionamento correto com Deus e para alcançar a vida eterna pela ressurreição. De fato, o dom do Espírito não era geralmente associado com a ressurreição dos mortos.

As únicas exceções à perspectiva que acabo de resumir se encontram nos escritos sapienciais. A tradição de sabedoria demonstra um pessimismo cada vez maior com relação à capacidade humana de alcançar a sabedoria por meios exclusivamente racionais (o estudo da lei sem a ajuda do Espírito Santo). A antropologia relativamente otimista de Ben Sirach é substituída por avaliações mais pessimistas da humanidade no Livro da Sabedoria e no Pergaminho de Ação de Graças. Nesses textos, o dom do Espírito Santo, visto anteriormente como a fonte da sabedoria esotérica e do discurso inspirado, é apresentado como a fonte da conquista sapiencial em todos os níveis. Portanto, a evolução dentro da tradição sapiencial chega ao seu auge na atribuição de importância soteriológica ao dom do Espírito Santo.

PARTE II

A PNEUMATOLOGIA
PROFÉTICA DE LUCAS

INTRODUÇÃO

Meu objetivo na seção seguinte é explicar a pneumatologia especial de Lucas. O método de análise que emprego é a crítica da redação. Analisarei as passagens importantes em Lucas-Atos em um esforço de identificar a "contribuição criativa de Lucas em todos os aspectos" para a tradição relacionada à obra do Espírito que ela transmite.[330] Não proporei que a perspectiva teológica de Lucas somente é revelada na sua modificação das fontes antigas; portanto meu foco incluirá a seleção de Lucas, bem como o modo pelo qual ele configura e modifica o material que recebe.

Aceito a hipótese dos dois documentos como axiomática. Portanto, proponho que Lucas tinha conhecimento de Marcos e de uma fonte escrita Q. Embora a prioridade de Marcos ultimamente tenha passado por várias críticas, na minha opinião ela continua sendo a melhor solução para um problema complexo. De modo parecido, embora reconheça que as questões relativas a Q sejam igualmente complexas, concluí que ela representa (pelo menos parcialmente) uma fonte escrita utilizada tanto por Mateus quanto por Lucas.

---

[330] S.S. Smalley, "Redação Criticism", em *New Testament Interpretation* (1977), p. 181.

A separação entre a tradição e a redação é mais difícil em Atos do que no Evangelho de Lucas, já que não temos como reconstituir com o mesmo grau de certeza nenhuma das fontes utilizadas pelo autor.[331] Entretanto, rejeito a noção de que, por causa da ausência de fontes, Lucas produziu Atos de um modo completamente diferente do seu Evangelho. Apesar de propostas notáveis em contrário,[332] as condições para a formação da tradição não eram desfavoráveis na época dos apóstolos. Na formação de Atos, do mesmo modo que no seu Evangelho, Lucas empregou uma variedade de fontes escritas (ou até mesmo orais). Entretanto, geralmente é impossível definir até que ponto a narrativa de Lucas se baseia em material tradicional. Mesmo assim, já que Lucas "não se contenta em simplesmente transcrever suas fontes", mas "reescreve o texto colocando a marca do seu vocabulário e do seu estilo em toda a sua obra",[333] Atos continua sendo uma fonte preciosa para definir a perspectiva pneumatológica diferenciada de Lucas.

---

[331] J. Dupont, *The Fontes of Atos: The Present Position* (1964), pp. 166-167.
[332] M. Dibelius, *Studies in the Atos of the Apostles* (1956), pp. 2-3, e E. Haenchen, *The Atos of the Apostles* (1971), pp. 81-90.
[333] Dupont, *Fontes,* p. 166.

CAPÍTULO 6

A renovação da profecia: as narrativas da infância (Lucas 1.5-2.52)

1. Crítica das Fontes

As tentativas de reconstituir as fontes por trás dos capítulos iniciais do Evangelho de Lucas produziram conclusões limitadas e um tanto variadas. Raymond Brown enfatizou a mão criativa de Lucas,[334] enquanto outros, como Stephen Farris, têm defendido um núcleo mais substancial de material tradicional por trás do relato lucano. A questão é

---

[334] R. E. Brown, 'Luke's Method in the Annunciation Narratives of Chapter One', em *Perspectives on Luke-Acts* (1978), pp. 126-138, e *The Birth of the Messiah: A Commentary on the Infancy Narratives in Matthew and Luke* (1977), esp. pp. 247-248.

complicada:[335] Será que os capítulos 1 e 2 de Lucas refletem a "tradução grega" de fontes originalmente semitas ou eles vêm de uma imitação hábil do estilo da Septuaginta por parte do autor? Brown desistiu de chegar a uma conclusão por motivos estilísticos, e, por causa disso, chegou a conclusões simplesmente com base no conteúdo e no padrão de pensamento.[336] Farris, no entanto, utilizando critérios desenvolvidos por Raymond Martin para diferenciar entre a tradução grega e o grego original, argumentou de forma persuasiva, com base no estilo, que esses dois capítulos são fundamentados em grande parte em fontes semitas.[337] As tentativas de reconstituição dessas fontes não produziram resultados satisfatórios.[338] Na verdade, parece que o problema não encontrou solução até o momento. Já que a minha principal preocupação é com as partes isoladas das seções em prosa desses capítulos, será suficiente observar os pontos seguintes: em primeiro lugar, a evidência linguística, como Farris mostrou, indica que, com toda a certeza, o uso do material tradicional de Lucas vai além dos hinos.[339] Em segundo lugar, embora Lucas provavelmente tenha se baseado em material tradicional para as partes narrativas dos capítulos 1 e 2 do seu Evangelho, deu uma forma característica a essas seções, selecionando, organizando e modificando o material tradicional à sua disposição. Ao comparar o texto desses capítulos com o estilo literário de Lucas e com a perspectiva teológica refletida ao longo de sua obra de dois volumes, acredito que é possível, pelo menos no que diz respeito às seções que se referem à atividade do Espírito, estabelecer diferenças entre a tradição e a redação lucanas. À luz dessas considerações, concluo que temos nos capítulos 1 e 2 um

---

[335] Veja S.C. Farris, "On Discerning Semitic Sources in Luke 1-2", em *Gospel Perspectives (1981)*, II, pp. 201-38 e Farris, *The Hymns of Luke"s Infancy Narratives: Their Origin, Meaning and Meaning (1985)*.

[336] Veja Farris, "Fontes", pp. 201-238, e *Hymns,* pp. 50-66.

[337] Brown, *The Birth of the Messiah,* p. 246.

[338] H. Schürmann, *Das Lukasevangelium* (1969), I, pp. 143-144.

[339] Veja também I.H. Marshall, *The Gospel of Luke: A Commentary on the Greek Text* (1978), pp. 46-49.

material que apresenta uma visão importante da perspectiva peculiar de Lucas sobre o Espírito Santo.

2. Vários Textos

O tema da realização das promessas é central para as narrativas de infância de Lucas. Ao comentar as partes narrativas do texto, os cânticos proclamam que as promessas de Deus encontram seu cumprimento nos acontecimentos dos capítulos 1 e 2 de Lucas. Na verdade, cria-se uma expectativa desde o início à medida que o leitor entra no mundo do judaísmo piedoso. Somos apresentados a uma série de personagens justos: Zacarias e Isabel são "justos" (δίκαιοι) aos olhos de Deus" (1.6), Maria é "altamente favorecida" (κεχαριτωμένη, 1.28), Simeão é "justo e devoto" (δίκαιος καὶ εὐλαβής, 2.25), Ana é uma "profetisa" (2.36).[340] Essas figuras devotas são dedicadas à lei (1.59; 2.21-22) e ao culto do Templo (1.9; 2.27,37). A atmosfera é permeada por uma sensação de alegria χαρά, 1.14; 2.10; χαίρω, 1.14,28,58; ἀγαλλίασις, 1.14, 44; ἀγαλλιάω, 1.47; σκιρτάω, 1.41). Esses temas interligados da piedade e da alegria destacam a expectativa gerada pelas visitas dos anjos e pelas profecias que atingem o seu clímax no nascimento do precursor e no nascimento do Messias.

Um papel de destaque nesse drama de cumprimento de promessas é desempenhado pelo Espírito. O silêncio da atividade profética inspirada pelo Espírito Santo confirmado pela literatura do período interbíblico é rompido no início da narrativa, e a inspiração pneumática passa a ser uma referência constante. Em 1.13-14, o anjo Gabriel anuncia a Zacarias que sua esposa Isabel terá um filho chamado João. Sobre ele está escrito: "Será cheio do Espírito Santo (πνεύματος ἁγίου πλησθήσεται) já desde o ventre de sua mãe" (1.15).[341] Nessa passagem, o Espírito Santo é descrito como o impulso do ministério profético de João. Esse comentário é confirmado pelo contexto imediato: João irá diante do Senhor "no

---

[340] Todas as citações bíblicas são da *ARA*, a menos que seja observado de outra forma.
[341] A tradução é minha.

espírito e poder de Elias" (ἐν πνεύματι καὶ δυνάμει Ἠλίου, 1.17). O dom específico que João recebe do Espírito enquanto ainda está no ventre da mãe aponta para sua posição e função especiais: ele é "mais do que um profeta" (7.26,28) e "irá diante do Senhor" (1.17).

O uso da palavra πίμπλημι combinado com o uso sem artigo da expressão πνεῦμα ἅγιον, no v. 15, e o emprego de πνεῦμα e δύναμις no v. 17 indicam que essas expressões devem ser atribuídas a Lucas. O uso da palavra πίμπλημι com o Espírito é característico de Lucas (Lc 1.41, 67; At 2.4; 4.8, 31; 9.17; 13.9, 52). Embora πίμπλημι também seja encontrada em contextos que falam sobre o Espírito na LXX (Ex 28.3; 31.3; 35.31; Dt 34.9; Sab. 1.7; Eclo. 48.12), a frequência é bastante baixa quando se compara com Lucas. O uso da expressão πνεῦμα ἅγιον sem a presença de artigo no v. 15 é claramente lucano.[342] Da mesma forma, o uso conjunto de πνεῦμα e δύναμις também é característico de Lucas (Lc 1.35; 4.14; At 1.8; 10.38; cf. Lc 24.49; At 6.3-8), ainda que esse uso não seja totalmente exclusivo dele (1QH 7.6-7). É importante ressaltar que as expressões "ele será cheio do Espírito Santo já desde o ventre de sua mãe", no v. 15, e "no espírito e poder de Elias", no v. 17, podem ser retiradas do texto sem que se altere o fluxo de pensamento de forma significativa. No geral, as evidências sugerem que essas expressões devem ser atribuídas a Lucas. Embora seja bem possível e até mesmo provável que Lucas tivesse acesso ao material tradicional sobre o nascimento milagroso de João a partir do relato da própria Isabel em idade avançada, concluo que Lucas implantou as referências ao Espírito Santo (1.15, 17) na narrativa a fim de destacar o caráter pneumático e profético do ministério de João e de fortalecer os vínculos entre João e Jesus.

A passagem de Lucas 1.41 afirma que, no momento em que se encontrou com Maria, Isabel "estava cheia do Espírito Santo" (ἐπλήσθη πνεύματος ἁγίου) e pronunciou uma bênção inspirada sobre ela e sobre o filho que ela teria. A expressão ἐπλήσθη πνεύματος ἁγίου aparece

---

[342] G. Schneider, 'Jesu geistgewirkte Empfangnis (Lk 1.34f)', *TPQ* 119 (1971), p. 109. O uso desse substantivo sem artigo acontece com a frequência seguinte: 3 vezes em Mateus, 1 vez em Marcos, 8 vezes em Lucas, 2 vezes em João e 16 vezes em Atos.

novamente em Lc 1.67 com referência a Zacarias. A associação íntima entre a atividade do Espírito e a profecia é manifesta nesta fórmula introdutória: "Zacarias estava cheio do Espírito Santo e profetizou (ἐπροφήτευσεν)". O uso de (προφήτευω) em 1.67 paralelos de ἀνεφώνησεν κραυγῇ μεγάλῃ ("em voz alta ela exclamou") em 1.42. Assim, em Lucas 1.41 e 1.67, o Espírito Santo age como o Espírito de profecia, inspirando a fala profética. A tendência lucana de usar πίμπλημι com relação ao Espírito Santo, as associações entre 1.41 e 1.67 e o papel introdutório dessas expressões nos levam a concluir que Lucas é responsável pelo menos pelas expressões do v. 41 e do v. 67.[343] Lucas destaca o papel do Espírito Santo na atividade profética de Isabel e de Zacarias, bem como na vida de João.

Um conjunto de referências ao Espírito aparece em Lucas 2.25-27 com referência a Simeão. Depois de uma descrição da piedade de Simeão, lemos que "o Espírito Santo estava sobre ele" (καὶ πνεῦμα ἦν ἅγιον ἐπ' αὐτόν, 2.25). Os versículos a seguir definem mais precisamente como o Espírito agiu na vida de Simeão. No v. 26, o Espírito é citado como fonte de revelação especial: "havia sido revelado a ele pelo Espírito Santo" (ὑπὸ τοῦ πνεύματος τοῦ ἁγίου) que ele viveria para ver o Messias. A frase "ele entrou pelo Espírito no templo" (ἦλθεν ἐν τῷ πνεύματι εἰς τὸ ἱερόν, v. 27) [344] se refere ao estado de inspiração que não só levou Simeão ao templo, mas também levou à sua explosão espontânea de louvor. Portanto, em 2.25-27 o Espírito Santo age como o Espírito de profecia, concedendo revelação especial, orientação e discurso inspirador.

A definição do material que dá origem à redação de Lucas é extremamente difícil nesses versos. Essa questão perde a importância se Lucas tiver criado a história em sua totalidade, mas, como sugeri, isso não parece ter acontecido. Se, como imagino, os vv. 25-27 refletem o material tradicional, é bem possível que Lucas tenha influenciado sua forma atual. Mesmo que uma fonte escrita tivesse dado origem aos versículos 25 a 27, não teria sido difícil para Lucas ter alterado as palavras

---

[343] Fitzmyer conclui que Lucas 1.67 é, "sem dúvida, redacional" (*The Gospel According to Lucas* I-IX [1981], p. 382).
[344] A tradução é minha.

originais acrescentando três referências ao Espírito Santo. A expressão "e o Espírito Santo estava sobre ele" não faz parte do fluxo de pensamento e poderia facilmente ter sido adicionada no final do versículo 25. Da mesma forma, as palavras "pelo Espírito Santo" (v. 26) e "no Espírito" (v. 27) podem ser retiradas (ou mesmo acrescentadas novamente) sem que o sentido dos versículos seja alterado. Isso, é claro, não constitui prova de que Lucas tenha acrescentado essas expressões a uma fonte que já existia. No entanto, à luz do interesse de Lucas no Espírito em outras partes das narrativas da infância e ao longo de Lucas-Atos, sugiro esta como uma hipótese plausível. Embora a evidência linguística por si só não seja convincente, ela apoia minha hipótese de redação lucana nos versículos 25 e 27. A sequência incomum πνεῦμα - verbo - ἅγιον em (2.25) também se encontra em Atos 1.15, e o uso da palavra ἐπί com a palavra πνεῦμα se trata de algo característico de Lucas (Lc 4.18; At 1.8; 2.17; 10.44, 45; 11.15; 16.6).[345] O verbo de ação com ἐν τῷ πνεύματι (2.27) se verifica em Lucas 4.1 e 4.14, um material de autoria claramente lucana.

De forma parecida com Simeão, a profetisa Ana fala sobre a criança no Templo (2.36-37). Não há alusão à atividade do Espírito nesse contexto. Esse silêncio com relação ao Espírito pode ser atribuído a dois fatores. Primeiro, seja por falta de material de origem ou por causa do seu próprio propósito literário, Lucas não registra o conteúdo da mensagem inspirada de Ana. Isso contrasta fortemente com a experiência de Isabel, de Maria, de Zacarias e de Simeão.[346] Em segundo lugar, a atividade do Espírito fica subentendida na referência à Ana como "profetisa". Sugiro que, como Lucas não registrou as palavras inspiradas de Ana, ele evitou a referência à atividade do Espírito de forma direta, escolhendo simplesmente qualificá-la como profetisa. Embora isso não passe de uma conjectura, se encaixa no padrão geral das narrativas de infância em que o Espírito inspira oráculos transcritos por Lucas.

....

[345] Lucas 4.18 e Atos 2.17 são citações do Antigo Testamento.
[346] A referência a João Batista em 1.15 está no tempo futuro. No entanto, parece que seu cumprimento é acompanhado pela profecia de Isabel (1.41-42) e seu salto no útero.

A partir dessa análise das passagens citadas acima, é evidente que Lucas não só tem um interesse especial no Espírito Santo, mas também que sua compreensão do Espírito está indissociavelmente relacionada a fenômenos proféticos. Essa conclusão não depende de nenhuma teoria específica de origem. Aqueles que defendem uma quantidade mínima de material tradicional por trás das narrativas de infância de Lucas não terão dificuldade em aceitar minhas conclusões.

No entanto, tentei demonstrar que esta conclusão também é compatível com a visão de que Lucas teve acesso a uma quantidade considerável de material tradicional, em grande parte na forma de fontes escritas. Na verdade, até mesmo podemos ir mais longe. Embora minha tese fique bem fundamentada se essas hipóteses sobre a modificação do material, fonte de Lucas nas narrativas de infância forem aceitas, a conclusão que acabei de apresentar não depende delas. Independentemente de Lucas ser responsável pelas referências do Espírito nas narrativas de infância ou de elas deverem ser atribuídas às suas fontes, o fato de ele ter escolhido esse material é em si mesmo uma indicação de seu viés teológico. É claro que, em cada uma das passagens que já citei, o Espírito opera como fonte da profecia. No entanto, há uma exceção a esse padrão uniforme. Passarei a abordar essa exceção.

3. Nascimento pelo Espírito (Lucas 1.35)

A passagem de Lucas 1.35 registra a explicação de Gabriel para Maria sobre como o nascimento milagroso deve acontecer:

> πνεῦμα ἅγιον ἐπελεύσεται ἐπὶ σὲ,
> καὶ δύναμις ὑψίστου ἐπισκιάσει σοι·
> Virá sobre ti o Espírito Santo,
> e o poder do Altíssimo te cobrirá com a sua sombra

A passagem constitui um problema. Se Lucas, seguindo a lógica do judaísmo de sua época, entende o Espírito Santo como o Espírito da profecia, como ele pode atribuir funções criadoras ao Espírito? Essa descrição da atividade do Espírito não é exclusiva de Lucas, mas foge bastante à regra do mundo do pensamento judeu dos dias de Lucas. À luz dessas considerações, a questão não pode ser negligenciada: o que essa passagem nos diz a respeito da compreensão de Lucas sobre a atividade do Espírito? A título de resposta, passarei a analisar a base tradicional da passagem, o papel que essa passagem desempenha nos paralelos entre Jesus e João, que são tão fundamentais para a estrutura da narrativa de Lucas, e o significado desse paralelismo no versículo 35.[347]

Em seu livro *Jesu geistgewirkte Empfangnis (Lc 1.34f)*, G. Schneider afirmou de forma convincente com argumentos estilísticos que a influência de Lucas na edição de Lucas 1.34-35 é bem grande.[348] Também fica claro que, embora as narrativas de infância de Lucas e Mateus representem relatos independentes, ambas são baseadas em uma tradição que vinculava a concepção milagrosa de Jesus à atividade do Espírito (Mt 1.18, 20). Essa tradição então integra a base da referência de Lucas ao Espírito em 1.35, que, em sua forma atual, reflete a redação de Lucas.[349]

A decisão que Lucas tomou de incluir em seu Evangelho a tradição sobre a obra criadora do Espírito na concepção de Jesus provavelmente foi influenciada por seu desejo de criar vínculos entre João e Jesus. De fato, essas associações formam a base da estrutura da narrativa de Lucas: João é retratado como o precursor e, Jesus, como o Messias. Como vimos, João estava "cheio do Espírito" enquanto ainda estava no ventre de sua mãe. Seria natural para Lucas acrescentar algum material tradicional que demonstrasse a superioridade de Jesus.[350]

---

[347] Veja Davies, *Paul,* pp. 189-90 e L. Legrand, "L'arrière-plan néotestamentaire de Lc. 1, 35", *RB* 70 (1963), p. 177.

[348] Schneider, "Jesu geistgewirkte Empfangnis", p. 110, veja as pp. 109-10 para acompanhar sua análise sobre as características lucanas de Lucas 1.34-35.

[349] Schneider vê uma tradição oral por trás dos dois relatos ("Jesu geistgewirkte Empfangnis", p. 110).

[350] Schweizer, "The Spirit of Power", p. 263.

Existem também evidências de que, por meio da sua formulação de v. 35, Lucas tentou minimizar o contraste entre o papel criativo do Espírito na tradição e a sua própria compreensão profética do Espírito. Em primeiro lugar, G. Schneider observa que Lucas não associa o Espírito Santo ao processo de concepção de forma tão clara quanto Mateus. Enquanto Mateus relaciona diretamente a atividade do Espírito com aquele que foi concebido no aoristo passivo, (τὸ γεννηθὲν, Mt 1.20) no ventre de Maria, Lucas simplesmente se refere àquele que nasce no presente passivo (τὸ γεννώμενον, Lc 1.35).[351] Em segundo lugar, Lucas não atribui o nascimento de Jesus exclusivamente à atividade do Espírito. Com essa expressão, ele acrescenta outra dimensão à tradição. Embora essa expressão seja muitas vezes ignorada como uma peça redundante de paralelismo sinônimo,[352] o uso que Lucas faz dela em outras passagens sugere que esse acréscimo teve uma motivação teológica.

E. Schweizer indicou que Lucas em lugar nenhum atribui exorcismos ou milagres de curas à obra do Espírito. Certamente Schweizer tem razão quando observa que, de acordo com Lucas 12.10, "o Espírito Santo não consiste tanto no poder de Deus manifestado em exorcismos" (Mc 3.29), mas "o poder de Deus se manifestou na expressão inspirada das testemunhas de Jesus".[353] O acréscimo de Lucas da expressão "pelo dedo de Deus" (Lc. 11.20) em vez de adotar a forma "pelo Espírito de Deus" que vem de Q (Mt 12.28),[354] apesar de seu interesse pelo Espírito, é impressionante, e aponta em uma direção semelhante. Isso torna ainda mais significativa a omissão de Lucas da parte da referência de Isaías 61.1 na LXX, que diz "curar os quebrantados de coração" (ἰάσασθαι τοὺς συντετριμμένους τῇ καρδίᾳ) em Lucas 4.18-19.[355] Deve-se notar que, embora Lucas descreva Estevão como "um homem cheio do Espírito Santo" (At 6.3), prefacia o comentário de que Estevão "fez grandes maravilhas

---

[351] Schneider, "Jesu geistgewirkte Empfangnis", p. 112.
[352] Veja, por exemplo, C.K. Barrett, *The Holy Spirit and the Gospel Tradition* (1947), p. 76.
[353] Schweizer, "πνεῦμα», p. 407. Veja também Haya-Prats, *Force,* pp. 37-44.
[354] Consulte mais adiante o capítulo 9 §3º para a análise desse texto.
[355] A tradução é minha.

e sinais milagrosos" com a sua qualificação como "um homem cheio da graça de Deus e δύναμις" (At 6.8). É possível argumentar também que Lucas atribui a cegueira de Elimas em Atos 13.11 à "mão do Senhor" para que a ação do Espírito sobre Paulo descrita em Atos 13.9 tenha um sentido exclusivamente profético. Da mesma forma, à luz dessa tendência lucana, eu diria que a leitura mais longa de Atos 8.39 é a mais original: "o Espírito Santo se derramou sobre o eunuco, mas o anjo do Senhor arrebatou Filipe".[356] Se esse for o caso, Filipe foi arrebatado por um anjo do Senhor, não pelo Espírito Santo. Alinhado com a tendência geral nos escritos do judaísmo do período interbíblico, Lucas toma muito cuidado para não associar o Espírito diretamente às dimensões mais amplas dos feitos milagrosos, como curas e exorcismos; em vez disso, ele limita a referência em relação à ação direta do Espírito para a atividade profética: o Espírito equivale à fonte de revelação especial e do discurso inspirado.

Lucas, no entanto, atribui curas e exorcismos ao δύναμις de Deus (Lc 4.36; 5.17; 6.19; 8.46; 9.1; At 4.7; 6.8). O uso redacional que Lucas faz de δύναμις em Lucas 9.1 (cf. Mc 6.7) é particularmente instrutivo, pois, nessa passagem, os discípulos recebem δύναμις para expulsar demônios e curar os doentes, mesmo que ainda não tenham recebido o Espírito Santo. Isso parece indicar uma distinção importante entre o uso de Lucas de δύναμις e πνεῦμα.[357] Entretanto, a questão fica ainda mais complicada quando se reconhece que Lucas pode ter usado as duas palavras juntas de forma praticamente indiscriminada, como é o caso em Lucas 1.35 (Lc 1.17; 4.14; 24.49; At 1.8; 10.38). Será que elas se constituem sinônimos para Lucas ou ele pretende dar algum sentido diferente para cada uma? Certamente as evidências que acabamos de apresentar apontariam para um uso conotativo desses termos por parte de Lucas, mas o que poderemos dizer sobre as passagens nas quais as palavras aparecem juntas?

....

[356] Como I. H. Marshall observa. Este [final mais curto] é um final abrupto para a história, e fica bem mais compreensível com uma forma mais longa do texto... Embora a evidência dos manuscritos para o texto mais longo seja fraca, ela tem uma boa chance de ser original" (*The Acts of the Apostles* [1980], p. 165).

[357] Note que as referências a δύναμις em Lucas 4.36, 6.19, 9.1 e provavelmente Atos 10.38 são acréscimos estilísticos.

O ministério de João, em Lucas 1.17, é descrito em termos de Elias: "e ele irá diante do Senhor, no Espírito e poder de Elias" (ἐν πνεύματι καὶ δυνάμει Ἠλίου). Em Lucas 4.14, o evangelista escreve que Jesus retornou à Galileia "no poder do Espírito" (ἐν τῇ δυνάμει τοῦ πνεύματος), um claro acréscimo da parte de Lucas. Em Lucas 24.49, os discípulos são instruídos a esperar em Jerusalém até que estejam revestidos com o "poder do alto" (ἐξ ὕψους δύναμιν), uma referência ao dom do Espírito. Isso fica bem claro em Atos 1.8: "Mas recebereis poder (δύναμιν) quando o Espírito Santo vier sobre vós". Por fim, em Atos 10.38, Pedro declara a respeito de Jesus: "Deus o ungiu [ele] com o Espírito Santo e poder" (πνεύματι ἁγίῳ καὶ δυνάμει). Essas passagens indicam que, para Lucas, o Espírito Santo é a fonte do "poder". No entanto, elas *não* indicam que os dois termos não passam de sinônimos. Um exame minucioso revela que Lucas usa esses termos de uma forma bem refinada. Em cada um dos casos citados acima, Lucas usa δύναμις em relação a πνεῦμα para descrever tanto a fonte da atividade profética quanto dos milagres de cura ou exorcismos. Ou seja, quando Lucas usa os termos δύναμις e πνεῦμα juntos, tem em mente uma combinação entre a fala profética [358] *e* os milagres de cura e exorcismos, em vez das atividades separadas que normalmente estão associadas com δύναμις e πνεῦμα respectivamente. Em Lucas 1.17, Lucas compara o ministério de João ao de Elias, uma figura do Antigo Testamento conhecida pelo "poder dos milagres *e* seu dom do espírito profético, dois dons que foram passados para Eliseu" (2 Rs 2.15).[359] Já a passagem de Lucas 4.14 é um acréscimo redacional da parte de Lucas que descreve os meios pelos quais Jesus proclamou as boas novas (4.15-32), *e* realizou exorcismos (4.33-36), e milagres de cura (4.40) na Galileia. Lucas 24.49 e Atos 1.8 são descrições lucanas dos meios pelos quais os discípulos se tornaram testemunhas, um papel que incluía proclamar o evangelho (Pedro, Atos 2.14) *e* curar os doentes (Pedro, Atos 3.1). Nessas passagens, é devido ao fato de sua relação com

---

[358] Schweizer, "πνεῦμα», p. 407; Haya-Prats, *Force,* p. 37-44; A. George, "L''Esprit Saint dans l''oeuvre de Luc", *RB* 85 (1978), p. 516.
[359] Brown, *The Birth of the Messiah,* p. 261. Destaque nosso.

δύναμις e πνεῦμα que se pode referir uma ampla gama de atividades, incluindo fala profética, bem como exorcismos e milagres de cura. Cada uma dessas passagens é preparatória e se refere aos meios pelos quais Deus permite uma ampla gama de atividades a serem realizadas. Da mesma forma, o texto de Atos 10.38 consiste em uma descrição panorâmica em retrospectiva: Pedro resume todo o ministério terreno de Jesus (que "saiu por aí fazendo o bem e curando a todos") e os meios pelos quais ele foi realizado. Portanto, concluo que, embora Lucas possa falar do πνεῦμα como a fonte do δύναμις, essas duas palavras não são sinônimas. Cada uma produz um nexo específico de atividades e, quando Lucas se refere às duas, têm-se em vista uma gama mais ampla de atividades.[360]

A princípio, pode parecer estranho que Lucas venha a falar sobre o Espírito como fonte de "poder" e ainda tomar muito cuidado para não associar o Espírito diretamente com as curas e os exorcismos. No entanto, isso tem uma coerência notável com o que encontramos na literatura do período interbíblico: o profeta é uma pessoa guiada pelo Espírito Santo e pode fazer milagres, mas não se atribui esses milagres ao Espírito Santo de forma direta. Tanto para Lucas quanto para o judaísmo do período interbíblico, é o Espírito Santo que inspira a atividade profética. Por essa razão, embora o poder de operar milagres possa encontrar sua origem no Espírito de Deus, os milagres são cuidadosamente distanciados da referência direta ao Espírito Santo (por exemplo, Lc 11.20). Lucas frequentemente mantém essa distância através de seu uso diferenciado de δύναμις [361].

---

[360] Veja a crítica de M. Turner sobre essa posição e minha resposta: Turner, "The Spirit and the Miracles of Jesus in the Lukan Conception", *NovT33* (1991), pp. 124-52; R.P. Menzies, "Spirit and Power in Luke-Acts: A Response to Max Turner", *JSNT49* (1993), pp. 11-20.

[361] Josefo se aproxima bastante de Lucas neste momento. Ele altera suas fontes a fim de distanciar o Espírito da atividade milagrosa não profética (veja o Capítulo 2, §3.2 acima) e correlaciona δύναμις com o πνεῦμα de uma maneira análoga a Lucas (*Ant. Jud.* 8.408).

O uso de Lucas pode ser mostrado da seguinte forma:

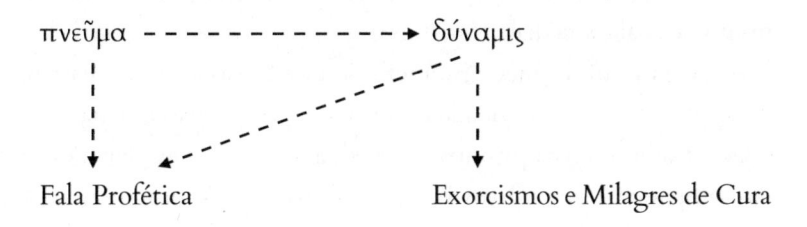

πνεῦμα ---------→ δύναμις

Fala Profética   Exorcismos e Milagres de Cura

O uso altamente refinado de Lucas de πνεῦμα e δύναμις apoia a minha alegação de que ele elaborou as declarações paralelas em v. 35, para harmonizar o relato tradicional do papel gerador do Espírito no nascimento de Jesus com sua própria compreensão profética do Espírito. Seguindo sua lógica de uso em outras passagens no v. 35, Lucas associa δύναμις com o πνεῦμα da tradição, porque tem em mente uma gama ampla de atividades. A intervenção divina aludida no v. 35 é a fonte da gravidez milagrosa de Maria e sua proclamação inspirada em 1.46-47.

O vínculo entre a promessa da presença do Espírito Santo no v. 35 e a expressão de Maria nos vv. 46-55 é praticamente incontestável. Todos os três cânticos atribuídos a homens ou mulheres são proclamados sob a influência da atividade do Espírito Santo (sobre Zacarias — o *Benedictus*; sobre Isabel e Maria — o *Magnificat*; e sobre Simeão — o *Nunc Dimittis*), e Ana, a única personagem adulta importante que não é associada diretamente com o Espírito Santo, não pronuncia nenhum oráculo. Além disso, as referências ao adjetivo ἅγιον associam o v. 35 com o *Magnificat* (v. 49).

A redação do paralelismo das linhas poéticas no v. 35 coincide muito bem com a tese de que Lucas destaca nessa passagem o papel profético do Espírito e o papel criativo de δύναμις. A construção ἐπέρχομαι[362] + ἐπὶ com πνεῦμα ἅγιον na primeira linha se assemelha à referência ao derramamento pentecostal do Espírito em At 1.8. Isso sugeriria fenômenos proféticos, não sobrenaturais. Um verbo de uso mais provável para falar de criação divina para Lucas aparece no segundo verso relacionado,

---

[362] ἐπέρχομαι é um verbo de uso característico de Lucas (Lc 11.22; 21.26; At 1.8; 8.24; 13.40; 14.19). Ele aparece somente duas vezes em outras passagens no NT (Ef 2.7 e Tg 5.1).

ο δύναμις ὑψίστου. Embora não haja evidências de que ἐπισκιάζω descreva a procriação, esse verbo se refere à presença de Deus de forma muito pessoal e imediata (Ex 40.35).

Para resumir, meu argumento é que Lucas atribui o nascimento milagroso de Jesus à atividade do Espírito, porque isso refletia com precisão a tradição cristã primitiva e se adequava ao seu esquema estrutural da comparação entre João Batista e Jesus Cristo. No entanto, Lucas procurou minimizar o contraste entre o papel criador do Espírito Santo na tradição e sua própria compreensão profética do Espírito Santo. Ele realizou essa tarefa modificando a tradição, que associava o Espírito à concepção biológica de forma explícita (cf. Mt 1.20). A principal alteração de Lucas envolveu a inserção de uma referência a δύναμις em paralelo com πνεῦμα na narrativa. Seguindo o seu padrão de uso em outros textos, essa associação de δύναμις com πνεῦμα em Lucas permitiu relacionar a atividade do Espírito à proclamação profética de Maria e, de forma menos direta, a esse nascimento milagroso.

4. A pneumatologia da tradição pré-lucana

Essa análise de Lucas 1.35 confirmou minhas descobertas nas outras partes das narrativas da infância: a compreensão de Lucas sobre o Espírito Santo tem um vínculo indissociável com a atividade profética. No entanto, também esclareceu a pneumatologia refletida na tradição pré-lucana. A tradição refletida em Lucas 1.35 indica que a Igreja Primitiva falava sobre a atividade do Espírito com palavras mais abrangentes do que Lucas. Ela não tinha nenhuma relutância para atribuir os acontecimentos milagrosos, como o nascimento virginal de Jesus, os exorcismos ou as curas, diretamente à intervenção do Espírito. Essa avaliação é confirmada pela comparação entre Mateus 12.28 e Lucas 11.20 e entre Marcos 3.29 e Lucas 12.10. Embora a pneumatologia da Igreja Primitiva possa ser classificada como carismática, a de Lucas demonstra ser mais especificamente profética. A distinção entre a pneumatologia carismática da Igreja Primitiva e a pneumatologia profética de Lucas deve-se, por um lado, à influência que Jesus exerceu sobre a Igreja Primitiva.[363] A experiência e o ensino de Jesus moldaram a compreensão da Igreja Primitiva a respeito do Espírito de Deus como a fonte do poder que opera milagres. Já observei como acontecimentos milagrosos raros são atribuídos ao Espírito de Deus no judaísmo do período interbíblico. A diferença entre a perspectiva de Jesus e a do judaísmo é exemplificada com referência ao exorcismo. Embora Jesus tenha afirmado expulsar demônios pelo "Espírito de Deus",[364] não há um único texto no Antigo Testamento ou na literatura judaica do período intertestamental que atribua o exorcismo dos demônios à ação do Espírito Santo. Um dos muitos pontos fortes do livro[365] (*Jesus and the Spirit, Jesus e o Espírito Santo*), de James Dunn, é o destaque que ele dá à peculiaridade da consciência de Jesus sobre o Espírito Santo. Essa singularidade é mais evidente na proposta de Jesus de realizar exorcismos e milagres pelo Espírito de Deus.[366]

Por outro lado, a distinção surge da maneira pela qual Lucas se apropriou e ainda manteve distintas duas esferas de pensamento (conforme descrevemos acima): a compreensão judaica tradicional de πνεῦμα θεοῦ como fonte de inspiração profética e a compreensão helenística de δύναμις como poder para fazer milagres. Enquanto Jesus e a Igreja Primitiva viam o πνεῦμα divino como o agente direto da inspiração profética e do poder para fazer milagres,[367] Lucas, como vimos, descreveu o primeiro em termos de πνεῦμα e, o último, em termos de δύναμις. Em suma, a Igreja Primitiva, seguindo os passos de Jesus, ampliou as funções percebidas do Espírito de Deus para que não fossem vistas somente pela classificação judaica tradicional como a fonte do poder profético, mas também como poder para fazer milagres. Lucas, por outro lado, manteve a compreensão judaica tradicional do Espírito Santo como o Espírito da profecia e, com

---

[363] Veja o Capítulo 9, §3º e § 4º abaixo.
[364] Quanto a Mateus 12.28 (= Lc 11.20) como a leitura original de Q, veja o Capítulo 9 §3 abaixo. Nota também Mateus 12.31-32; Marcos 3.28-30; e Lucas 12.10.
[365] Veja mais adiante no capítulo 9 §4.3.
[366] Dunn, *Jesus and the Spirit*, p. 53.
[367] Veja mais adiante no capítulo 9 §4.3.

a palavra δύναμις, incorporou um modo helenístico de expressão para falar de poder para a operação de milagres. Embora o δύναμις possa ser mediado pelo Espírito Santo (daí surge a expressão ἐν τῇ δυνάμει τοῦ πνεύματος, Lc 4.14), o primeiro, e não o último, é entendido como a potência divina pela qual os milagres são operados.

A antiguidade da tradição refletida em Lucas 1.35 e a sua importância para a Igreja Primitiva têm sido questionadas. Apresenta-se dois argumentos contra a antiguidade dessa tradição; os dois a veem como reflexo de um estágio tardio no desenvolvimento da cristologia da Igreja Primitiva. Em primeiro lugar, H. Schürmann insiste que essa tradição deve ser posterior, já que não se encontra em Marcos ou nas epístolas paulinas.[368] No entanto, o argumento do silêncio não é convincente, particularmente na medida em que os propósitos de Marcos ou Paulo podem ter sido anteriores à sua incorporação nesse material.[369] Em segundo lugar, há a teoria que geralmente se adota de que a Igreja Primitiva progressivamente "leu de volta" o momento cristológico (o momento em que Jesus tornou-se o Filho de Deus indicado por formulações que giram em torno das palavras "Espírito", "poder" e "Filho de Deus") originalmente associado à ressurreição de Jesus em seu ministério terreno (transfiguração e batismo) e, em seguida, ao relato de seu nascimento.[370] Uma fraqueza fundamental nessa teoria é que há poucas provas de que a Igreja pré-paulina via o Espírito Santo como a fonte ou o poder da ressurreição de Jesus. Assim, o elo inicial na cadeia é quebrado. Cita-se Romanos 1.3-4 frequentemente para apoiar esse conceito, mas questiona-se a redação verdadeira da fórmula pré-paulina. H. Schlier, por exemplo, não coloca o Espírito Santo na fórmula original, embora ele a veja como pré-paulina.[371] Analisarei esse tema na avaliação final. Essa teoria também tem sido criticada por outros motivos: as provas exegéticas não apoiam a proposta de que a

---

[368] Schürmann, "Die geistgewirkte Lebensentstehung Jesu", em *Einheit in Vielfalt* (1974), p. 158.
[369] Veja D. Guthrie, *New Testament Theology* (1981), pp. 368-369.
[370] Para um bom resumo dessa posição, veja Brown, *The Birth of the Messiah,* pp. 29-32, 135-137.
[371] H. Schlier, 'Zu Rom l,3f', em *Neues Testament und Geschichte* (1972), pp. 207-218.

Igreja Primitiva entendeu a ressurreição de Jesus como o momento em que Jesus se tornou o Filho de Deus. [372] À luz dessas considerações, prefere-se a visão de I. Howard Marshall:

> Será que não é o caso de que a Igreja Primitiva tenha considerado a ressurreição como confirmação de uma postura já existente, em vez de vê-la como a concessão de um novo status? Sugerimos que esta seja uma exegese mais precisa dos textos relevantes. [373]

A afirmação do nascimento milagroso de Jesus pelo Espírito refletida em Lucas 1.35 é, sem dúvida, pré-lucana, e não há razão convincente para rejeitá-la como uma tradição primitiva da Igreja Primitiva.

1. A homogeneidade teológica dos Atos de Lucas

Tendo chegado a essas conclusões sobre a natureza da pneumatologia de Lucas a partir da maneira como ela é refletida nas narrativas de infância, a questão deve agora ser levantada sobre até que ponto esse material é importante para entender a pneumatologia de Lucas como um todo. Certamente, o desprezo de Hans Conzelmann quanto à importância do material de infância para verificar a perspectiva teológica de Lucas está fora de questão. No entanto, o que devemos fazer com seu esquema[374] *Heilsgeschichtlich* com três épocas distintas? Será que o material a respeito da infância pode se encaixar nesse esquema, ou representa um desafio intransponível à validade da abordagem de Conzelmann?

Os representantes da antiga posição incluem H.H. Oliver, que usou o material de infância para apoiar as conclusões de Conzelmann

---

[372] Marshall, *The Origins of New Testament Christology* (1976), pp. 119-120. Veja também R. Laurentin, *Les evangiles de l'enfance du Christ* (1982), pp. 52-54.
[373] Marshall, *Christology*, p. 120.
[374] C.H. Talbert, "Shifting Sands: The Recent Study of the Gospel of Luke", in *Interpreting the Gospels* (1981), p. 202.

fazendo somente algumas modificações pequenas,³⁷⁵ e W.B. Tatum, que chegou a conclusões semelhantes ao tentar contrastar a obra do Espírito Santo nos capítulos 1 e 2 de Lucas com a operação do Espírito Santo em outros lugares de Lucas-Atos.³⁷⁶ O artigo de Tatum merece uma atenção especial, pois gira em torno da obra do Espírito Santo.

Segundo Tatum, Lucas "usa as narrativas de nascimento para caracterizar esse período na história da salvação anterior ao ministério de Jesus como a Época de Israel".³⁷⁷ Em apoio a essa afirmação, Tatum tenta diferenciar a obra do Espírito Santo nas três épocas da *Heilsgeschichte:* a época de Israel, a época do ministério de Jesus e a época do Igreja. Apesar dessas divisões, Tatum observa que o Espírito Santo age como o Espírito da profecia nos capítulos 1 e 2 de Lucas (a época de Israel) *e* nos capítulos 2 a 28 de Atos (a época da Igreja). A única distinção reside no fato de que o que antes era limitado a alguns indivíduos escolhidos na época de Israel foi disponibilizado de forma universal na época da Igreja.³⁷⁸ Isso leva Tatum a concluir que "o Espírito profético nas histórias da natividade lembra o papel do Espírito na história anterior de Israel".³⁷⁹ Embora isso possa ser verdade, Tatum ignora o fato de que a própria atividade renovada do Espírito Profético, que era proeminente em épocas anteriores na história passada de Israel, consiste em um indicador do surgimento da era messiânica. Longe de designar os acontecimentos dos capítulos 1 e 2 de Lucas como um "período de preparação",³⁸⁰ a atividade do Espírito profético marca a transição decisiva no plano de Deus para a restauração de seu povo. De fato, a abundância da atividade profética inspirada no Espírito caracteriza os dois primeiros capítulos de Lucas como um drama de cumprimento de promessas. O conteúdo da proclamação dos profetas revela o verdadeiro significado dos acontecimentos relacionados na

---

³⁷⁵ H.H. Oliver, "The Lucan Birth Stories and the Purpose of Luke-Acts", NTS 10 (1964), pp. 202-226.
³⁷⁶ W.B. Tatum, "The Epoch of Israel: Luke I-II e the Theological Plan of Luke-Acts", *NTS* 13 (1966-1967), pp. 184-195.
³⁷⁷ Tatum, The Epoch of Israel, p. 190.
³⁷⁸ The Epoch of Israel, p. 191.
³⁷⁹ The Epoch of Israel, p. 191.
³⁸⁰ E. Ellis, *The Gospel of Luke* (1974), pp. 28-29.

narrativa. Logo, tanto a *forma* quanto o *conteúdo* da profecia anunciam a mensagem: Deus agora está cumprindo suas promessas de antigamente. Somente ignorando a importância escatológica da restauração do dom do Espírito e da profecia que produz é que Tatum pode tentar separar os capítulos 1 e 2 de Lucas do restante de Lucas-Atos.

Tatum também propõe que a temática do Espírito nos capítulos 1 e 2 de Lucas diferencia João de Jesus e situa o primeiro na época de Israel.[381] O argumento de Tatum baseia-se em sua tentativa de distinguir entre a função profética do Espírito[382] nos dois primeiros capítulos de Lucas e a função messiânica do Espírito na época do ministério de Jesus. Essa distinção se baseia em três observações: a primeira é que, durante seu ministério, Jesus é o único portador do Espírito; isso contrasta com a abundância na atividade do Espírito nas outras passagens; em segundo lugar, enquanto as formas passivas de πληρόω (frequentemente utilizadas nos capítulos 1 e 2 de Lucas) sugerem uma associação intermitente, a relação de Jesus com o Espírito (πλήρης, Lc 4.1) indica um vínculo mais permanente; em terceiro lugar, seguindo Schweizer, Tatum sugere que Jesus não é mais um Homem do Espírito, mas agora é Senhor do Espírito. Deve-se notar, no entanto, que a proposta inicial de Tatum não aprofunda seu argumento. A limitação do Espírito a Jesus durante seu ministério não indica que a função do Espírito tenha mudado. De fato, argumentarei que o Espírito continua a agir com relação a Jesus como fonte de revelação especial e do discurso inspirado. A segunda ideia de Tatum é refutada pelo fato de que a expressão πλήρης πνεύματος ἁγίου não se aplica exclusivamente a Jesus (Lc 4.1), mas também é utilizada para descrever vários discípulos na época da Igreja (At 6.3, 5; 7.55; 11.24), uma época em que, como reconhece o próprio Tatum, o Espírito age como o Espírito da profecia. O contraste que Tatum tenta criar entre o caráter intermitente ou temporário das experiências do Espírito registradas nos capítulos 1 e 2 de Lucas e o caráter permanente da experiência de Jesus

---

[381] *Ellis, Luke*, p. 193.
[382] O fato de que os nascimentos de João e Jesus são anunciados como "boas novas" (εὐαγγελίζομαι, 1.19; 2.10) exige cautela neste momento.

com relação ao Espírito Santo se desfaz quando se reconhece que, para João, o dom do Espírito da profecia era permanente (Lc 1.15, 76; 20.6) e, embora as referências a Jesus sejam menos conclusivas, o dom do Espírito no livro de Atos foi claramente extensivo aos discípulos (At 2.4; 4.8,31).[383] O terceiro ponto de Tatum também é duvidoso. Lucas 4.1, 14 não chega a apoiar a proposta de que Jesus "não é mais um Homem do Espírito, mas agora é Senhor do Espírito",[384] e, de qualquer forma, o que está em questão nesse contexto não é a função do Espírito, mas a posição de Jesus e sua relação com o Espírito Santo.

Em suma, Tatum aponta, na verdade, para diferenças superficiais na atividade do Espírito Santo em vários estágios da obra de Lucas: a referência à atividade do Espírito está limitada a Jesus durante o período de seu ministério terrestre, e o Espírito, como nunca antes, está disponível de forma universal em Atos. No entanto, Tatum não consegue demonstrar que essas épocas marcam uma transformação na *função* do Espírito. Em todas as épocas, o Espírito Santo age como o Espírito da profecia. Esse fato e a importância escatológica do retorno do Espírito Santo sugerem que a pneumatologia de Lucas não dá respaldo a uma interpretação rígida de três épocas do esquema de *Heilsgeschichte* de Lucas; pelo contrário, a pneumatologia de Lucas enfatiza a continuidade fundamental que une sua história de cumprimento das promessas.

As tendências recentes nos estudos sobre Lucas de nível superior confirmaram essa avaliação demonstrando a homogeneidade teológica de Lucas-Atos. P. Minear argumentou ersuasivamente que só se pode adotar a tese de Conzelmann quando se ignora as narrativas de infância.[385] De acordo com W.C. Robinson, o tema que une o ministério de Jesus com o da Igreja é representar os dois em Lucas em termos de "uma jornada". Tanto Jesus quanto a Igreja Primitiva andam pelo "caminho do Senhor".[386]

---

[383] R. Stronstad, *A Teologia Carismática de Lucas* (Rio de Janeiro: CPAD, 2018).
[384] Veja o capítulo 8 §2 abaixo. Nota e também Bovon, *Luc le theologien,* p. 226.
[385] P.S. Minear, "Lucas's Use of the Birth Stories", em *Studies in Luke-Acts* (3. ed., 1978), p. 121. Veja também Tannehill, *The Narrative Unity of Luke-Acts: A Literary Interpretation* (1986), I, pp. 21-22.
[386] W.C. Robinson, *Der Weg des Herrn* (1964).

I.H. Marshall enfatizou a continuidade que existe entre Lucas e Atos no que diz respeito aos temas cristológicos, soteriológicos e escatológicos.[387] G. Braumann vê a perseguição como um tema que une a obra de dois volumes de Lucas.[388] E. Lohse apresentou "promessa e realização" como um fio de conexão que segue todo o percurso de Lucas-Atos. Portanto, parece que Martin Hengel expressa um consenso nos estudos de nível superior sobre Lucas quando escreve:[389]

> O argumento introduzido por H. Conzelmann que é muitas vezes repetido desde então, de que Lucas divide a história em três períodos, foi certamente atraente, mas mesmo assim não deixa de ser enganoso... Na realidade, toda a obra dupla abrange uma história única de Jesus Cristo, que também inclui o intervalo entre ressurreição e *parousia* como o tempo de sua proclamação nos "últimos dias" (At 2.17), e que Lucas distingue claramente da época do antigo pacto como o tempo do cumprimento messiânico das promessas proféticas.[390]

Essa conclusão confirma minha convicção de que o material sobre o Espírito Santo nos capítulos 1 e 2 de Lucas é de suma importância para que se entenda a pneumatologia de Lucas como um todo. Já que Lucas-Atos é "uma história de Jesus Cristo", o material nas narrativas da infância não pode ser visto isoladamente em relação ao resto do trabalho de dois volumes de Lucas. As diferenças entre a pneumatologia dos dois primeiros capítulos de Lucas e o resto de Lucas-Atos com base em um rígido esquema de três épocas de *Heilsgeschichte* de Lucas devem ser rejeitadas.

---

[387] I. H. Marshall, *Fundamentos da narrativa teológica de São Lucas* (Natal: Editora Carisma, 2019); veja também Marshall, "Luke and his 'Gospel'", em *Das Evangelium und die Evangelien* (1983), esp. pp. 300-301.

[388] G. Braumann, Das Mittel der Zeif, *ZNW54* (1963), pp. 117-145.

[389] E. Lohse, "Lukas als Theologe der Heilsgeschichte" (1953), em *Die Einheit des Neuen Testaments* (1973).

[390] M. Hengel, *Acts and the History of Ancient Christianity* (1979), p. 59.

CAPÍTULO 7

A profecia de João Batista (Lucas 3.16)

1. A forma original da profecia

A profecia de João a respeito daquele que viria e batizaria no Espírito Santo é apresentada de várias formas em Marcos e Q:

Marcos 1.8	αὐτὸς δὲ βαπτίσει ὑμᾶς ἐν πνεύματι ἁγίῳ.
Q-Lc 3.16-17 = Mateus 3.11-12:	αὐτὸς ὑμᾶς βαπτίσει ἐν πνεύματι ἁγίῳ καὶ πυρί· οὗ τὸ πτύον ἐν τῇ χειρὶ αὐτοῦ διακαθᾶραι τὴν ἅλωνα αὐτοῦ καὶ συναγαγεῖν τὸν σῖτον εἰς τὴν ἀποθήκην αὐτοῦ, τὸ δὲ ἄχυρον κατακαύσει πυρὶ ἀσβέστῳ.

| Marcos 1.8 | ele, porém, vos batizará no Espírito Santo. |

| Q-Lc 3.16-17 = Mateus 3.11-12 | Ele vos batizará no Espírito Santo e em fogo. A sua pá ele tem na mão para limpar bem a sua eira, e recolher o trigo ao seu celeiro; mas queimará a palha em fogo inextinguível. |

Embora a história da interpretação tenha produzido uma variedade de pontos de vista sobre a forma original da profecia de João Batista, vários fatores indicam que a tradição apresentada em Q representa fielmente suas palavras originais. Primeiro, a versão de Q deve ser preferida à de Marcos. A omissão de Marcos das palavras καὶ πυρί ("e fogo") e a metáfora da pá (Lc 3.17 = Mt 3.12) se encaixam facilmente na sua intenção de apresentar o "evangelho de Jesus" (εὐαγγελίου Ἰησοῦ Mc 1.1). No entanto, é improvável que esse aspecto da profecia teria sido acrescentado a Q sem que tenha vindo de João, pois o julgamento profetizado não encontra seu cumprimento nas narrativas dos Evangelhos ou Atos. O argumento de que καὶ πυρί representa um "*pesher* cristão para o cumprimento pentecostal"[391] não pode ser sustentado tendo em vista a nota de julgamento já presente no contexto de Q (Mt 3.7-10, 12; Lc 3.7-9, 17).[392] Em segundo lugar, as tentativas de reduzir o escopo original da profecia de João a um "batismo de fogo"[393] devem ser rejeitadas: não existem provas textuais para essa interpretação, e ela exige "um grau considerável de

---

[391] Ellis, *Lucas,* p. 89.

[392] Fitzmyer também afirma que não existem provas de um *pesher* cristão nessa passagem *(Luke I-IX,* p. 473).

[393] Leisegang, *Pneuma Hagion,* pp. 72-80; von Baer, *Der heilige Geist,* pp. 161-163; R. Bultmann, *The History of the Synoptic Tradition* (1968), p. 246.

desenvolvimento da tradição dentro de um período relativamente curto".[394] Em terceiro lugar, não há razões convincentes para rejeitar a versão Q como um testemunho autêntico da profecia de João Batista.[395] Embora não se possa aceitar os supostos paralelos com a profecia de João Batista que J. Dunn deduziu a partir dos manuscritos do Mar Morto,[396] deve-se dar margem a João para certo grau de criatividade. É exatamente isso que se deve esperar de um profeta. No entanto, não se deve dar uma margem exageradamente grande. Proponho que, quando a profecia de João, na forma em que é representada fielmente em Q, é interpretada de maneira correta, combina perfeitamente com os conceitos messiânicos e pneumatológicos presentes no judaísmo da época de João.

2. O sentido original da profecia

Assim como existem vários pontos de vista sobre a forma original da profecia, também existem várias interpretações. No entanto, a aceitação da autenticidade da forma Q da profecia reduz consideravelmente as alternativas. Uma das interpretações mais amplamente aceitas a respeito da profecia foi apresentada por Dunn, um defensor da autenticidade da versão Q.[397] Dunn afirma que a expressão βαπτίσει ἐν πνεύματι ἁγίῳ καὶ πυρί se refere a um único batismo que, na perspectiva de João Batista, deveria ser experimentado por todos.[398] Nesse "ato purificador único de julgamento messiânico", o Espírito e o fogo funcionam juntos como agentes de limpeza e destruição. Uma afirmação de Dunn que é de particular importância para este estudo é a de que o Espírito é "purifica-

---

[394] E. Best, "Spirit-Baptism", *NovT4* (1960), p. 239.
[395] Veja os argumentos de Marshall, *Commentary on Luke,* pp. 145-148, e Dunn, "Spirit-and-Fire Baptism", *NovT* 14 (1972), pp. 86-92, e *Holy Spirit,* pp. 9-10.
[396] Dunn, *Holy Spirit,* pp. 9-10 e "Spirit-and-Fire Baptism", pp. 89-92. O estudo que fiz desses manuscritos confirmou os questionamentos a essa visão apresentados por Best, "Spirit-Baptism", p. 237. Veja meus comentários sobre o assunto mais adiante no §2 do capítulo 7.
[397] Dunn, *Holy Spirit,* pp. 8-22 e "Spirit-and-Fire Baptism", pp. 81-92.
[398] *Holy Spirit,* pp. 11-13.

dor e refinador para aqueles que se arrependeram, e destrutivo [...] para aqueles que continuam sem se arrepender".[399] Isso leva Dunn a concluir que "ele (o batismo com o Espírito Santo e com fogo) se traduziria para os arrependidos em um refinamento e uma purificação de todo o mal e pecado, que traria salvação e os qualificaria para desfrutar das bênçãos do reino messiânico".[400]

A tese de Dunn tem muitas características atraentes. Ao contrário de várias outras teorias, a interpretação de Dunn não depende de uma reconstrução hipotética do texto. Ele aceita como original e explica a interpretação de um batismo ἐν πνεύματι ἁγίῳ καὶ πυρί. Dunn também atribui tanto dimensões positivas quanto negativas para o batismo. Essa compreensão dupla da profecia é necessária, já que é preciso explicar ao mesmo tempo seu tratamento positivo por Marcos e Lucas e retrato negativo por Mateus.[401] No entanto, por mais atraente que a tese de Dunn seja, apresentada de forma tão engenhosa, ela tem que ser rejeitada à luz da *religionsgeschichtlich* (História das Religiões) e das considerações contextuais.

Primeiro, vamos abordar a questão da História das Religiões. Dunn retrata o Espírito como um agente que purifica os indivíduos arrependidos de Israel e, dessa forma, lhes dá acesso ao reino messiânico. Dunn traça paralelos para essa compreensão do Espírito a partir dos manuscritos do Mar Morto (1QS 3.7-9; 4.21; 1QH 16.12; 7.6; 17.26; frag. 2.9, 13) e de várias passagens do Antigo Testamento. Ele atribui uma importância particular a Is 4.4, que pode muito bem ter sido uma referência "na mente de João Batista".[402] No entanto, nem a literatura de Qumran, nem Isaías 4.4 apoiam a proposta de Dunn. Vários fatores depõem contra a adequação da leitura da profecia de João à luz do cenário apresentado pelos pergaminhos de Qumran. Já sugeri que as referências ao "espírito" nos capítulos 3 e 4 de 1QS se referem a uma disposição interna do homem,

---

[399] *Holy Spirit*, p. 13.
[400] *Holy Spirit*, p. 14.
[401] Veja mais adiante no §3 do capítulo 7.
[402] J. Dunn, *Holy Spirit*, p. 12. Para conferir os comentários de Dunn a respeito dos manuscritos, veja as pp. 9-10.

não ao Espírito de Deus. Embora os hinos contenham referências à obra de purificação do Espírito divino, essas referências não estão relacionadas ao julgamento, como é claramente o caso em Q. Pelo contrário, referem-se a um dom do Espírito que é concedido no instante em que a pessoa entra na comunidade do pacto. Não há indícios de um aspecto duplo da obra do Espírito abrangendo tanto a purificação quanto a destruição nessas passagens.

Além disso, enquanto os hinos falam da limpeza do indivíduo, argumentarei que a profecia batista se refere à limpeza de Israel *pela separação dos justos dos ímpios*.[403] Como vimos, na leitura de Dunn dessa profecia o Espírito Santo age purificando o indivíduo e lhe dando acesso ao reino messiânico. Esse aspecto de sua interpretação pode se encaixar bem com os hinos de Qumran, mas não coincide com a profecia do Batista, conforme indicam as considerações contextuais discutidas mais adiante.

Não se deve recorrer a Isaías 4.4 para apoiar a tese de Dunn, pois esse texto não se refere à renovação interna ou à transformação moral do indivíduo. Em vez disso, o texto refere-se à limpeza da nação através da remoção dos ímpios.[404] Isaías 4.3 qualifica o "santo" como "aquele que ficar em Sião". Assim, a referência em Isaías 4.4 à limpeza por meio do "espírito de justiça e do espírito de ardor" se refere à limpeza do remanescente justo por meio da separação dos ímpios: enquanto os primeiros são estabelecidos em Jerusalém, estes últimos são expulsos. Minha análise é apoiada pelo targum de Isaías 4.3-4:

> E será que aquele que ficar em Sião voltará a Jerusalém, será chamado santo, e aquele que guardar a lei será estabelecido em Jerusalém, e será chamado de santo. Todo aquele que estiver inscrito para a vida eterna verá a consolação de Jerusalém: quando o Senhor tiver lavado a imundície das filhas de Sião, *e tiver limpado os derramadores de sangue inocente*

---

[403] Best, "Spirit-Baptism", p. 237.
[404] M.A. Chevallier, *Souffle de dieu* (1978), pp. 100-101.

que estão em Jerusalém pela palavra de juízo e pela palavra de seu decreto final. [405]

As considerações contextuais confirmam que fazia parte do batismo futuro que João profetizou um peneirar de Israel, não a purificação interna do indivíduo. Esse é o impulso da metáfora de Q (Lc 3.17 = Mt 3.12), com sua linguagem forte. Uma das etapas da limpeza era jogar o grão para o alto com a ajuda de uma pá de trigo (πτύον). Isso era feito para que o vento pudesse separar o joio do trigo.[406] O trocadilho de רוח ou πνεῦμα como "Espírito" e "vento" pode muito bem ter sido usado de propósito por João Batista e depois compreendido pelos escritores sinóticos,[407] embora isso não seja essencial para a minha interpretação. De acordo com a metáfora Q, depois da sua separação do trigo, o joio deveria ser consumido pelo fogo. Logo, a metáfora sugere claramente que o batismo futuro incluiria aspectos de limpeza e destruição. No entanto, podemos ir mais longe: a metáfora também indica que tipo de limpeza o batismo afetaria. A limpeza prevista não é a purificação ou transformação moral do indivíduo, como sugere Dunn; em vez disso, ela envolve uma limpeza de Israel por meio da separação: os justos (o trigo) devem ser separados dos injustos (o joio). Portanto, essa é a obra do Espírito Santo profetizada por João Batista: a separação. O "fogo" equivale à ira destrutiva de Deus que consumirá os injustos. Assim, o batismo que João profetizou seria um turbilhão do juízo messiânico pelo qual todos passariam.[408] Todos seriam peneirados e separados por uma poderosa explosão do Espírito de Deus: os injustos seriam consumidos pelo fogo, e, dessa forma, o remanescente justo seria reunido e a nação seria purificada.[409] Essa leitura do texto não

---

[405] Tradução livre de J.F. Stenning, *The Targum of Isaiah* (destaque nosso).
[406] Veja Is 41.16; Jr 4.11; Marshall, *Commentary on Luke*, p. 148.
[407] F.J. Foakes-Jackson e K. Lake, *The Beginnings of Christianity*, IV, p. 238.
[408] Em "The Meaning of the Verb 'to Baptize'" (*EvQ* 45 [1973], pp. 130-140), Marshall afirma de modo convincente que em Mc 1.8 e nas referências paralelas deve ser traduzida como "molhar bastante", "inundar" ou "encharcar" no Espírito Santo.
[409] A importância gramatical desses substantivos interligados por καί que são declinados no caso dativo não deve ser exagerada. A omissão em vez da repetição da preposição antes

só faz justiça ao contexto imediato, ele também tem uma série de outras características atraentes.

Em primeiro lugar, isso resolve o problema *com relação à História das Religiões* que acabamos de mencionar. As funções atribuídas ao Espírito Santo nessa interpretação da profecia do precursor de Jesus combinam totalmente com as visões messiânicas e pneumatológicas existentes no judaísmo. O texto de Isaías 4.4 se refere ao Espírito de Deus como o meio pelo qual Israel deve ser peneirado e purificado;[410] e, conforme já observei, uma série de textos do período interbíblico descreve o Messias como dotado de dons do Espírito de Deus, para que ele possa governar e julgar (por exemplo, 1Enoque 49.3; 62.2). Existem vários textos que associam essas duas ideias. Possivelmente, o mais impressionante seja Salmos de Salomão 17.26-37, uma passagem que descreve como o Messias "poderoso no Espírito Santo" (17.37) purificará Israel, expulsando todos os estrangeiros e pecadores da nação. O texto de Isaías 11.2, 4, ao qual 1Enoque 62.2 e 1QSb 5.24-25 se referem, declara que o Messias empoderado pelo Espírito matará o ímpio "com o sopro dos seus lábios" (רוח שפתיו)[411]. Nesse contexto, não é difícil imaginar o Espírito de Deus como um instrumento empregado pelo Messias para peneirar e purificar Israel. De fato, os textos citados acima sugerem que, quando João se referia em linguagem metafórica ao turbilhão messiânico do Espírito, tinha em mente oráculos inspirados no espírito de juízo proferido pelo Messias (cf. Is 11.4), explosões do Espírito Santo que separariam o joio do trigo. No entanto, buscamos em vão uma referência a um derramamento messiânico do Espírito que purifica e transforma moralmente o indivíduo. Já observei que as referências à atividade soteriológica do Espírito durante o período interbíblico são extremamente raras e limitadas a uma pequena vertente dentro da tradição sapiencial.

---

de expressões unidas por καὶ é comum no NT e se constitui características estilísticas de Lucas e Mateus.

[410] Observe também Salmos 1.4-5 e Jó 15.30.

[411] Observe como 1QSb 5.24-25 e 1Enoque 62.2 resumem e aglutinam a linguagem de Isaías 11.2 e 11.4.

Em segundo lugar, essa interpretação torna as tentativas de ler a profecia de João como um batismo de "vento e fogo" bem superficiais.[412] João compara a atividade do Espírito Santo à força peneiradora de um vento poderoso, mas isso, por si só, se constitui uma razão insuficiente para lhe negar uma referência direta ao Espírito Santo.

Não existem evidências textuais para a omissão de ἅγιος,[413] e, portanto, os defensores da visão "vento e fogo" são forçados a especular que as palavras de João foram reinterpretadas pela Igreja em um estágio muito inicial.

Em terceiro lugar, essa interpretação se encaixa bem com o uso subsequente e variado do texto pelos escritores sinóticos. Esse é o assunto que passarei a abordar.

3. O uso e a interpretação da profecia na Igreja Primitiva

A omissão de καὶ πυρί, aliada à expressão τοῦ εὐαγγελίου Ἰησοῦ Χριστοῦ de Marcos 1.1, e a ausência de qualquer menção de julgamento ou ira indicam que Marcos interpretou a pregação e a profecia de João em grande parte em termos positivos. A forma do relato de Marcos (Mc 1.8), tão semelhante a Atos 1.5 e 11.16, provavelmente reflete a convicção de que a profecia foi cumprida, pelo menos em parte, no Pentecostes. No entanto, o propósito de Marcos em mencionar a profecia de João Batista é essencialmente cristológico: a profecia serve para apontar para a condição exclusiva de Jesus como batizador no Espírito Santo. Por isso, Marcos não consegue dar mais detalhes sobre a natureza do cumprimento da profecia. Para informações mais específicas, teremos que recorrer a outras passagens.

---

[412] Entre os que defendem essa proposta estão R. Eisler, *The Messiah Jesus e John the Baptist* (1931), p. 274-279; Barrett, *Gospel Tradition,* p. 126; Schweizer, 'πνεῦμα', p. 399 e *The Holy Spirit* (1980), p. 52-53.

[413] As provas da omissão de ἅγιος são excessivamente fracas (MSS 63, 64, Tertuliano, Agostinho e Clemente de Alexandria).

O relato de Mateus sobre a pregação de João Batista em Mateus 3.7-12 se aproxima mais de Q do que de Lucas em Lucas 3.7-18.[414] Embora Lucas 3.10-15 não possa ser atribuído a Lucas por motivos estilísticos e tenha uma boa probabilidade de representar um material tradicional, provavelmente veio de uma fonte diferente de Q.[415] Essa avaliação é apoiada pelo resumo de Lucas da pregação de João registrada em Lucas 3.18, um versículo que é claramente da autoria de Lucas.[416] A expressão εὐηγγελίζετο τὸν λαόν ("ele pregou as boas novas ao povo") de Lucas 3.18 indica que ele interpretou a pregação de João, particularmente a sua profecia sobre o batizador que viria, de uma forma predominantemente positiva. Portanto, é provável que Lucas tenha acrescentado Lc 3.10-15, um material tradicional de outra fonte que destacava e exemplificava o conceito de arrependimento, na narrativa de Q (Mt 3.7-12 = Lc 3.7-9, 16-17), a fim de separar o pronunciamento negativo do julgamento em Lucas 3.7-9 = Mateus 3.7-10 da profecia de João sobre o batizador que viria. Dessa forma, Lucas criou um contexto apropriado para sua avaliação positiva a respeito da profecia de João Batista. Por outro lado, Mateus, se aproximando mais de Q, mantém e possivelmente dá um destaque maior[417] ao aspecto negativo e crítico da pregação de João.

Por ser dirigida aos "fariseus e saduceus", a profecia serve como um alerta contra a rejeição de Jesus: rejeitar Jesus equivale a rejeitar o Messias e o futuro juiz; o que inevitavelmente acarretará o juízo de Deus e a destruição. Portanto, Mateus (seguindo Q) enquadra a profecia de João Batista geralmente com palavras negativas, apresentando um juízo destrutivo, Lucas destaca seus elementos positivos: o peneirar e a purificação do remanescente justo.

---

[414] T.W. Manson, *The Sayings of Jesus (1949)*, pp. 253-54.

[415] Lucas claramente alterou esse texto original, já que o texto de 3.10 corresponde ao texto de 3.7.

[416] Os versículos 18 a 20 têm "uma linguagem altamente lucana" (Marshall, *Commentary on Lucas*, p. 149).

[417] A expressão πολλοὺς τῶν Φαρισαίων καὶ Σαδδουκαίων (Mt 3.7) provavelmente é um acréscimo de Mateus, e provavelmente se refere aos "fariseus" em Q. Em Mt 16.17, Mc 8.11 e Mt 16.6/Lc 12.1, Mateus acrescenta "e saduceus".

No entanto, isso levanta uma questão interessante: se Lucas interpretou a profecia de João Batista de um modo principalmente positivo e, assim, procurou destacar esse aspecto da profecia em seu relato, por que ele seguiu a versão Q com sua referência a καὶ πυρί (Lc 3.16 = Mt 3.11) e o "fogo eterno" da metáfora de conhecimento? Presumindo que tinha as versões Marcos e Q antes dele, é realmente impressionante que Lucas tenha seguido Q em Lucas 3.16-17. A questão se torna ainda mais urgente quando lembramos que Lucas se refere apenas a um batismo espiritual em Atos 1.5 e 11.16. O que foi tão significativo sobre o relato de Q, que, apesar dessas incongruências com sua própria visão, fez com que Lucas escolhesse segui-la? A resposta para essa pergunta se encontra na importância que Lucas atribuiu à metáfora de Q. Para Lucas, a metáfora da purificação com a pá era essencial para que o verdadeiro significado do futuro batismo no Espírito Santo fosse reconhecido. A metáfora da pá especificava que o dilúvio do Espírito, iniciado pelo Messias, peneiraria o povo de Israel. Esse pensamento de peneirar é vital para a interpretação de Lucas sobre o derramamento do Espírito sobre os discípulos em Pentecostes: "João batizou em água, mas vós sereis batizados no Espírito Santo, dentro de poucos dias [...] Mas recebereis poder, ao descer sobre vós o Espírito Santo, e ser-me-eis testemunhas, tanto em Jerusalém, como em toda a Judeia e Samaria, e até os confins da terra" (At 1.5, 8). Assim como João profetizou que o Espírito peneiraria e se separaria, também Lucas entendeu a outorga pentecostal do Espírito como o meio pelo qual o remanescente justo seria separado do joio (cf. Lc 2.34-35). João não especificou como essa peneiração ocorreria, aludindo ao papel do Espírito no apocalipse vindouro apenas em termos muito gerais; no entanto, à luz de Pentecostes, Lucas interpreta a missão empoderada pelo Espírito e pregando os discípulos como os meios pelos quais essa peneiração ocorre. Por essa razão, a versão Q, com sua metáfora de neve, era de vital importância para Lucas. Ele apontou para o papel decisivo que o Espírito desempenharia no início da Igreja: como fonte da orientação sobrenatural da missão da Igreja e sua proclamação inspirada do evangelho, o Espírito foi o catalisador da missão cristã e, como tal, um instrumento *para peneirar*.

Assim, na perspectiva de Lucas, a profecia de João encontra o cumprimento inicial em Pentecostes e a realização contínua na missão empoderada pelo Espírito da Igreja. No entanto, o ato final de separação, a destruição do injusto no fogo do julgamento messiânico, ainda aguarda sua realização. Embora seja provável que João tenha visto a atividade peneiradora do Espírito e a atividade do fogo consumidor como aspectos diferentes de um acontecimento apocalíptico, Lucas separou esses aspectos cronologicamente, tendo em vista a missão contínua da Igreja.

Agora tenho elementos para resumir essas conclusões e avaliar suas implicações para o meu argumento. João declarou que um turbilhão de juízo messiânico estava chegando: os justos seriam separados dos ímpios por uma poderosa explosão do Espírito de Deus, e estes últimos seriam consumidos pelo fogo. Dessa forma, o remanescente justo estaria reunido e, a nação, purificada.

Marcos e Lucas, em seus relatos respectivos, destacam o aspecto positivo da profecia: o peneirar do remanescente justo.

Portanto, eles não hesitam em associar João Batista com o εὐαγγέλιον (Mc 1.1; Lc 3.18). Lucas interpreta claramente que a atividade de separação do Espírito sobre a qual João profetizou seria cumprida na missão do Espírito Santo dirigida à Igreja e à sua proclamação inspirada no Espírito do Evangelho (At 1.5, 8; 11.16). Assim, a missão da Igreja antecipa o ato final do julgamento messiânico. Embora Marcos não dê mais detalhes sobre a natureza da realização da profecia, ele provavelmente interpretou a profecia de forma semelhante.

Mateus destaca o aspecto negativo e crítico da pregação de João. Ele, assim como Marcos, não está interessado em apontar para o cumprimento futuro da profecia na missão da Igreja, embora, sem dúvida, soubesse muito bem dessa perspectiva. Em vez disso, seu interesse gira em torno do significado cristológico da profecia e no propósito didático ao qual ela serve.

O esclarecimento que a profecia de João Batista e o seu uso subsequente nos Evangelhos sinópticos derrama sobre a perspectiva pneumatológica, sobre a Igreja Primitiva e sobre Lucas é de importância particular para este estudo. Segundo ele, o Espírito de Deus era o meio pelo qual o Messias peneiraria e julgaria Israel. Se, como os paralelos da literatura do período interbíblico sugerem, João tinha oráculos de julgamento inspirados no Espírito em mente nesse momento, então sua perspectiva sobre o Espírito Santo não é tão diferente da de Lucas. Para Lucas, interpretar a profecia de João como uma referência à missão empoderada pelo Espírito da Igreja destaca os aspectos proféticos da atividade do Espírito: o Espírito, ao guiar a missão da Igreja, concede uma visão especial, e, como o impulso por trás da proclamação do evangelho, inspira a fala. Tendo em vista as semelhanças entre o relato de Marcos e os de Atos 1.5 e 11.16, parece que o ponto de vista da Igreja Primitiva se reflete com precisão na interpretação de Lucas. Concluímos que o "batismo com o Espírito Santo e com fogo" profetizado por João e interpretado pela Igreja Primitiva não se refere nem aos meios pelos quais o indivíduo é purificado nem a um acontecimento que dá acesso às bênçãos do reino messiânico. A profecia de João, particularmente interpretada por Lucas, atribui funções proféticas ao Espírito, em vez de apontar funções soteriológicas.

CAPÍTULO 8

Jesus e o Espírito Santo: a unção pneumática (capítulos 3 e 4 de Lucas)

Lucas não somente afirma que Jesus foi gerado pelo Espírito Santo, mas também que o próprio batizador no Espírito Santo que viria era ungido com ele (Lc 3.22; 4.18; At 10.38). Isso nos leva a uma questão de importância central: qual o significado que Lucas atribui à unção pneumática de Jesus? Podemos afirmar, com F. Büchsel, que Jesus obteve uma percepção especial de Deus como Pai quando o Espírito Santo desceu sobre ele no Jordão? Além disso, à luz da discussão anterior e do texto a ser examinado, como vamos avaliar a proposta de Dunn de que o objetivo principal da unção de Jesus no Jordão não era capacitá-lo para seu ministério messiânico, mas sim iniciá-lo na nova era e no novo pacto? É claro que as posições de Büchsel e Dunn representam um desafio direto à minha tese de que Lucas entende e retrata de forma coerente a atividade do Espírito Santo em categorias proféticas. Sendo assim, essas questões dão o impulso para a análise das passagens sobre o Espírito Santo em Lucas 3.21-22, 4.1, 14, 16-30. Enquanto a descrição da unção pneumática de Jesus representa apenas um período ampliado no Evangelho de Lucas (3.21-22), a importância que Lucas atribui a esse acontecimento só pode ser vista à luz do texto em que ele o situa.

1. A unção pneumática de Jesus (Lucas 3.21-22)

1.1 CRÍTICA DAS FONTES

Começo esta análise da perícope do batismo abordando a questão urgente da crítica das fontes: será que o relato de Lucas sobre o batismo de Jesus foi influenciado por outra fonte escrita (Q) ou as características peculiares de Lucas devem se limitar à sua alteração de Marcos? A comparação dos relatos sinóticos do batismo de Jesus revela duas pequenas afinidades entre Mateus e Lucas, que se diferenciam de Marcos: em primeiro lugar, Mateus e Lucas usam formas do verbo ἀνοίγω em vez da forma σχιζομένους que Marcos emprega com referência à abertura do céu; em segundo lugar, enquanto Marcos retrata o Espírito Santo descendo εἰς αὐτόν, Mateus e Lucas utilizam juntamente ἐπ' αὐτόν. Essa harmonia nessas pequenas partes do texto provavelmente refletem uma mera coincidência em vez de se constituírem evidências de Q.[418] Mateus e Lucas muitas vezes amenizam a linguagem contundente de Marcos[419] e, em várias ocasiões, substituem o εἰς que Marcos emprega por ἐπί.[420]

O argumento mais forte de que Q continha de fato um relato do batismo de Jesus é encontrado na estrutura da própria Q, não nas pequenas concordâncias de Mateus e Lucas contra Marcos.[421] O relato do batismo de Jesus serviria para vincular o ministério de João com o de Jesus e para

---

[418] Essa também é a posição de Fitzmyer, *Luke I-IX*, p. 479.

[419] Veja por exemplo Marcos 1.43 e as alterações em Mateus 8.4 e Lucas 5.14. No entanto, esse tipo de alteração parece também refletir a influência de Q, como no caso de Marcos 1.12 (ἐκβάλλω) Mt 4.1 (ἀνάγω) = Lc 4.1 (ἄγω).

[420] Veja Marcos 4.7,18; 11.8 e os textos paralelos.

[421] L.E. Keck, "The Holy Spirit and the Dove", NTS 17 (1970), pp. 58-59.

proporcionar uma introdução adequada à narrativa da tentação, que pressupõe a filiação divina de Jesus. No entanto, se esse relato existiu de fato, ele não exerceu uma influência tão grande sobre Mateus ou Lucas. As variantes peculiares a Mateus e Lucas do texto de Marcos refletem seus respectivos interesses e estilos, e não um texto subjacente.[422] À luz dessas considerações, parece improvável que o relato de Lucas sobre o batismo de Jesus (Lc 3.21-22) tenha sido influenciado por uma fonte escrita diferente de Mc 1.9-11.

1.2 A REDAÇÃO DE LUCAS

Lucas fez uma série de mudanças no texto de Marcos. No entanto, muitas dessas alterações refletem motivações literárias ou estilísticas, em vez de uma tendência teológica particular. Não devemos dar um destaque exagerado à importância do movimento da narrativa de Lucas a partir da prisão de João (Lc 3.20; Mc 6.17), nem de sua omissão a qualquer referência clara a João Batista no seu relato do batismo. Ao concluir a história do ministério de João antes de começar a de Jesus, Lucas foi capaz de expor os paralelos entre João e Jesus de forma mais clara, particularmente o destino do profeta, que também seria o do próprio Jesus.[423] Além disso, enquanto o acréscimo das palavras σωματικῷ εἴδει ("em forma corpórea") destaca o caráter objetivo da descida do Espírito Santo, isso se limita a destacar o que já estava presente ou, se L.E. Keck está correto,[424] o que Lucas acreditava ter sido presente no texto de Marcos. A substituição da palavra εἶδεν pela construção ἐγένετο de Marcos (literalmente, "aconteceu") também pode ter como motivação o desejo de Lucas de destacar

---

[422] Por exemplo, observe a linguagem característica de Mateus em Mt 3.15 e Lc 3.21.

[423] G. Brauman, "Das Mitel der Zeit", 7NW 54 (1963), p. 125.

[424] Keck afirma que a interpretação ambígua de Marcos de uma frase adverbial original foi posteriormente mal-interpretada, tendo recebido um significado adjetivo ("The Spirit and the Dove", pp. 41-67, esp. pp. 63-67).Tendo em vista a mudança nos tempos dos partícipios (particípio aoristo: particípio presente: minha tradução diz: "Depois de todas as pessoas e Jesus terem sido batizados, enquanto ele estava orando [...]"

o caráter objetivo do acontecimento, mas provavelmente apenas reflete preocupações estilísticas, como com o acréscimo que Lucas faz das palavras τὸ ἅγιον às palavras τὸ πνεῦμα ("Espírito") de Marcos.

Mais importantes ainda são as alterações que Lucas faz nos acontecimentos em redor da descida do Espírito Santo: ao contrário de Marcos, Lucas relata que o Espírito Santo veio sobre Jesus depois do batismo,[425] enquanto ele ora. Lucas não está preocupado em estabelecer vínculos entre o batismo nas águas de Jesus e a descida do Espírito Santo.[426] De fato, o que era de importância central para Lucas não era o batismo de Jesus, mas, pelo contrário, a descida do Espírito Santo é motivada pela oração. Por essa razão, Lucas transformou um relato do batismo de Jesus em um relato da descida do Espírito Santo sobre Jesus.

Essas mudanças, por mais marcantes que sejam, representam uma mudança de destaque em vez da alteração de algum conteúdo específico.[427] Os elementos que fornecem as pistas interpretativas necessárias para a descoberta do significado da unção pneumática de Jesus são essencialmente os mesmos em Marcos e Lucas. Refiro-me aos fenômenos que acompanham a descida do Espírito Santo sobre Jesus: a metáfora da pomba e, de forma mais importante, a declaração da voz celestial.

1.3 A IMPORTÂNCIA DA UNÇÃO PNEUMÁTICA DE JESUS

A pomba enigmática: Uma série de interpretações sobre o significado da pomba surgiram, mas nenhuma é totalmente satisfatória.[428] Alguns têm procurado vincular o símbolo da pomba com o estabelecimento do novo

---

[425] A descida do Espírito Santo é associada à oração, não ao batismo de água (veja também Lc 11.13; At 1.14; 4.31; 8.15).

[426] A principal exceção é a ênfase na oração, um motivo que percorre todo o Evangelho de Lucas (5.16; 6.12; 9.18, 28-29; 11.1; 22.41; 23.46) e Atos também (veja a nota anterior).

[427] Para uma pesquisa e crítica das várias opções, consulte F. Lentzen-Deis, *Die Taufe Jesu nach den Synoptikern* (1970), pp. 170-183; Keck, "The Holy Spirit and the Dove", pp. 41-57.

[428] Von Baer, *Der heilige Geist,* p. 58; sugerido como uma possibilidade por G.W.H. Lampe, *The Seal of the Holy Spirit* (1951), p. 36.

pacto, relacionando a περιστερά ("pomba") do relato de batismo com a pomba de Noé.[429] No entanto, essas tentativas não são convincentes, pois a pomba de Noé não tem nenhum vínculo, em nenhuma passagem, com o Espírito Santo.[430] Outros, vinculando a pomba batismal à atividade criativa de Deus em Gênesis 1.2, interpretaram o símbolo como o indicador de uma nova criação.[431] A tradição rabínica aparentemente apoia esse ponto de vista quando fala do movimento do Espírito Santo sobre o caos primitivo como a vibração de uma pomba.[432]

Entretanto, a fraqueza principal e fatal dessa teoria é que, na fonte rabínica citada, a pomba não equivale a um símbolo do Espírito Santo, mas o parâmetro da comparação "é o movimento do Espírito Santo e o movimento de uma pomba".[433] Por isso, a pomba não faz parte da comparação, já que o texto de *Gen. R.* 2.4 indica que a comparação pode ser feita com qualquer pássaro.[434]

Talvez a visão mais convincente tenha sido apresentada por L.E. Keck,[435] que afirma que a expressão ὡς περιστερὰν de Marcos reflete uma referência adverbial original à descida do Espírito Santo que, devido à sua ambiguidade,[436] foi posteriormente mal interpretada e recebeu o significado de uma locução adjetiva. Embora essa interpretação faça jus às referências rabínicas que comparam o movimento do Espírito Santo com o de uma pomba, é questionável se uma leitura natural de Marcos 1.10 dá apoio a essa interpretação. Dada a natureza enigmática da referência à pomba, estaremos em terreno mais firme se olharmos para a declaração da voz celestial como a base a partir da qual se deve interpretar o papel do Espírito Santo no rio Jordão.

---

[429] Keck, "The Holy Spirit and the Dove", p. 49.
[430] Barrett, *Gospel Tradition,* pp. 38-39; Dunn, *Holy Spirit,* p. 27.
[431] Enquanto a tradição de Ben Zoma de *Gen. R.* 2.4 se refere simplesmente a um pássaro, existe uma referência a uma pomba na versão da história de Ben Zoma do Talmude Babilônico *(b. Hag.* 15a).
[432] Keck, "The Spirit and the Dove", p. 52.
[433] Veja também Marshall, *Commentary on Luke,* p. 153.
[434] Keck, "The Spirit and the Dove", pp. 41 -67, esp. pp. 63-67.
[435] De acordo com Keck, esse foi o resultado de traduzir a expressão do aramaico para o grego.
[436] A tradução é minha.

A Declaração Celestial. A declaração da voz celeste consiste em duas linhas: a primeira lembra Salmos 2.7, e a segunda se refere a Isaías 42.1.[437]

σὺ εἶ ὁ υἱός μου ὁ ἀγαπητός,

ἐν σοὶ εὐδόκησα.

Tu és o meu Filho amado;

em ti me comprazo.

Tendo em vista o caráter real do Salmo 2 e a referência ao julgamento messiânico (Mc 1.7-8) no contexto imediato, praticamente se tem a certeza de que Marcos entendeu σὺ εἶ ὁ υἱός μου ὁ ἀγαπητός como uma referência a Jesus como o Messias-Rei.[438] No entanto, é possível que, neste caso, υἱός ("Filho") tem um significado mais profundo: que Jesus era o Messias porque ele tinha uma relação filial exclusiva com Deus.[439] Uma vez que poucos negariam que, durante seu ministério terreno, Jesus se relacionava com Deus como Pai de uma forma relativamente única,[440] é bem possível que a referência a υἱός tenha sido entendida dessa forma. Quando se considera Lucas 1.35 e 2.49, esse é praticamente o caso de Lucas. Se não podemos atribuir o status messiânico de Jesus à sua relação filial com Deus com base nessa passagem, é claro que a declaração identifica Jesus como o Messias-Rei. O acréscimo da segunda linha, extraído de Isaías 42.1, é significativo na medida em que reúne o conceito do Servo de Israel com a linhagem real do Messias. Portanto, Jesus é identificado pela voz celestial como o Servo-Messias. Vale ressaltar que os dois símbolos, o Servo de Isaías 42.1 e o Messias davídico de Salmo 2.7, são capacitados pelo Espírito Santo para realizar suas tarefas respectivas.[441]

---

[437] D.L. Bock, *Proclamation from Prophecy and Pattern* (1987), p. 104.
[438] Marshall, *Christology*, p. 117.
[439] J. Jeremias, *The Prayers of Jesus* (1967), pp. 11-67.
[440] Veja Is 11.1-2; Is 42.1. G.R. Beasley-Murray, "Jesus and the Spirit", em *Melanges Bibliques* (1970), p. 474.
[441] Büchsel, *Der Geist Gottes,* p. 165. A tradução é minha.

É claro que a cristologia apresentada pela voz celestial não é a principal preocupação aqui; estamos sobretudo preocupados com as implicações que a declaração divina tem para a relação entre a cristologia e a pneumatologia. A questão premente permanece: qual é a explicação que a declaração celestial traz para o significado da unção pneumática de Jesus?

A referência a υἱός incentivou F. Büchsel a falar da unção pneumática de Jesus em termos adocionistas:

"Para Jesus, a habitação do Espírito Santo equivale à filiação divina".[442] Embora Büchsel tenha reconhecido que "Jesus é Filho de Deus desde seu nascimento",[443] ele afirmou que, através de sua unção pneumática no rio Jordão, a filiação de Jesus é aperfeiçoada e concluída.[444]

De acordo com Büchsel, a experiência de Jesus no rio Jordão marcou o início de uma consciência existencial nova e mais profunda de Deus como Pai. Da mesma forma, J. Dunn, apesar de reconhecer que Jesus é Messias e Filho desde o nascimento, declara que "há também um sentido em que ele só se torna Messias e Filho no rio Jordão".[445] Para Dunn, isso significa que no rio Jordão o Espírito Santo faz com que Jesus entre em uma nova era e em um novo pacto.

Como devemos avaliar essas afirmações? Será que Jesus, de alguma forma, só se torna o Filho de Deus e o Messias no rio Jordão? Será que o Espírito Santo proporciona a Jesus uma nova consciência de Deus como Pai e/ou o inicia em uma nova era e em uma nova aliança? Sugiro que as evidências apontam para uma direção diferente. A declaração divina não identifica de nenhuma forma a descida do Espírito Santo sobre Jesus como o início da sua filiação ou da sua messianidade. Pelo contrário, através dessa descida do Espírito Santo, Jesus se capacita para a sua tarefa messiânica. Podemos falar do acontecimento da Jordânia como sinalização do início do ministério messiânico de Jesus, mas não da sua messianidade.

---

[442] *Der Geist Gottes*, p. 166. A tradução é minha.
[443] *Der Geist Gottes*, p. 167.
[444] Dunn, *Holy Spirit*, p. 28.
[445] E. Lohmeyer, *Das Evangelium des Markus* (1959), p. 23.

Essa avaliação tem o apoio na forma da citação do Salmo 2.7. A ordem das palavras na leitura da LXX, υἱός μου εἶ σύ, foi alterada na tradição de Marcos para σὺ εἶ ὁ υἱός μου. A mudança na ordem das palavras sugere que a declaração foi entendida como a identificação de Jesus como o υἱός de Deus, em vez de confirmar a concessão da posição de filiação a Jesus.[446] Se a tradição tinha a intenção de indicar a adoção de Jesus ou a sua entrada em uma nova dimensão na filiação, tendo como base o Salmo 2.7, teria sido natural incluir a última parte do verso também: ἐγὼ σήμερον γεγέννηκά σε ("Hoje te gerei").[447] A repetição da declaração também sugere que a voz se limita a identificar um status já existente ("Este é o meu Filho") no monte da transfiguração (Mc 9.7 e refs.).

Um apoio adicional à minha rejeição de uma leitura adocionista do texto se encontra nas concepções messiânicas que formam o cenário da declaração celestial. Conforme observei anteriormente, o Espírito Santo capacita tanto o Servo de Israel (Is 42.1) quanto o Messias davídico (Is 11.1) para suas respectivas tarefas. Não se acha nenhuma referência clara ao Espírito Santo como fonte do status especial do Servo-Messias ou de sua posição exclusiva diante de Deus nesses textos. A correlação entre os conceitos messiânicos associados com o Servo do Senhor, com o Messias davídico e com a unção do Espírito Santo sugere o empoderamento divino, não a adoção divina.[448]

Já que é improvável que Marcos interprete o acontecimento do rio Jordão como a adoção de Jesus, à luz das narrativas da infância (Lc 1.35; 2.49), é praticamente certo que Lucas também não tenha feito essa interpretação. Não só se exige uma concepção divina em Lucas 1.35, mas Jesus também está bem ciente de sua relação única com Deus como Pai muito antes do acontecimento no rio Jordão (Lc 2.49). Além disso, quando se reconhece a natureza escatológica dos capítulos 1 e 2 de Lucas e se descarta o esquema rígido da história das religiões de Conzelmann,

---

[446] A tradução é minha.
[447] Hill, *Greek Words,* p. 244; G.R. Beasley-Murray, *Baptism in the New Testament* (1962), p. 61; e I. de la Potterie, "L'onction du Christ: Etude de theologie biblique", *NRTBQ* (1958), p. 235.
[448] *Contra* Dunn, *Holy Spirit,* pp. 24-32.

não se pode afirmar que o batismo de Jesus seja o *pivô* da história da salvação — o ponto em que Jesus entra na nova era.[449] As evidências sugerem que nem Büchsel nem Dunn explicaram adequadamente o significado da unção pneumática no Jordão.

Isso não deve negar que o acontecimento do rio Jordão tenha representado um acontecimento importante na história da salvação; na verdade, isso é sugerido pela declaração celestial e pelos acontecimentos que o acompanham. Além disso, fica igualmente claro que a experiência de Jesus no rio Jordão representa um novo começo. No entanto, tendo em vista a discussão acima, concluo que o acontecimento no Jordão representa a inauguração da tarefa messiânica de Jesus, não o início de sua filiação ou messianidade. Da mesma forma, a declaração celestial, como confirmação da posição que Jesus já tinha, constitui o chamado de Jesus para iniciar sua missão messiânica.[450] O corolário importante para este estudo é que a unção pneumática de Jesus, em vez de ser a fonte de sua única relação filial com Deus ou sua iniciação na nova era, é o meio pelo qual Jesus está equipado para sua tarefa messiânica. Lucas confirma que interpreta desse modo a unção pneumática de Jesus, por sua atividade redacional em Lucas 4.1, 14, 16-30, que passarei a abordar.

1. A ponte redacional: Lucas 4.1,14

1.1 LUCAS 4.1

Cada um dos evangelistas sinóticos prefaciou seus relatos sobre a tentação de Jesus se referindo ao Espírito Santo:

Mateus 4.1: Τότε ὁ Ἰησοῦς ἀνήχθη εἰς τὴν ἔρημον ὑπὸ τοῦ πνεύματος.

Marcos 1.12: Καὶ εὐθὺς τὸ πνεῦμα αὐτὸν ἐκβάλλει εἰς τὴν ἔρημον.

---

[449] Isso Hill afirma também em *New Testament Prophecy*, p. 48.
[450] Veja também J. Jeremias, *New Testament Theology* (1971), p. 52; Hill, *New Testament Prophecy*, p. 48; C.H. Talbert, *Literary Patterns, Theological Themes, and the Genre of Luke-Acts* (1974), pp. 117-118.

Lucas 4.1: Ἰησοῦς δὲ πλήρης πνεύματος ἁγίου ὑπέστρεψεν ἀπὸ τοῦ Ἰορδάνου καὶ ἤγετο ἐν τῷ πνεύματι ἐν τῇ ἐρήμῳ.

Mateus 4.1: Então foi conduzido Jesus pelo Espírito ao deserto, para ser tentado pelo Diabo.

Marcos 1.12: Imediatamente o Espírito o impeliu para o deserto.

Lucas 4.1: Jesus, pois, cheio do Espírito Santo, voltou do Jordão; e era levado pelo Espírito ao deserto.

Lucas provavelmente teve acesso a duas fontes escritas nesse momento, Marcos e Q. A função fundamental do versículo, para a qual a referência ao Espírito Santo é de particular importância, é a mesma em cada um dos Evangelhos sinóticos: serve para vincular o relato da tentação de Jesus com o de seu batismo. Mesmo mantendo o conteúdo essencial de sua fonte, Lucas altera significativamente a forma em que ele é apresentado. Duas alterações são particularmente marcantes: em primeiro lugar, Lucas inseriu a frase Ἰησοῦς δὲ πλήρης πνεύματος ἁγίου ("[e] Jesus, cheio do Espírito Santo");[451] e, em segundo lugar, em vez de seguir as construções de Marcos ou de Q (Mateus), Lucas afirma que Jesus ἤγετο ἐν τῷ πνεύματι ἐν τῇ ἐρήμῳ ("foi conduzido pelo Espírito Santo no deserto").[452]

E. Schweizer explicou muito sobre a redação de Lucas nessa passagem. Com base nessas duas alterações, ele conclui:

> Lucas, então, evita a ideia de que o Espírito Santo está sobre Jesus. O conceito do AT sobre o poder de Deus vindo sobre os homens não o satisfaz. Jesus se torna o sujeito de uma ação no Espírito Santo. Ele não é um ser pneumático, mas se constitui Senhor do πνεῦμα.[453]

---

[451] O uso de πλήρης é típico de Lucas (Lc 5.12; Atos 6.3, 5, 8; 7.55; 9.36; 11.24; 13.10; 19.28), e o uso de πλήρης com πνεῦμα, sem dúvida, reflete a mão de Lucas (At 6.3, 5; 7.55; 11.24). Observe também o uso que Lucas faz de πνεῦμα com πίμπλημι (Lc 1.15, 41, 67; At 2.4; 4.8, 31; 9.17; 13.9).

[452] À luz de Lc 2.27 e particularmente de 4.14, essa alteração pode ser atribuída a Lucas com um alto grau de confiança.

[453] Schweizer, "πνεῦμα», pp. 404-405.

No entanto, Schweizer certamente exagerou no significado dessas alterações. As semelhanças entre a descrição de Jesus em 4.1 e a de João Batista em 1.15,17 e aquela declarada por Simeão em 2.25,27 devem nos alertar contra ler mais do que realmente está escrito nessas passagens. Embora seja verdade que πλήρης πνεύματος ἁγίου ("cheio do Espírito Santo") não apareça antes de Lucas 4.1, a frase é usada pelos discípulos em Atos[454] e, portanto, não é exclusiva de Jesus. Isso é ainda mais significativo quando se percebe que Lucas usa ἐπλήσθη/σαν πνεύματος ἁγίου ("preenchido com o Espírito Santo") para descrever a experiência dos discípulos em Atos, bem como as experiências de João Batista, de Isabel e de Zacarias nas narrativas de infância.[455] Certamente a distinção entre πλήρης πνεύματος ἁγίου e ἐπλήσθη/σαν πνεύματος ἁγίου não deve ser extrapolada. Embora essa última expressão, como indica o tempo aoristo, descreva uma experiência momentânea, os efeitos podem ser duradouros (por exemplo, Lc 1.15; At 4.31), e o primeiro, como indica Atos 7.55, pode se referir a um estado especial e momentâneo de inspiração.[456] A única distinção real que pode ser feita é que implica a experiência anterior designada pela expressão πλήρης πνεύματος ἁγίου. Isso explica por que Lucas descreve apenas Jesus, Estêvão e Barnabé como πλήρης πνεύματος ἁγίου: a expressão ἐπλήσθη πνεύματος ἁγίου, embora seja empregada para descrever a experiência da maioria dos personagens principais em Lucas-Atos, nunca está relacionada a essas três pessoas. Em Lucas 4.1, essa expressão dá a entender que Jesus, já que se trata de alguém que recebeu a plenitude do Espírito Santo no rio Jordão, tem acesso constante ao Espírito Santo de Deus que fornece o que é necessário (ou conhecimento especial ou a capacidade de comunicar efetivamente a mensagem de Deus) sempre que precisa. Existe uma coerência incrível que percorre todo o trabalho de dois volumes de Lucas: seja no caso de Simeão, de Jesus, de Estêvão ou de Paulo, as palavras usadas para descrever a obra

---

[454] Veja a referência geral em Atos 6.3 e as referências a Estêvão (At 6.5; 7.55) e Barnabé (At 11.24).

[455] João Batista: 1.15 (futuro passivo); Isabel: 1.41; Zacarias: 1.67.

[456] Contra Schweizer, p. 405, n. 463. Consulte Atos 19.28 para um exemplo em que πλήρης com um substantivo diferente de πνεῦμα denota um estado de duração temporária.

do Espírito Santo e a ação que ele inspira são semelhantes. Portanto, é altamente improvável que a descrição de Jesus como πλήρης πνεύματος ἁγίου indique qualquer mudança na perspectiva de Lucas sobre a forma como o Espírito Santo age.

As diferenças que existem entre a frase de Lucas "ἤγετο ἐν τῷ πνεύματι ἐν τῇ ἐρήμῳ" ("foi levado pelo Espírito ao deserto") e as frases correspondentes em Marcos 1.12 e Mateus 4.1 dificilmente podem suportar o peso que a conclusão de Schweizer exige. Embora Schweizer afirme que "Jesus se torna objeto de uma ação no Espírito Santo",[457] ainda assim o verbo ἤγετο que Lucas usa é passivo, e se a expressão ἐν τῷ πνεύματι for interpretada como um dativo de agência ou de esfera, a construção de Lucas retrata Jesus como subordinado ao Espírito Santo.[458] Enquanto a construção de Lucas certamente suaviza a frase de Marcos, "τὸ πνεῦμα αὐτὸν ἐκβάλλει εἰς τὴν ἔρημον" ("o Espírito Santo o mandou para o deserto"), é difícil ver como ela difere significativamente das palavras de Mateus: "Ἰησοῦς ἀνήχθη εἰς τὴν ἔρημον ὑπὸ τοῦ πνεύματος" ("Jesus foi levado pelo Espírito Santo para o deserto"). As distinções ficam ainda mais difíceis de identificar quando se reconhece que Lucas emprega ὑπὸ τοῦ πνεύματος e ἐν τῷ πνεύματι como expressões de função equivalente. Segundo Lucas, Simeão foi instruído pelo Espírito Santo (ὑπὸ τοῦ πνεύματος τοῦ ἁγίου, Lc 2.26) e, no contexto imediato, Lucas afirma que Simeão entrou no templo "pelo Espírito Santo" (ἦλθεν ἐν τῷ πνεύματι εἰς τὸ ἱερόν). Isso sugere que a frase de Lucas "ἤγετο ἐν τῷ πνεύματι ἐν τῇ ἐρήμῳ" apresenta uma forma ligeiramente modificada de Q, e que as alterações foram feitas por Lucas por razões puramente estilísticas.

Embora seja difícil ver qualquer viés teológico na alteração de Q de Lucas, sua decisão de seguir Q em vez de Marcos pode indicar sua compreensão profética do Espírito Santo. O relato de Marcos, com sua ênfase na compulsão (ἐκβάλλει), dá a entender que o Espírito Santo levou Jesus de forma física, e não por revelação especial. O documento

---

[457] Schweizer, p. 405.
[458] Fitzmyer, *Lucas I-IX*, p. 514.

Q, por outro lado, evita as conotações mais físicas de Marcos. Logo, Lucas está bastante contente em seguir a versão de Q, pois não há nada no relato de Q que seja incompatível com sua compreensão profética do Espírito Santo: o Espírito Santo, por meio da revelação especial, proporciona uma orientação especial.

Se rejeitarmos a tese de Schweizer, como então explicaremos a inserção de Lucas das palavras Ἰησοῦς δὲ πλήρης πνεύματος ἁγίου no texto? Uma única referência ao Espírito Santo teria sido suficiente para traçar um vínculo entre o relato do batismo de Jesus e o de sua tentação. Lucas parece ter algo especial em mente com essa segunda referência adicionada ao Espírito Santo. Sugiro que, com o acréscimo dessa frase, Lucas tenha alterado conscientemente sua fonte para enfatizar o fato de que a experiência de Jesus no rio Jordão foi o momento em que ele "foi cheio do Espírito Santo". Dessa forma, Lucas conseguiu trazer à tona a continuidade entre a experiência de Jesus no Espírito Santo e a da Igreja Primitiva. A inserção de "ἐπλήσθη πνεύματος ἁγίου" em Lucas 3.21-22 teria exigido uma saída radical, de sua fonte e Lucas, como o texto indica, estava relutante em fazê-lo. No entanto, com a inserção de "Ἰησοῦς δὲ πλήρης πνεύματος ἁγίου" em 4.1, que se tratava de um lugar mais conveniente para tal inserção, Lucas foi capaz de transmitir a mesma ideia: assim como Jesus foi capacitado pelo Espírito Santo no rio Jordão, a Igreja Primitiva também passou por isso em Pentecostes, e os cristãos depois disso; e assim deve ser para a Igreja para a qual Lucas escreve. Essa hipótese não só explica por que Lucas inseriu uma frase que de outra forma parece desajeitada e redundante, mas também faz jus à continuidade incrível na linguagem relacionada ao Espírito Santo que está presente ao longo da obra de dois volumes de autoria de Lucas. Resumindo, em vez de apontar para a singularidade da experiência de Jesus no Espírito Santo, a descrição de Lucas sobre Jesus indica que ele considerava a experiência de Jesus no rio Jordão como o momento em que "ele foi cheio do Espírito Santo" — o momento em que Jesus, do mesmo modo que a Igreja Primitiva, foi autorizado a realizar sua tarefa determinada por Deus.

1.2 LUCAS 4.14

Enquanto o texto de Lucas 4.14-15 tem sido habitualmente visto como o produto da redação livre de Lucas de Marcos 1.14, H. Schürmann afirma que a história da tradição dessa perícope é mais complexa.[459] Schürmann afirma que o texto de Lucas 3.1-4.44 é baseado em um relato do início do ministério de Jesus preservado em Q. Esse *Bericht vom Anfang* ("relatório do início") continha duas seções principais: a primeira seção tem como base Lucas 3.3-17, 4.1-13; a segunda seção, que tem a mesma função, mas é independente de Marcos 1.14-39 (6.1-6), consiste na base de Lucas 4.14-44. De acordo com Schürmann, o texto de Lucas 4.14-16, que forma o *Eingangstor* ("portão de entrada") da narrativa lucana, é uma composição dos principais elementos estruturais da segunda seção do *Bericht* ("relatório") e, portanto, não pode ser atribuída apenas a redação lucana de Marcos. A tese de Schürmann é vulnerável em vários pontos. Se Q contivesse um *Bericht* como esse, esperaríamos encontrar traços mais proeminentes de sua influência em Mateus do que realmente se apresentam nele. Será que Mateus, com seu interesse em retratar Jesus como o cumprimento das expectativas do Antigo Testamento, passaria um relato do *pesher* autorreferencial de Jesus de Isaías 61.1? É possível, mas altamente improvável. Ainda mais reveladora é a crítica de J. Delobel ao mérito da hipótese de Schürmann. Com base em sua análise detalhada de Lucas 4.14-16, Delobel conclui que as características linguísticas da perícope podem ser explicadas mais adequadamente como a redação lucana de Marcos 1.14-15. [460]

Pode-se observar a fraqueza da hipótese de Schürmann em sua análise do v. 14a.[461] Schürmann apresenta três argumentos em apoio

---

[459] Schürmann, "Der 'Bericht vom Anfang' — Ein Rekonstruktionsversuch auf Grand von Lk 4,14-16", em *Untersuchungen* (1968), pp. 69-80; veja também Schürmann"s "Zur Traditionsgeschichte der Nazareth-Perikope Lk 4,16-30", em *Melanges Bibliques* (1970), pp. 187-205.

[460] J. Delobel, "La redaction de Lc., IV, 14-16a et le 'Bericht vom Anfang'", em *L'evangile de Luc* (1973), pp. 203-223.

[461] Schürmann, "Bericht vom Anfang'", pp. 70-71.

a uma fonte pré-lucana: em primeiro lugar, a harmonia aparente de Mateus 4.12 (ἀνεχώρησεν) com Lucas (ὑπέστρεψεν) diante de Marcos 1.14 (ἦλθεν); em segundo lugar, a natureza transitória do v. 14a, que indica que o versículo originalmente serviu tanto como uma conclusão para a narrativa da tentação quanto como uma introdução a uma variante do relato do exorcismo em Cafarnaum (Mc 1.21-28; Lc 4.31-37); e, em terceiro lugar, o aspecto anterior é apoiado pela referência a δύναμις em Lucas 4.14, que aponta para o relato de Cafarnaum (Lc 4.36: ἐξουσίᾳ καὶ δυνάμει). Em relação ao primeiro ponto, Delobel ressalta que ἀναχωρέω é comum a Mateus, e ὑποστρέφω claramente se trata de um verbo marcadamente lucano.[462] Quando essa evidência linguística é acompanhada com o reconhecimento de que os dois termos têm nuanças diferentes, a concordância aparente entre Mateus e Lucas desaparece. O segundo e terceiro pontos também não conseguem convencer. Tendo em vista o uso de Lucas de δύναμις com πνεῦμα em outras passagens, é quase certo que a ocorrência de δύναμις em Lucas 4.14 é redacional. Da mesma forma, já que o termo não ocorre no relato de Marcos em 1.27, é igualmente certo que sua inclusão em Lucas 4.36 também é fruto da autoria lucana. Lucas introduz a referência no v. 14a de modo a antecipar o relato da expulsão de Jesus do demônio em Cafarnaum (4.31-37). De fato, a declaração de Lucas de que Jesus retornou à Galileia ἐν τῇ δυνάμει τοῦ πνεύματος ("no poder do Espírito Santo") aponta para a pregação de Jesus em Nazaré (4.15, 18-19) e o exorcismo em Cafarnaum. Seguindo a mesma compreensão profética do Espírito Santo, Lucas evita dar início ao relato do ministério de Jesus na Galileia somente com referência ao Espírito Santo, como em 4.1 na Galileia inclui tanto a pregação inspirada (4.15, 18-19) quanto um exorcismo (4.36).[463] Schürmann destacou com acerto o vínculo entre Lucas 4.14 e 4.36; ele estava errado, no entanto, para atribuir essa conexão à tradição pré-lucana. As evidências sugerem que a conexão foi feita pelo próprio Lucas.

---

[462] Delobel, "La redaction de Lc., IV, 14-16a", p. 210: Mateus, 10x; Marcos, 1x; Lucas-Atos, 2x; João, 1x; Lucas-Atos, 32x; no restante do NT, 3x.

[463] Para uma análise mais detalhada do uso de Lucas de πνεῦμα e δύναμις, retorne para o §3 do capítulo 6.

A atividade redacional de Lucas em 4.14 não só desempenha um papel introdutório importante, conforme foi observado acima, mas também conclui a narrativa da tentação e, como tal, apresenta uma visão valiosa da compreensão única de Lucas sobre o relato da tentação. A redação lucana em 4.14 complementa o seu acréscimo anterior em 4.1 e essas alterações em conjunto formam uma ponte que permite a Lucas destacar o significado pneumático único que ele atribui ao relato da tentação.

É somente Lucas que nos conta que Jesus entrou no deserto πλήρης πνεύματος ἁγίου (4.1) equipado pelo Espírito Santo para sua tarefa messiânica, e que, após a tentação, saiu como havia entrado: ἐν τῇ δυνάμει τοῦ πνεύματος (4.14). Isso incentivou algumas pessoas a concluírem que, para Lucas, o Espírito Santo equivale ao poder pelo qual Jesus resiste às tentações do diabo.[464]

No entanto, essa conclusão é improvável. Lucas não dá indícios de que o Espírito Santo permitiu a Jesus superar a tentação. Como a repetição de γέγραπται ὅτι ("está escrito") indica,[465] Jesus foi apoiado em sua vitória sobre o diabo por causa do seu compromisso com as Escrituras. Portanto, qualquer conexão com o Espírito Santo deve ser deduzida a partir do contexto. O seu uso em outros lugares indica que essa não é a intenção de Lucas: o Espírito Santo nunca é retratado como a causa direta de uma decisão de orientar a vida em direção a Deus. O Espírito Santo pode fornecer orientação (como em 4.1), o que acaba levando ao cumprimento do plano divino, mas o Espírito Santo nunca é a fonte direta da obediência a Deus. Sugiro que haja uma interpretação mais adequada dos dados que seja coerente com o esquema teológico geral de Lucas. A redação de Lucas em 4.1,14 não indica que o Espírito Santo seja a fonte da obediência de Jesus; pelo contrário, mostra que a obediência de Jesus é a fonte de sua relação contínua com o Espírito Santo. Na perspectiva de Lucas, quando Jesus entra no deserto, ele é provado em seu compromisso com sua tarefa messiânica e, assim, também em sua dignidade de

---

[464] Veja J. Dupont, *Les tentations de Jesus au desert* (1968), pp. 49-50; U. Busse, *Das Nazareth-Manifest Jesu: Eine Einführung in das lukanische Jesubild nach Lk 4,16-30* (1977), p. 19; Fitzmyer, *Lucas I-IX*, p. 513.

[465] Veja Lc 4.4, 10. Cf. v. 12: ὅτι εἴρηται.

ser um homem do Espírito Santo, pois o propósito do Espírito Santo é permitir que Jesus realize sua tarefa messiânica. Como Jesus permaneceu comprometido com a sua tarefa, ele retornou à Galiléia ἐν τῇ δυνάμει τοῦ πνεύματος.[466] Assim, a perspectiva de Lucas não é diferente da dos rabinos, que afirmam que o dom do Espírito Santo só foi concedido para os que são dignos e que o Espírito Santo se afastou daqueles que não conseguiram permanecer dignos.[467] Para Lucas, o Espírito Santo reveste a tentação de Jesus com uma importância singular.

A ponte redacional também permite que Lucas mantenha o impulso pneumático de sua narrativa e destaque os vínculos entre a unção pneumática de Jesus e o seu sermão em Nazaré. A comprovação de que Lucas pretende traçar paralelos entre os dois relatos consiste na evolução da perícope de Nazaré (Lc 4.16-30) para um novo passo em sua narrativa (cf. Mc 6.1-6)[468] e pelo seu uso de ἐπί em 3.22 e 4.18. A importância desses vínculos será explicada com maiores detalhes na próxima seção.

2. O sermão em Nazaré (Lc 4.16-30)

A perícope de Nazaré (4.16-30) não só esclarece a compreensão de Lucas sobre a unção pneumática de Jesus, mas também se destaca como a base de toda a dinâmica de exposição teológica de Lucas. Essa conclusão é aceita de forma universal e decorre de duas observações: a primeira é de que Lucas altera a cronologia de Marcos para situar essa perícope no início do ministério de Jesus; em segundo lugar, a perícope combina os principais temas teológicos de Lucas-Atos: a obra do Espírito Santo, a universalidade do evangelho, a graça de Deus e a rejeição de Jesus. Por essa razão, a passagem é inestimável para esta análise sobre a pneumatologia

---

[466] Observe o contraste com Saul, que, como rei de Israel, foi capacitado com o Espírito Santo de Deus (1Sm 10.6, 10; 11.6), ainda que, por causa da sua desobediência, o Espírito Santo tenha se afastado dele (1Sm 16.14).

[467] Retorne para o capítulo 5 § 1.1.1 e §2.1 para consultar as citações rabínicas relevantes.

[468] O texto de Lucas 4.23, que pressupõe milagres anteriores em Cafarnaum, indica que a posição do relato foi alterada por Lucas.

de Lucas e, mais especificamente, sobre a importância que Lucas atribui à unção pneumática de Jesus.

3. A tradição e a redação em Lucas 4.18-19

Embora eu tenha rejeitado a hipótese de Schürmann de que um *Bericht vom Anfang* pré-lucano preservado em Q forme a base de Lucas 4.14-44, isso não necessariamente leva à conclusão de que Lucas 4.16-30 seja resultado da redação de Lucas de Marcos 6.1-6. Pelo contrário, é altamente provável que Lucas, por ter escrito o relato, tenha se aproveitado de material tradicional que não seja Marcos 6.1-6. Não há dúvida de que Jesus ensinou na sinagoga de Nazaré; embora não tenhamos outro registro do conteúdo de sua pregação em Nazaré, o impulso geral da passagem concebe bem o que sabemos de seu ensino em outras passagens (Lc 7.22 = Mt 11.5).[469] Não é improvável que um relato desse acontecimento tenha circulado entre os primeiros cristãos e, de fato, há inúmeras características linguísticas que indicam que o relato de Lucas é baseado em um material tradicional diferente de Marcos 6.1-6.[470] No entanto, quando se tenta ir além dessas conclusões gerais, as questões da tradição e da história se multiplicam e se tornam extremamente complexas.[471] Felizmente, já que o nosso foco se concentra na citação de Isaías em Lucas 4.18-19, podemos justificadamente limitar a discussão inicial à seguinte pergunta da crítica das fontes: até que ponto a citação de Isaías em Lucas 4.18-19 representa o material tradicional?

A questão é difícil, pois, já que se cita a LXX praticamente palavra por palavra, não podemos contar com as evidências linguísticas para se

---

[469] À luz do Livro de Melquisedeque (11QMelch), a aplicação que Jesus faz do texto de Is 61.1 a si mesmo não se trata de nenhuma surpresa.

[470] Chilton afirma que (4.15) e (4.16) se baseiam em material tradicional ("Announcement in Nazara: An Analysis of Luke 4.16-21", em *Gospel Perspectives* [1981], pp. 161-162) e Jeremias sugere que o texto de 4.17, 20 se trata somente de um entre os vários relatos existentes (*Die Sprache des Lukasevangeliums* [1980], pp. 121-128).

[471] Para um resumo dessas questões, veja Marshall, *Commentary on Luke*, pp. 177-180.

indicar uma redação lucana. No entanto, já que a citação em Lucas 4.18-19 diverge de Isaías 61.1-2 (LXX) em vários pontos, pode ser possível determinar se essas alterações apontam para algum viés teológico em especial e, em caso positivo, se esse viés corresponde a aspectos distintos da agenda teológica lucana que se expressa em outras passagens.

Uma análise de Lucas 4.18-19 revela uma correspondência maior ao texto de Isaías 61.1-2 na LXX, com uma série de divergências marcantes:[472]

Lucas 4.18-19	*Isaías 61.1-2 (LXX)*
πνεῦμα κυρίου ἐπ' ἐμὲ οὗ εἵνεκεν ἔχρισέν με εὐαγγελίσασθαι πτωχοῖς, ἀπέσταλκέν με, κηρύξαι αἰχμαλώτοις ἄφεσιν καὶ τυφλοῖς ἀνάβλεψιν, ἀποστεῖλαι τεθραυσμένους ἐν ἀφέσει, κηρύξαι ἐνιαυτὸν κυρίου δεκτόν.	πνεῦμα κυρίου ἐπ' ἐμέ οὗ εἵνεκεν ἔχρισέν με εὐαγγελίσασθαι πτωχοῖς ἀπέσταλκέν με ἰάσασθαι τοὺς συντετριμμένους τῇ καρδίᾳ, κηρύξαι αἰχμαλώτοις ἄφεσιν καὶ τυφλοῖς ἀνάβλεψιν... ἀπόστελλε τεθραυσμένους ἐν ἀφέσει... (Is 58.6) καλέσαι ἐνιαυτὸν κυρίου δεκτὸν καὶ ἡμέραν ἀνταποδόσεως.

---

[472] A tradução é minha.

O Espírito do Senhor está sobre mim, porquanto me ungiu para anunciar boas novas aos pobres; enviou-me	O Espírito do Senhor *está* sobre mim; porque me ungiu, para pregar boas novas aos pobres; enviou-me *a restaurar os contritos de coração,*
para proclamar libertação aos cativos, e restauração da vista aos cegos, para pôr em liberdade os oprimidos, e para proclamar o ano aceitável do Senhor.	para proclamar liberdade aos cativos, e restauração da vista aos cegos, *deixar livres os oprimidos* (Is 58.6) e para apregoar o ano aceitável do Senhor *e o dia da vingança.*

Como indica a comparação acima, a citação em Lucas 4.18-19 tem diferenças com relação ao texto de Isaías 61.1-2 (LXX) em quatro pontos: a frase ἰάσασθαι τοὺς συντετριμμένους τῇ καρδίᾳ ("restaurar os contritos de coração») foi omitida; um trecho de Isaías 58.6 (LXX), ἀπόστελλε τεθραυσμένους ἐν ἀφέσει ("deixar livres os oprimidos"), foi acrescentado na citação; a palavra καλέσαι ("anunciar") da LXX foi alterada para κηρύξαι ("proclamar"); o trecho final da LXX (καὶ ἡμέραν ἀνταποδόσεως), que se refere à retribuição divina, foi omitido.

Já foi indicado que não há como questionar a historicidade do contorno geral do relato de Lucas:[473] Jesus entrou na sinagoga em Nazaré, leu a partir do pergaminho de Isaías (61.1-2), aplicou a passagem para si mesmo e encontrou resistência. O relato de Lucas no geral segue o formato do culto antigo da sinagoga.

---

[473] Do mesmo modo também D. Hill, "The Rejection of Jesus at Nazareth (Lk 4.16-30)", *NovT* 13 (1971), pp. 161-180, esp. a p. 179.

Depois de recitar o *Shemá* (Dt 6.4-9; 11.13-21) e as orações, inclusive o *Shmone Esrê*, lia-se uma passagem do Pentateuco (*sêder*), seguida de uma leitura dos profetas (*haftará*).[474] Depois do sêder e da *haftará* se cantava um salmo, e então vinha a pregação, iniciada com uma leitura introdutória (*petitha*) escolhida a partir dos Profetas ou dos Hagiógrafos.[475] A escolha da *haftará* era bem flexível, sempre se dando preferência a referências verbais e temáticas ao *sêder*.[476]

Embora um lecionário fixo tenha sido desenvolvido para a *haftará*, geralmente se aceita que o sistema lecionário ainda não havia sido implementado antes da destruição do templo.[477] Isso teria permitido que Jesus lesse a partir de um texto de sua escolha, conforme o relato de Lucas sugere. Portanto, é bem possível que Lucas 4.18-19 represente uma forma condensada da *haftará*, que teria se estendido pelo menos até Isaías 61.9.[478]

No entanto, apesar da historicidade do acontecimento, é improvável que a forma variante de Isaías 61.1-2 encontrada em Lucas 4.18-19 venha do próprio Jesus. É difícil imaginar um leitor de sinagoga tomando esse tipo de liberdade com o texto.[479] O que impressiona em especial é o acréscimo da frase de Isaías 58.6 ao texto de Isaías 61.1-2, pois, embora pular versículos fosse permitido na *haftará*, é improvável que se tolerasse essa mudança de ordem no texto (*m. Meg.* 4.4; *T. Meg.* 4.19).[480] Portanto, tenho base suficiente para concluir que é improvável que Jesus, no decorrer da *haftará* em um culto de sinagoga, tenha acrescentado Isaías 58.6c no texto de Isaías 61.1-2 e ainda tenha feito as outras alterações a

---

[474] Enquanto se lia geralmente 21 versículos no *seder*, a *haftará* consistia geralmente em dez versículos. O Targum era lido depois da conclusão de três versículos.

[475] P. Billerbeck, "Ein Synagogengottesdienst in Jesu Tagen", *ZNW* 55 (1965), pp. 143-161.

[476] C. Perrot, "Luc 4, 16-30 et la lecture biblique de l'ancienne Synagogue", *RSR* 47 (1973), pp. 331-32. Perrot também observa que a *haftará* geralmente começava a partir de um ponto que fazia parte da seção que foi aberta para a leitura.

[477] L. Morris, *The New Testament and Jewish Lectionaries* (1964), pp. 11-34; L. Crockett, "Luke IV. 16-30 and the Jewish Lectionary Cycle: A Word of Caution", *JJS* 17 (1966), pp. 13-14.

[478] Perrot, "Synagogue", p. 327.

[479] Perrot, "Synagogue", p. 327.

[480] Com base em t.*Meg.* 4.19, P. Billerbeck afirma que era proibido fazer saltos para passagens anteriores na *haftará* (Strack-Billerbeck, *Kommentar*, IV, p. 167).

Isaías 61.1-2 registradas em Lucas 4.18-19. A questão que permanece é, naturalmente, se a reprodução interpretativa da *haftará*, na forma em que é apresentada em Lucas 4.18-19, vem do próprio Lucas ou se baseia na tradição pré-lucana. Como já indiquei, essa questão só pode ser respondida com base na análise das alterações do texto de Isaías e das motivações teológicas que as produziram. É justamente isso que passarei a abordar.

A omissão de ἰάσασθαι τοὺς συντετριμμένους τῇ καρδίᾳ: muitas vezes se sugere que Isaías 61.1d foi omitido a fim de abrir espaço para a inserção de Isaías 58.6c.[481] Se as preocupações estruturais motivaram a omissão, não ajuda muito determinar se a citação decorre da redação final de fontes pré-lucanas ou do próprio Lucas, pois essas preocupações poderiam ter influenciado o texto em qualquer fase. No entanto, a fraqueza dessa hipótese torna-se evidente quando se reconhece que os elementos estruturais da passagem têm sido usados para explicar a razão pela qual Isaías 61.1d foi omitido *e* por que a frase deve ter sido incluída na leitura original do texto.[482] Tendo em vista a natureza ambígua dos argumentos da estrutura e das variadas conclusões que produziram, é improvável que elementos estruturais tenham desempenhado um papel significativo na omissão de Isaías 61.1d.

A visão apresentada por M. Rese de que Lucas omite Isaías 61.1d por causa de sua compreensão profética sobre o Espírito Santo é bem mais provável: "Com essa omissão, Lucas garante que o Espírito do Senhor será entendido como o Espírito de profecia, e não como poder para fazer milagres".[483]

Essa conclusão concorda bastante com a minha análise da atividade de Lucas em outras passagens e oferece uma explicação plausível sobre uma omissão que de outra forma seria extremamente difícil de explicar.

---

[481] Busse, *Das Nazareth-Manifest Jesu*, p. 34; R. Morgenthaler, *Die lukanische Geschichtsschreibung als Zeugnis: Gestalt und Gehalt der Kunst des Lukas* (1949), I, pp. 84-85; Turner, "Luke and the Spirit", p. 70.

[482] Para a primeira visão, veja a nota anterior de Busse e Turner; para a última visão, veja B. Reicke, "Jesus in Nazareth—Lk 4,14-30", em *Das Wort und die Worter* (1973), pp. 48-49.

[483] M. Rese, *Alttestamentliche Motive in der Christologie des Lukas* (1969), p. 214. A tradução é minha. Veja também pp. 144-145, 151-152.

No entanto, a conclusão de Rese foi criticada por Max Turner, que apresenta três objeções.[484]

Primeiro, ao observar que a referência à cura, de Isaías 61.1d, é metafórica, Turner argumenta que a "suposta predileção de Lucas pelo conceito do Espírito de profecia" não justifica a sua omissão.[485] No entanto, a força dessa objeção é atenuada pelo significado especial que Lucas atribui a ἰάομαι. Mesmo assim, o uso metafórico do termo ἰάομαι em Isaías 61.1d é típico de Lucas (onze vezes em Lucas, quatro vezes em Atos; cf. as quatro ocorrências em Mateus, a única aparição em Marcos e as três em João) e se constitui um termo técnico para as curas milagrosas de Jesus.[486]

Em segundo lugar, Turner afirma que a inserção de Isaías 58.6c acrescenta um elemento novo à citação, que é incompatível com a suposta compreensão profética de Lucas a respeito do Espírito Santo. De acordo com Isaías 58.6c, Jesus não só proclama ἄφεσις, mas a opera por meio de gestos poderosos, como a cura e a expulsão de demônios: "Este conceito mais amplo de 'por em liberdade os aflitos' não tem nada a ver com as atividades do Espírito de profecia".[487]

Entretanto, não existe garantia nenhuma de que foi assim que Lucas interpretou Isaías 58,6c. Na verdade, cada uma das outras três frases infinitivas em 4.18-19 referem-se à pregação, um ponto que é destacado pela alteração de καλέσαι (LXX) para κηρύξαι:

a. εὐαγγελίσασθαι πτωχοῖς

b. κηρύξαι αἰχμαλώτοις ἄφεσιν καὶ τυφλοῖς ἀνάβλεψιν,

c. ἀποστεῖλαι τεθραυσμένους ἐν ἀφέσει

d. κηρύξαι ἐνιαυτὸν κυρίου δεκτόν.

Do modo que se apresenta, essa passagem inegavelmente destaca a pregação como a dimensão mais proeminente da missão de Jesus.[488] Fica

---

[484] Turner, "Luke and the Spirit", pp. 60-67.
[485] Luke and the spirit, p. 61. Veja também C. Tuckett, "Lucas 4.16-30. Isaiah and Q", em *Logia* (1982), p. 348, n. 28.
[486] Lentzen-Deis, *Die Taufe Jesu,* p. 147, n. 206.
[487] Turner, "Luke and the Spirit", p. 62.
[488] Os elementos específicos da pregação discriminados em Isaías 61.1-2, "como a libertação dos cativos" e a "restauração da vista aos cegos", são empregados por Lucas como metáforas

claro que esse tema é típico de Lucas em Lucas 4.44, onde ele mantém a referência de Marcos à pregação, mas omite sua referência à expulsão de demônios. Isso indica que Lucas provavelmente entendeu ἀποστεῖλαι τεθραυσμένους ἐν ἀφέσει como o efeito do ministério de pregação de Jesus. É bem provável que a inserção de Isaías 58.6d tenha sido feita por causa da ligação verbal que apresenta com a frase anterior (ver o item b acima), e que essas linhas (b. e c.) foram vistas como apresentando uma mensagem unificada: Jesus afeta a salvação através de sua proclamação inspirada no Espírito Santo. O fato de Lucas retratar, em outras passagens, milagres de curas e expulsão de demônios como parte fundamental do ministério de libertação de Jesus é irrelevante para a discussão atual. A questão é que Lucas, em 4.18-19 e ao longo da sua obra de dois volumes, não relaciona essas atividades diretamente à atuação do Espírito Santo. Como notei, esse viés teológico é exclusivo de Lucas. Em terceiro lugar, e talvez mais significativamente, Turner desafia a base sobre a qual a conclusão de Rese se sustenta: a afirmação de Schweizer de que "Lucas adota a ideia tipicamente judaica de que o Espírito Santo é o Espírito de profecia".[489] Ele ainda afirma que, como a fonte da pregação inspirada, o Espírito Santo "tem pouca relação com qualquer 'ideia típica judaica' a respeito do Espírito Santo da profecia".[490] Além disso, ele argumenta que, de acordo com o Antigo Testamento e os escritos do judaísmo do período interbíblico, o papel do Espírito Santo em relação ao profeta não era o de transmitir poder e autoridade na entrega da mensagem; em vez disso, de forma anterior e independente da proclamação da mensagem, o Espírito Santo revelou o conteúdo da mensagem que deveria ser entregue. Em suma, Turner afirma que os judeus viam o Espírito Santo da profecia como o órgão da revelação, e não a fonte do discurso inspirado.

Entretanto, é extremamente questionável se a distinção que Turner faz entre o papel do Espírito Santo como agente da revelação

---

que falam sobre a libertação escatológica efetuada pela proclamação de Jesus, cujo elemento principal é o "perdão dos pecados".
[489] Turner, "Luke and the Spirit", pp. 62-67.
[490] Turner, "Luke and the Spirit", p. 65.

e como fonte do discurso inspirado teria sido reconhecida pelos judeus da antiguidade. Sem dúvida, essa distinção era estranha aos rabinos, que comumente descreviam o profeta simplesmente como aquele que "fala no Espírito Santo" (מדבר ברוח הקודש). Na verdade, por definição, o profeta não era simplesmente um homem que recebeu revelação; ele era o porta-voz de Deus.

A revelação e a proclamação andam lado a lado, e as duas são atribuídas ao Espírito Santo.[491] Enquanto algumas passagens se concentram no papel do Espírito Santo no momento da revelação, outras, como é o caso de Isaías 61.1, focam a elocução do profeta, que é inspirada pelo Espírito Santo.[492] Via de regra, destacar esse aspecto do acontecimento profético equivale a dar a entender esse outro aspecto.[493]

Vários outros textos indicam que a distinção proposta por Turner não tem nenhuma base. A profecia extática, como a registrada em Números 11.25-26, é um exemplo disso.[494] À luz de passagens como Números 24.2-3,[495] 1Samuel 10.10 e Joel 3.1-2 (LXX), não se pode afirmar que outras formas menos entusiasmadas de fala profética tenham sido consideradas pouco inspiradas pelo Espírito Santo de Deus. Na verdade, Filo declara a mesma coisa que Turner nega: o Espírito Santo dotou as palavras de Abraão com um poder persuasivo especial (*Virt.* 217).[496]

Uma objeção decisiva à crítica de Turner é que o próprio Lucas fez a conexão. Ele descreve de forma clara o discurso inspirado no Espírito

---

[491] Isso é declarado com uma clareza especial nos "dez nomes dados ao Espírito Santo" registrados em *ARN* A.34 e de forma diferente nas várias tradições, como os "dez nomes dados à profecia". Veja o capítulo 5 § 1.1.2.

[492] Veja, por exemplo: Nm 23.7 (LXX); *Frag. 2* de Aristóbulo, Eusébio, *Preparação para o Evangelho* 8.10.4; *Sl-Philo* 62.2; Josefo, *Antiguidades dos judeus* 6.166; e as alterações que Josefo faz à LXX (*Ant.* 4.165 = Nm 27.18; *Ant.* 8.295 = 2Cr 15.1; *Ant.* 9.168 = 2Cr 24.20; *Ant.* 9.10 = 2 Cr 20.14).

[493] Observe a proximidade entre a sabedoria revelada e o discurso inspirado em Eclo. 39.6 e *1En.* 62.2.

[494] Veja também Filo, *Spec. Leg.* 4.49; *Leg. All.* 3.82; *Rer. Div. Her.* 249, 265-66; *Sl-Philo* 28.6.

[495] Veja também o comentário de Josefo sobre Nm 22.15-16 (*Ant.* 4.108) e sobre Nm 23.12 (*Ant.* 4.119-20).

[496] Veja o §5.2 do cap. 2; observe também *t. Job* 43.2, 48.3, *Sl-Philo* 32.14 e *Jub.* 25.14,31.12-13, em que Espírito Santo é citado como a fonte do louvor e da bênção inspirados, e *Mart. Is* 5.14, que afirma que Isaías, inspirado pelo Espírito Santo, profetizou até ser serrado ao meio.

Santo como atividade profética nas narrativas de infância e em Atos 2.17 (cf. 2.4-5); e a ideia está implícita em Lucas 4.18-19 (Is 61.1).[497] De fato, de onde mais essas noções poderiam ter vindo se a concepção de Lucas a respeito do Espírito Santo como a fonte do discurso inspirado não tiver sido influenciada pelo judaísmo? A resposta de Turner de que Lucas se baseia muito mais em "ideias messiânicas encontradas em Isaías 11.4, ou em conceitos cristãos relativamente característicos" do que no conceito judeu do Espírito Santo da profecia não se constitui uma alternativa válida.[498] Já analisamos como as funções messiânicas e proféticas se confundem no judaísmo do período interbíblico,[499] e existe pouquíssima dúvida de que esses "conceitos cristãos" tenham sido moldados pelo judaísmo.

Se, por um lado, Turner exagera o destaque judaico no Espírito Santo como fonte de revelação de forma equivocada, a ponto de excluir o papel do Espírito Santo na inspiração da mensagem profética, Schweizer, por outro lado, amplia a aparente diferença entre a compreensão judaica do Espírito Santo e a de Lucas, quando deixa de destacar que, segundo Lucas, o Espírito Santo consiste na fonte tanto do discurso inspirado quanto da revelação especial, e que muitas vezes as duas funções se confundem. Isso vale tanto para Jesus (Lc 10.21) quanto para a Igreja Primitiva (Lc 12.12). Na verdade, é difícil fazer distinções rígidas neste momento.

Em suma, é impreciso distinguir acentuadamente entre a suposta visão judaica do Espírito Santo como fonte de revelação e a compreensão de Lucas sobre o Espírito Santo como meio pelo qual uma mensagem previamente entendida é poderosamente proclamada, pois essas duas descrições não passam de caricaturas.

Depois de verificar novamente as evidências, achei que as críticas de Turner à posição de Rese em nenhum momento tem alguma base.

---

[497] O vínculo é estabelecido de forma clara no Targum de Isaías, que diz: "O Espírito de profecia da parte do Senhor Elohim está sobre mim" (texto de Is 61.1 de J.F. Stenning, *The Targum of Isaiah* [1953]).

[498] Turner, "Lucas and the Spirit", p. 66.

[499] Na verdade, Is 11.4 fala sobre o discurso inspirado. Esse princípio é destacado no Targum de Is 11.4.

Talvez o elo mais fraco no argumento de Turner contra Rese seja sua incapacidade de apresentar uma alternativa plausível.

Já observei que os argumentos baseados na estrutura não são adequados. A partir disso, concluo que Lucas foi responsável pela omissão de Isaías 61.1d em Lucas 4.18 e que a motivação para essa alteração veio da compreensão profética de Lucas sobre o Espírito Santo. Essa conclusão combina com a atividade de Lucas nas outras passagens e oferece uma explicação plausível sobre uma omissão que, de outra forma, fica extremamente difícil de explicar.

3.1 A INSERÇÃO DE ISAÍAS 58.6C (LXX): ἈΠΟΣΤΕΙΛΑΙ ΤΕΘΡΑΥΣΜΈΝΟΥΣ ἘΝ ἈΦΈΣΕΙ.

Acabamos de observar que o acréscimo de Isaías 58.6c provavelmente foi feito por causa da ligação verbal que apresenta com a frase anterior. M. Rese sugere que esse vínculo foi criado por Lucas porque ele interpretou ἄφεσις com referência ao perdão dos pecados que Jesus, inspirado no Espírito Santo, proclamou.[500] Por outro lado, Max Turner, baseando-se no trabalho de R. Sloan, afirma que esse vínculo se deve a preocupações quanto ao jubileu.[501] Em contraste com Sloan, Turner argumenta que Lucas não desenvolve temas desse tipo em outros lugares e, portanto, conclui que o vínculo entre Isaías 61.1-2 e 58.6 aponta para a origem tradicional da citação.[502] Ainda que a hipótese de Turner seja plausível, vários fatores indicam que o acréscimo deve ser atribuído a Lucas. Primeiro, embora Lucas não desenvolva temas que tratem do jubileu em outros lugares, ele demonstra especial interesse na palavra ἄφεσις (cinco vezes em Lucas e cinco em Atos; compare com a menção única em Mateus e com as duas menções em Marcos), geralmente entendida como "liber-

---

[500] Rese, *Alttestamentliche Motive*, p. 146.
[501] "Lucas and the Spirit", p. 70; R.B. Sloan, *The Favorable Year of the Lord* (1977), pp. 39-40.
[502] "Luke and the Spirit", pp. 67-71.

tação dos pecados".⁵⁰³ Em segundo lugar, a sugestão de Turner de que o texto de Isaías 58.6 foi integrado à passagem de Isaías 61.1-2 a fim de dar um destaque maior à ideia do jubileu não convence muito.⁵⁰⁴ Não há evidência desse vínculo na literatura do judaísmo do período interbíblico e, embora Isaías 61.1-2 empregue a linguagem do jubileu como uma "expressão metafórica da salvação escatológica de Deus", ⁵⁰⁵ não é de forma alguma adequado dizer que se destaca o tema do jubileu em outras partes da narrativa lucana (4.16-30), tanto de forma tradicional quanto de forma redacional. Isso indica que a ligação entre Isaías 61.1-2 e Isaías 58.6 foi feita por Lucas, e não para trazer caracteristicamente um destaque no tema do jubileu, mas por causa de seu interesse em ἄφεσις como uma descrição do poder libertador da pregação de Jesus, da qual um aspecto importante era o perdão dos pecados. Em terceiro lugar, essa conclusão é confirmada pela correlação do texto com outro tema recorrente de Lucas: a duplicação de uma palavra nas citações do Antigo Testamento como ἄφεσις e ἀποστέλλω em 4.18 é característica do estilo lucano.⁵⁰⁶

A alteração de καλέσαι *(LXX) para* κηρύξαι: já que Lucas nunca usa καλέω com referência à pregação, é bastante provável que essa alteração reflita seu destaque na pregação como a atividade preeminente inspirada pelo Espírito Santo.⁵⁰⁷ No entanto, observando que essa preferência por κηρύσσω não é exclusiva de Lucas, Darrel Bock afirma que "a mudança aponta tão firmemente para uma fonte tradicional quanto para Lucas".⁵⁰⁸ No entanto, a força da afirmação de Bock é diminuída pela duplicação frequente de palavras que Lucas faz. Sendo assim, a alteração de καλέσαι (LXX) para κηρύξαι corresponde ao uso que Lucas faz das citações do

---

⁵⁰³ Nas dez ocorrências da palavra ἄφεσις em Lucas-Atos, excluindo as duas de Lucas 4.18-19, todas são relacionadas a "pecados" (e.g. ἄφεσις ἁμαρτιῶν).

⁵⁰⁴ Turner, "Luke and the Spirit", p. 70. Veja também Sloan, *The Favorable Year,* pp. 39-40.

⁵⁰⁵ Sloan, *The Favorable Year,* pp. 162-163.

⁵⁰⁶ Observe a repetição de κηρύξαι (Lc 4.18,19 = Is 6 e At 2.17,18 = Jl 3.1-2); ἐν ταῖς [...] ἡμέραις (At 2.17, 18 = Jl 3.1-2); ἔργον (At 13.41, 2x = Hc. 1.5); σου (Lc 7.27 = Ml 3.1).

⁵⁰⁷ Do mesmo modo também Rese, *Alttestamentliche Motive,* p. 146.

⁵⁰⁸ Bock, *Proclamation,* p. 106. Nenhum dos evangelistas emprega καλέω com referência à pregação, e esse verbo geralmente é usado pelos outros evangelistas também: Lucas, 8x; Mateus, 9x; Marcos, 12x.

Antigo Testamento em outras passagens e sugere fortemente que a alteração reflete a mão de Lucas.⁵⁰⁹

A omissão de καὶ ἡμέραν ἀνταποδόσεως (*LXX*): *é* discutível se algum interesse teológico específico deve ser associado a essa omissão para, estritamente falando, não ser considerada uma alteração da LXX. No entanto, a citação é interrompida de forma abrupta no meio de uma frase. Portanto, embora uma série de fatores possa ter influenciado o tamanho da citação, é bastante provável que a frase tenha sido omitida da citação, para destacar a graça de Deus.⁵¹⁰ Embora esse destaque na dimensão salvífica da obra de Jesus possa ter sido apropriado da tradição, ele é igualmente compatível com a perspectiva lucana⁵¹¹ e, portanto, não ajuda para definir se a citação decorre de uma tradicional fonte ou da mão de Lucas. No entanto, tendo em vista as conclusões citadas acima, é mais provável que toda a citação, como está em Lucas 4.18-19, reflita a marca redacional de Lucas.

3.2 CONCLUSÃO: A IMPORTÂNCIA DA REDAÇÃO DE LUCAS EM LUCAS 4.18-19

Tendo examinado as alterações de Isaías 61.1-2 (LXX) em Lucas 4.18-19, agora tenho condições de resumir minhas conclusões e avaliar sua importância para a pneumatologia de Lucas e, mais especificamente, a sua compreensão da unção pneumática de Jesus.

A historicidade do esboço geral do acontecimento no registro de Lucas (4.16-30) não precisa ser questionada para que os dados linguísticos indiquem que o registro é baseado em material tradicional diferente de Marcos 6.1-6. No entanto, é claro que Lucas fez pelo menos duas alterações

---

[509] Veja também T. Holtz, *Untersuchungen über die alttestamentlichen Zitate bei Lukas* (*1968*), p. 40..
[510] W. Grundmann, *Das Evangelium nach Lukas* (1961), p. 121; K. Giles, "Salvation in Lukan Theology (1)", *RTR* 42 (1983), p. 12.
[511] Rese, *Alttestamentliche Motive,* pp. 152-153.

decisivas no material tradicional à sua disposição. Em primeiro lugar, ele deslocou esse relato para a frente na cronologia de seu Evangelho. Em segundo lugar, alterou a redação da citação de Isaías 61.1-2. Embora a tradição pré-lucana, com toda a certeza, tenha retratado a pregação de Jesus em Nazaré como girando em torno de Isaías 61.1-2, é altamente improvável que a citação, da forma como se encontra em Lucas 4.18-19, seja tradicional. Como resultado da minha análise do texto, concluí que é altamente provável que a frase ἰάσασθαι τοὺς συντετριμμένους τῇ καρδίᾳ foi omitida por Lucas devido à sua pneumatologia profética singular e ao vínculo verbal que tem com a frase anterior. Lucas acrescentou Isaías 58.6c ao texto de Isaías 61.1-2 para destacar o poder libertador da pregação de Jesus, que era inspirada pelo Espírito Santo; Lucas é responsável pela alteração de καλέσαι (LXX) *para* κηρύξαι — essa mudança, ao mesmo tempo que reflete o destaque de Lucas na pregação como atividade preeminente inspirada no Espírito Santo, deve-se principalmente a preocupações estilísticas. Concluí também que é bem provável que Lucas tenha omitido a frase final de Isaías 61.2a (καὶ ἡμέραν ἀνταποδόσεως), a fim de enfatizar a dimensão salvífica da obra de Jesus.

Não há como ignorar as profundas implicações que essas conclusões têm para esta análise sobre a "compreensão de Jesus" de Lucas. Em primeiro lugar, ao passar a perícope de Nazaré para um local posterior na cronologia de seu Evangelho, Lucas liga o relato com a descida do Espírito Santo sobre Jesus no rio Jordão e, por causa disso, destaca a importância da unção pneumática de Jesus para todo o seu ministério. A citação de Isaías, que desempenha um papel tão proeminente na narrativa, define com precisão o significado que Lucas atribui à unção pneumática de Jesus: a descida do Espírito Santo sobre Jesus no Jordão foi o meio pelo qual ele foi capacitado para realizar sua missão messiânica. Em segundo lugar, ao alterar o texto de Isaías 61.1-2 (LXX), Lucas apresenta a citação em conformidade com sua pneumatologia profética singular e, assim, destaca a pregação como consequência direta da unção de Jesus e como aspecto preeminente de sua missão. Enquanto a atividade do Espírito Santo geralmente é retratada em termos proféticos em Isaías 61.1-2 (ou seja, como a fonte do discurso inspirado), através de sua atividade redacional

Lucas ampliou esse aspecto do texto. De fato, de acordo com Lucas, a pregação de Jesus, que é inspirada pelo Espírito Santo, traz salvação. Essa avaliação da pneumatologia de Lucas segue totalmente a sua cristologia — Lucas, mais do que qualquer um dos outros evangelistas sinóticos, vê todo o ministério de Jesus,[512] bem como sua "unção" (como Lc 4.18-19 indica),[513] em termos proféticos.

Em suma, minha análise de Lucas 4.18-19 confirmou as conclusões da análise anterior de Lucas 3.21-22 e 4.1, 14: segundo Lucas, a unção pneumática de Jesus, em vez de se constituir a fonte de sua única relação filial com Deus, ou sua iniciação na nova era, foi o meio pelo qual Jesus foi capacitado para realizar sua tarefa destinada por Deus. Assim, o retrato que Lucas faz da unção pneumática de Jesus, que antecipa a experiência da Igreja Primitiva,[514] tem como base a sua pneumatologia profética.

---

[512] Lucas frequentemente retrata pessoas reagindo a Jesus como profeta (Lc 7.16,39; 9.8, 19; 24.19; At 2.30). Jesus se refere a si mesmo como um profeta (Lc 4.24) e aceita o destino de um profeta (Lc 11.49-50; 13.33). Jesus é explicitamente identificado como profeta tal qual Moisés em Atos 3.22 e 7.37; talvez essa identificação também seja sugerida no retrato lucano sobre a infância de Jesus (Isaacs observa os paralelos com a representação de Philo sobre a infância de Moisés [*Spirit,* p. 130]) em Lc 9.35 (Dt 18.15: em Lc 10.1 (Nm 11.25: comissionamento dos 70), em 11.20 (Ex 8.19; e na atribuição de Jesus em Atos 2.22; 4.30 (cf. At 7.36).

[513] Esta conclusão também é apoiada por Lucas 4.23-24.

[514] Ver o capítulo 8 §2.1 acima.

CAPÍTULO 9

Jesus e o Espírito: as palavras pneumáticas

Vários textos em Lucas-Atos, além de Lucas 4.18-19, apresentam palavras de Jesus com referência ao Espírito Santo. Neste capítulo, farei uma análise desses textos conforme aparecem em Lucas-Atos e avaliarei sua importância para a pneumatologia de Lucas.

1. A exultação inspirada pelo Espírito Santo (Lc 10.21)

Lucas prossegue em seu relato sobre o retorno dos setenta (e dois) com material que vem de Q (10.21-24).[515] A perícope registra a experiência alegre de Jesus, de gratidão ao Pai, que, por meio de Jesus, revelou aos discípulos "coisas ocultas aos sábios". A essa exultação inspirada se segue

---

[515] As duas passagens estão vinculadas à frase temporal no v. 21a: Ἐν αὐτῇ τῇ ὥρᾳ.

um discurso aos discípulos: eles são de fato "bem-aventurados", porque são as pessoas que recebem "por uma abençoada bem-aventurança" a revelação de Deus. O modo pelo qual Lucas apresenta as palavras iniciais de louvor de Jesus (10.21b) se reveste de uma importância especial:[516]

> Mateus 11.25b: ἀποκριθεὶς ὁ Ἰησοῦς εἶπεν
> Lucas 10.21b: ἠγαλλιάσατο ἐν τῷ πνεύματι τῷ ἁγίῳ καὶ εἶπεν
> Mateus 11.25b: falou Jesus, dizendo:
> Lucas 10.21b: exultou Jesus no Espírito Santo, e disse:

A comparação entre Lucas 10.21b e Mateus 11.25b revela que Mateus preserva a frase introdutória original de Q, a qual Lucas alterou de forma impactante. O verbo ἀγαλλιάω ("ser feliz, alegrar-se") e o substantivo da mesma raiz ἀγαλλίασις ("alegria") são característicos de Lucas;[517] conforme já defini, ele altera frequentemente suas fontes de acordo com seus interesses pneumatológicos. Portanto, é claro que Lucas substituiu o verbo ἀποκριθεὶς de Q por uma frase que lhe agrada mais: ἠγαλλιάσατο ἐν τῷ πνεύματι τῷ ἁγίῳ.

Ao avaliar a importância da redação de Lucas, é importante definir com precisão a ação proposta pelo verbo ἀγαλλιάω, que geralmente se encontra nos Salmos e nas passagens poéticas dos profetas, denotando a alegria espiritual que surge do louvor a Deus por suas ações poderosas. O sujeito do verbo não é conduzido simplesmente a um estado de êxtase sagrado; ele também "declara o que Deus faz".[518] O vínculo profundo entre ἀγαλλιάω e a elocução das palavras inspiradas de louvor é exemplificado na frase καὶ ἠγαλλιάσατο ἡ γλῶσσά μου ("minha língua se

---

[516] A tradução é minha.

[517] Sete das dezesseis ocorrências no NT de ἀγαλλιάω (onze vezes nas demais passagens do NT e quatro vezes em Lucas-Atos) e ἀγαλλίασις (cinco vezes nas demais passagens do NT e três vezes em Lucas-Atos) se encontram em Lucas-Atos.

[518] R. Bultmann, "ἀγαλλιάομαι", p. 20.

regozija", Sl 15.9, LXX; citado em At 2.26),[519] e em Salmos 94.1 (LXX), em que os verbos são empregados como sinônimos:[520]

δεῦτε ἀγαλλιασώμεθα τῷ κυρίῳ
ἀλαλάξωμεν τῷ θεῷ τῷ σωτῆρι ἡμῶν.
Vinde, cantemos alegremente ao Senhor,
cantemos com júbilo a Deus, nosso salvador.

No Novo Testaamento, o verbo é usado de forma semelhante.[521] A associação entre ἀγαλλιάω e a declaração dos atos poderosos de Deus impressiona particularmente em Lucas-Atos.[522] O verbo descreve o louvor alegre de Maria (Lc 1.47), de Jesus (Lc 10.21) e de Davi (At 2.25) em reação à atividade salvadora em Jesus. Confirma-se que ἀγαλλιάω em Lucas 10.21b se refere à declaração de palavras de louvor, pela estrutura semítica do versículo, que cria um paralelismo entre ἀγαλλιάω e εἶπεν. O acréscimo que Lucas faz da frase instrumental ἐν τῷ πνεύματι τῷ ἁγίῳ, em Lucas 10.21b, segue a lógica do uso de ἀγαλλιάω que acabamos de citar: o louvor de Maria e de Jesus é declarado pela inspiração do Espírito Santo (Lc 1.35; 10.21), e Davi é descrito como um profeta (At 2.30). Na verdade, a experiência de Jesus com o Espírito Santo em 10.21b reflete as experiências dos personagens principais das narrativas da infância e a experiência dos discípulos em Atos. Em resumo, para Lucas, a frase ἠγαλλιάσατο ἐν τῷ πνεύματι τῷ ἁγίῳ καὶ εἶπεν equivalia a um método apropriado de descrever a atividade profética:[523] indicava a declaração

---

[519] Observe também (LXX): Sl 5.12; 9.2-3; 34.27; 91.5; 95.11; 96.1; Is 12.6; 25.9; 61.10. A tradução é minha.
[520] R. Bultmann, "ἀγαλλιάομαι", p. 20; W.G. Morrice, *Joy in the New Testament* [1984], p. 21.
[521] O vínculo fica claro em três das quatro ocorrências do verbo (Lc 1.47; 10.21; At 2.25). A única exceção é Atos 16.34.
[522] Strack-Billerbeck, *Kommentar*, II, p. 176: "ἠγαλλιάσατο ἐν τῷ πνεύματι τῷ ἁγίῳ = im Geist prophetischer Rede". Veja também Barrett, *Gospel Tradition,* pp. 101-102.
[523] A variante de leitura em 11.2, ἐλθέτω τὸ πνεῦμα σου τὸ ἅγιον ἐφ» ἡμᾶς και καθαρισάτω ημᾶς, sem dúvida é secundária. Veja G. Schneider, "Die Bitte um das Kommen des Geistes im lukanischen Vaterunser (Lc 11,2 v. 1)", em *Studien zum Text und zur Ethik des Neuen Testaments* (1986), pp. 370-371.

inspirada pelo Espírito Santo dos gestos de Deus. Sendo assim, a alteração de Q que Lucas faz em Lucas 10.21b, que destacava o caráter profético e pneumático, reflete a interpretação singular do acontecimento e da sua pneumatologia profética diferenciada.

2. Incentivo a orar pelo Espírito Santo (Lucas 11.13)

A passagem de Lucas 11.1-3 forma uma seção dedicada do ensino de Jesus sobre a oração. Ela começa com o pedido de um discípulo para que Jesus o ensine como orar (11.1), ao qual Jesus atende com uma oração-modelo (11.2-4)[524] e o ensino por meio de parábola a respeito da disposição e da certeza da resposta de Deus (11.5-13). Essa seção termina com a comparação do Pai celestial com um pai terreno: "Se vós, pois, sendo maus, sabeis dar boas dádivas aos vossos filhos, quanto mais dará o Pai celestial o Espírito Santo àqueles que lhe pedirem?" (11.13). Essa comparação final, com sua referência ao Espírito Santo, merece uma análise mais atenta.

As semelhanças de linguagem entre Lucas 11.9-13 e Mateus 7.7-11 indicam que a passagem vem de Q. Entretanto, existe uma diferença fundamental: Mateus 7.11b apresenta a palavra ἀγαθά ("boas [dádivas]") em vez da expressão πνεῦμα ἅγιον de Lucas 11.13b.[525] Não há muita dúvida de que a palavra ἀγαθά que Mateus emprega representa a linguagem original de Q. Mateus segue bem de perto suas fontes com relação ao Espírito Santo: ele nunca omite referência nenhuma sobre o Espírito que esteja contida em suas fontes, e nunca acrescenta πνεῦμα no material de Marcos ou de Q. Por outro lado, Lucas, acrescenta essa palavra no material de Q em três passagens (Lc 4.1; 10.21; 11.13) e uma vez no

---

[524] Existem muitas variantes, mas as provas externas de πνεῦμα ἅγιον são fortes (P75 ℵ C L X Θ Ψ) e as outras variantes podem ser explicadas como assimilação de Mateus (B. Metzger, A *Textual Commentary on the Greek New Testament* [1975], p. 158).

[525] Veja C. S. Rodd, "Spirit or Finger", *ExpTim* 72 (1960-1961), pp. 157-158.

material de Marcos (Lc 4.14).⁵²⁶ Essas informações sugerem que Lucas, em vez de Mateus, foi quem alterou o conteúdo de Q. Essa conclusão é confirmada pela falta de naturalidade da construção de Lucas: o acréscimo de πνεῦμα ἅγιον quebra o paralelismo do argumento *a minore ad maius* que vincula as δόματα ἀγαθὰ (boas dádivas) concedidas pelos pais terrenos (Lc 11.13a = Mt 7.11a) às ἀγαθὰ (boas [dádivas]) concedidas pelo Pai celestial (Lc 11.13b = Mt 7.11b).

Depois de provar que a expressão πνεῦμα ἅγιον de Lucas 11.13b é redacional, é imperioso avaliar a importância dessa alteração para a pneumatologia de Lucas. Podemos fazer três observações.

A primeira é que a alteração que Lucas faz da forma das palavras de Q antecipa a experiência da Igreja depois da ressurreição.⁵²⁷ Isso fica claro a partir do fato de que a promessa de que o Pai concederá o πνεῦμα ἅγιον para aqueles que pedirem só começa a se cumprir no Pentecostes. Ao aplicar o texto dessa maneira, Lucas acentua a importância para a comunidade pós-pentecostal à qual ele se dirige.

Em segundo lugar, o contexto indica que a promessa é feita aos discípulos (Lc 11.1).⁵²⁸ Desse modo, a versão contextualizada dessas palavras é dirigida aos membros da comunidade cristã. Já que se dirige aos cristãos, a promessa não pode se referir a um dom inicial ou soteriológico.⁵²⁹ Essa avaliação se confirma com o caráter repetitivo da exortação para que se faça oração:⁵³⁰ a oração pelo Espírito Santo (e, à luz da promessa, podemos supor que isso inclui recebê-lo) deve ser uma prática contínua. O dom do πνεῦμα ἅγιον ao qual Lucas se refere não se trata de um acesso a uma nova era, nem deve ser recebido apenas uma vez; em vez disso, o πνεῦμα ἅγιον é concedido aos discípulos e deve ser recebido de forma contínua.

---

⁵²⁶ Fitzmyer, *Luke X-XXIV*, p. 916; Ellis, *Luke*, p. 164; Stronstad, *Teologia carismática de São Lucas*, p. 46.

⁵²⁷ Beasley-Murray, *Baptism*, p. 119.

⁵²⁸ Montague, *Spirit*, pp. 259-260.

⁵²⁹ Observe, por exemplo, a força repetitiva de ὅταν προσεύχησθε λέγετε (11.2) e a ação contínua implícita nos verbos de ação no presente do indicativo em 11.10: λαμβάνω, εὑρίσκω.

⁵³⁰ A oração é associada de forma implícita com receber o Espírito Santo em Pentecostes (At 1.14; 2.4). Nessas passagens, o dom do Espírito é apresentado como uma capacitação profética (veja mais adiante, no cap. 10).

A terceira é que o uso de Lucas em outras passagens indica que ele via o dom do πνεῦμα ἅγιον em 11.13b como uma capacitação profética. Em duas ocasiões em Lucas-Atos, o Espírito Santo é retratado como a fonte da atividade profética. Lucas muda o relato que Marcos faz do batismo de Jesus, de modo que ele recebe o Espírito depois de seu batismo enquanto orava (Lc 3.21). Conforme já observei, esse dom do Espírito, que é retratado principalmente como a fonte de proclamação de Jesus (Lc 4.18-19), capacitou Jesus para sua tarefa messiânica. Posteriormente, em Atos 4.31, depois de terem orado, os discípulos "foram cheios do Espírito Santo, e anunciavam com intrepidez a palavra de Deus". Novamente o Espírito derramado em resposta à oração consiste no ímpeto por trás da proclamação da palavra de Deus.

Em suma, por meio de sua atividade redacional em Lucas 11.13b, o evangelista incentiva os discípulos depois de Pentecostes a buscar o dom do Espírito Santo que, para ele, implicava o acesso ao πνεῦμα divino – a fonte de poder que os capacitaria a ser testemunhas eficazes de Cristo (Lc 12.12; At 1.8), providenciando o que era necessário nos momentos de necessidade, seja algum conhecimento especial ou alguma capacidade de proclamar o evangelho com autoridade diante da perseguição.

3. (Lc 11.20) ἐν δακτύλῳ θεοῦ

O relato lucano sobre a controvérsia a respeito de Belzebu vem de Q, conforme indica a extrema semelhança com o texto de Mateus (Lc 11.14-23 = Mt 12.22-30). Entretanto, existe em Lucas 11.20 uma variante importante da passagem equivalente de Mateus:

> Lucas 11.20: εἰ δὲ ἐν δακτύλῳ θεοῦ [ἐγὼ] ἐκβάλλω τὰ δαιμόνια, ἄρα ἔφθασεν ἐφ' ὑμᾶς ἡ βασιλεία τοῦ θεοῦ.
>
> Mateus 12.28: εἰ δὲ ἐν πνεύματι θεοῦ ἐγὼ ἐκβάλλω τὰ δαιμόνια, ἄρα ἔφθασεν ἐφ' ὑμᾶς ἡ βασιλεία τοῦ θεοῦ.

Lucas 11.20: Mas, se é pelo *dedo de Deus* que eu expulso os demónios, logo é chegado a vós o reino de Deus.

Mateus 12.28: Mas, se é pelo *Espírito de Deus* que eu expulso os demónios, logo é chegado a vós o reino de Deus.

Discute-se muito a questão sobre qual é o evangelista que preserva a leitura original de Q. Embora seja praxe ver o δακτύλῳ θεοῦ ("dedo de Deus") como original,[531] várias obras mais recentes sugerem que essa avaliação deveria ser revista[532] e; como os pontos a seguir indicam, a análise das provas apoiam essa proposta.

1. Com base no seu uso de πνεῦμα em outras passagens, é mais provável que Lucas tenha omitido a referência presente em Q do que Mateus tenha acrescentado essa palavra à tradição. Conforme já observei, Mateus é bem fiel às suas fontes com referência ao Espírito Santo, sem omitir em nenhum momento a referência ao πνεῦμα que se encontra em Marcos e/ou em Q. Por outro lado, Lucas se sente na liberdade de editar suas fontes: ele não somente acrescenta πνεῦμα às suas fontes, mas também está disposto, quando acha mais adequado, a omitir essa palavra (Lc 20.42 = Mc 12.36).[533]

2. O fato de que a versão de Mateus inclui a expressão ἡ βασιλεία τοῦ θεοῦ ("reino de Deus") em vez da expressão costumeira ἡ βασιλεία τῶν οὐρανῶν ("reino dos céus") sugere que "Mateus tenha recorrido de forma apressada à versão que Q apresenta de Mateus 12.28, sem parar para alterá-la, como ele normalmente teria feito".[534] Quando a expressão

---

[531] T.W. Manson, *The Teaching of Jesus* (1952), p. 82, e *Sayings*, p. 86; Barrett, *Gospel Tradition*, p. 63.

[532] Rodd, "Spirit or Finger", pp. 157-158; I.E. Yates, "Luke's Pneumatology and Luke 1 1.20", em *Studio Evangelica II* (1964), pp. 295-299; R.G. Hamerton-Kelly, "A Note on Matthew XII.28 Par. Luke XI. 20", NTS 1 1 (1964-65), pp. 167-169; Dunn, *Jesus and the Spirit*, pp. 45-46; Turner, "Luke and the Spirit", p. 88.

[533] Observe também Lucas 21.15 = Marcos 13.11; entretanto, Lucas inclui uma variante dessa tradição que se refere de fato ao Espírito Santo (Lc 12.12). Veja Rodd, "Spirit or Finger", pp. 157-158, e Yates,"Luke's Pneumatology and Luke 11.20", pp. 295-299.

[534] Dunn, *Jesus and the Spirit*, p. 45. Veja também Rodd, "Spirit or Finger", p. 158.

ἡ βασιλεία τοῦ θεοῦ aparece no material da fonte, Mateus geralmente muda para ἡ βασιλεία τῶν οὐρανῶν.[535]

3. No relato que Q faz da controvérsia sobre Belzebu, essas palavras (Lc 11.20 = Mt 12.28) aparecem um pouco antes da afirmação de Jesus sobre a blasfêmia contra o Espírito Santo (Mt 12.32 = Lc 12.10).[536] Isso sugere que a expressão πνεύματι θεοῦ fazia parte do texto de Q, porque, conforme indica o comentário editorial de Marcos 3.30, é impossível entender a "blasfêmia" sem essa referência anterior ao πνεῦμα.[537]

4. Não existe nenhuma intenção plausível para a mudança que Mateus faz no texto. Embora se sugira que Mateus alterou o texto para evitar um antropomorfismo,[538] C. S. Rodd afirma que Mateus não tem nenhuma aversão especial a expressões antropomórficas.[539] De fato, como J. Dunn observa, é improvável que Mateus tenha substituído as palavras "dedo de Deus" por "Espírito de Deus" diante do fato de que seu interesse em criar vínculos entre Moisés e Jesus se destaca muito mais do que o seu interesse no Espírito Santo.[540]

5. Não precisamos fazer muito esforço para encontrar um motivo plausível para a mudança de Lucas de "Espírito de Deus" para "dedo de Deus": essa alteração combina e se baseia na pneumatologia profética que lhe é peculiar. Já observei a relutância de Lucas em associar o Espírito Santo diretamente com as atividades que não correspondam a atividades estritamente proféticas (e.g., exorcismos e milagres de cura) e à sua disposição de alterar suas fontes de acordo com essa lógica, seja acrescentando (1.35; 4.14), seja omitindo material (4.18). Confirma-se que a alteração

---

[535] Observe, por exemplo, Mateus 4.17; 5.3; 8.11; 10.7; 11.11-12; 13.11,31,33; 19.14, 23. A única exceção a essa prática além de Mateus. 12.28 é Mateus 19.24.

[536] Veja o §4.1 para conferir as provas que apoiam a afirmativa de que Mateus 12.12-32 segue a ordem original de Q.

[537] Observe também como, em Lucas 12.10, o autor modifica o sentido de "blasfêmia", alterando o contexto. Isso é possível porque o significado da blasfêmia depende do modo pelo qual ela é empregada nesse contexto.

[538] Manson, *Teaching of Jesus*, p. 82.

[539] Para justificar seu parecer, Rodd cita Mateus 5.34 e 6.4, dois antropomorfismos que só aparecem em Mateus ("Spirit or Finger", p. 158).

[540] Dunn, *Jesus and the Spirit*, p. 45.

que Lucas fez (Lc 11.20) foi realmente motivada por propósitos pneumatológicos, pelo transporte que Lucas faz das palavras sobre a blasfêmia do seu contexto original em Q (Mt 12.32) para Lucas 12.10. Vamos abordar agora essa modificação de Q.

4. A 'blasfêmia contra o Espírito Santo' e o testemunho ousado (Lc 12.10,12)

4.1 O CONTEXTO DESSAS PALAVRAS EM Q

As palavras de Jesus que dizem respeito à blasfêmia contra o "Espírito Santo" circularam em duas variantes preservadas por Marcos e Q. A comparação entre os relatos sinóticos revela que Mateus registra as duas tradições, acrescentando as palavras de Q às que foram preservadas por Marcos (Mt 12.31-32),[541] enquanto Lucas, que na sua maior parte se baseia em Q, mistura os dois relatos:[542]

---

[541] A comparação se baseia na de R. Holst, "Re-examining Mk 3.28f. and its Parallels", *ZNW63* (1972), pp. 122-124.

[542] Embora Lucas 12.10 se baseie principalmente em Q, a frase εἰς τὸ ἅγιον πνεῦμα βλασφημήσαντι se baseia em Marcos. Essa também é a avaliação de T. Schramm, *Der Markus-Stoff bei Lukas* (1971), p. 46. A tradução é minha.

Mateus 12.31

Διὰ τοῦτο λέγω ὑμῖν, πᾶσα
ἁμαρτία καὶ βλασφημία
ἀφεθήσεται τοῖς ἀνθρώποις,
ἡ δὲ τοῦ πνεύματος βλασφημία
οὐκ ἀφεθήσεται.

Marcos 3.28-29

Ἀμὴν λέγω ὑμῖν ὅτι πάντα
ἀφεθήσεται τοῖς υἱοῖς τῶν
ἀνθρώπων τὰ ἁμαρτήματα
καὶ αἱ βλασφημίαι ὅσα ἐὰν
βλασφημήσωσιν·
ὃς δ' ἂν βλασφημήσῃ εἰς τὸ
πνεῦμα τὸ ἅγιον, οὐκ ἔχει
ἄφεσιν εἰς τὸν αἰῶνα,
ἀλλ' ἔνοχός ἐστιν αἰωνίου
ἁμαρτήματος.

Mateus 12.32

καὶ ὃς ἐὰν εἴπῃ λόγον κατὰ
τοῦ υἱοῦ τοῦ ἀνθρώπου,
ἀφεθήσεται αὐτῷ·
ὃς δ' ἂν εἴπῃ κατὰ τοῦ
πνεύματος τοῦ ἁγίου,
οὐκ ἀφεθήσεται αὐτῷ
οὔτε ἐν τούτῳ τῷ αἰῶνι οὔτε ἐν
τῷ μέλλοντι.

Lucas 12.10

Καὶ πᾶς ὃς ἐρεῖ λόγον εἰς
τὸν υἱὸν τοῦ ἀνθρώπου,
ἀφεθήσεται αὐτῷ·
τῷ δὲ εἰς τὸ ἅγιον πνεῦμα
βλασφημήσαντι
οὐκ ἀφεθήσεται.

Mateus 12.31	*Marcos 3.28-29*
Portanto vos digo: Todo pecado e blasfêmia se perdoará aos homens; mas a blasfêmia contra o Espírito não será perdoada.	Em verdade vos digo: Todos os pecados serão perdoados aos filhos dos homens, bem como todas as blasfêmias que proferirem; mas aquele que blasfemar contra o Espírito Santo nunca mais terá perdão, mas será réu de pecado eterno.

Mateus 12.32	*Lucas 12.10*
Se alguém disser alguma palavra contra o Filho do homem, isso lhe será perdoado; mas se alguém falar contra o Espírito Santo, não lhe será perdoado, nem neste mundo, nem no vindouro.	E a todo aquele que proferir uma palavra contra o Filho do homem, isso lhe será perdoado; mas ao que blasfemar contra o Espírito Santo, não lhe será perdoado.

Uma dedução importante desse estudo é que a forma Q das palavras sobre a blasfêmia é preservada, pelo menos em parte, por Mateus e Lucas, ainda que em contextos diferentes. No Evangelho de Mateus, elas fazem parte da controvérsia sobre Belzebu (Mt 12.22-32), enquanto em Lucas são apresentadas entre uma exortação para que se confesse Jesus corajosamente diante das pessoas (Lc 12.2-9) e uma promessa sobre o auxílio do Espírito Santo diante da perseguição (Lc 12.11-12). Isso levanta uma questão fundamental: qual é o evangelista que preservou o contexto original das palavras de Q? Três detalhes são importantes:

1. As palavras sobre a blasfêmia em Lucas 12.10 não se encaixam muito bem no contexto lucano. Embora a afirmação no v. 9 ("mas quem me negar diante dos homens, será negado diante dos anjos de Deus") tenha um tom bem diferente do v.10 ("todo aquele que proferir uma palavra contra o Filho do homem, isso lhe será perdoado"), os vínculos temáticos entre 2-9 e os versículos 11 a 12 são fortes.

2. O contexto que Mateus prepara para essas palavras é adequado a partir de uma perspectiva histórica e literária: ele apresenta uma resposta adequada à acusação de que Jesus expulsa demônios pelo príncipe dos demônios (Mt 12.24) e não há razão para duvidar da sua historicidade.[543] O fato de que Mateus realmente apresenta o contexto dessas palavras é confirmado por Marcos (Mc 3.22-30).[544] Já observei que a referência ao Espírito Santo em Mateus 12.28 associa as palavras sobre a blasfêmia ao que as precede, e faz com que a passagem seja inteligível.[545] O contexto é essencial para a interpretação dessas palavras. Na verdade, como a análise de Lucas 12.10 revela, se o contexto dessas palavras for alterado, o significado muda. Isso nos leva ao terceiro detalhe.

3. É bem improvável que Q tenha preservado essas palavras no contexto lucano, já que isso teria alterado seu sentido original.

Sendo assim, as provas sugerem que Lucas retirou as palavras sobre blasfêmia (Lc 12.10 = Mt 12.32) do seu contexto original em Q (e Marcos) e as situou em outro bloco de material de Q (Lc 12.2-9, 11-12).[546] Para que se avalie a importância dessa alteração, temos que examinar o sentido das palavras na forma como aparecem no contexto de Q e de Marcos e no contexto de Lucas.

---

[543] Dunn, *Jesus and the Spirit*, p. 52.
[544] Observe C.E.B. Cranfield, que afirma que Marcos apresenta essas palavras no contexto histórico adequado (*The Gospel according to Saint Mark* [5. ed., 1977], p. 139).
[545] Veja o que acabou de ser abordado no ponto 3 do §3 do capítulo 9.
[546] Lucas 12.11-12 representa as palavras de Q (Schulz, Q, p. 442; Schürmann, "Mt 10.23", pp. 150-155), que foram fortemente reformuladas por Lucas e confundidas com Marcos 13.11 por Mateus. Lucas provavelmente preserva o contexto original de Q nesse ponto, já que o elo temático com 12.2-9 é forte.

4.2 O SIGNIFICADO DESSAS PALAVRAS NO CONTEXTO DE Q, MARCOS E LUCAS

Tanto em Q quanto em Marcos as palavras fazem parte da controvérsia sobre Belzebu (Mt. 12.22-30, 32; Mc 3.20-33). Elas são registradas como a resposta de Jesus à acusação de que ele expulsa demônios pelo príncipe dos demônios (Mt. 12.24; Mc 3.22). Nesse contexto, o significado é claro: "blasfemar contra o Espírito Santo" equivale a atribuir à ação de Satanás os exorcismos que Jesus realiza pelo Espírito Santo.[547] Sendo assim, o Espírito Santo se constitui o meio pelo qual Jesus expulsa demônios.

Essas palavras em seu contexto lucano têm sido alvo de uma variedade de interpretações; mas a opinião acadêmica geralmente se divide entre duas opções, as quais veem as palavras como sendo dirigidas à Igreja Primitiva. Uma tem a visão da "blasfêmia contra o Espírito" como uma ofensa cometida por aqueles que se opõem à missão cristã. Essas palavras equivalem, portanto, a uma palavra de conforto para os discípulos: aqueles que rejeitarem sua mensagem não serão perdoados.[548] A outra interpretação vê na "blasfêmia contra o Espírito" uma ofensa cometida pelos cristãos: consiste na falha em dar ouvido à voz do Espírito e em testificar de Cristo diante da perseguição.[549]

Deve-se preferir a segunda interpretação: a passagem de Lucas 12.8-9 indica que essas palavras devem ser vistas como um aviso aos discípulos;[550] a primeira visão não explica de forma adequada a distinção entre o Filho do homem e o Espírito Santo em 12.10.[551] Embora seja possível argumentar, assim como G. Bornkamm, que a "blasfêmia contra o Filho do homem" se refere à negação pré-pentecostal de Jesus, que,

---

[547] Cranfield, *Mark*, p. 141.

[548] K.H. Rengstorf, *Das Evangelium nach Lukas* (1937), p. 155; Chevallier, *Souffle*, p. 131.

[549] Von Baer, *Der heilige Geist*, p. 138; Schweizer, "πνεῦμα", p. 407, n. 483; "Lampe The Holy Spirit", pp. 190-91; e A.A. Trites, *The New Testament Concept of Witness* (1911), p. 182.

[550] Veja Schweizer, que observa que os versículos 8-9 são "sem dúvida dirigidos aos discípulos", do mesmo modo que as palavras de Atos 26.11 ("πνεῦμα», p. 407).

[551] I.H. Marshall, "Hard Sayings — VII. Lk 12.10", *Theology* 67 (1964), p. 65.

em contraste com a "blasfêmia contra o Espírito Santo", é perdoável, pois ela só passa a ser revelada depois de Pentecostes,[552] como observa Marshall, não existe uma diferença dos tempos verbais no v. 10 para apoiar essa sugestão.[553] A distinção entre o Filho do homem e o Espírito Santo se explica facilmente na segunda interpretação: a "blasfêmia contra o Filho do homem" nesse caso se refere à rejeição daquele que não crê em Jesus; já a "blasfêmia contra o Espírito Santo" é praticada pelo crente que rejeita a inspiração do Espírito Santo e nega Cristo diante da perseguição.[554]

Essa análise das palavras sobre a blasfêmia revelou que, na versão de Lucas, o Espírito Santo age de uma maneira completamente diferente da de Q e da de Marcos. Deixando de ser o poder de expulsar demônios, o Espírito passa a ser o meio pelo qual os discípulos testificam de Jesus diante da perseguição.[555]

4.3 O SIGNIFICADO DA ALTERAÇÃO DE LUCAS DAS PALAVRAS DE Q

A essa altura, já é possível resumir esses achados e avaliar sua importância para a pneumatologia lucana. Lucas alterou decisivamente o relato da controvérsia de Belzebu em Q (Mt 12.22-30, 32 = Lc 11.14-23; 12.10) em dois pontos. Ele (1) substituiu πνεύματι θεοῦ (Mt. 12.28) por δακτύλῳ θεοῦ (Lc 11.20) e (2) tirou as palavras sobre a blasfêmia (Lc 12.10 = Mt 12.32) do seu contexto original para situá-las em um bloco de material de Q (Lc 12.2-9, 11-12), que contém exortações para testificar sobre o Filho do homem. Essas duas alterações refletem e são motivadas pela pneumatologia profética particular de Lucas. Ao substituir πνεύματι

---

[552] G. Bornkamm, *Jesus of Nazareth* (1960), p. 212 (n. 1 do cap. 8).

[553] Marshall, "Hard Sayings", p. 66.

[554] Para Lucas, a blasfêmia contra o Espírito Santo no v. 10 equivale a "negar o Filho do Homem diante dos homens", no v. 9.

[555] Schweizer, "The Spirit of Power", p. 266; George, "L'Esprit Saint", p. 519; Leisegang, *Pneuma Hagion*, p. 108.

θεοῦ por δακτύλῳ θεοῦ, Lucas omitiu uma referência que atribuía os exorcismos de Jesus à obra do Espírito Santo. Essa alteração do contexto das palavras sobre a blasfêmia possibilitou que Lucas mudasse a função que ela atribuía ao Espírito: no contexto lucano, ela deixa de ser o poder de expulsar demônios, e o Espírito Santo passa a se ser o meio pelo qual os discípulos corajosamente testificam de Jesus, mesmo diante da perseguição.[556] Para resumir, enquanto os redatores de Q, Marcos e Mateus, atribuem os exorcismos de Jesus à obra do Espírito, Lucas evita esse conceito, modificando a tradição.

Essa modificação de Lucas do relato que Q faz da Controvérsia de Belzebu destaca a diferenciação de sua pneumatologia profética em relação à pneumatologia carismática da Igreja Primitiva, e revela o quanto a compreensão lucana sobre o Espírito Santo se aproxima das perspectivas pneumatológicas atuais do judaísmo. Não há um único texto no Antigo Testamento ou na literatura judaica do período interbíblico que atribui a expulsão dos demônios à obra do Espírito Santo.[557]

A expulsão de demônios é realizada por Deus em resposta à oração. Mesmo que uma característica proeminente de tais orações seja a invocação do nome divino,[558] fica bem claro que o Espírito de Deus não é mencionado.

Sugeri que as razões para a diferença de perspectiva nesse ponto entre a Igreja Primitiva, por um lado, o judaísmo e Lucas, por outro, são duplas: (1) a Igreja Primitiva, seguindo os passos de Jesus, ampliou as funções percebidas do Espírito de Deus, para que não fosse vista somente nos termos judaicos tradicionais como a fonte do poder profético, mas também como poder para realizar milagres. Portanto, o Espírito

---

[556] E. Schweizer, p. 405.

[557] Leisegang, *Pneuma Hagion,* p. 101. Observe também que os milagres de cura não são vinculados diretamente ao Espírito Santo no AT (sendo assim, as curas realizadas por Elias [1Rs 17.19-24] e por Eliseu [2Rs 4.33-35; 5.10-15; 6.18-20] são atribuídas à intervenção de Deus em resposta à oração e a vários atos complementares, mas nunca à obra do Espírito Santo [veja também Gn 20.17; Nm 12.13-15; 2Rs 20.5; Kee, *Medicine,* pp. 9-20]) ou no judaísmo do período interbíblico.

[558] Veja, por exemplo, PGM 4.1180-1181, 1220-1221, 1230-1231, 3015-3016, 3070-3071; 5.115-116, 475-476.

era encarado como o agente do exorcismo. (2) Lucas, por outro lado, manteve a compreensão judaica tradicional do Espírito como o Espírito de profecia e, com a palavra δύναμις, adotou uma forma helenística de expressão para falar de poder de realizar milagres. Sendo assim, enquanto δύναμις pode ser mediado pelo πνεῦμα (como em Lc 4.14), o primeiro em vez do segundo equivale ao agente divino pelo qual se expulsa demônios.[559]

5. A promessa anterior à ascensão (Lucas 24.49; Atos 1.4-5, 8)

As passagens de Lucas 24.47-49 e Atos 1.4-8 apresentam relatos paralelos da comissão de Jesus aos discípulos logo antes da ascensão. Esses dois relatos têm claramente um estilo lucano, e juntos eles apresentam um importante elo temático que une os dois volumes da obra de Lucas.[560] Esses fatos indicam que Lucas cuidadosamente elaborou esses dois relatos para promover seus objetivos literários e teológicos. No entanto, o alcance da atividade literária de Lucas nesse momento não deve ser exagerado. Quando esses textos são comparados com Mateus 28.16-30 e João 20.21-23, pode-se sugerir que essas perícopes lucanas são baseadas em um núcleo de material tradicional.[561] É extremamente difícil, se não impossível, determinar o conteúdo específico desse material tradicional e até que ponto ele influenciou o relato de Lucas. Basta para o propósito atual apontar o significado desses relatos paralelos para a proposta literária e teológica de Lucas.

---

[559] Veja o que foi explicado anteriormente no §4 do cap. 6.

[560] Veja Lucas 4.33-37 = Marcos 1.23-28; Lucas 6.17-20a = Marcos 3.7-13a; Lucas 9.1 = Marcos 6.7; Atos 10.38. É importante destacar que as referências a δύναμις em Lc 4.36, 6.19, 9.1 (suspeito que isso também aconteça em Atos 10.38) são redacionais.

[561] A comissão de Jesus aos discípulos logo antes da ascensão compõe o final do Evangelho de Lucas e o início de Atos. Essa duplicação literária claramente tem a intenção de destacar a continuidade entre o Evangelho de Lucas e Atos. Veja Talbert, *Literary Patterns,* p. 60.

5.1 A RENOVAÇÃO DO CHAMADO PROFÉTICO DE ISRAEL COM RELAÇÃO AO MUNDO

A comissão de Jesus aos discípulos registrada em Lucas 24.47-49 é estabelecida no contexto mais amplo de sua explicação das Escrituras (24.44-49). Após uma declaração preliminar sobre o cumprimento necessário de todas as profecias bíblicas relativas a si mesmo (24.44), Jesus explica aos discípulos que a sua paixão e a sua ressurreição foram profetizadas nas Escrituras e se constituíam, portanto, elementos essenciais do plano divino (24.46).

No v. 47, Jesus indica que o mandato da profecia bíblica inclui a futura missão da Igreja: "e que em seu nome se pregasse o arrependimento para remissão dos pecados, a todas as nações, começando por Jerusalém" (24.47). Provavelmente a base bíblica para essa afirmação seja Isaías 49.6, que é citado no sermão de Paulo em Antioquia da Pisídia (At 13.47) e é mencionado em outras passagens em Lucas-Atos (Lc 2.32; At 1.8; 26.23 e possivelmente 28.28).[562] Ao aceitar a vocação de Israel para ser um povo profético encarregado de trazer "luz para as nações" e "salvação para os confins da terra" (Is 49.6), os discípulos passam a ter uma parte ativa no cumprimento da profecia do Antigo Testamento.

O cenário conceitual de Isaías 49.6 também tem uma importância fundamental no relato paralelo da comissão registrado em Atos 1.4-8. A comissão de Jesus está novamente definida no contexto da instrução (At 1.2-3), embora não esteja claramente vinculada às Escrituras como em Lucas 24.44-45. A sua instrução para que se esperasse em Jerusalém ἡ ἐπαγγελίαν τοῦ πατρός ("a promessa do Pai", At 1.4) é seguida por uma pergunta dos discípulos: "Senhor, é nesse tempo que restauras o Reino a Israel?". Essa pergunta equivale a uma figura literária que antecipa possíveis equívocos e, portanto, pede maiores esclarecimentos.[563] A

---

[562] Marshall, *Commentary on Luke*, pp. 903-904; V. Taylor, *The Passion Narrative of St Luke: A Critical and Historical Investigation* (1972), pp. 112-114.

[563] Veja D.L. Tiede, "The Exaltation of Jesus and the Restoration of Israel" in Acts F, *HTR* 79 (1986), pp. 285-86.

resposta de Jesus pretende desafiar a expectativa limitada dos discípulos de uma restauração que se restringe aos fiéis de Israel: "serão minhas testemunhas [...] aos confins da terra" (ἕως ἐσχάτου τῆς γῆς, At 1.8; cf. Is 49.6). Ao se referir às palavras e aos conceitos de Isaías 49.6,[564] Jesus declara que, de fato, as promessas de Deus estão sendo cumpridas; no entanto, "a promessa do reino de Deus não é simplesmente a restauração dos preservados de Israel, mas a renovação da vocação de Israel para ser uma luz às nações nos confins da terra".[565]

5.2 Ἡ ἘΠΑΓΓΕΛΊΑΝ ΤΟΥ ΠΑΤΡΌΣ (LUCAS 24.49; ATOS 1.4)

Os discípulos só se tornaram capazes de assumir essa vocação profética coletiva para a qual foram chamados depois de terem recebido ἡ ἐπαγγελίαν τοῦ πατρός. Lucas destaca isso nos dois relatos anteriores à ascensão, registrando a instrução de Jesus aos discípulos para permanecerem em Jerusalém até que eles a recebessem (Lc 24.49; At 1.4). Ele explica a razão do atraso: a recepção da "promessa" fará com que eles "sejam revestidos de poder do alto" e, assim, permitirá que se tornem "testemunhas" eficazes (Lc 24.48-49; At 1.8).

Lucas identifica essa fonte de poder profético, ἡ ἐπαγγελίαν τοῦ πατρός, com o dom do Espírito que foi inicialmente concedido aos discípulos em Pentecostes. (1) Quando se compara Lc 24.48-49 com Atos 1.8, percebe-se que as expressões ἡ ἐπαγγελίαν τοῦ πατρός (Lc 24.49) e ἅγιον πνεῦμα (At 1.8) são empregadas sem distinção para descrever a fonte de poder que permitiria aos discípulos cumprir seu papel como "testemunhas" (μάρτυρες). (2) Em Atos 1.4-5, ἡ ἐπαγγελίαν τοῦ πατρός

---

[564] Conforme observa D. Hill ("The Spirit and the Church's Witness: Observations on Acts 1:6-8", *IBS* 6 [1984], pp. 16-17), essa figura de linguagem aparece várias vezes em Lucas-Atos: Lc 1.34; 7.23; 22.24; At 2.37; 7.1; 17.19.

[565] Essa expressão aparece em Isaías 8.9; 48.20; 49.6; 62.1 1; cf. 45.22 (LXX). O vínculo entre Atos 1.8 e Isaías 49.6 é confirmado por D. Seccombe, 'Luke and Isaiah', *NTS* 27 (1981), pp. 258-59, e Tiede, *Prophecy and History in Luke-Acts* (1980), pp. 59-60, 'The Exaltation of Jesus', p. 285.

é apresentada como o cumprimento da profecia de João sobre o dilúvio messiânico do Espírito. Eu já notei que, de acordo com Lucas, a profecia de João de um derramamento messiânico do Espírito Santo, que peneiraria e separaria os justos dos injustos, encontrou sua realização inicial no dom pentecostal do Espírito e na proclamação que ele inspirou.[566] Que Lucas vê Pentecostes (At 2.4) como o cumprimento da profecia batista é algo que se infere da frase temporal em Atos 1.5 ("mas em poucos dias"). (3) Atos 2.33 afirma o que está implícito na narrativa: em Pentecostes (At 2.4) Jesus derramou sobre os discípulos a ("promessa do Espírito Santo") que recebeu do Pai.

Será que Lucas fornece alguma pista sobre por que ele escolhe falar do dom do Espírito como ἡ ἐπαγγελίαν τοῦ πατρός? Tenho observado que Lucas vê o dom do Espírito dado aos discípulos em Pentecostes como um cumprimento da profecia de João sobre o derramamento messiânico do Espírito, mas é improvável que essa profecia teria levado Lucas a falar do dom como "a promessa do Pai".

Em Atos 1.4, Jesus indica que ele falou da "promessa do Pai" aos discípulos em uma ocasião anterior, mas essa referência ambígua não ajuda muito a explicar a origem dessa expressão. Já que Lucas 24.49 e Atos 1.4 registram o mesmo discurso a partir de perspectivas diferentes,[567] a observação de Jesus deve se referir a uma das duas declarações anteriores sobre o Espírito Santo (se é que Lucas a registrou): as que se encontram em Lucas 11.13 ou 12.12. Nenhuma dessas passagens associa a promessa do Espírito a nenhum texto do Antigo Testamento, embora Lucas 11.13 afirme que o dom do Espírito é concedido pelo Pai.

O único texto do Antigo Testamento citado por Lucas que explica adequadamente o uso da expressão "a promessa do Pai" com referência ao dom do Espírito é Joel 3.1-5a (LXX; At 2.17-21).[568] Vários fatores sugerem que essa passagem realmente motivou o uso dessa expressão da parte de Lucas. Em primeiro lugar, observei que, de acordo com Lucas, "a promessa do Pai" foi recebida pelos discípulos no Pentecostes (At 2.4, 33). Lucas interpreta esse acontecimento à luz de Joel 3.1-2 (At 2.17-21).

---

[566] Tiede, "The Exaltation of Jesus", p. 286.
[567] Veja acima, no §3 do capítulo 7.
[568] I.H. Marshall, "The Significance of Pentecost", *SJT 30* (1977), p. 350.

Em segundo lugar, o desejo de Lucas de enfatizar que a promessa vem do Pai explica sua inserção de λέγει ὁ θεός ("Deus diz") no texto de Joel em Atos 2.17. Em terceiro lugar, o discurso de Pedro em Atos 2 termina com um chamado para se arrepender, ser batizado e receber o dom do Espírito (At 2.38). Em suas palavras finais, Pedro afirma que "a promessa (ἡ ἐπαγγελίαν) é para "vós [...] a quantos o Senhor nosso Deus chamar" (At 2.39). O refrão final se refere às palavras de Joel 3.5a (citadas em At 2.21); assim a promessa se vincula, linguística e contextualmente, à citação de Joel. Embora a ἐπαγγελίαν de Atos 2.39 inclua tanto o Espírito da Profecia (Jl 3.1; At 2.17) quanto a salvação (Jl 3.5a; At 2.21), enquanto ἡ ἐπαγγελίαν τοῦ πατρός em Lucas 24.49 e Atos 1.4, 2.33 se refere exclusivamente ao dom do Espírito da profecia, a conexão com a citação de Joel é clara. Em Atos 2.39, Lucas amplia o alcance da promessa prevista para incluir a promessa de salvação oferecida em Joel 3.5 (bem como a promessa do Espírito da profecia em Jl 3.1), porque o público abordado não é formado por discípulos. Seguindo o raciocínio de Lucas 24.49, Atos 1.4 e 2.33, o dom prometido do Espírito em Atos 2.38 refere-se à promessa de Joel 3.1, e assim é uma promessa de habilitação profética concedida ao arrependido.[569] A promessa de Atos 2.39, como a promessa de Jesus em Atos 1.8, aponta para além da "restauração da preservação de Israel": salvação é oferecida (Jl 3.5), mas a promessa inclui a renovação da vocação profética de Israel (Jl 3.1).

Este breve resumo das passagens relevantes revelou que ἡ ἐπαγγελίαν τοῦ πατρός (Lc 24.49, At 1.4; cf. 2.33) e ἡ ἐπαγγελίαν com referência ao Espírito (At 2.38-39) encontram sua origem em Joel 3.1 (LXX): ἐκχεῶ ἀπὸ τοῦ πνεύματός μου ἐπὶ πᾶσαν σάρκα καὶ προφητεύσουσιν ("Derramarei o meu Espírito sobre toda a carne, e profetizarão"). A tentativa de James Dunn de interpretar a promessa lucana do Espírito Santo (Lc 24.49; At 1.4; 2.33, 38-39) tendo como pano de fundo os textos de Gênesis 17.7-10, Ezequiel 36.25-27 e Jeremias 31.33-34 ignora as evidências da própria autoria lucana, e assim sua descrição do dom do Espírito como "os meios pelos quais os homens passam a participar das bênçãos de Abraão" e "a

---

[569] E. Lohse, "Die Bedeutung des Pfingstberichtes im Rahmen des lukanischen Geschichtswerkes", em *Die Einheit des Neuen Testaments* (1973), p. 188.

essência e corporificação do novo pacto" deve ser questionada.[570] Para Lucas, a promessa quanto ao Espírito refere-se ao dom do Espírito da profecia prometido em Joel 3.1. Essa promessa, inicialmente cumprida em Pentecostes (At 2.4), media o δύναμις necessário para que os discípulos tomem sua vocação profética. É importante notar que o uso que Lucas faz de δύναμις em Lucas 24.49 e Atos 1.8 combina com a minha descrição de seu uso em outros lugares: o δύναμις é mediado pelo Espírito, mas não é equivalente a ele; e, com o Espírito Santo, o δύναμις designa a capacidade de realizar uma ampla gama de atividades (fala inspirada e milagres de cura ou de exorcismo).[571]

---

[570] Lake e Cadbury, *The Beginnings of Christianity,* IV, p. 26; P. Tachau, "Die Pfingstgeschichte nach Lukas. Exegetische Überlegungen zu Apg. 2,1-13", *EE* 29 (1977), p. 101.

[571] Dunn, *Holy Spirit,* pp. 47-48. L. O'Reilly, *Word and Sign in the Acts of the Apostles* (1987), pp. 16-17. Veja também acima, no §3 do capítulo 6.

CAPÍTULO 10

Os discípulos e o Espírito Santo: o dom profético (Atos 2)

É bem difícil exagerar a importância do Pentecostes para este inquérito sobre a pneumatologia diferenciada de Lucas. Estrategicamente colocado no início de seu segundo volume, o relato lucano sobre o derramamento pentecostal do Espírito ocupa um lugar central em seu plano teológico e, portanto, serve como uma chave interpretativa para a compreensão de Lucas sobre a obra do Espírito na Igreja.

Apesar de sua óbvia importância para a pneumatologia de Lucas e dos numerosos estudos sobre esse tema, continua a existir uma controvérsia considerável sobre a importância que Lucas atribui ao dom pentecostal. Na minha pesquisa introdutória, notei duas interpretações particularmente significativas sobre o dom pentecostal. Em primeiro lugar, J. Dunn representa muitos teóricos quando afirma que o derramamento pentecostal do Espírito é o meio pelo qual os discípulos passam a participar de uma nova era e experimentam as bênçãos do novo pacto.[572] Portanto, Dunn insiste que o dom dos discípulos do Espírito em Pentecostes "consiste principalmente em um acesso inicial, e apenas secundariamente em uma capacitação".[573] Em segundo lugar, ao negar que o dom pentecostal do Espírito é o intermediário das bênçãos do novo pacto de modo integral, G. Haya-Prats e M. Turner, embora de formas diferentes, também afirmam que o dom do Espírito não consiste principalmente em uma concessão de poder para missões.[574] De acordo com Haya-Prats, os discípulos recebem o Espírito Santo no dia de Pentecostes sobretudo como uma amostra da plenitude da salvação.[575] Para Turner, o dom pentecostal é, mormente, o meio de revelação a cada discípulo e, desse modo, é a condição *sine qua non* para a existência cristã.[576] Apesar de Jesus ter recebido o Espírito Santo para servir ao próximo, em Pentecostes os discípulos recebem o Espírito Santo em grande parte para si mesmos.[577]

Minha própria pesquisa aponta para conclusões decisivamente diferentes das apresentadas acima. Ao tentar expor a tese de que Lucas retrata consistentemente o Espírito Santo como a fonte da atividade profética (para um discurso inspirado e para a concessão de informações especiais), analisei até agora várias passagens que são fundamentais para uma avaliação precisa da compreensão de Lucas sobre o derramamento pentecostal do Espírito. Tenho afirmado que Lucas interpreta a atividade peneiradora e selecionadora do Espírito acerca da qual João profetizou (Lc 3.16) como algo a ser cumprido com a direção do Espírito Santo e com a missão da Igreja empoderada por ele. Portanto, a profecia de João encontra sua realização inicial no dom pentecostal do Espírito. Também

---

[572] Veja Dunn, *Holy Spirit,* pp. 38-54; G.W.H. Lampe, "The Holy Spirit in the Writings of St. Luke", em *Studies in the Gospels* (1957), p. 162; cf. *God as Spirit,* p. 65; Buchsel, *Der Geist Gottes,* pp. 234-35; F.F. Bruce, "The Holy Spirit in the Acts of the Apostles", *Int* 27 (1973), pp. 170-72; F.D. Bruner, *A Theology of the Holy Spirit: The Pentecostal Experience and the New Testament Witness* (1970), p. 214.

[573] Dunn, *Holy Spirit,* p. 54.

[574] Veja os parágrafos §2.3.2 e §2.3.3 do capítulo 1.

[575] Haya-Prats, *Force,* pp. 173-76,185-189.

[576] Turner, "Luke and the Spirit", pp. 159, e "Spiritual Gifts", pp. 40-41.

[577] "Luke and the Spirit", pp. 182-84.

afirmei que o Espírito se deparou com Jesus na Jordânia, a fim de equipá-lo para sua tarefa messiânica (Lc 3.22; 4.18-19). Os paralelos marcantes entre a unção pneumática de Jesus no rio Jordão e a unção dos discípulos em Pentecostes sugerem que Lucas interpretou o último acontecimento à luz do primeiro: o Pentecostes significava para os discípulos o que a experiência no rio Jordão significava para Jesus.[578] O corolário lógico é que em Pentecostes o Espírito se deparou com os discípulos a fim de permitir que eles fossem testemunhas eficazes. Por fim, afirmei que, para Lucas, a "promessa" com referência ao Espírito (Lc 24.49; At 1.4, 2.33, 38-39) se refere ao dom do Espírito Santo da profecia prometido por Joel. Essa "promessa", inicialmente cumprida em Pentecostes, permite que os discípulos sejam investidos da vocação profética para as nações às quais foram chamados.

A imagem que surge das minhas conclusões descritas acima é notavelmente clara: de acordo com Lucas, o Espírito, entendido como a fonte da atividade profética, se deparou com os discípulos de Pentecostes, a fim de equipá-los para sua vocação profética (ou seja, por seu papel como "testemunhas"). Os discípulos não recebem o Espírito como fonte de purificação nem de uma nova capacidade de obedecer à lei, muito menos como um prenúncio da salvação que está por vir, nem como o vínculo essencial pelo qual eles (cada indivíduo) estão ligados a Deus; enfim, não o recebem principalmente para si mesmos. Em vez disso, como a força motriz subjacente ao seu testemunho de Cristo, os discípulos recebem o Espírito para servir ao próximo.[579] Se minha exegese estiver correta, o dom do Espírito é principalmente uma delegação de poder para a missão e, por causa disso, as interpretações apresentadas por Dunn, Haya-Prats e

---

[578] Talbert relaciona quatro características literárias que Lucas reproduz para vincular a unção de Jesus no rio Jordão com a unção dos discípulos no dia de Pentecostes: (1) tanto Jesus quanto os discípulos se encontram orando; (2) os dois relatos situam a descida do Espírito Santo depois da oração; (3) esses relatos registam uma manifestação física do Espírito Santo; (4) nos dois relatos, os ministérios respectivos de Jesus e dos seus discípulos começam com um sermão que serve como tema do que se segue, traz um apelo para o cumprimento da profecia e fala sobre a rejeição Jesus (*Literary Patterns*, p. 16).

[579] I. Broer, "Der Geist und die Gemeinde: Zur Auslegung der lukanischen Pfingstgeschichte (Apg 2,1-13)", *BibLeb* 13 (1972), p. 282.

Turner precisam ser alteradas. No capítulo seguinte, procurarei demonstrar que essas conclusões combinam com o relato de Lucas do primeiro Pentecostes cristão registrado em Atos 2.

1. Pentecostes: a descrição do acontecimento (At 2.1-13)

O relato de Lucas sobre o derramamento pentecostal do Espírito registrado em Atos 2.1-13 é, sem dúvida, baseado no material tradicional[580] e, apesar das inúmeras dificuldades no texto, a historicidade do evento que descreve não precisa ser questionada.[581] O relato foi submetido à análise detalhada da fonte.[582] Embora as inúmeras tentativas de reproduzir as fontes subjacentes ao relato lucano não tenham conseguido produzir resultados conclusivos, elas demonstraram que o relato reflete o estilo literário de Lucas e que, portanto, ele passou por um processo significativo de edição pelo próprio Lucas..[583] Por esse motivo, o relato pentecostal é um bom exemplo do método literário de Lucas: ele é tanto um historiador que utiliza material tradicional quanto um teólogo que habilmente o molda e o interpreta.

O relato propriamente dito apresenta vários problemas para o intérprete, mas os principais pontos da narrativa podem ser reconstituídos da seguinte forma: um grupo de cerca de 120 discípulos (At 1.15)[584] reu-

---

[580] Broer, "Der Geist", pp. 276-77; Tachau, "Pfingstgeschichte", pp. 92-93; Kremer, *Pfingstbericht*, pp. 259-67; A.T. Lincoln, "Theology and History in the Interpretation of Luke's Pentecost", *ExpT96* (1984-85), p. 209. *Contra* Haenchen, *Acts,* pp. 172-75.

[581] Veja Dunn, *Jesus and the Spirit*, pp. 135-156; Marshall, "Pentecost", pp. 360-365. O questionamento de Haenchen segundo o qual o relato é uma produção literária fictícia que Lucas criou (*Acts*, pp. 172-175) é demasiadamente radical.

[582] Veja Tachau, "Pfingstgeschichte", pp. 88-92 para encontrar um resumo e uma avaliação sobre as questões da crítica das fontes. "Der Geist", pp. 267-269, 271-273 e G. Schneider, *Die Apostelgeschichte* (1980), I, pp. 243-47, analisam as várias tentativas de reconstituir as fontes que constroem a base da perícope.

[583] Broer, "Der Geist", p. 270; Lohse, "Die Bedeutung". p. 183, 190; N. Adler, *Das erste christliche Pfingstfest: Sinn und Bedeutung des Pfingstberichtes Apg. 2,1-13* (1938), pp. 32-33.

[584] O πάντες de 2.1 refere-se aos 120 mencionados em Atos 1.15 e não apenas aos apóstolos: (1) essa é a leitura mais natural de πάντες, já que os 120 se encontram nos versículos anteriores; (2) essa conclusão é apoiada pela repetição de ἐπὶ τὸ αὐτό em 1.15 e 2.1; (3) destaca-se o

nidos no "cenáculo" de uma casa (At 2.1-2; cf. 1.13).⁵⁸⁵ Nessa passagem, os discípulos estavam "todos cheios do Espírito Santo" (ἐπλήσθησαν πάντες πνεύματος ἁγίου), uma experiência que foi acompanhada por sinais celestiais (ἦχος ὥσπερ φερομένης πνοῆς βιαίας e γλῶσσαι ὡσεὶ πυρὸς) e produziu um discurso inspirado (At 2.3-4). Uma multidão composta de judeus da diáspora (e, portanto, ἀπὸ παντὸς ἔθνους τῶν ὑπὸ τὸν οὐρανόν) que estavam residindo naquela época em Jerusalém⁵⁸⁶ se reuniu⁵⁸⁷ atônita, pois ouviu os discípulos milagrosamente declarando "os poderosos atos de Deus" (τὰ μεγαλεῖα τοῦ θεοῦ) em cada uma de suas próprias línguas nativas (At 2.5-12).⁵⁸⁸ A diversidade das nacionalidades representadas pela multidão, e assim também o caráter milagroso do discurso dos discípulos, são destacados pela lista de nações de Atos 2.9-11a. A reação diversificada da multidão a esse evento dramático (At 2.12-13) prepara o cenário para o discurso de Pedro.

Várias características da narrativa trazem implicações importantes para este estudo:

1. Seguindo a mesma lógica do seu uso em outras passagens, Lucas retrata em seu relato pentecostal o dom do Espírito Santo como a fonte da inspiração profética. Portanto, o resultado imediato da atividade do Espírito é o discurso inspirado. Conforme já observei, os discípulos milagrosamente declaram "os poderosos atos de Deus" (τὰ μεγαλεῖα τοῦ

---

caráter potencialmente universal do dom em 2.17 e 2.39; portanto, seria estranho se algum dos discípulos presentes fosse excluído do dom no dia de Pentecostes; (4) ouviu-se mais de doze línguas, indicando que mais do que doze discípulos estavam presentes.

585 O cenáculo (At 1.13) deve ter precedência sobre o templo (Lc 24.53) como a referência de οἶκον em Atos 2.2: (1) Lucas quase sempre chama o templo de ἱερόν; (2) Lucas usa οἶκον com referência ao templo (Atos 7.47) somente quando o contexto deixa esse significado bem claro.

586 A expressão εἰς Ἰερουσαλὴμ κατοικοῦντες (2.5,14) sugere que a multidão de judeus consistia em residentes de Jerusalém, e não peregrinos hospedados temporariamente em Jerusalém, a fim de celebrar a Festa de Pentecostes. A aparente contradição com 2.9 (οἱ κατοικοῦντες τὴν Μεσοποταμίαν) e 2.10 (οἱ ἐπιδημοῦντες Ῥωμαῖοι) se resolve quando se entende que a lista se refere aos vários judeus da diáspora que moravam em Jerusalém na ocasião, com relação ao seu país de origem (Kremer, *Pfingstbericht,* pp. 148-149).

587 Está implícito na narrativa que os discípulos saíram de casa para atender à multidão.

588 A descrição que Lucas faz do acontecimento esclarece que, nesse caso, se refere a linguagens humanas inteligíveis, e não a uma glossolalia ininteligível encontrada em outras passagens de Atos (10.46; 19.6) e 1Coríntios (12-14).

θεοῦ) nas várias línguas faladas pelos representantes da tabela de nações (*Volkerliste,* At 2.9-11). Uma comparação entre 2.4b (καθὼς τὸ πνεῦμα ἐδίδου ἀποφθέγγεσθαι αὐτοῖς) e 2.14a (ἀπεφθέγξατο αὐτοῖς) indica que Lucas também entendia que o sermão de Pedro foi inspirado pelo Espírito Santo.

2. O relato lucano destaca a importância missiológica do dom pentecostal. Ao integrar habilmente a *Volkerliste* à sua narrativa, Lucas destaca o que é fundamental nela: o dom do Espírito permite que os discípulos se comuniquem com pessoas "de todas as nações debaixo do céu" (At 2.5). O produto desse dom divino não deve ser entendido simplesmente como um louvor direcionado a Deus. Trata-se, acima de tudo, de uma proclamação. Isso é sugerido pelo milagre das línguas e é confirmado pelo conteúdo do discurso inspirado, τὰ μεγαλεῖα τοῦ θεοῦ (At 2.11).[589] Na LXX geralmente essa expressão é associada a verbos de proclamação e, portanto, é endereçada às pessoas.[590] Pode-se concordar com H. von Baer dizendo que "o Espírito de Pentecostes é o Espírito de Missões".[591]

3. O uso que Lucas faz da expressão ἐπλήσθησαν πάντες πνεύματος ἁγίου (At 2.4) com referência aos discípulos de Pentecostes indica que sua experiência não era diferente da de João Batista, de Isabel, de Zacarias ou de Jesus. Seja no caso de João no ventre de sua mãe, de Jesus no rio Jordão ou dos discípulos em Pentecostes, o Espírito Santo é derramado sobre todos eles como a fonte de inspiração profética, e é desse modo que os capacita a realizar suas tarefas segundo a vontade de Deus. Embora essa expressão descreva uma experiência que produz um estado inspirado de duração bastante curta (resultando em fala inspirada) e que é claramente repetitiva,[592] a experiência que é identificada desse modo

---

[589] Kremer, *Pfingstbericht,* pp. 143-144.

[590] Kremer (*Pfingstbericht,* p. 144) cita Tobias 11.15 (A, B); Salmos 104/105.1 (S); Eclesiástico 17.8, 10; 33 [36].8; 2 Macabeus 3.34. Observe também que as elocuções inspiradas nas narrativas de infância geralmente são proferidas na terceira pessoa (Lc 1.46-55,67-75; 2.33-35) e, quando são proferidas na segunda pessoa, são geralmente dirigidas a pessoas, não ao próprio Deus (Lc 1.42-45,76-79).

[591] Von Baer, *Der heilige Geist,* p. 103. A tradução é minha.

[592] Veja Atos 4.8, 31; 13.9 (cf. 9.17); observe também 13.52.

também se investe de uma dimensão mais permanente.[593] Isso fica mais claro a partir das experiências de João Batista (1.15), Jesus e Paulo (9.17), em que se diz, quando cada um deles recebeu o Espírito Santo, que eles foram "cheios do Espírito Santo" como um dom inicial e duradouro que os empoderou para seus respectivos ministérios.

O uso de Lucas sugere que a atividade divina designada pela expressão ἐπλήσθησαν πνεύματος ἁγίου[594] envolve uma promessa permanente de auxílio pneumático (um conhecimento especial ou poder de fala) sempre que a pessoa precisar.[595] Esses exemplos momentâneos e repetitivos de inspiração ligados a essa expressão representam realizações específicas e concretas dessa promessa. Portanto, é adequado que se fale da unção pneumática dos discípulos em Pentecostes como o momento em que eles, como Jesus na Jordânia, foram capacitados com poder profético para a missão que se colocava à frente deles (Lc 24.49; At 1.8).

2. Pentecostes: a interpretação do acontecimento (At 2.14-21)

A narrativa de Lucas continua com um relato da interpretação de Pedro sobre o evento pentecostal (2.14-21). Respondendo àqueles da multidão que acusaram os discípulos inspirados de terem "bebido muito vinho", Pedro declara que, longe de se tratar de travessuras de homens embriagados, o acontecimento dramático do qual eles são testemunhas consiste, na realidade, no cumprimento de Joel 3.1-5a: ἀλλὰ τοῦτό ἐστιν τὸ εἰρημένον διὰ τοῦ προφήτου Ἰωήλ ("isso é o que foi falado pelo profeta Joel", Atos 2.16). O texto de Joel 3.1-5a passa a ser citado com algumas modificações:

---

[593] Marshall, *Fundamentos da Narrativa Teológica de São Lucas,* p. 201.

[594] Lucas pode falar do derramamento pentecostal do Espírito de várias maneiras, e todas designam a mesma experiência (por exemplo, At 1.4 - τὴν ἐπαγγελίαν τοῦ πατρὸς; 1.8 - ἐπελθόντος τοῦ ἁγίου πνεύματος ἐφ' ὑμᾶς; 2.4 - ἐπλήσθησαν ... πνεύματος ἁγίου; 2.17 - ἐκχεῶ ... πνεύματός μου; 2.38 - τὴν δωρεὰν τοῦ ἁγίου πνεύματος; 10.47 - τὸ πνεῦμα τὸ ἅγιον ἔλαβον; 11.15 - ἐπέπεσεν τὸ πνεῦμα τὸ ἅγιον ἐπ' αὐτοὺς; 11.17 - τὴν ... δωρεὰν ἔδωκεν αὐτοῖς. Veja Dunn, *Holy Spirit,* pp. 70-72.

[595] Haya-Prats, *Force,* p. 198.

Atos 2.17-21/Joel 3.1-5a (LXX)
Καὶ ἔσται ἐν ταῖς ἐσχάταις ἡμέραις, λέγει ὁ θεός, [μετὰ ταῦτα καὶ]
  ἐκχεῶ ἀπὸ τοῦ πνεύματός μου ἐπὶ πᾶσαν σάρκα,
    καὶ προφητεύσουσιν οἱ υἱοὶ ὑμῶν καὶ αἱ θυγατέρες ὑμῶν
    καὶ οἱ νεανίσκοι ὑμῶν ὁράσεις ὄψονται   Invertido
      καὶ οἱ πρεσβύτεροι ὑμῶν ἐνυπνίοις ἐνυπνιασθήσονται·
[ἐνύπνια]
    καί γε ἐπὶ τοὺς δούλους μου καὶ ἐπὶ τὰς δούλας μου ἐν ταῖς ἡμέραις ἐκείναις
    ἐκχεῶ ἀπὸ τοῦ πνεύματός μου,
    καὶ προφητεύσουσιν.   Inserções
  καὶ δώσω τέρατα ἐν τῷ οὐρανῷ ἄνω καὶ σημεῖα ἐπὶ τῆς γῆς κάτω, αἷμα καὶ πῦρ καὶ ἀτμίδα καπνοῦ.
  ὁ ἥλιος μεταστραφήσεται εἰς σκότος καὶ ἡ σελήνη εἰς αἷμα,
    πρὶν ἐλθεῖν ἡμέραν κυρίου τὴν μεγάλην καὶ ἐπιφανῆ.
  καὶ ἔσται πᾶς ὃς ἂν ἐπικαλέσηται τὸ ὄνομα κυρίου σωθήσεται.
  E acontecerá nos últimos dias, diz Deus, [acontecerá depois]
  que derramarei do meu Espírito sobre toda a carne;
    os vossos filhos e as vossas filhas profetizarão,   Invertido
    os vossos mancebos terão visões,
    os vossos anciãos terão **sonhos;**   sonhos (acusativo plural)
    e [na verdade] sobre os meus servos e sobre as minhas servas naqueles dias,
    derramarei do meu Espírito
    e eles profetizarão.   Inserções
  E mostrarei prodígios **em cima no céu**; e sinais **embaixo** na terra, sangue, fogo e vapor de fumaça.
  O sol se converterá em trevas, e a lua em sangue,
    antes que venha o grande e glorioso dia do Senhor.
  E acontecerá que todo aquele que invocar o nome do Senhor será salvo.

A tradição em forma de história da passagem, como acontece com os discursos em Atos em geral, é problemática. No entanto, seja seguindo a análise de M. Dibelius ao ver os discursos em Atos como "invenções do autor",⁵⁹⁶ seja tendo a influência de F.F. Bruce, insistindo que os discursos são "relatos condensados de discursos realmente realizados", ⁵⁹⁷ não se pode ignorar o significado do *pesher*⁵⁹⁸ de Pedro da citação de Joel para a pneumatologia de Lucas. Pois, seja por criação ou seleção, modificação e arranjo da tradição recebida, Lucas colocou sua marca registrada no texto. Existe, portanto, razão para justificar a premissa de que o *pesher* de Pedro de Joel 3.1-5a foi fundamental para o entendimento de Lucas sobre o derramamento pentecostal do Espírito, embora não se trate necessariamente do resultado dele.

O parecer que emitimos há pouco nos encoraja a ir além das questões mais amplas e complexas da tradição e da história relativas ao discurso de Pedro em Atos 2 e concentrar a atenção na questão crítica da origem imediatamente relevante para este estudo: será que as várias modificações de Joel 3.1-5a (LXX) que se encontram em Atos 2.17-21 devem ser atribuídas à redação lucana ou à tradição cristã primitiva? Em um esforço para responder a essa pergunta, examinarei o contexto de Atos 2.17-21 procurando determinar quais são as preocupações teológicas (se houver) que levaram a essas modificações no texto de Joel e se elas refletem alguma tendência literária e/ou teológica que sugere que elas sejam resultado da redação de Lucas.

1. A alteração de μετὰ ταῦτα *para* ἐν ταῖς ἐσχάταις ἡμέραις *no v. 17*: E. Haenchen afirma que a expressão ἐν ταῖς ἐσχάταις ἡμέραις do

---

⁵⁹⁶ M. Dibelius, *A Fresh Approach to the New Testament and Early Christian Literature* (1936), p. xv; veja também "The Speeches in Acts and Ancient Historiography", em *Studies in the Acts of the Apostles* (1956), pp. 138-185.

⁵⁹⁷ F.F. Bruce, "The Speeches in Acts: Thirty Years After", em *Reconciliation and Hope* (1974), p. 53; veja também pp. 53-68. Observe também W.W. Gasque, "The Speeches of Acts: Dibelius Reconsidered", em *New Dimensions in New Testament Study* (1974), pp. 232-250.

⁵⁹⁸ Na interpretação *pesher*, o autor destaca a importância contemporânea de um texto em particular, apontando o seu cumprimento nos acontecimentos atuais. Esse método comum de exegese em alguns setores do judaísmo do século I – principalmente na comunidade de Qunran – acabou sendo conhecido como "isso é o que diz" (ou "o que se diz é isso", no qual a citação do AT é seguida imediatamente da sua interpretação). Observe a expressão "isso é o que..." em Atos 2.16.

v. 17 entra em conflito com a perspectiva de Lucas.[599] De acordo com Haenchen, Lucas não achava que os últimos dias tinham começado com Pentecostes e a Igreja; portanto, a frase deve ser julgada como um acréscimo secundário. Mas, como F. Mussner demonstrou, nem a expressão μετὰ ταῦτα nem ἐν ταῖς ἐσχάταις ἡμέραις se chocam com a escatologia de Lucas, pois as duas leituras colocam Pentecostes nos "últimos dias" *antes* do Dia do Senhor.[600]

Haenchen não está sozinho em exagerar a importação escatológica dessa alteração. Apontando para o ἐν ταῖς ἐσχάταις ἡμέραις de v. 17, J. Dunn afirma que, para os discípulos, Pentecostes representa o apogeu decisivo das eras, o ponto em que começam os "últimos dias".[601] Entretanto, conforme já expliquei, Lucas considerava que o tempo do cumprimento messiânico tinha começado com o nascimento milagroso de Jesus e com os outros acontecimentos descritos nas narrativas de infância.[602] Deduz-se daí que todo o ministério de Jesus é realizado nos "últimos dias".[603] Portanto, embora o derramamento pentecostal do Espírito Santo, como acontecimento escatológico profetizado, se constitua prova irrefutável de que "os últimos dias" chegaram, não passa de um simples acontecimento de uma série de eventos semelhantes e não marca o início dos "últimos dias".

A expressão ἐν ταῖς ἐσχάταις ἡμέραις não altera a perspectiva escatológica do texto de Joel nem significa que Pentecostes sirva como introdução da nova era; em vez disso, esclarece o que com μετὰ ταῦτα só poderia ser obtido do contexto mais amplo de Joel: o derramamento pentecostal do Espírito equivale a um evento do *Endzeit*, aquele período da libertação de Deus que precede o Dia do Senhor. Assim, apesar de a alteração destacar o significado escatológico da profecia de Joel e do seu cumprimento pentecostal, ela não representa uma contribuição

---

[599] E. Haenchen, "Schriftzitate und Textüberlieferung in der Apostelgeschichte", *ZTK* 51(1954), p. 162.
[600] F. Mussner, "In den letzten Tagen (Apg 2,17a)", *BZ* 5 (1965), pp. 263-265.
[601] Dunn, *Holy Spirit*, pp. 46-47; veja também von Baer, *Der heilige Geist*, p. 92.
[602] Veja no capítulo 6.
[603] A. Weiser, *Die Apostelgeschichte. Kapitel 1-12* (1981), p. 92.

significativa ou um abandono do texto original de Joel. Observei que a perspectiva escatológica do texto segue a lógica da teologia de Lucas.

No entanto, já que a alteração somente reflete uma perspectiva já presente no texto de Joel, não pode ser classificada como exclusivamente lucana. Por essa razão, as considerações teológicas não fornecem uma base adequada para que se crie alguma definição sobre a origem tradicional ou lucana dessa alteração.

Passarei a abordar agora os argumentos estilísticos. Quando observa que a expressão ἐν ταῖς ἐσχάταις ἡμέραις não aparece em nenhum outro lugar na obra de dois volumes de Lucas, D. Bock sugere que ela provém da tradição.[604] No entanto, embora essa expressão seja de fato exclusiva de Lucas, existe um paralelo próximo no versículo seguinte: ἐν ταῖς ἐσχάταις ἡμέραις (At 2.18 = Jl 3.2). Já identifiquei a tendência de Lucas de duplicar palavras e frases nas citações do Antigo Testamento.[605] Logo, a expressão ἐν ταῖς ἐσχάταις ἡμέραις (At 2.17), como uma duplicação ligeiramente modificada da expressão ἐν ταῖς ἡμέραις ἐκείναις (At 2.18), está enquadrada no estilo lucano e deve ser atribuída à sua autoria.

2. *A inserção de* λέγει ὁ θεός *no v. 17:* O sentido original da citação de Joel permanece indeterminado pela inserção de λέγει ὁ θεός. Assim como com a alteração discutida acima, esse acréscimo se limita a esclarecer o que é evidente a partir do contexto mais amplo de Joel:[606] a promessa de Joel 3.1-5a tem sua origem no próprio Deus.[607] Embora os acréscimos desse tipo não sejam incomuns nas citações do Antigo Testamento citadas pelos autores do Novo Testamento,[608] podemos presumir que o redator considerou importante que a promessa de Joel seja atribuída diretamente a Deus.

....

[604] Bock, *Proclamation*, p. 161.

[605] Veja anteriormente, no §3.1 do capítulo 8. Observe também a repetição de κηρύξαι (Lc 4.18, 19 = Is 61.1-2); ἐν ταῖς ... ἡμέραις (At 2.17-18 = Jl 3.1-2) καὶ προφητεύσουσιν (At 2.17-18 = Jl 3.1-2); ἔργον (At 13.41, duas vezes = Hc 1.5); σου (Lc 7.27 = Ml 3.1).

[606] Observe o ἐγὼ κύριος ὁ θεὸς ὑμῶν de Joel 2.27 e o εἶπεν κύριος de Joel 3.5b.

[607] Holtz destaca que essa explicação é necessária por causa da introdução em Atos 2.16, que atribui essas palavras a Joel (*Untersuchungen*, p. 6).

[608] Veja Atos 7.6, 49; Romanos. 12.19; 1Coríntios 14.21; 2Coríntios 6.17

Pode-se achar uma razão para esse acréscimo na referência anterior de Lucas ao dom pentecostal do Espírito como ἡ ἐπαγγελίαν τοῦ πατρός (Lc 24.49, At 1.4). Através da inserção de λέγει ὁ θεός, o autor, agora identificado como Lucas, conseguiu destacar que a promessa de Joel 3.1-5a era de fato ἡ ἐπαγγελίαν τοῦ πατρός.

3. *Modificações estilísticas no v. 17*: Duas alterações se devem a preocupações estilísticas e, por causa disso, são de pouca importância para este estudo. É possível que a inversão da ordem das linhas que começam com καὶ οἱ νεανίσκοι ὑμῶν e com καὶ οἱ πρεσβύτεροι ὑμῶν tenha sido motivada pelo desejo de colocar "jovens" (em vez de "anciãos") logo depois da referência a "filhos" e "filhas".[609] Não se sabe a razão do emprego do dativo ἐνυπνίοις em vez do acusativo ἐνύπνια da LXX, já que a regência do verbo é o acusativo.[610] Supõe-se que essa foi uma preferência do autor.

4. *A inserção de γε e μου (2x) no v. 18:* É de conhecimento geral que o acréscimo de μου por duas vezes no v. 18 altera o significado original de Joel 3.2.[611] Os δοῦλοι e as δοῦλαι de Joel 3.2 representam mais um segmento da sociedade judaica na qual o Espírito será derramado e, assim, é acrescentado à série de exemplos que ilustram a promessa de Joel 3.1: ἐκχεῶ ἀπὸ τοῦ πνεύματός μου ἐπὶ πᾶσαν σάρκα.[612] No entanto, com a inserção de μου em Atos 2.18, essas palavras deixam de se referir a escravos literais ou mesmo a um grupo adicional que receberá o Espírito Santo. Em Atos 2.18, elas se tornam metáforas religiosas que incluem e aprofundam a definição dos grupos mencionados anteriormente. A transformação dos "escravos" em "servos de Deus" destaca o que está implícito no texto de Joel: o dom do Espírito é concedido somente para aqueles que fazem parte da comunidade escatológica da salvação. A razão

---

[609] Schneider, *Die Apostelgeschichte*, I, p. 268.
[610] Holtz, *Untersuchungen*, p. 9.
[611] Veja, por exemplo, Haenchen, *Acts,* p. 179, e "Schriftzitate", p. 161; Schneider, *Die Apostelgeschichte,* I, p. 268; H. Conzelmann, *Acts of the Apostles* (1987), p. 20; Kremer, *Pfingstbericht,* p. 172; J. Roloff, *Die Apostelgeschichte* (1981), p. 53.
[612] L.C. Allen, *The Books of Joel, Obadiah, Jonah and Micah* (1976), p. 99; H.W. Wolff, *Joel and Amos* (1977), p. 67.

dessa atividade do autor constituiu, sem dúvida, um desejo de destacar que os discípulos de Jesus, como beneficiários do Espírito da profecia, são de fato membros dessa comunidade.

Esses acréscimos também chamam a atenção para a perspectiva pneumatológica do autor: a adesão à comunidade da salvação não depende do dom do Espírito; em vez disso, a salvação equivale a um pressuposto para esse dom. O Espírito da profecia é dado àqueles que já são servos de Deus. Essa perspectiva está bem associada à pneumatologia do judaísmo primitivo, da Igreja Primitiva e de Lucas. É por esse motivo que não apresenta critérios suficientes para que se descubra a origem desses acréscimos de forma conclusiva.

T. Holtz afirmou que o uso duplo de γε e de μου no v. 18 não é redacional, pois não representa uma alteração ao texto de Joel. Holtz sugere que o texto da LXX que Lucas utilizou era, nesse ponto, parecido com o Códice Alexandrino e, portanto, essas palavras simplesmente foram transcritas por Lucas a partir da Septuaginta.[613] É fundamental para o argumento de Holtz o seu questionamento de que a expressão καί γε é conceitualmente incompatível com a mudança de perspectiva motivada pela dupla inserção de μου. Segundo Holtz, a expressão intensiva καί γε, traduzida como "sogar" ("mesmo"), se encaixa bem com a promessa inesperada dirigida especificamente aos servos em Joel 3.2; mas é irreconciliável com a profecia mais geral ou ampla sobre os servos de Deus em Atos 2.18.[614]

A tese de Holtz, no entanto, é vulnerável em vários pontos. Em primeiro lugar, καί γε é uma expressão característica de Lucas. Ele emprega γε com uma frequência maior do que qualquer outro evangelista[615] e as duas – possivelmente três – ocorrências de καί γε no Novo Testamento são encontradas em Lucas-Atos.[616] Em segundo lugar, em Atos 2.18 deve

---

[613] Holtz, *Untersuchimgen,* pp. 10-11.

[614] Holtz, *Untersuchungen,* p. 10.

[615] Quatro vezes em Mateus; nenhuma vez em Marcos; oito vezes em Lucas; uma vez em João; e quatro vezes em Atos.

[616] A expressão aparece em 2.18, 17.27 em variantes do texto de Lc 19.42. A sua omissão em Lc 19.42 tem o apoio dos manuscritos ℵ, B, D, Θ, L e 579. Os testemunhos que apoiam a inclusão

ser traduzido como "de fato" em vez de "sogar" ("mesmo") como Holtz sugere. Em Atos 17.27, essa palavra se limita a confirmar a afirmação que se segue (que Deus está próximo) e é traduzida de forma mais precisa como "de fato".⁶¹⁷ Portanto, Atos 2.18 não dá necessariamente a entender, como sugere a tradução como "mesmo", que a profecia que se segue é distinta e mais excepcional do que aquelas que precedem.⁶¹⁸ Já que, como em Atos 17.27, a frase simplesmente confirma a afirmação que se segue e é traduzida como «de fato», então a suposta contradição de Holtz se desfaz. Mesmo se Holtz estivesse certo e o versículo contivesse alguma contradição real, persiste a dificuldade de explicar sua aparição na LXX. Em terceiro lugar, as edições críticas da LXX concordam que as leituras da palavra γε e das duas ocorrências de μου na família alexandrina de manuscritos retratam acréscimos posteriores.⁶¹⁹ O texto alexandrino tem a tendência de adotar leituras das citações no Novo Testamento⁶²⁰ e, portanto, a ocorrência de γε e das duas aparições de μου nessa família de manuscritos pode ser atribuída à assimilação de Atos 2.18.⁶²¹ Logo, os acréscimos colocados sobre o texto de Joel 3.2 são redacionais e, com base no estilo, provêm de Lucas.

5. O acréscimo de καὶ προφητεύσουσιν *no v. 18:* Embora Holtz e Haenchen tenham sugerido que a expressão καὶ προφητεύσουσιν, do v. 18, replicado a partir do v. 17, passou para o texto da Septuaginta por causa do erro de algum escriba,⁶²² as considerações estilísticas e teológicas

---

dessa expressão são: A,Ψ, K, W, Δ, Π, *f¹* e *f¹³*. O texto das Sociedades Bíblicas Unidas apoia a omissão dela, mas atribui a classificação C para essa leitura, indicando certo grau de incerteza.

617 Haenchen, *Acts,* pp. 524,515.

618 Observe a tradução de Atos 2.18 apresentada por Lake e Cadbury, *The Acts of the Apostles* (1933; *The Beginnings of Christianity,* IV), pp. 21-22, "Sim, e derramarei o meu Espírito sobre os meus servos e servas naqueles dias" (veja também a RV).

619 Veja J. Ziegler (ed.), *Duodecim prophetae: Septuaginta Vetus Testamentum Graecum* (Gottingen, 1967), III, pp.41, 43, 235 (Joel 3.2); A. Rahlfs (ed.), *Septuaginta,* p. 522 (Joel 3.2); veja também Wolff, *Joel and Amos,* p. 56.

620 Ziegler (ed.), *Duodecim prophetae,* XIII, p. 43. A título de exemplo, Ziegler cita o texto alexandrino de Os 10.8, que segue Lc 23.30, de modo diferente dos manuscritos principais.

621 Holtz, *Untersuchungen,* pp. 11-12 e (de modo mais cauteloso) Haenchen, *Acts,* p. 179 n. 4.

622 Schneider (*Die Apostelgeschichte,* I, pp. 268-69), Kremer (*Pfingstbericht,* p. 172) e Schweizer ("πνεῦμα", p. 408) reconhecem de modo unânime o caráter lucano desse acréscimo.

trazem provas conclusivas de que esse acréscimo é resultado da redação de Lucas.⁶²³ A inserção, como uma reduplicação de καὶ προφητεύσουσιν no v. 17 tem tudo a ver com a tendência de Lucas de duplicar palavras e frases em citações do Antigo Testamento, acima. Esse acréscimo também se reveste de uma importância teológica. Ele serve para destacar que o dom do Espírito produz inspiração profética. A dedução pretendida é que os discípulos, como destinatários do dom, não são homens embriagados — são profetas escatológicos proclamando a Palavra de Deus. Essa ênfase no dom do Espírito como fonte de inspiração profética é característica de Lucas.

6. O acréscimo de ἄνω, σημεῖα e κάτω no v. 19: A escolha das palavras σημεῖα e τέρατα ocasionada pela inserção é característica de Lucas⁶²⁴ e, assim, confirma a origem lucana da alteração. É difícil indicar a referência exata. Tanto os milagres de Jesus⁶²⁵ quanto os sinais cósmicos que acompanham a crucificação,⁶²⁶ os fenômenos que acompanharam o derramamento pentecostal do Espírito,⁶²⁷ os milagres dos discípulos⁶²⁸ e os sinais cósmicos associados ao Dia do Senhor⁶²⁹ são possibilidades viáveis. Lucas provavelmente tinha uma combinação desses acontecimentos em mente quando escreveu esse versículo.

Howard Marshall sugere que τέρατα designa os sinais cósmicos que anunciarão o fim do mundo, enquanto σημεῖα alude ao dom de línguas e às curas milagrosas registradas por todo o livro de Atos.⁶³⁰ Essa proposta explica o uso de ἄνω e κάτω no v. 19 e concorda bem com

---

⁶²³ A regência de σημεια com τέρατα aparece no NT da seguinte forma: uma vez em Mateus, uma em Marcos, uma em João, nove em Atos (2.19, 22, 43; 4.30; 5.12; 6.8; 7.36; 14.3; 15.12) e quatro vezes no restante do Novo Testamento.

⁶²⁴ G. Stahlin, *Die Aposielgeschichte* (1936), pp. 42, 44-45; U. Wilckens, *Die Missionsreden der Apostelgeschichte* (1974), p. 33; G. Lüdemann, *Das frühe Christentum nach den Traditional der Apostelgeschichte* (1987), p. 51.

⁶²⁵ F.F. Bruce, *The Acts of the Apostles* (1951), p. 90; Rese, *Alttestamentliche Motive,* p. 54.

⁶²⁶ Roloff, *Die Apostelgeschichte,* p. 53; Montague, *Spirit,* pp. 285-86.

⁶²⁷ Weiser, *Die Apostelgeschichte. Kapitel 1-12,* p. 92.

⁶²⁸ Schneider, *Die Apostelgeschichte,* I, p. 269; Bock, *Proclamation,* p. 167; Kremer, *Pfingstbericht,* pp. 172-74.

⁶²⁹ Marshall, *Acts,* p. 74.

⁶³⁰ Veja Atos 2.43; 4.30; 5.12; 6.8; 14.3; 15.12.

o contexto imediato da citação (vv. 19b, 20), mas é incompatível com as inúmeras ocasiões em Atos nas quais os discípulos são citados como realizando tanto σημεῖα quanto τέρατα. O uso que Lucas faz de σημεῖα καὶ τέρατα como expressão técnica para atividades carismáticas sugere que as distinções entre τέρατα ἐν τῷ οὐρανῷ ἄνω e σημεῖα ἐπὶ τῆς γῆς κάτω no uso de Lucas não devem ser consideradas de forma tão radical. Para Lucas, o objetivo principal de ἄνω e κάτω não é distinguir entre duas esferas de intervenção divina (céu e terra), mas sim destacar o caráter universal dos "sinais e maravilhas" — são presságios que não podem ser negligenciados. Sendo assim, igualmente τέρατα e σημεῖα também não se referem a dois tipos específicos e distintos de atos milagrosos; em vez disso, eles se referem em conjunto a uma única série de atos divinos – a acontecimentos como o milagre de Pentecostes, às curas registradas em Atos e aos sinais cósmicos que estão por vir - que antecipam a chegada próxima do Dia do Senhor. Tendo em vista a referência a τέρασιν καὶ σημείοις no v. 22, é praticamente certo que o domínio semântico dessa expressão no v. 19 também inclui os milagres de Jesus, e também pode se referir aos acontecimentos milagrosos que acompanham o nascimento sobrenatural de Jesus.[631] Logo, explica-se a importância teológica desses acréscimos. Por meio de sua atividade redacional no v. 19, Lucas foi capaz de vincular os acontecimentos milagrosos associados a Jesus (v. 22) e seus discípulos (vv. 3-11, 43) aos sinais cósmicos enumerados por Joel (vv. 19b-20) como "sinais e maravilhas" que marcam o final desta era. Assim, Lucas destaca a iminência do Dia do Senhor: os milagres em Lucas-Atos são precursores desses sinais cósmicos que devem anunciar o Dia do Senhor.

Já que examinamos as várias alterações e definimos a sua origem lucana, estamos prontos para avaliar a importância da citação modificada de Joel 3.1-5a para a compreensão de Lucas a respeito do derramamento

---

[631] Para uma análise sobre a importância escatológica dos dois primeiros capítulos de Lucas, retorne ao capítulo 6. Observe também que vemos em Lucas 2.12 as palavras καὶ τοῦτο ὑμῖν τὸ σημεῖον, embora essa passagem se refira às circunstâncias humildes e comuns do nascimento de Jesus.

pentecostal do Espírito Santo. Surgem três aspectos importantes a esse respeito:

1. O Espírito de Pentecostes é o Espírito da Profecia

O acréscimo lucano das palavras καὶ προφητεύσουσιν no v. 18 destaca o que é evidente a partir de seu uso de Joel 3.1-5a como a chave hermenêutica para o milagre de Pentecostes: o Espírito Santo vem sobre os discípulos como a fonte de inspiração profética. Na verdade, a passagem de Joel declara claramente o que se pode deduzir a partir de uma pesquisa de Lucas-Atos: o Espírito Santo, como o Espírito da profecia, produz uma fala inspirada — de forma inteligível e também ininteligível (10.46; 19.6)[632] — e concede um conhecimento especial, muitas vezes através de visões e sonhos reveladores. Enquanto o acontecimento pentecostal se concentra no discurso inspirado, as visões e os sonhos são citados como manifestações do dom profético (2.17) e aparecem com frequência ao longo da narrativa de Atos. Isso indica que, para Lucas, o valor da passagem de Joel como chave interpretativa não se limita à manifestação do Espírito no dia de Pentecostes, mas se estende aos acontecimentos pneumáticos descritos nas seções subsequentes de Atos.[633]

Para Lucas, o Espírito da profecia é um dom concedido com exclusividade ao povo de Deus. O dom não produz fé, é concedido mediante a fé. Também não se pode dizer que o dom é o meio pelo qual alguém se justifica diante de Deus, pois um coração voltado para Deus equivale à pré-condição, e não ao resultado do dom profético. Essa é a dedução clara a partir do uso do texto de Joel da parte de Lucas e particularmente do seu acréscimo de γε e μου (2x) no v. 18. As tentativas de interpretar o dom do Espírito profetizado por Joel à luz da promessa de Ezequiel de limpar a impureza moral e de conceder um novo coração voltado para Deus (Ez 36.25-27) não têm base nem no texto de Lucas-Atos, nem nas expectativas judaicas predominantes sobre o derramamento escatológico

---

[632] Lucas, de forma diferente de Paulo, considera as "línguas" um tipo diferente de profecia (Turner, "Luke and the Spirit", p. 132; D. A. Carson, *A manifestação do Espírito*, p. 141).
[633] Kremer, *Pfingstbericht*, p. 172.

do Espírito Santo. O meu levantamento de passagens relevantes da literatura judaica⁶³⁴ revelou que a promessa de Ezequiel geralmente não estava relacionada com esse derramamento. Em vez disso, a passagem de Ezequiel 36.26 era geralmente interpretada como uma profecia sobre a retirada final do יצר do mal (impulso), e mais frequentemente sem fazer nenhuma referência à atividade do Espírito.⁶³⁵ Em todas as vezes que o derramamento escatológico do Espírito Santo aparece na literatura, ele é geralmente interpretado com referência a Joel 3.1-2 como uma restauração do Espírito da profecia.⁶³⁶ Geralmente se expressa essa esperança de que o Espírito da profecia, retirado de Israel devido ao pecado anterior, será restaurado na sua maior parte no tempo vindouro. A justiça continua sendo a pré-condição para a restauração do dom profético. Nas duas ocasiões em que as promessas de Ezequiel e Joel aparecem juntas *(Deut. R.* 6.14; *Midr. Ps.* 14.6), a transformação do coração de Israel (Ez 36.26) é citada como um pré-requisito para o derramamento escatológico do Espírito, que é interpretado à luz de Joel 3.1-2 como o derramamento do Espírito da profecia.

O objetivo do dom profético, que é expresso claramente em Lucas 24.49 e em Atos 1.8, é de capacitar os discípulos com poder para a missão que estava diante deles. Essa avaliação se confirma na citação que Lucas faz do texto de Joel, que equivale à proclamação da Palavra de Deus com discurso profético. De fato, o fruto do dom profético é consistentemente retratado ao longo de Atos como a força motriz por trás da missão contínua da Igreja.⁶³⁷ O Espírito Santo concede aos discípulos ousadia

---

[634] Para minha análise sobre vários textos, retorne ao §2.1 do capítulo 5.

[635] Veja, por exemplo, *Exod. R.* 15.6,41.7; *Num. R.* 14.4; *Deut R.* 6.14; *Midr. Ps.* 14.6; *Cant. R.* 1.2.4; *Eccl R.* 9.15.

[636] Veja, por exemplo, *MHG* Gen. 139-40; *Num. R.* 15.25; *Dent. R.* 6.14; *Lam. R.* 4.14; *Midr. Ps.* 14.6,138.2.

[637] A passagem de Atos 9.31 demonstra que as palavras de παράκλησις ministradas aos membros da comunidade cristã não podem ser desvinculadas das suas missões mundiais: καὶ τῇ παρακλήσει τοῦ ἁγίου πνεύματος ἐπληθύνετο (sobre At 9.31, veja Hill, *New Testament Prophecy*, pp. 102-103). A inspiração profética em Atos sempre é concedida de forma principal para o benefício do próximo (não para aquele sobre o qual o dom é derramado) e o seu propósito final é a expansão da Igreja.

e poder persuasivo em sua proclamação da Palavra de Deus[638] e fornece direção, frequentemente através de visões e sonhos, para a missão que vai se expandindo.[639]

2. O Espírito de Pentecostes está universalmente disponível para o povo de Deus

Ao aplicar Joel 3.1-5 ao Pentecostes, Lucas afirma que o desejo que Moisés expressou de um derramamento do Espírito da profecia sobre[640] todo o povo do Senhor' (Nm 11.29) — reafirmado como uma esperança para o tempo vindouro na tradição judaica — tinha tido seu cumprimento inicial no dom pentecostal. Embora a expressão πᾶσαν σάρκα de Joel 3.1 se refira a "todos" em Israel[641] e Lucas provavelmente quisesse que as palavras de Pedro fossem entendidas inicialmente em termos parecidos, é evidente que Lucas entendeu a promessa de se estender finalmente aos gentios que foram incorporados ao povo de Deus (At 10.44-45; 11.15-16). De acordo com Lucas, a comunidade de fé é, pelo menos potencialmente, uma comunidade de profetas; e era sua expectativa que esse potencial se cumpriria na Igreja de sua época (Lc 11.13; 12.10-12; Atos 2.38-39) como havia sido no passado (por exemplo, At 2.4; 19.6). O Espírito de profecia, que era posse exclusiva de um grupo de elite dentro da comunidade da aliança, passa a ser, nos últimos dias, disponível para o povo de Deus, sem nenhuma restrição.

A visão defendida acima não foi aceita de forma unânime dentro da comunidade acadêmica. Apontando para a descrição de Lucas de um grupo especial dentro da Igreja como προφῆται, muitos rejeitam

---

[638] Veja Atos 4.13, 31; 5.32; 6.10; 9.31; 13.9, 52. Note que Hill observa que o poder de operar milagres é algo diferente da profecia em Atos (2.17-18,43; 5.12-16; 10.34, 0; *19.11-12; New Testament Prophecy*, p. 108).

[639] Veja Atos 7.56; 9.10-11; 10.3-23; 16.9-10; 18.9-10; 22.17-18; 23.11. A visão de Estêvão em Atos 7.55-56 (cf. 16.9-10) está ligada de forma clara ao Espírito Santo. Geralmente se atribui a orientação diretamente ao Espírito Santo: Atos 8.29; 10.19; 11.12,28; 13.2,4; 15.28; 16.6, 7; 19.21; 20.22, 23,28; 21.4.

[640] Wolff, *Joel and Amos*, p. 67; veja também Allen, *Joel, Obadiah, Jonah and Micah*, p. 98.

[641] R.N. Flew, *Jesus and his Church* (1960), p. 105; Lampe, *God as Spirit*, pp. 66-69; J. Jervell, *The Unknown Paul* (1984), pp. 103-104.

a noção de que Lucas via a Igreja como uma comunidade de profetas.[642] No entanto, essa objeção não explica a flexibilidade com que os termos προφῆται e προφετεύειν eram usados na Igreja Primitiva. Paulo, por exemplo, refere-se a um grupo especial de προφῆται (1Cor. 12.29), mas "claramente esperava que outros membros da assembleia, que não os profetas, fossem inspirados para profetizar" (cf. 14.5,24, e possivelmente o versículo 31).[643] Além disso, o uso de Lucas é consideravelmente mais flexível que o de Paulo. Logo, parece que a designação de Lucas de vários indivíduos como προφῆται, ao mesmo tempo, embora dê a entender que esses indivíduos exerciam o dom profético de forma mais regular e talvez profunda do que outros na comunidade,[644] não invalida a alegação de que Lucas esperava que cada membro da Igreja recebesse o Espírito Santo como o Espírito da profecia e, por causa disso, se tornasse profeta.[645]

3. O Espírito de Pentecostes é um sinal escatológico

A aplicação de Lucas do texto de Joel ao Pentecostes – e particularmente sua alteração de μετὰ ταῦτα para ἐν ταῖς ἐσχάταις ἡμέραις (At 2.17) – destaca a importância escatológica do dom pentecostal. A efusão pentecostal do Espírito, como acontecimento do *Endzeit*, é a prova de que o período imediatamente anterior ao Dia do Senhor ("os últimos dias") chegou de fato. O milagre de Pentecostes, no entanto, não marca o início do *Endzeit*. Em vez disso, equivale a um elemento de uma série de "sinais e maravilhas" (At 2.19) que se estende desde os acontecimentos milagrosos associados ao nascimento e ministério de Jesus até os sinais cósmicos que ainda virão e anunciam a vinda iminente do Dia do Senhor.

---

[642] Dunn, *Jesus and the Spirit*, p. 281. Veja também Carson, *A manifestação do Espírito*, pp. 117-18, e G. Fee, *1Coríntios: comentário exegético*, pp. 685, 695.

[643] Hill, *New Testament Prophecy*, pp. 99, 108.

[644] Desse modo também Turner, "Luke and the Spirit", pp. 130-34, e C.M. Robeck, "The Gift of Prophecy in Acts and Paul, Part I". *StBT* 5 (1975), pp. 29-30, 35.

[645] J. Dupont, "La nouvelle Pentecote (Ac 2, 1-11)", em *Nouvelles etudes sur les Actes des Apotres* (1984), p. 193. A tradução é de minha autoria.

2. Pentecostes: um novo Sinai?

Jacques Dupont expressa uma percepção de muitas pessoas quando descreve o Pentecostes como "um novo Sinai".[646] De acordo com essa linha de interpretação popular, pontos marcantes de correspondência entre o relato pentecostal e as tradições judaicas do Sinai sugerem que Lucas e os primeiros cristãos viam o derramamento pentecostal do Espírito Santo como a promulgação de uma nova lei e o estabelecimento de um novo pacto.[647]

Apresentam-se geralmente três argumentos inter-relacionados em apoio a essa conclusão. Afirma-se que: (1) quando Lucas escreveu Atos, o Pentecostes foi considerado uma festa em comemoração à entrega da lei no Sinai; (2) o relato pentecostal contém inúmeras alusões literárias às tradições do Sinai e, portanto, foi redigido tendo em mente esse acontecimento; (3) a passagem de Atos 2.33 se baseia em Salmos 67.19 (LXX) e deve ser interpretada à luz desse salmo. Considerando que os rabinos interpretavam Salmos 67.19 com referência a Moisés que, no Sinai, subiu ao céu para receber a Torá para que pudesse dá-la à humanidade, em Atos 2.33 o salmo é aplicado a Jesus, que ascendeu à mão direita de Deus, recebeu o Espírito e derramou-o sobre os discípulos. Assim, o dom do Espírito é visto como a essência do novo pacto e da nova lei — uma lei interior, escrita no coração (Jr 31.33; cf. Ez 36.26). Essa linha de interpretação é reconhecidamente incompatível com a minha avaliação da compreensão de Lucas a respeito do dom pentecostal. No entanto, que força têm os argumentos induzidos em apoio à posição que acabamos de descrever? Será que Lucas realmente pretende apresentar o Pentecostes como um novo Sinai?

---

[646] Dupont, "La nouvelle Pentecote", pp. 193-195. Veja também Dunn, *Holy Spirit*, pp. 48-49; Hull, *Acts*, pp. 53-55; Lampe, *God as Spirit*, p. 68; W.L. Knox, *The Acts of the Apostles* (1948), p. 86; O'Reilly, *Word and Sign*, pp. 18-29; R. Le Déaut, "Pentecost and Jewish Tradition", *DL* 20 (1970), pp. 250-267.
[647] Veja também Êxodo 34.22; Números 28.26; 2 Crônicas 8.13.

3.1 PENTECOSTES COMO FESTA COMEMORATIVA DA ENTREGA DA LEI NO SINAI

O termo "festa das semanas" (שבוע חג) se referia ao período de sete semanas durante o qual os cereais eram colhidos (Dt 16.9-10) e, mais especificamente, ao dia da festa que era o auge desse período, em que os primeiros frutos da colheita do trigo (ou seja, a oferta de cereais, Lv 23.17-21) eram trazidos como oferta pelo povo ao Senhor.[648] A data desse dia de festa foi estabelecida como o quinquagésimo dia (sete semanas e um dia) depois que a oferta do molho das primícias (Lv 23.9-10) era apresentada pelo sacerdote a Deus em nome do povo. Assim, o festival ficou conhecido entre os judeus de língua grega como "o dia do Pentecostes" (ἡ ἡμέρα τῆς πεντηκοστῆς).[649] É por isso que Pentecostes se constituía uma festa da colheita.

Essa festa acabou sendo associada à entrega da lei no Sinai. Isso é indicado pelo rabino José b. Chalafta (c. 150 d.C.)[650] e pelo rabino Eleazar (c. AD 270),[651] que situam a entrega da lei no dia do Pentecostes, também confirmado pelo ciclo de leituras (a cada três anos), que normalmente exigia que os Dez Mandamentos fossem lidos no Pentecostes.

No entanto, essa evidência é tardia e de pouco valor para reconstituir as atitudes judaicas com relação à festa antes da destruição do Templo.[652] A transformação da festa de um festival de colheita para um

---

[648] Portanto a festa também era conhecida como a "festa da colheita" (Ex 23.16) e como o "dia das primícias" (Nm 28.26).

[649] Veja Tobias 2.1; 2Macabeus 12.32; Filo, *Dec.* 160; *Spec. Leg.* 2.176; Josefo, *Ant.* 3.252; 13.252; 14.337; 17.254; *Guerra dos judeus* 1.253; 2.42; 6.299; Atos 2.1; 20.16; 1Coríntios 16.8.

[650] *S. 'Ol. R.* 5: 'Os israelitas imolavam o Cordeiro pascal no Egito no dia 14 de Nisã, e esse dia foi uma quinta-feira [...] No sexto dia do terceiro mês, os Dez Mandamentos lhes foram concedidos, num dia de sábado" (citado na obra de Déaut, "Jewish Tradition", pp. 256-257).

[651] *B. Pes.* 68b: "Ela [a Festa das Semanas] consiste no dia da entrega da Torá".

[652] O sistema de leituras bíblicas só passou a ser usado depois da destruição do Templo.

festival comemorativo da lei sem dúvida recebeu um impulso com a destruição do templo.[653]

Sem o templo, os rituais de sacrifício que eram tão essenciais para a festa da colheita não poderiam mais ser realizados. Portanto, foi necessário que surgissem novas práticas e destaques; e, tendo em vista o destaque dos fariseus com relação à lei, é natural que a leitura dos Dez Mandamentos e a comemoração de sua revelação no Sinai tenham se tornado características proeminentes da festa.

Que prova temos de que o Pentecostes havia se transformado em um festival comemorativo da doação da lei no Sinai na época em que Lucas escreveu? O *Livro dos Jubileus* retrata a festa como um festival de colheita (22.1; 6.21-22) e, de forma mais importante, como uma cerimônia para a renovação do pacto feito a Noé (6.1-20). No entanto, os vínculos entre a festa e a entrega da lei no Sinai são menores (1.1; 6.19) e se baseiam na percepção do Sinai como uma renovação do pacto noético.[654] De fato, enquanto a festa está vinculada profundamente aos convênios feitos com Noé (6.1-20) e com Abraão (15.1-24), não se encontra um destaque semelhante com relação à doação da lei no Sinai.

A prática litúrgica da comunidade de Qumran incluía uma cerimônia anual de renovação do pacto (1QS 1.8-2.18), mas não se percebem vínculos claros com a festa de Pentecostes. Com base nas práticas da comunidade presentes no *Livro dos Jubileus* e na "terminologia dos juramentos"[655] no *Documento de Damasco* e na *Regra da Comunidade*, Roger Le Deaut conclui que a festa era celebrada pela comunidade como uma festa da aliança.[656] Embora essa sugestão seja apoiada pela provável

---

[653] E. Lohse, "πεντηκοστή», *TDNT,* VI, pp. 48-49, e "Die Bedeutung", p. 186; J.C. Rylaarsdam, "Feast of Weeks", *IDB,* IV, p. 827; Kremer, *Pfingstbericht,* pp. 18-19; B. Noack, "The Day of Pentecost in Jubilees, Qumran, and Acts", *ASTI*1 (1962), p. 80.

[654] J. Potin, *La fete juive de la Pentecôte* (1971), pp. 128, 135.

[655] A palavra שבועת, sem os sinais diacríticos, pode ser lida tanto como "semanas" como "juramentos".

[656] Le Deaut, "Jewish Tradition", pp. 254-256.

adoção da comunidade do calendário solar do *Livro dos Jubileus*,[657] ela nao é comprovada pelas evidências dos pergaminhos.

A evidência do *Livro dos Jubileus* e dos pergaminhos de Qumran estabelece que, em alguns grupos sectários, a festa de Pentecostes era, em meados do século II a.C., celebrada como um festival de colheita *e* como uma festa de renovação da aliança. No entanto, essa evidência não indica que a festa de Pentecostes era vista mais especificamente como um festival comemorativo da entrega da lei no Sinai. Embora seja possível que o vínculo da festa com uma cerimônia de renovação do pacto tenha levado a associações posteriores com o Sinai, essa conexão não demonstra que essas associações posteriores ocorreram antes da destruição do templo.[658] E, ainda mais significativamente, vários fatores indicam que o modo como os grupos celebravam o Pentecostes como uma festa de renovação do pacto não era indicativo da prática geral no judaísmo do primeiro século.[659] Josefo e Filo não declaram nada a respeito de a festa se constituir um festival de renovação da aliança ou de uma celebração da Torá.[660] Na verdade, Filo associa a entrega da lei com a Festa das Trombetas.[661] Da mesma forma, o Novo Testamento não registra a festa como uma lembrança do pacto ou do Sinai. As alusões à festa no Novo Testamento se baseiam consistentemente em referências que partem do festival da colheita.[662] E os rabinos oferecem provas conclusivas de que,

---

[657] Veja S. Talmon, "The Calendar Reckoning of the Sect from the Judaean Desert", em *Scripta Hierosolymitana*. IV. *Aspects of the Dead Sea Scrolls* (1967); pp. 177-179.

[658] Veja Rylaarsdam, "Feast of Weeks", p. 827.

[659] A natureza exclusiva e sectária da celebração que a comunidade de Cunrã faz da festa das Semanas é exemplificada pelo calendário litúrgico diferenciado pelo manuscrito do Templo (11QT). A festa das primícias ou das semanas é dividida entre três festas diferentes (a festa do trigo novo do vinho novo, e do azeite), separadas por um intervalo de cinquenta dias (cf. 11QT cols. 18-24). Veja Y. Yadin, *The Temple Scroll: The Hidden Law of the Dead Sea Sect* (1985), pp. 91-96.

[660] Para textos que indiquem que a festa era vista como um festival da colheita, veja Filo, *Spec. Leg.* 2.176-87, *Dec.* 160 e Josefo, *Ant.* 3.252-57. Observe também Tobias 2.1: ἐν τῇ πεντηκοστῇ τῇ ἑορτῇ, ἥ ἐστιν ἁγία ἑπτά ἑβδομάδων.

[661] *Spec. Leg.* 2.188.

[662] Como Rylaarsdam ("Feast of Weeks", p. 828) observa, as referências ao NT são feitas "de acordo com o sentido simbólico das ofertas de cereais como primícias (Rm 8:23; 11:16; 1Co 15.20,23)".

pelo menos no início do século II d.C. a associação da lei com Pentecostes era passível de questionamento.⁶⁶³

Minhas conclusões podem ser resumidas da seguinte forma: (1) O Pentecostes não era celebrado como um festival comemorativo da entrega da lei no Sinai na época da escrita de Lucas; (2) Embora o Pentecostes tenha sido considerado uma festa de renovação de alianças em alguns círculos sectários durante o primeiro século, a festa se limitava a ser celebrada em geral como um festival de colheita no judaísmo desse período; (3) É, portanto, ilegítimo supor que a referência isolada (At 2.1) pudesse criar associações com Moisés, com o Sinai ou com a cerimônia de renovação do pacto na mente dos leitores de Lucas.

3.2 ATOS 2.1-13: ALUSÕES LITERÁRIAS ÀS TRADIÇÕES DO SINAI?

Várias referências foram citadas em apoio à alegação de que Lucas foi influenciado pelas tradições do Sinai quando escreveu o relato pentecostal. As mais proeminentes incluem textos de Filo (*De Decalogo*, 32-36, 44-49 e *De Specialibus Legibus* 2.188-89), o *Targum Pseudo-Jonathan* em Êxodo 20.2 e várias lendas rabínicas (por exemplo, *b. Sab.* 88b).⁶⁶⁴ As mensagens de Filo e do targum contêm uma linguagem semelhante àquela que é empregada por Lucas em Atos 2.1-4, e as lendas rabínicas referem-se a um milagre linguístico no Sinai que é frequentemente paralelo com o discurso milagroso dos discípulos em Atos 2.5-13.

Essas referências refletem a grandeza da sua importância por sugerirem que Lucas conscientemente moldou seu relato pentecostal à luz dessas

---

⁶⁶³ Em *b. Yarn.* 4b, o rabino José Galileu e o rabino Akiva discutem se a Torá foi proclamada no dia da festa das semanas. Como Noack observa, "isso parece indicar que, na época de Trajano ou mesmo de Adriano, isso ainda se constituía uma questão de debate entre os rabinos" ("The Day of Pentecost", p. 81).

⁶⁶⁴ Para uma listagem mais completa das lendas rabínicas, veja Strack-Billerbeck, *Kommentar*, II, pp. 604-605.

ou de tradições semelhantes a respeito do Sinai. Ao avaliar a importância desses textos para a atividade literária de Lucas em Atos 2.1-13, deve-se estar atento à cautela expressa por S. Sandmel em seu artigo útil, "Parallelomania".[665] Sandmel oferece três comentários que são particularmente relevantes para esta análise. Em primeiro lugar, ele observa que as semelhanças podem refletir uma fonte comum em vez de uma dependência literária direta. Por esse motivo, não somente é imperativo definir os vínculos entre Atos 2.1-13 e as várias tradições do Sinai, mas também é necessário definir os parâmetros do meio em que esses vínculos são encontrados. Na verdade, uma questão crucial, mas muitas vezes ignorada, deve ser abordada: será que os paralelos entre Atos 2.1-13 e os textos de Filo e do *Targum Pseudo-Jonathan* só existem com referência às tradições do Sinai ou são representativos de um vínculo mais profundo? Em segundo lugar, Sandmel observa que muitas vezes as diferenças são mais importantes do que as semelhanças. Como se compara geralmente Atos 2.1-13 com as várias tradições do Sinai, é importante estar atento tanto às diferenças quanto às semelhanças. Em terceiro lugar, Sandmel adverte contra a leitura anacrônica das citações rabínicas tardias como "referências convincentes" para os documentos do Novo Testamento. Esse aviso serve para nos lembrar da natureza sutil dos supostos paralelos entre Atos 2.1-13 e as lendas rabínicas. Existe algum apoio para a suposição de que essas lendas são baseadas em tradições do primeiro século? Com essas palavras e perguntas de advertência em mente, examinarei os textos citados acima e avaliarei a sua importância para a tradição-história de Atos 2.1-13.

3.2.1 Paralelos na linguagem e na simbologia com relação a Filo e ao Targum Pseudo-Jonathan

No capítulo 33 do livro *De Decalogo*, Filo descreve a declaração de Deus no Sinai como "um som invisível no ar" (ἦχον ἀόρατον ἐν ἀέρι) (que se transformou em "fogo flamejante" (πῦρ φλογοειδές) e soou como um

---

[665] S. Sandmel, "Parallelomania", *JBL* 81 (1962), pp. 1-13.

"sopro através de uma trombeta" (πνεῦμα διὰ σάλπιγγος). Na verdade, Filo indica no capítulo 46 dessa mesma obra que a voz divina (φωνή) saiu do meio desse fogo celestial (ἀπ' οὐρανοῦ πυρός), pois a chama foi transformada nas línguas (φλογὸς εἰς διάλεκτον) das pessoas presentes. Lemos em *De Specialibus Legibus* 2.189 que esse "toque da trombeta" chegou aos "confins da terra" (ἐν ἐσχατιαῖς κατοικοντας). As imagens do vento e do fogo também estão associadas com a Palavra de Deus entregue no Sinai no *Targum Pseudo-Jonathan* em Êxodo 20.2:

> A primeira palavra (דבירא קדמאה) que saiu da boca do Santo, bendito seja o seu nome, foi como tempestades (קזיקין), relâmpagos (כברקין) e chamas de fogo (כשלהוביין) com uma luz flamejante à Sua mão direita e à Sua esquerda. Ele traçou seu caminho pelo ar dos céus (באויר שמיא) e se revelou ao arraial de Israel, e voltou, e foi gravado nas tábuas do pacto que foram concedidas pela mão de Moisés.[666]

Essas descrições da Palavra de Deus como vento e fogo do céu são bastante semelhantes aos aspectos do relato pentecostal de Lucas. No Pentecostes, a vinda do Espírito está associada ao som do vento do céu e ao imaginário do fogo. O resultado imediato é o discurso inspirado nas línguas das pessoas que ali se encontravam. De fato, alguns dos termos utilizados por Filo com referência ao acontecimento do Sinai também estão presentes em Atos 2.1-13:

> Essas semelhanças não devem ocultar as diferenças significativas que existem entre o relato de Lucas e as tradições sobre o Sinai apresentadas na obra de Filo e no *Targum Pseudo-Jonathan*.[667]

---

[666] A tradução é de J.W. Etheridge, *The Targums of Onkelos and Jonathan Ben Uzziel on the Pentateuch* (1968); o texto aramaico procede de M. Ginsburger, *Pseudo-Jonathan*.
[667] Kremer, *Pfingstbericht*, pp. 245-48.

Ao contrário das tradições do Sinai, Lucas associa o Espírito Santo às imagens de vento e fogo em vez de se referir à voz de Deus. No relato de Lucas, essas metáforas não estão diretamente relacionadas com o dom de línguas. Um detalhe importante é que nem Filo, nem targum se referem à voz de Deus no Sinai sendo transformada em *várias* línguas, como no milagre de Pentecostes. De fato, de acordo com Filo, as palavras são mais vistas do que ouvidas (*Dez.* 46-47). O motivo-relâmpago presente nos relatos de Filo e do targum Pseudo-Jonathan está totalmente ausente em Atos 2.1-13. Da mesma forma, a metáfora do toque da trombeta, tão proeminente na descrição de Filo do acontecimento do Sinai (cf. Heb. 12.18-19), não encontra paralelo no relato de Lucas. Com certeza, Filo associou a entrega da lei com a festa das Trombetas (*Spec. Leg.* 2.188-89), não ao Pentecostes.

Apesar dessas diferenças importantes, a regência das palavras como "vento", "fogo", "céu", "linguagem", "palavra" ou "voz" em cada um dos textos sugere que elas provêm de uma fonte parecida. No entanto, como acabei de observar, é importante definir os parâmetros que essas fontes têm em comum. Muitas vezes se supõe que esses paralelos indicam que o relato de Lucas foi influenciado pelas tradições do Sinai. No entanto, essa suposição só é válida se a regência dessas palavras que mencionamos for exclusiva das tradições do Sinai. As provas dos vários textos judeus revelam que não é o caso. Os textos a seguir não têm nenhuma relação com a entrega da lei no Sinai, mas contêm os termos e as imagens comuns a Atos 2.1-13 e às tradições do Sinai.[668]

1. Na sexta visão de *4Esdras* (13.1-10) Esdras vê uma figura divina a quem ele compara ao "vento" (*ventus*) e associa com "nuvens do céu" (*nubibus caeli;* 13.3). A "voz" (*vox*) da figura é comparada ao "fogo" (*ignem;* 13.4). De sua boca saem "labaredas de fogo" *(fluctum ignis),* de seus lábios

---

[668] Veja também as figuras de linguagem utilizadas em Êxodo 3.2 (fogo/voz); Êxodo 13.21; 14.24; Números 14.14 (nuvem/fogo); 1 Reis 19.11-12 (fogo/vento); Jó 37.2-5 (trovão/relâmpago/voz); Ezequiel 1.25-28 (voz/fogo); Daniel 7.9-14 (fogo/nuvem/línguas); 1Tessalonicenses 1.7 (céu/fogo).

sai uma "respiração flamejante" (*spiritum flamae*) e de sua língua (*lingua*) "uma tempestade de faíscas" (*scintillas tempestatis*', 13.10).[669]

2. No capítulo 14 de 1Enoque, o autor descreve seu transporte visionário pelos "ventos" (ἄνεμοι) para o "céu" (οὐρανόν, 14.9,10) Lá ele encontrou um muro cercado por "línguas de fogo" (γλῶσσαι τοῦ πυρός, 14.9, 10). Passando pelo muro e por uma casa de fogo, Enoque entrou em uma segunda casa construída inteiramente de "línguas de fogo" (14.15). Nessa casa de fogo havia um trono ardente, e sobre esse trono estava "a Grande Glória" (14.18-20). Desse trono deslumbrante, envolto pelo fogo, veio a voz de Deus: "Aproxime-se de mim, Enoque, e da minha palavra sagrada" (14.25).[670]

3. A passagem de 2Samuel 22.8-15 contém uma descrição gráfica e visionária da intervenção do Senhor a favor de Davi. Com o "fogo" (πῦρ) que sai de sua boca, o Senhor "separou os céus" (ἔκλινεν οὐρανούς) e desceu (22.9-10). Subindo nas "asas do vento" 22.11, "a voz do Altíssimo ressoou". Essa declaração divina é comparada ao trovão (22.14) e à "repreensão do Senhor" como uma "explosão do fôlego de sua ira" (πνοῆς πνεύματος θυμοῦ αὐτοῦ, 22.16).

4. A passagem de Isaías 66.15-16 registra uma profecia de juízo e de restauração escatológica: "Pois, eis que o Senhor virá com fogo (πῦρ), e os seus carros serão como o torvelinho (ὡς καταιγὶς), para retribuir a sua ira com furor, e a sua repreensão com chamas de fogo (φλογὶ πυρός; 66.15)". Em seguida, o Senhor ajuntará "todas as nações e línguas" (πάντα τὰ ἔθνη καὶ τὰς γλώσσας) (66.18).

Esses textos indicam que os termos utilizados por Lucas, Filo e Jonathan Ben Uzziel não se limitam às tradições do Sinai, mas são característicos da linguagem teofânica em geral.[671] Esse fato e as notáveis

---

[669] A tradução é de Metzger, "The Fourth Book of Ezra", em Charlesworth, *The Old Testament Pseudepigrapha*, I, p. 551; o texto latino vem da edição de Violet, *Die Esra-Apokalypse (IV. Esra)*, pp. 366-367.

[670] A tradução é de E. Isaac, "1Enoch", pp. 20-21; o texto grego vem da edição de Black, *Apocalypsis Henochi Graece*, pp. 28-29. Na frase final que foi citada ("minha Palavra santa"), a tradução de Isaac segue o texto etíope. No entanto, o texto grego diz: τὸν λόγον μου ἄκουσον.

[671] Conzelmann, *Acts*, p. 16; Schneider, *Die Apostelgeschichte*, I, pp. 246-47; Kremer, *Pfingstbericht*, pp. 245, 248.

diferenças entre Atos 2.1-13 e os textos de Filo e do *Targum Pseudo-Jonathan* sugerem que o relato pentecostal de Lucas não foi influenciado nem por eles, nem por tradições semelhantes do Sinai. As semelhanças entre esse relato e as tradições do Sinai de Filo e de Jonathan Ben Uzziel são explicadas de um modo mais adequado por seu conhecimento comum da língua da teofania judaica.

3.2.2 O paralelo da linguagem do milagre: b. Sab. 88b

Dois exemplos que representam as lendas rabínicas do Sinai que são citados como paralelos a Atos 2.5-13 se encontram em duas tradições registradas no Talmude babilônico (*b. Sab.* 88b).[672] Com referência à declaração divina no Sinai, cita-se a seguinte frase do rabino Jochanan (279 d.C.): "Cada palavra que saiu do Onipotente foi transmitida em setenta línguas". Uma tradição semelhante da escola do rabino Ismael (135 d.C.) também é citada: "Assim como um martelo é dividido em muitas faíscas, então cada palavra que saiu do Santo, bendito seja Ele, foi transmitida em setenta línguas". Essas descrições da transmissão milagrosa da palavra divina em setenta línguas têm alguma semelhança com o dom de línguas de Atos 2.5-13. A referência principal é a comunicação de um oráculo divino em idiomas diferentes. No entanto, essa semelhança dificilmente pode ser citada como prova de que o relato de Lucas foi influenciado por essas tradições rabínicas. Quando se considera o contexto do Sinai (um oráculo divino), o de Pentecostes (um discurso inspirado) e o interesse dos respectivos escritores no significado universal dos acontecimentos que eles descrevem, não é de surpreender que semelhanças dessa natureza sejam encontradas nesses relatos.

Esses textos têm pouca coisa em comum além desse paralelo superficial descrito acima. Nas lendas rabínicas, o oráculo é entregue pelo

---

[672] Tradução de H. Freedman, *Shabbath* (1938), II, em I. Epstein (ed.), *The Babylonian Talmud*, p. 420.

próprio Deus; no relato de Lucas é transmitido por discípulos inspirados pelo Espírito Santo. As lendas rabínicas falam de palavras individuais sendo divididas em diferentes línguas, um conceito completamente alheio ao relato de Lucas. Além disso, é claro que o número de grupos linguísticos representados pela *Volkerliste* de Lucas, é consideravelmente menor do que os setenta citados nas lendas rabínicas. Essas diferenças demonstram a improbabilidade de qualquer vínculo direto entre o relato de Lucas e as lendas rabínicas do Sinai.[673]

A teoria de que Lucas foi influenciado por essas lendas rabínicas também pode ser questionada sob a alegação de que ela lê o capítulo 2 de Atos de forma anacrônica segundo textos rabínicos de uma era posterior.[674] Embora seja possível que esses textos reflitam tradições que provêm do primeiro século, não existe apoio suficiente para essa proposta. De fato, uma análise dos relatos do Sinai produzidos no primeiro século de nossa era[675] sugere que a tradição relativa à divisão da voz divina em setenta línguas foi um desenvolvimento posterior. Nem Filo nem Josefo revelam conhecer essa tradição. A ausência dessa tradição do relato do Sinai na obra de Filo impressiona, porque o seu destaque na dimensão universal do oráculo divino (*Spec. Leg.* 2.189) aponta para a necessidade de tal visão. Parece que Filo representa um estágio no desenvolvimento progressivo da tradição do Sinai que consistia em um antecedente necessário para a tradição relativa às setenta línguas. Portanto, é improvável que a tradição citada em *b. Sab.* 88b fosse amplamente conhecida na época em que Lucas escreveu suas obras.

Tendo concluído o exame dos textos relevantes de Filo, do Targum Pseudo-Jonathan e do Talmude Babilônico, agora tenho condições de resumir minhas descobertas. As semelhanças e as diferenças entre Atos 2.1-13 e as tradições do Sinai de Philo e do Targum Pseudo-Jonathan sugerem que esses relatos representam duas tradições textuais independentes, produzidas por autores que conheciam a linguagem da teofania judaica. Os paralelos

---

[673] Strack-Billeibeck, *Kommentar*, n, p. 604; Kremer, *Pfingstbericht*, p. 251.
[674] E. Lohse, *TDNT*, VI, p. 49 n. 33 e "Die Bedeutung", p. 185.
[675] Filo, *Dec.* 32-36; 44-49; *Spec. Leg.* 2.188-189; Josefo, *Ant.* 3.79-80, 90; cf. Hebreus 12.18-21.

frequentemente citados entre o relato de Lucas e as lendas rabínicas são mais aparentes do que reais e, com toda a probabilidade, essas lendas pertencem a uma era posterior. Sendo assim, as evidências indicam que Lucas não foi influenciado nem por essas, nem por nenhuma tradição semelhante do Sinai quando escreveu o seu relato pentecostal. Minha avaliação descarta a alegação mais radical de que Lucas conscientemente alterou seu relato para apresentar o Pentecostes como um "novo Sinai".

3.3 ATOS 2.33: TIPOLOGIA E ASSOCIAÇÕES DE MOISÉS COM SALMOS 67.19 (LXX)?

A afirmação de que Lucas (ou a tradição que ele utilizou) retrata o dom do Espírito em Atos 2.33 como a essência do novo pacto é fundada em duas suposições: (1) Atos 2.33, como Efésios 4.8, baseia-se em Salmos 67.19 (LXX); (2) a passagem de Atos 2.33 representa um equivalente cristão da exegese rabínica do Salmo 67[676] e, desse modo, apresenta o derramamento do Espírito como um dom que substitui a Torá. Na seção a seguir avaliarei o quanto essas sugestões são válidas.

Aqueles que propõem a visão de que Atos 2.33 se baseia na versão da Septuaginta de Salmos 67.19 e em Efésios 4.8 geralmente analisam o versículo da seguinte forma:[677] As palavras τήν τε ἐπαγγελίαν ("a promessa") e τοῦτο ὃ ὑμεῖς [καὶ] βλέπετε καὶ ἀκούετε ("o que você vê e ouve agora") são consideradas de autoria de Lucas e, por causa disso, são vistas como acréscimo à citação do salmo. Assim também as palavras τοῦ πνεύματος τοῦ ἁγίου e ἐξέχεεν ("derramou") devem ser atribuídas à redação de Lucas, já que foram importadas da citação de Joel (2.17). Apontando para a versão de Salmos 67.19 registrada em Efésios 4.8, Barnabas Lindars sugere que

---

[676] O targum do Sl 68.19 (TM) diz: "Subiste ao céu, ó profeta Moisés. Levaste cativo o cativeiro, ensinaste as palavras da Torá, e as concedeste como dons aos homens". Para consultar a exegese rabínica desse salmo, veja Strack-Billerbeck, *Kommentar*, pp. 596-98.

[677] Veja B. Lindars, *New Testament Apologetic* (1961), pp. 42-44, 51-59; J. Dupont, "Ascension du Christ et don de l'Esprit d'aprés Actes 2,33", em *Nouvelles etudes sur les Actes des Apotres* (1984), pp. 199-209; e Turner, "Christology", pp. 176-79.

ἔδωκεν ("deu") originalmente ficou no lugar agora tomado pelo ἐξέχεεν redacional.[678] A frase τῇ δεξιᾷ οὖν τοῦ θεοῦ ("[portanto] à mão direita de Deus") também pode ser descartada como influência de Lucas, pois antecipa Salmos 110.1 em Atos 2.35. Ficamos, portanto, com ὑψωθείς ("exaltado") e λαβὼν παρὰ τοῦ πατρός ("recebido do Pai"). Essas palavras, tomadas em conjunto com o verbo reconstituído ἔδωκεν e a palavra ἀνέβη do versículo 34, são assim oferecidas como evidência de que Salmo 67.19 formam a base do texto.

Efésios 4.8: διὸ λέγει·
ἀναβὰς εἰς ὕψος ἠχμαλώτευσεν αἰχμαλωσίαν, ἔδωκεν δόματα τοῖς ἀνθρώποις.
Salmos 67.19: ἀνέβης εἰς ὕψος, ἠχμαλώτευσας αἰχμαλωσίαν, ἔλαβες δόματα ἐν ἀνθρώπῳ
Atos 2.33-34: τῇ δεξιᾷ οὖν τοῦ θεοῦ ὑψωθείς,
τήν τε ἐπαγγελίαν τοῦ πνεύματος τοῦ ἁγίου λαβὼν παρὰ τοῦ πατρός,
ἐξέχεεν τοῦτο ὃ ὑμεῖς [καὶ] βλέπετε καὶ ἀκούετε.
οὐ γὰρ Δαυὶδ ἀνέβη εἰς τοὺς οὐρανούς...
Efésios 4.8: Por isso foi dito:
Subindo ao alto, levou cativo o cativeiro, e deu dons aos homens.
Salmos 68.18 (67.19 LXX): Tu subiste ao alto, levando os teus cativos; recebeste dons dentre os homens...
Atos 2.33-34: Exaltado pela destra de Deus,
e tendo recebido do Pai a promessa do Espírito Santo,
derramou isto que vós agora vedes e ouvis.
Porque Davi não subiu aos céus...

Apesar das diferenças óbvias entre Atos 2.33 e Salmos 67.19 (LXX), com Efésios 4.8, essa proposta engenhosa parece plausível a princípio. No entanto, após um exame detalhado, a natureza sutil de cada um dos

---

[678] Lindars, *Apologetic,* p. 54.

vínculos verbais propostos torna-se clara. Primeiro, ὑψωθείς ("exaltado") dificilmente se constitui um verdadeiro paralelo com a frase ἀνέβης εἰς ὕψος ("subiste ao alto", Sl 67.19 LXX).[679] Além disso, R. O'Toole afirma de modo convincente que o pacto que está por trás do Pentecostes lucano não equivale ao do Sinai, mas à promessa feita a Davi em 2Samuel 7.12-16. De acordo com O'Toole, já que todo o argumento de Lucas em Atos 2.22-36 se baseia nas promessas feitas a Davi, ὑψωθείς recebe uma explicação melhor a partir da tradição davídica no Salmo 88 (cf. Sl 117.16; Is 52.13).[680] Em segundo lugar, como D. Bock observa corretamente, quando o método empregado acima para separar elementos redacionais da fonte subjacente de Lucas em Atos 2.33 é consistentemente aplicado a todo o versículo, ἀνέβη e λαβὼν παρὰ τοῦ πατρός também são vistos como redação. O verbo ἀναβαίνω aparece frequentemente em Lucas-Atos (27 ocorrências) e no contexto geral (At 1.13). Existe a alusão à promessa do Pai (τοῦ πατρός) em Lucas 24.49 e Atos 1.4. Resta-nos, assim, analisar a palavra λαβὼν, que aparece com frequência em Lucas-Atos (seis vezes) e é "usada de modo natural para descrever o movimento da promessa do Espírito daquele que a envia inicialmente [...] para o mediador que o derrama".[681] Em terceiro lugar, a sugestão de que ἔδωκεν era a palavra original por trás de ἐξέχεεν não passa de uma simples conjectura. As evidências sugerem que Atos 2.33 não se baseou no Salmo 68. Todos os elementos do versículo "são rastreáveis dentro da narrativa lucana";[682] a palavra δόματα ("presentes"), que é a principal do Salmo 68 (67 da LXX), está faltando, e o argumento de Lucas se concentra nas promessas feitas a Davi, e não a Moisés.[683] A ausência de qualquer referência a Moisés, à lei ou ao pacto no capítulo 2 de Atos depõe de forma conclusiva contra essa proposta e contra as outras duas discutidas anteriormente.

---

[679] Wilckens, *Missionsreden*, p. 233.
[680] R.F. O'Toole, "Acts 2:30 and the Davidic Covenant of Pentecost", *JBL* 102 (1983), pp. 245-58.
[681] Bock, *Proclamation*, p. 182.
[682] Bock, *Proclamation*, p. 182.
[683] O'Toole, "Davidic Covenant", pp. 245-58.

Embora Atos 2.33 afirme claramente que o derramamento pentecostal do Espírito se constitui uma prova irrefutável de que Jesus foi exaltado à mão direita de Deus, essa prova não consiste em uma poderosa transformação pneumática da vida ética de quem o recebe. Em vez disso, a prova equivale a uma manifestação de atividade profética inspirada no Espírito que é visível para todos. Mesmo que a hipótese improvável descrita acima se verificasse, permaneceriam objeções sérias à tese de que Atos 2.33 representam um equivalente cristão à exegese rabínica do Salmo 67, de modo a fazer com que o dom do Espírito se tratasse da essência do novo pacto. Isso se deve ao fato de que, mesmo se essa tradição exegética rabínica remontasse ao século I, não fica claro que a interpretação cristã do salmo esteja por trás dela. Barnabas Lindars, por exemplo, afirma que a associação do salmo com Moisés na tradição do targum e a aplicação desse salmo a Cristo na Igreja Primitiva (Ef 4.8) representam repercussões independentes.[684] Além disso, na única referência clara a Salmos 67.19 no Novo Testamento, que é a passagem de Efésios 4.8, os "dons" (δόματα) que Jesus dá não estão associados ao novo pacto ou a uma lei interna escrita no coração; em vez disso equivalem a dons do ministério (habilitados pelo Espírito, como dom de apóstolos, profetas etc.).

Esse exame dos vários argumentos reunidos para apoiar a proposta de que Lucas (ou a tradição que ele utilizou) apresenta o Pentecostes como um "novo Sinai" revelou que todos eles são fracos em pontos essenciais. As evidências sugerem que Lucas não alterou o relato pentecostal seguindo os moldes das tradições do Sinai, nem usou material que tivesse alguma influência forte deles. Esse relato indica que Lucas não via o dom do Espírito Santo como o poder da nova lei de Cristo. Segundo Lucas, o Espírito de Pentecostes consiste na fonte de inspiração profética e, como tal, o Espírito de missões.

---

[684] Lindars, *Apologetic,* pp. 52-53.

CAPÍTULO 11

Os discípulos e o Espírito Santo: a comunidade profética

1. Introdução

Tenho argumentado que a análise cuidadosa da narrativa pentecostal sustenta a tese de que Lucas retrata o Espírito como a fonte do poder profético de forma coerente (produzindo uma visão especial e um discurso inspirado), o que permite aos servos de Deus cumprir suas tarefas segundo a vontade dele. No livro de Atos, esses servos passam a ser os discípulos de Jesus, e a sua tarefa final é testificar do evangelho de Jesus Cristo até os "confins da terra" (1.8). Neste capítulo examinarei os textos de Atos que são importantes para esta análise e que ainda não tinham sido discutidos (ou que foram apenas abordados de forma superficial) e tentarei demonstrar que, na perspectiva de Lucas, a comunidade cristã passa a ser uma comunidade profética capacitada para a tarefa missionária, por terem recebido o Espírito Santo.

A pauta deste capítulo foi definida por inúmeras tentativas de estabelecer um vínculo direto e necessário entre o dom do Espírito e a iniciação cristã no livro de Atos. James Dunn e J. Kremer são os dois exegetas contemporâneos do Novo Testamento que representam essa vertente ampliada de estudos acadêmicos. Tanto Dunn quanto Kremer afirmam que o exame minucioso de Atos revela que, para Lucas, o Espírito é mais do que simplesmente a fonte do poder profético. Dunn afirma que, para Lucas, "a única coisa que faz de um homem um cristão é o dom do Espírito".[685] Kremer afirma que, em vários textos, mais notavelmente em Atos 2.38, em virtude de sua estreita relação com o batismo nas águas, o dom do Espírito Santo é apresentado como o "meio da salvação" e não principalmente como fonte de poder profético.[686] A fim de avaliar a validade dessas conclusões, examinarei cada um dos textos pertinentes à discussão como ocorrem em Atos: Atos 2.38; 8.4-25; 9.17-18; 10.44-48 (cf. 11.15-17; 15.8-10); 18.24-28; 19.1-7.

2. A iniciação cristã e o dom do Espírito em Atos

2.1 ATOS 2.38

Afirma-se com frequência que a forma como o arrependimento, o batismo e a promessa do Espírito são retratados em Atos 2.38 demonstra que Lucas via a recepção do Espírito como elemento necessário na iniciação cristã, do mesmo modo que Paulo e João.[687] A passagem de Atos 2.38 é

---

[685] Dunn, *Holy Spirit*, p. 93.
[686] Kremer, *Pfingstbericht*, p. 197. A tradução é minha. Veja também pp. 177-179, 197, 219-220, 273.
[687] Veja, por exemplo, J. Giblet, "Baptism in the Spirit in the Acts of the Apostles", *OC* 10 (1974), p. 171; B. Sauvagant, "Se repentir, être baptisé, recevoir l'Esprit, Actes 2,37 ss.", FV80 (1981), p. 86; Dunn, *Holy Spirit,* pp. 90-92.

apresentada dentro desse raciocínio como prova de que, para Lucas, o dom do Espírito é "portador da salvação", em vez de se constituir uma capacitação profética.[688] No entanto, será que Atos 2.38 apoia essa conclusão? As evidências sugerem o contrário.

Já observei que as considerações contextuais depõem contra essa interpretação de forma categórica. Seguindo a lógica de Lucas 24.49 e de Atos 1.4 e 2.33, o dom prometido do Espírito Santo em Atos 2.38 se refere à promessa de Joel 3.1, tratando-se dessa forma de uma promessa de capacitação profética concedida às pessoas que se arrependem.

Além disso, a forma de expressão do batismo e da recepção do Espírito em Atos 2.38 nos conta pouco sobre a natureza do dom pneumático. Embora possa indicar que, para Lucas, o rito do batismo nas águas é normalmente acompanhado pelo derramamento do Espírito Santo, a forma pela qual Lucas se expressa em outras passagens sugere que até mesmo essa conclusão pode ser exagerada. Certamente não há nada no texto que apoie a sugestão de Kremer de que o Espírito é apresentado nesse texto como o "meio de salvação e de vida".[689] Kremer teria uma base mais sólida se houvesse uma certeza de que o texto pressupõe uma ligação inextricável entre o batismo nas águas e o perdão dos pecados, por um lado, e a recepção do Espírito Santo, por outro. No entanto, essa conclusão não se justifica. Já que Lucas não desenvolve uma forte ligação entre o batismo nas águas e o derramamento do Espírito Santo em outras passagens, e regularmente distingue o ritual do dom (Lc 3.21-22; At 8.12-17; 9.17-18; 10.44; 18.24), a frase καὶ λήμψεσθε τὴν δωρεὰν τοῦ ἁγίου πνεύματος ("e recebereis o dom do Espírito Santo") deve ser interpretada como uma promessa de que o Espírito será "transmitido àqueles que já se converteram e se batizaram".[690] De qualquer forma, o máximo que pode ser obtido a partir do texto é que o arrependimento e o batismo da água são os pré-requisitos normais para o acolhimento do Espírito, que é prometido a todos os crentes.

---

[688] Dunn, *Holy Spirit*, p. 92.
[689] Kremer, *Pfingstbericht*, p. 197. A tradução para o inglês é minha.
[690] Schweizer, "πνεῦμα", p. 412.

A evidência acima descrita também destaca a natureza improvável da proposta de Dunn de que Lucas retrata o dom do Espírito em Atos 2.38 como um elemento necessário e essencial na iniciação cristã. Como vimos, essa afirmação ignora aspectos importantes do contexto imediato; e, como estabelecerei, não segue a lógica de Lucas em outras passagens, principalmente em Atos 8.12-17.

Lucas, sem dúvida, via a recepção do Espírito como uma experiência normal e importante na vida de cada cristão. A passagem de Atos 2.38 sugere que o arrependimento e o batismo da água são pré-requisitos normais para receber o Espírito, e pode sugerir que Lucas via o batismo da água como a ocasião normal para o recebimento do dom pneumático. No entanto, essas conclusões não podem ser usadas para apoiar a afirmação de que Lucas via o Espírito como "o portador da salvação" e, por causa disso, como um elemento necessário na iniciação cristã. Pelo contrário, elas concordam completamente com a minha afirmação de que Lucas retrata o Espírito como um empoderamento profético concedido àqueles que já tinham se convertido. De fato, a importância que Lucas atribui ao dom do Espírito não apoia um suposto papel integral que desempenharia na conversão; ela não passa de um reflexo da convicção de Lucas de que a Igreja consiste em uma comunidade profética com uma tarefa missionária.[691]

2.2 ATOS 8.4-25

A passagem de Atos 8.4-25 apresenta um problema real para aqueles que afirmam que a recepção do Espírito é um elemento necessário na iniciação cristã na visão de Lucas. A narrativa indica que os samaritanos creram na pregação de Filipe e logo foram batizados por ele (v. 12), mas não receberam o Espírito até algum tempo depois (v. 15-17). As evidências que esse relato apresenta sobre a compreensão que Lucas tinha sobre o Espírito Santo são claras. Já que Lucas considerava os samaritanos como

....

[691] Schweizer, p. 413, e "The Spirit of Power", p. 268.

cristãos (ou seja, convertidos) antes de receberem o Espírito, dificilmente pode ser sustentado que ele entendia que o Espírito era um "meio da salvação" ou a "única coisa que faz de um homem um cristão".

Aqueles que defendem um vínculo necessário entre a recepção do Espírito e o batismo ou a iniciação cristã tentaram desprezar a força desse texto de várias maneiras. Afirma-se que a separação do dom do Espírito do rito do batismo em Atos 8.4-25 não representa uma tradição historicamente confiável; em vez disso, o texto problemático é o resultado da modificação que Lucas faz no seu material de origem. Esse argumento geralmente assume uma dessas duas formas: alega-se que Lucas, seja confundindo duas fontes originalmente independentes,[692] seja embelezando uma história tradicional que falava originalmente sobre o ministério de Filipe em Samaria (incluindo a conversão de Simão) com material incorporado sobre Pedro e João,[693] separou o dom do rito de batismo e, assim, dividiu o que na realidade formava "um todo indissolúvel".[694] Diz-se que essa atividade editorial foi motivada pelo desejo de associar a nova comunidade a Jerusalém e destacar a autoridade dos apóstolos.

Essas teorias têm sido severamente criticadas e devem ser descartadas por serem improváveis.[695] De qualquer maneira, ao mesmo tempo que oferecem possíveis explicações sobre como a narrativa surgiu em sua forma atual, essas teorias não conseguem lidar com a questão principal sobre as implicações do texto para a pneumatologia de Lucas. Não é razoável supor que um homem das capacidades editoriais de Lucas tenha sido incapaz de criar esse relato sem contradizer sua própria pneumatologia. Lucas não limita o derramamento do Espírito sobre os apóstolos

---

[692] O. Bauernfeind, *Die Apostelgeschichte* (1939), pp. 124-25; D. A. Koch, "Geistbesitz, Geistverleihung und Wundermacht: Erwagungen zur Tradition und zur lukanischen Redaktion in Act 8.5-25", ZAW77 (1986), pp. 64-82.

[693] Dibelius, *Studies*, p. 17; Conzelmann, *Acts*, pp. 62-63; Haenchen, *Acts*, pp. 307-308; E. Kasemann, "Die Johannesjiinger in Ephesus", em *Exegetische Versuche und Besinnungen* (1960), I, pp. 165-66.

[694] Haenchen, *Acts*, p. 308.

[695] Para a crítica da teoria das fontes, veja R. Pesch, *Die Apostelgeschichte (Apg 1-12)* (1986), p. 271; Beasley-Murray, *Baptism*, pp. 115-17; Dunn, *Baptism*, pp. 60-62. Lampe classifica a teoria das duas fontes da composição do relato samaritano como uma "apelação desesperada" (*Seal of the Spirit*, p. 69).

(cf. 9.17).[696] Mesmo que ele pretendesse estabelecer um elo entre a nova comunidade e Jerusalém, a descrição de Lucas dos eventos em Antioquia (At 11.22-24) indica que ele poderia demonstrar isso sem atribuir esse derramamento aos representantes de Jerusalém. A conclusão inevitável é que Lucas simplesmente não sentiu que o texto como se apresenta tivesse algum problema. Esse julgamento é confirmado pelo fato de que a passagem - "problema" (vv. 14-17) está cheia de temas e da linguagem característica de Lucas.[697]

Outros têm procurado aliviar a tensão descrevendo o decorrer dos acontecimentos narrados em Atos 8.4-25 como uma exceção singular necessária por um novo e decisivo ponto de virada na missão da Igreja: o Espírito foi retido até a vinda dos apóstolos de Jerusalém, a fim de demonstrar aos samaritanos que eles realmente se tornaram membros da Igreja, em comunhão com seus "pilares" originais.[698] No entanto, essa visão enfrenta uma série de sérias objeções. Em primeiro lugar, há pouca razão para assumir que esse caso representa uma exceção única, seja historicamente ou para Lucas. Nada no texto em questão apoia essa visão[699] e, conforme já observei, Lucas regularmente separa o dom do ritual. Em segundo lugar, a explicação oferecida para essa suposta exceção é altamente improvável. É improvável que os samaritanos precisem de mais garantias de sua incorporação na Igreja após o batismo. Além disso, em pontos decisivos semelhantes, a garantia de incorporação na Igreja (assim como a própria realidade) não depende do contato com os representantes de Jerusalém (At 8.26-39; 9.17-18; 18.24-19.7) ou do derramamento do Espírito Santo sobre os recém-convertidos (At 11.22-24). No entanto, mesmo que essa teoria seja aceita, não se exclui o "problema" colocado pelo texto. Por mais excepcional que o acontecimento possa ter sido

---

[696] K. Giles, "Is Luke an Exponent of 'Early Protestantism'? Church Order in the Lukan Writings (Part 1)", *EvQ* 54 (1982), p. 197; Marshall, *Acts,* p. 157; e Dunn, *Holy Spirit,* pp. 58-60.
[697] Koch, "Geistbesitz", pp. 69-71; Turner, *Luke and the Spirit,* p. 161.
[698] Lampe, *Seal,* p. 70. Visões semelhantes são adotadas por Chevallier, *Souffle,* pp. 201-202; Bmner, *Holy Spirit,* pp. 175-76; Marshall, *Acts,* pp. 153, 157.
[699] J. Dunn, "They Believed Philip Preaching (Acts 8.12): A Reply", *IBS* 13. (1979), p. 180.

(historicamente e para Lucas), ainda devemos explicar a interpretação cuidadosamente elaborada por Lucas a respeito desse acontecimento. Na verdade, o relato de Lucas revela uma pneumatologia claramente diferente da de Paulo ou de João, que não poderiam conceber os crentes batizados como pessoas destituídas do Espírito Santo.

Com a plena certeza de que as implicações para a pneumatologia de Lucas que surgem das duas posições acima descritas são incompatíveis com suas tentativas respectivas de associar a recepção do Espírito com o início da conversão (Dunn) ou com o batismo (Beasley-Murray) em Lucas-Atos, J. Dunn e G. R. Beasley-Murray oferecem interpretações alternativas de Atos 8.4-25.

Beasley-Murray argumenta que Lucas "não considerava esses cristãos como pessoas sem o Espírito Santo, mas como pessoas que não tinham os dons espirituais que caracterizavam a vida comum das comunidades cristãs".[700] De acordo com Beasley-Murray, a πολλὴ χαρά ("grande alegria") de Atos 8.8 indica que os samaritanos receberam o Espírito quando foram batizados, e o uso sem artigo das palavras πνεῦμα ἅγιον em Atos 8.15-16 sugere que os apóstolos transmitiam dons espirituais, não o próprio Espírito Santo. Nenhum desses argumentos se confirma. A πολλὴ χαρά de Atos 8.8 é consequência dos exorcismos e das curas realizados por Filipe; isso não indica que a pessoa tenha o Espírito Santo.[701] Nem se pode fazer uma distinção clara entre πνεῦμα ἅγιον e πνεῦμα τὸ ἅγιον: são títulos equivalentes.[702] No entanto, a objeção decisiva contra a tese de Beasley-Murray é a declaração explícita de Lucas no v. 16: o Espírito "ainda não tinha descido sobre nenhum deles".

Dunn procura provar que os samaritanos não eram realmente cristãos antes de receberem o Espírito. Ele afirma que "a reação e o compromisso inicial deles foram imperfeitos" e que Lucas "queria que

---

[700] Beasley-Murray, *Baptism,* p. 119; veja as pp. 118-120 para conferir o seu argumento.

[701] Turner, "Luke and the Spirit", p. 168. Turner, citando como exemplos Lc 13.17 e 19.37, observa que "essa alegria geralmente é mencionada como a reação aos vários gestos salvadores de Deus por toda a obra de Lucas-Atos".

[702] Veja Dunn, *Holy Spirit,* pp. 56, 68-70; M. Turner, "Luke and the Spirit", pp. 167-68.

seus leitores soubessem disso".⁷⁰³ Apresentam-se os seguintes argumentos para apoiar essa afirmação: (1) A descrição que Lucas faz de Filipe como pregando simplesmente τὸν Χριστόν e τῆς βασιλείας τοῦ θεοῦ (v. 12) sugere que os samaritanos entendiam a mensagem de Filipe segundo suas próprias expectativas nacionalistas sobre o Messias e o reino que ele deveria trazer — expectativas já "despertadas pelo mago a ponto de despertar fervor", devido ao fato de que a primeira expressão grega "é sempre usada em Atos a respeito do Messias da expectativa pré-cristã", e a segunda, quando pregada aos não cristãos, sempre se refere ao "Reino das expectativas judaicas".⁷⁰⁴ (2) A reação dos samaritanos a Simão revela uma preferência pela magia e uma carência generalizada de discernimento. Lucas indica que sua resposta a Filipe foi igualmente superficial através de seu uso de προσέχω ("preste atenção"), um termo descritivo da reação samaritana tanto a Filipe quanto a Simão (vv. 6.10-11). (3) Uma vez que πιστεύειν ("acreditar") com o objeto no dativo geralmente significa parecer favorável intelectual, a frase ἐπίστευσαν τῷ Φιλίππῳ (em vez de πιστεύειν εἰς ou ἐπί κύριον) revela que a reação samaritana não passava de um parecer favorável da mente que não refletia uma fé genuína. (4) A comparação entre a experiência claramente insatisfatória de Simão e a dos outros samaritanos (vv. 12-13) demonstra que todos eles aparentaram alguma experiência, mas não a vivenciaram de fato.⁷⁰⁵

A hipótese de Dunn passou por críticas severas e deve ser rejeitada diante das evidências.⁷⁰⁶ Na verdade, nenhum dos argumentos descritos acima se sustenta.

1. Não há nada no relato de Lucas que sugira que a mensagem de Filipe tenha sido insatisfatória ou mal interpretada. Pelo contrário, Filipe é apresentado como um dos grupos referidos em Atos 8.4, que saíram

---

⁷⁰³ Dunn, *Holy Spirit*, p. 63; para o seu argumento, veja pp. 63-68.

⁷⁰⁴ Citações de Dunn, *Holy Spirit*, p. 64.

⁷⁰⁵ Dunn, *Holy Spirit*, p. 66.

⁷⁰⁶ Veja, por exemplo, E. A. Russell, "They Believed Philip Preaching" (Acts 8.12)", *IBS* 1 (1979), pp. 169-76; Turner, "Luke and the Spirit", pp. 163-67; H. Ervin, *Conversion-Initiation and the Baptism in the Holy Spirit* (1984), pp. 25-40; Marshall, *Acts,* p. 156; D. Ewert, *The Holy Spirit in the New Testament* (1983), pp. 118-19; M. Green, *Believe in the Holy Spirit* (1975), p. 138; Carson, *Showing the Spirit*, p. 144; Stronstad, *Charismatic Theology*, pp. 64-65.

"pregando a palavra" (εὐαγγελιζόμενοι τὸν λόγον). Já que as palavras τὸν λόγον incorporam o conteúdo do querigma (cf. At 2.41; 6.2; 8.14), é bastante evidente que Lucas entendeu a pregação de Filipe, descrita de forma variada (vv. 5, 12) como "querigmática em pleno sentido".[707] E não há nada nas frases "ele proclamou τὸν Χριστόν" (v. 5) e "a boa notícia do reino de Deus e o nome de Jesus Cristo" (τῆς βασιλείας τοῦ θεοῦ καὶ τοῦ ὀνόματος Ἰησοῦ Χριστοῦ, v. 12) que sugeriria que os samaritanos entenderam mal a mensagem de Filipe. A frase τὸν Χριστόν, por excelência aparece frequentemente na proclamação cristã em Atos e com referência, aos elementos centrais do querigma: a morte de Cristo (por exemplo, 3.18) e a ressurreição (por exemplo, 2.31).[708] No v. 5, como em outros atos (9.22; 17.3; 26.23; cf. 18.5, 28), a frase τὸν Χριστόν serve como um resumo do querigma.[709] Da mesma forma, não há como a frase τῆς βασιλείας τοῦ θεοῦ καὶ τοῦ ὀνόματος Ἰησοῦ Χριστοῦ ter menos importância, pois tem um paralelo com o conteúdo da pregação de Paulo em Roma (28.31). Se os samaritanos tivessem entendido Filipe de forma equivocada, esperaríamos que os apóstolos corrigissem esse erro através de algum acréscimo no ensino (cf. 18.26), mas claramente não existe referência nenhuma nesse sentido.[710]

2. A tentativa de Dunn de descartar a reação dos samaritanos simplesmente como um reflexo de sua preferência pela magia é irreconciliável com o lugar proeminente dado à proclamação da "palavra" na descrição de Lucas a respeito do ministério de Filipe (vv. 4-8, 12-13; cf. v. 14.). [711] Os sinais milagrosos desempenham um papel importante no sucesso do ministério de Filipe (vv. 6-7, 13), mas esse destaque combina com o palavreado de Lucas em outros lugares: "o ministério da palavra e os sinais são complementares [...] essas duas realidades fazem parte do esforço missionário".[712] O uso que Lucas fez da palavra προσέχω dificilmente apoiará

---

[707] Russell, "They Believed"", p. 170.
[708] They Believed, p. 170.
[709] Roloff, *Die Apostelgeschichte,* p. 133; Turner, "Luke and the Spirit", p. 163.
[710] Marshall, *Acts,* p. 158; Turner, "Luke and the Spirit", p. 164.
[711] Observe as ocorrências de εὐαγγελίζομαι (vv. 4, 12), κηρύσσω (v.5) e ἀκούω (v. 6)
[712] O"Reilly, *Word and Sign,* p. 217.

o argumento de Dunn: no v. 6, os samaritanos dão atenção à pregação de Filipe (cf. 16,14);⁷¹³ vv. 10-11, a sua atenção se volta para Simão, o mago. Além disso, em vez de desvalorizar essa "atenção", classificando-a como superficial, Lucas parece destacar o poder do controle de Simão sobre o povo e o triunfo bem maior de Filipe sobre ele.

3. Dunn baseia sua afirmação de que ἐπίστευσαν τῷ Φιλίππῳ ("eles acreditavam em Filipe", 8.12) não retrata o compromisso cristão em dois princípios que não encontram respaldo. Em primeiro lugar, Dunn dá a entender que é importante que o objeto do verbo ἐπίστευσαν seja a pregação de Filipe (τῷ Φιλίππῳ εὐαγγελιζομένῳ περι...). No entanto, a descrição da conversão de Lídia (16.14) indica que Lucas iguala a crença na mensagem de um evangelista à crença em Deus.⁷¹⁴ Em segundo lugar, Dunn insiste que o uso do verbo πιστεύειν com um objeto dativo (em vez do uso das preposições εἰς ou ἐπί) é que descreve uma adesão intelectual simples a uma proposta. No entanto, Lucas usa essa construção em outro lugar para descrever a fé genuína em Deus (At 16.34; 18.8). Além disso, ele não faz distinção entre πιστεύειν com um objeto dativo e esse mesmo verbo com εἰς ou ἐπί. Todas as três construções aparecem *com* nas descrições de fé genuína.⁷¹⁵ O fato de que ἐπίστευσαν τῷ Φιλίππῳ se refere à fé genuína é confirmado pelo relatório que chegou aos apóstolos em Jerusalém: "Samaria aceitou a palavra de Deus" (τὸν λόγον τοῦ θεοῦ, 8.14). Um relatório semelhante anuncia a conversão de Cornélio e sua casa (11.1; cf. 2.41, 17.11). Já que esse último relatório

---

⁷¹³ Ervin destaca de forma correta os elementos comuns entre os relatos que descrevem a conversão dos samaritanos (8.6-7) e de Lídia (16.14) respectivamente, "Lídia 'deu ouvidos' (προσέχειν) ao que foi dito por Paulo e foi batizada". Os samaritanos "deram ouvidos" (προσέχειν) ao que foi falado por Filipe, creram e foram batizados (*Conversion-Initiation*, p. 32).

⁷¹⁴ Atos 16.14: "o Senhor lhe abriu o coração para atender às coisas que Paulo dizia", (προσέχειν τοῖς λαλουμένοις ὑπὸ τοῦ Παύλου, cf. 8.6). Para acompanhar o uso de πιστεύειν em um contexto parecido, veja Atos 4.4.

⁷¹⁵ Russell, "They Believed'", p. 173. Russell observa que o verbo πιστεύειν com o objeto κύριος aparece com a preposição εἰς (14.23), ἐπί (9.42), e simplesmente com o objeto dativo (18.8). Ele também destaca que é usado com relação às Escrituras tanto com o dativo simples (24.14; 26.27) quanto com a preposição ἐπί (Lc 24.45).

não é questionado, "não devemos, portanto, encontrar nenhuma razão para questionar o primeiro".⁷¹⁶

4. A tentativa de Dunn de impugnar a fé dos samaritanos por meio de analogia com a fé em Simão também não é convincente, pois pode se demonstrar que a premissa da dedução de Dunn de que a fé em Simão era superficial é comprovadamente falsa. Dunn afirma que o comportamento de Simão revela a condição verdadeira de seu coração: ele nunca foi realmente convertido. No entanto, o exemplo de Ananias e Safira (5.1-11) demonstra a que ponto de reprovação os crentes poderiam chegar na estimativa de Lucas. Com toda a probabilidade, o pecado de Simão, como o de Ananias e Safira, é considerado "tão grave precisamente porque é cometido por um seguidor de Jesus".⁷¹⁷ Uma base do argumento de Dunn é a acusação de Pedro em v. 21: "Tu não tens nem parte nem sorte nessa palavra" (ἐν τῷ λόγῳ τούτῳ — uma expressão que, segundo Dunn, dá a entender que Simão "nunca se tornou um membro do povo de Deus)".⁷¹⁸ No entanto, essa interpretação é duvidosa. Duas possibilidades se destacam, mas nenhuma delas está de acordo com a teoria de Dunn. A primeira é a que E. Haenchen afirma que a expressão faz parte de uma fórmula de excomunhão⁷¹⁹ — o que necessariamente leva à dedução de que Simão era considerado cristão até aquele momento. Em segundo lugar, observando que a explicação de Haenchen não explica o pronome demonstrativo τούτῳ, Turner insiste que essa expressão se refere à tentativa equivocada de Simão de comprar a capacidade de conceder o Espírito, e não à exclusão de Simão da fé.⁷²⁰ Em vista das considerações contextuais, deve-se preferir a interpretação de Turner, embora outros elementos dentro da repreensão de Pedro (8.20-23) indiquem que Simão

---

[716] Giles, "Church Order (Part 1)", p. 197.
[717] Turner, "Luke and the Spirit", p. 165.
[718] Dunn, *Holy Spirit*, p. 65. A expressão se refere a Deuteronômio 12.12 (LXX).
[719] Haenchen, *Acts*, p. 305. Haenchen percebe a referência da expressão ἐν τῷ λόγῳ τούτῳ à mensagem cristã.
[720] Turner, "Luke and the Spirit", p. 166. Turner afirma que deve ser traduzido, "nesta questão", e se refere à autoridade dos apóstolos de conceder o Espírito Santo.

tinha abandonado a fé.⁷²¹ O uso absoluto do verbo πιστεύειν no v. 13 confirma que a fé inicial de Simão era consistente. Nas outras passagens, sempre que πιστεύειν é usado sem ser acompanhado de um objeto, ele se refere à fé genuína (2.44; 4.4; 11.21; 15.5).

Tornou-se evidente que a separação entre a recepção do Espírito e o batismo/iniciação cristã em Atos 8.4-25 não pode ser explicada como um simples detalhe redacional descuidado, muito menos ser desconsiderada como uma exceção única. A primeira posição baseia-se em uma história da tradição do texto que não é plausível, e a segunda se baseia em uma reconstrução hipotética do acontecimento; as duas ignoram o significado da narrativa existente para a pneumatologia de Lucas. Também não é possível eliminar a contradição postulando um derramamento "silencioso" do Espírito Santo no batismo ou impugnando a fé dos samaritanos: a evidência depõe de forma conclusiva contra essas duas visões. A passagem de Atos 8.4-25 representa um problema insolúvel para aqueles que afirmam que Lucas estabelece um elo necessário entre o batismo/iniciação cristã e o dom do Espírito.

Esse problema é resolvido, no entanto, quando reconhecemos o caráter diferenciado da pneumatologia profética de Lucas: as contradições internas desaparecem e Lucas é visto como portador de uma coerência notável. De fato, é bastante evidente que Lucas concebia o dom do Espírito recebido pelos samaritanos (At 8.17) como tendo o mesmo caráter do dom pentecostal; ou seja, como uma capacitação profética concedida aos convertidos que lhes permitiu participar efetivamente na missão da Igreja. Essa conclusão é apoiada pelas seguintes considerações:

1. A conclusão inevitável que surge da discussão acima é que, para Lucas, o dom do Espírito não é aquilo que faz de alguém um cristão. Pelo contrário, o Espírito Santo consiste

---

⁷²¹ As referências a Salmos 77.37 (LXX: ἡ δὲ καρδία αὐτῶν οὐκ εὐθεῖα μετ' αὐτοῦ, cf. v. 21) e Deuteronômio 29.17-18 (LXX: ἡ δὲ καρδία αὐτῶν οὐκ εὐθεῖα μετ' αὐτοῦ, cf. v. 23), dois textos do AT que falam sobre a infidelidade daqueles que fazem parte da comunidade da aliança, apoiam a afirmação de que Simão se tratava de um apóstata e, por causa disso, tinha abandonado sua profissão de fé (genuína) anterior.

em um dom suplementar dado aos cristãos para aqueles que já foram incorporados à comunidade da salvação.[722]

2. É abundantemente claro, a partir da escolha das palavras que Lucas faz em Atos 8.15-19, que ele considerou o dom pneumático recebido pelos samaritanos como idêntico ao dom pentecostal. Os termos descritivos da experiência samaritana também estão associados ao Pentecostes: λαμβάνειν πνεῦμα ἅγιον ("receber", 2,38; 8,15, 17, 19; cf. 1.8; ἐπιπίπτειν τὸ πνεῦμα τὸ ἅγιον ("vir sobre", 8,16; 11,15). Também é geralmente reconhecido que está implícito na narrativa o pressuposto de que os samaritanos, depois da recepção do Espírito, começaram a profetizar e a falar em línguas, como no dia de Pentecostes (8.16-18; cf. 2.4-13; 10.45-46; 19.6).[723]

Assim, o caráter profético do dom recebido pelos samaritanos é comprovado pelos paralelos com o dom pentecostal, que já concluímos se tratar de uma capacitação profética, e pelos fenômenos que Lucas associou (implicitamente) com a sua recepção.

3. A associação do dom do Espírito com a imposição de mãos em Atos 8.17 sugere que Lucas via o dom como uma capacitação para o serviço na missão da Igreja. Há dois contextos inequívocos em que a imposição de mãos aparece no livro dos Atos: está associada à cura (9.12, 17; 28,8) e à consagração de crentes para o serviço na missão da Igreja (6.6; 13.3; cf. 9.17). A imposição de mãos também aparece

....

[722] Schweizer, "πνεῦμα", p. 412, e "The Spirit of Power", pp. 267-268; Haya-Prats, *Force*, pp. 121-38; Bovon, *Luc le theologien*, p. 253; H. Flender, *Saint Luke: Theologian of Redemptive History* (1970), p. 138.

[723] Veja, por exemplo, J. D. M. Derrett, "Simon Magus (Act 8.9-24)", *ZNW* 73 (1982), p. 54; Haenchen, *Acts*, p. 304; Dunn, *Holy Spirit*, p. 56, e "I Corinthians 15.45: Last Adam, Life-giving Spirit", em *Christ and Spirit in the New Testament* (1973), p. 132.

com o derramamento do Espírito em Atos 8.17, 19.6 e provavelmente 9.17. No entanto, deve-se notar que o dom é muitas vezes concedido sem que haja o ritual (2.38; 10.44) e o ritual nem sempre concede o dom (6.6; 13.3).[724] Esse fato sugere que a recepção do Espírito não faz parte do ritual, e não passa de um elemento adicional. Parece que o foco principal do ritual pode ser a cura ou a consagração, ou, como no caso de Paulo, das duas coisas (9.17; cf. 22.14-15; 26.16-18). Já que o ritual claramente não está relacionado à cura em Atos 8.17 e 19.6, não é razoável supor que, nesses casos, faça parte de uma cerimônia de comissionamento.[725] Sugiro, portanto, que Pedro e João envolvem os samaritanos não na Igreja, mas na obra missionária da Igreja.[726] Isso envolve a consagração do núcleo dos crentes samaritanos para o serviço na missão da Igreja através da imposição das mãos. Nesse caso, o dom do Espírito acompanha a imposição de mãos, porque os comissionados ainda não tinham recebido a capacitação profética necessária para o serviço propriamente dito (cf. 9.17; 19.6), de modo diferente dos sete diáconos (6.6) ou de Paulo e Barnabé (13.3). Sendo assim, os samaritanos são comissionados e capacitados para a tarefa missionária que estava diante deles. Uma comunidade profética foi formada e um novo centro de atividade missionária foi estabelecido (cf. 9.31).[727]

---

[724] A imposição de mãos que concede o Espírito Santo não se limita aos apóstolos ou aos representantes de Jerusalém (cf. 9.17).

[725] A imposição de mãos como ritual judeu era frequentemente realizada na consagração de uma pessoa para uma tarefa especial: Números 8.10; 27.19; Deuteronômio 34.9 (Josué passa a ser cheio do Espírito de Sabedoria por causa desse ritual); Ascensão de Isaías 6.3-5 (o ritual acaba levando ao discurso profético); e *y. Sank.* 1.19a (o ritual é realizado na ordenação de rabinos).

[726] Lampe, *Seal,* pp. 70-78, e "The Holy Spirit", p. 199; Bruce, *Book of Acts,* p. 183; e Hill, *Greek Words,* p. 264.

[727] Lampe, *Seal,* p. 72. Essa conclusão é confirmada pelo resumo importante em Atos 9.31: "Assim, pois, a Igreja em toda a Judeia, Galileia e Samaria, [...] pelo auxílio do Espírito Santo, se multiplicava" (τῇ παρακλήσει τοῦ ἁγίου πνεύματος ἐπληθύνετο).

2.3 ATOS 9.17-18

No clímax do relato de Lucas sobre a conversão/chamada de Paulo em Atos 9.1-19, Ananias impõe as mãos sobre Paulo e declara: "Irmão Saulo, o Senhor [...] me enviou para que tornes a ver e sejas cheio do Espírito Santo" (9.17). Paulo é imediatamente curado e posteriormente batizado (9.18). Embora o relato não consiga descrever o derramamento real do Espírito, é evidente pelo comentário de Ananias, em 9.17, que Paulo recebeu esse dom. Ao avaliar a importância da perícope para esta análise, procurarei responder à seguinte pergunta fundamental: o dom do Espírito é apresentado aqui como elemento principal na conversão de Paulo, ou se trata, em vez disso, de uma capacitação que permite a ele cumprir seu chamado missionário? Começarei a discussão com alguns comentários sobre a metodologia.

A conversão/chamada de Paulo foi, sem dúvida, de grande importância para Lucas, pois ele narra o evento em três ocasiões diferentes em Atos (9.1-19; 22.4-16; 26.12-18). Uma comparação entre os três textos revela uma variação considerável de forma e conteúdo.[728] Essas variações levaram uma geração anterior de críticos das fontes a postular a existência de duas ou mais fontes subjacentes para os vários relatos.[729] No entanto, essas teorias foram amplamente rejeitadas pelos críticos contemporâneos.[730] No geral, aceita-se atualmente que todos os três relatos são baseados em uma única fonte e que as variações existentes entre eles são principalmente atribuídas ao método literário de Lucas. Esses vários relatos complementam uns aos

---

[728] Para um resumo das referências principais nos três relatos, veja K. Lönig, *Die Saulustradition in der Apostelgeschichte* (1973), p. 14.

[729] Veja F. Spitta, *Die Apostelgeschichte* (1891), pp. 137-145, 270-277; J. Jttngst, *Die Quelle der Apostelgeschichte* (1895), pp. 83-95, 223-224; H.H. Wendt, *Die Apostelgeschichte* (1913), pp. 166-168.

[730] Veja Dibelius, *Studies*, p. 158 n. 47; Haenchen, *Acts*, pp. 108-10; 325-29; Conzelmann, *Acts*, pp. 72-73; Lonig, *Die Saulustradition*, pp. 15-19; G. Lohfink, *The Conversion of St. Paul: Narrative and History in Acts* (1976), pp. 40-46, 81; C. Burchard, *Der dreizehnte Zeuge: Traditions- und kompositionsgeschichtliche Untersuchungen zu Lukas' Darstellung der Friihzeit des Paulus* (1970), p. 121.

outros.[731] Portanto, qualquer tentativa de reconstituição das perspectivas teológicas que deram origem ao relato da conversão ou da chamada de Paulo registradas em Atos 9.1-19 também deve levar em consideração os relatos paralelos em Atos 22.4-16 e 26.12-18.

O momento em que Paulo recebeu o Espírito Santo está intimamente ligado a Ananias e, por isso, faz parte do episódio de Ananias em Atos 9.10-19. Quando esse episódio é comparado com a versão paralela em Atos 22.12-16, torna-se evidente que, na perspectiva de Lucas, não se trata do ápice do relato da conversão de Paulo; em vez disso, é principalmente um relato da consagração de Paulo como missionário (cf. 22.14-15). A passagem de Atos 26.12-18 confirma minha afirmação de que o chamado missionário de Paulo era prioritário na mente de Lucas, pois nessa passagem o acontecimento de Damasco em si é visto como o momento em que Paulo recebe sua comissão divina para se envolver na missão aos judeus *e aos gentios*.

Existem inúmeras provas dessa perspectiva dentro do episódio de Ananias no capítulo 9 de Atos. O relato exibe muitas características do "gênero de consagração" predominante no Antigo Testamento e em outros textos antigos do Oriente Médio.[732] Além disso, embora haja alguma dúvida sobre qual seja o estágio no desenvolvimento da tradição na qual os vv. 15-16 devem ser colocados, é evidente que Lucas escreveu esses versículos com referência à futura atividade missionária de Paulo. Além disso, essa fórmula de consagração e a referência ao momento da recepção do Espírito em v. 17 estão vinculadas à declaração relativa à atividade de pregação de Paulo no v. 20, precedida pela expressão καὶ εὐθέως ("imediatamente"). Com toda a probabilidade, as referências ao momento que Paulo recebe o Espírito Santo (v. 17) e a sua atividade de pregação (v.

---

[731] C.W. Hedrick, 'Paul's Conversion/Call: A Comparative Analysis of the Three Reports in Acts', *JBL* 100 (1981) p. 432.

[732] B.J. Hubbard, "Commissioning Stories in Luke-Acts: A Study of their Antecedents, Form and Content", *Semeia* 8 (1977), pp. 103-26; T.Y. Mullins, "New Testament Commission Forms, Especially in Luke-Acts", *JBL* 95 (1976), pp. 603-614; J. Munck, Paul and the Salvation of Mankind (1959), pp. 24-35.

20) equivalem a acréscimos de Lucas,[733] sendo a primeira coisa entendida como o pré-requisito necessário para a outra. Lucas também indica que Ananias colocou as mãos sobre Paulo (v. 17), um gesto que, tendo em vista as considerações acima descritas, deve ser visto como a ocasião para a consagração de Paulo ministrada por Ananias (cf. Atos 22.14-15), bem como sua cura. O texto dá a entender que o Espírito Santo foi concedido com a imposição de mãos; logo, o momento em que Paulo recebeu o Espírito Santo está associado à sua consagração.

A resposta à minha pergunta agora é aparente. Em Atos 9.17, o dom do Espírito é apresentado como uma doação que permite a Paulo cumprir seu chamado missionário. Para Lucas, o encontro relutante de Ananias com Paulo é a ocasião para um evento monumental: Paulo é consagrado e capacitado para proclamar o evangelho acima de tudo para os gentios.

2.4 ATOS 10.44-48

O relato do batismo, no Espírito Santo, da família de Cornélio (10.44-48) e os resumos subsequentes desse evento dramático (11.15-17; 15.8-10) são frequentemente citados como evidência de que, para Lucas, o Espírito Santo é o agente do "perdão, da purificação e da salvação".[734] Afirma-se que isso se deve ao fato de Lucas igualar a conversão histórica desse grupo inicial de cristãos gentios a seu batismo no Espírito Santo. Diante disso, a afirmação parece ser justificada, pois pode haver pouca dúvida de que a conversão e o batismo da casa de Cornélio, no Espírito Santo, estão, no mínimo, intimamente relacionados cronologicamente. No entanto, após um exame mais aprofundado, torna-se evidente que essa interpretação está bem equivocada. O dom profético recebido por

---

[733] Lonig, *Die Saulustradition,* pp. 45-47; Hedrick, "Paul's Conversion/Call", p. 422; Burchard, *Der dreizehnte Zeuge,* p. 124.

[734] Dunn, *Holy Spirit,* pp. 79-82, a citação vem da p. 82; veja também Kremer, *Pfingstbericht,* pp. 196-197; Bruce, "The Holy Spirit", pp. 171-172.

Cornélio e sua família é uma "evidência de salvação", mas fica bem longe de ser o "meio" dessa salvação.[735]

Quando se aplicam as questões de tradição e história ao episódio de Pedro e da família de Cornélio (10.1-11.18), surge uma série de reações conflitantes. No entanto, há um consenso entre os estudiosos sobre a importância que Lucas atribuiu ao relato: ele demonstra que a missão gentia foi iniciada e validada pela revelação divina.[736] Essa ideia é apresentada através de uma variedade de visões celestiais, visitas angelicais e intervenções do Espírito.[737] O sinal decisivo do favor de Deus sobre os gentios é a recepção do dom do Espírito, manifestado em discurso inspirado (10.46, λαλούντων γλώσσαις καὶ μεγαλυνόντων τὸν θεόν).[738] É esse sinal que surpreende os companheiros circuncidados de Pedro (10.45-46) e faz com que ele instrua a batizar os gentios convertidos (47-48). É também por causa desse sinal que ele se senta à mesa com pessoas que não são circuncidadas (11.3,15-17) e que essas pessoas podem fazer parte da Igreja (15.8-9).

Esse destaque ao batismo no Espírito Santo como um sinal da aceitação de Deus está bem de acordo com a pneumatologia distinta de Lucas. Já que, de acordo com Lucas, receber o Espírito Santo consiste em um privilégio exclusivo dos "servos" de Deus e geralmente resulta em um discurso milagroso e audível,[739] o dom por si só fornece prova de que aqueles que não são circuncidados que fazem parte da família de Cornélio passaram a

---

[735] *Contra* Kremer, que afirma que o dom do Espírito Santo é recebido "als Zeichen und Mittel der Errettung und des Lebens" (*Pfingstbericht,* p. 197). A tradução é minha.

[736] Veja Dibelius, *Studies,* p. 117 e praticamente todos os comentaristas.

[737] Portanto Minear, de forma bem justificada, sugere que 'devemos ler a história de Pedro e de Cornélio (10.1-11.18; 15.6-11) como um exemplo claro de revelação profética' *(To Heal and to Reveal* [1976], p. 142).

[738] A expressão λαλούντων γλώσσαις (10.46; 19.6), de modo diferente de 2.4, se refere à elocução inspirada ininteligível (cf. 1Co 14.1-28). Veja Haenchen, *Acts,* p. 354; Schweizer, p. 410; George, 'L'Esprit', p. 509; Haya-Prats, *Force,* p. 107; J. Behm, *DNT, I,* pp. 725-726.

[739] Dos oito textos nos quais Lucas descreve a recepção inicial do Espírito Santo por uma pessoa ou grupo, cinco se referem especificamente a alguma forma de discurso inspirado como resultado direto (Lc 1.41; 1.67; At 2.4; 10.46; 19.6) e um deles dá a entender a ocorrência dessa atividade (At 8.15, 18). Nos outros dois, embora o discurso inspirado esteja ausente do relato de Lucas (Lc 3.22; At 9.17), continua sendo um fator importante nas perícopes seguintes (Lc 4.14,18-19; At 9.20).

fazer parte da comunidade da salvação. O valor do sinal do dom profético também se destaca no relato pentecostal (2.4-13,17-20). Seja pelos lábios de um judeu em Jerusalém ou de um gentio em Cesareia, a manifestação do discurso inspirado marca a pessoa que o enuncia como um membro da comunidade profética do fim dos tempos.

As evidências sugerem que Lucas via o momento em que os gentios recebiam o Espírito Santo como o sinal decisivo de sua aceitação da parte de Deus. A perspectiva de Lucas baseia-se na natureza profética do dom pneumático e, como tal, é totalmente consistente com a minha descrição de sua pneumatologia distinta.

Embora nesse caso (em contraste com 8.17) a recepção do Espírito acompanhe a conversão, o texto não dá a entender que o dom seja o meio pelo qual aqueles que não são circuncidados são realmente purificados e perdoados. Essa suposição injustificada geralmente se baseia nos resumos do acontecimento registrados em 11.15-17 e 15.8-10.

Apontando para as semelhanças entre 11.17a e 11.18b,[740] J. Dunn afirma que o dom do Espírito é "o dom de Deus de μετάνοια εἰς ζωήν" ("arrependimento para a vida").[741] No entanto, a equiparação de Dunn deve ser rejeitada, já que em outros lugares a μετάνοια é um pré-requisito para receber o Espírito (At 2.38-39) e claramente diferenciado do próprio dom (cf. 5.31-32).[742]

As semelhanças entre os vv. 17a e 18b simplesmente refletem a lógica do argumento de Pedro: já que Deus concedeu aos gentios o dom do Espírito, segue-se *a fortiori* que eles receberam o μετάνοια εἰς ζωήν e são candidatos legítimos à ordenança do batismo.

Da mesma forma, muitas vezes se afirma que 15.8 é sinônimo de 15.9:[743]

---

[740] Cf. v. 17a: "Então se Deus deu a eles o mesmo dom que deu a nós [...] "; v. 18b: "Portanto, Deus concedeu aos gentios arrependimento para a vida".

[741] Dunn, *Holy Spirit*, p. 81; veja também Bruner, *Holy Spirit*, p. 196.

[742] Turner, "Luke and the Spirit", p. 172; veja também Haya-Prats, *Force,* pp. 122-25.

[743] Dunn, *Holy Spirit*, p. 81; Bruce, "The Holy Spirit", p. 171; e *Book of Acts,* pp. 306-307; Tiede, *Prophecy,* p. 50.

v. 8: καὶ ὁ καρδιογνώστης θεὸς ἐμαρτύρησεν
αὐτοῖς δοὺς τὸ πνεῦμα τὸ ἅγιον καθὼς καὶ ἡμῖν
v. 9: καὶ οὐθὲν διέκρινεν μεταξὺ ἡμῶν τε καὶ αὐτῶν,
τῇ πίστει καθαρίσας τὰς καρδίας αὐτῶν.
v. 8: E Deus, que conhece os corações, testemunhou a favor deles,
dando-lhes o Espírito Santo, assim como a nós
v. 9: e não fez distinção alguma entre eles e nós,
purificando os seus corações pela fé.

Essa suposição levou muitos a concluir que, para Lucas, "receber o Espírito Santo de Deus é equivalente à purificação de seus corações".[744] Mas novamente o argumento de Pedro fala contra essa equivalência.[745] O versículo 8 é a premissa a partir da qual se formula a dedução do v. 9: a outorga do Espírito de Deus testemunha (v. 8) a realidade de seu ato de purificação (v. 9).[746] O argumento de Pedro aqui é semelhante ao de 11.16-18. Em cada caso, a distinção lógica entre a premissa (o dom do Espírito) e a dedução (o arrependimento ou a purificação) é clara. Minha análise é apoiada no fato de que Lucas sempre atribui o perdão (ἄφεσις), que é concedido em reação à fé e ao arrependimento, a Jesus — nunca ao Espírito (cf. 10.43)[747]. .[748]

A objeção conclusiva contra as interpretações acima descritas é que Lucas equipara o dom do Espírito concedido à família de Cornélio, não com a purificação e o perdão, mas com o dom pentecostal da inspiração profética.[749] Lucas destaca a ideia por meio da repetição: os gentios re-

---

[744] Dunn, *Holy Spirit,* pp. 81-82.

[745] J.W. Taeger, *Der Mensch und sein Heil* (1982), p. 108.

[746] É digno de nota que o Espírito veio sobre Cornélio e sua casa imediatamente depois que Pedro fez a declaração que οἱ προφῆται μαρτυροῦσιν ἄφεσιν ἁμαρτιῶν λαβεῖν διὰ τοῦ ὀνόματος αὐτοῦ...(10.43). Os paralelos conceituais com 10.44-45, 11.17-18 e, acima de tudo, 15.8-9 são impressionantes: ao derramar o Espírito de profecia sobre os gentios, Deus testifica que eles receberam o ἄφεσιν ἁμαρτιῶν.

[747] O perdão (ἄφεσις) é atribuído a Jesus (At 5.31; 13.38), ao nome de Jesus (Lc 24.47; At 2.38; 10.43) e à fé em Jesus (26.18). Veja também Lucas 1.77; 3.34.18(2x)

[748] Hill, *New Testament Prophecy,* pp. 96-97.

[749] E. Käsemann, "The Disciples of John the Baptist in Ephesus", em *Essays on New Testament Themes* (1964), pp. 136-148.

ceberam o mesmo dom concedido aos discípulos judeus no Pentecostes (10.47; 11.15,17; 15.8). Conforme observei, o significado que Pedro atribui ao dom como sinal da aceitação de Deus é baseado na natureza profética do dom. De fato, a manifestação do dom profético em meio aos gentios é o acontecimento culminante de uma série de intervenções divinas que servem para iniciar e validar a missão entre os gentios. Já que essa é a preocupação central de Lucas, ele não explica nesse momento e com maiores detalhes o significado do dom para a atividade missionária dessa comunidade cristã recém-formada. No entanto, podemos supor que o grupo profético em Cesareia, assim como as comunidades de Samaria e Antioquia, participou, em virtude do dom pneumático, efetivamente da tarefa missionária (cf. 18.22; 21.8).

2.5 ATOS 18.24-28; 19.1-7

O registro de Lucas das origens da Igreja em Éfeso inclui as perícopes enigmáticas e intimamente relacionadas que lidam com Apolo (18.24-28) e os discípulos efésios (19.1-7). A descrição incomum de Apolo como um poderoso evangelista κατηχημένος τὴν ὁδὸν τοῦ κυρίου ("instruído no caminho do Senhor") e que também conhecia μόνον τὸ βάπτισμα Ἰωάννου ("somente o batismo de João") é comparada com o retrato peculiar dos doze efésios como μαθηταί ("discípulos"), que não receberam nem o batismo cristão, nem o dom do Espírito. Esses textos desconcertantes provocaram uma variedade de explicações.

E. Käsemann sugeriu que Lucas, escrevendo em um momento em que a Igreja estava lutando contra os hereges, modificou suas fontes a fim de apresentar uma imagem idealizada de uma Igreja sem divisão, unificada sob a autoridade dos apóstolos.[750] De acordo com Käsemann, a passagem de Atos 18.24-28 se baseia em uma tradição que contava as façanhas de Apolo, um notável missionário cristão autônomo. A fim de

---

[750] E. Schweizer, "Die Bekehrung des Apollos, Apg 18,24-26", em *Beitrdge zur Theologie des Neuen Testaments: Neutestamentliche Aufsatze (1955-1970)* (1970), pp. 71-79.

associar Apolo à *una sancta apostólica,* Lucas o descreveu como alguém que não tinha muito conhecimento e que carecia de correção pelos companheiros de Paulo. A desvalorização de Apolo foi realizada pela criação de 18.25c, um procedimento sugerido a Lucas pela tradição subjacente a 19.1-7 que narrava a conversão de membros da seita batista que "conheciam apenas o batismo de João".

Lucas ampliou os vínculos entre Apolo e os discípulos de João Batista retratando-os como cristãos imaturos. Essa transformação também permitiu que Lucas suavizasse a rivalidade que existia nos primeiros dias entre a comunidade de João Batista e a Igreja. Käsemann afirma que Atos 8.14-17 oferece um paralelo com esse viés na escrita de Lucas.

A tese de Käsemann foi criticada por Eduard Schweizer, dentre outros.[751] Apontando para Atos 15.39, 21.20, 21 e para a omissão de Lucas de qualquer referência significativa à coleção de Paulo para a Igreja de Jerusalém (27.11-30; 24.17; cf. Gl 2.10), Schweizer desafia a alegação de Käsemann de que Lucas apresenta um quadro idealizado da Igreja unificada sob a direção de Jerusalém. Schweizer também questiona o tratamento de Käsemann com relação a Atos 8.14-17, 18.24-28 e 19.1-7. Ele afirma que essas perícopes, em vez de refletir algum viés teológico em particular, foram moldadas por uma série de fatores. O texto de Atos 8.14-17 é produto de uma combinação de duas fontes. As características peculiares de Atos 18.24-28 são explicadas como um caso de falha na identificação. O relato original traz a conversão de um missionário judeu. No entanto, Lucas interpretou mal τὴν ὁδὸν τοῦ κυρίου e ζέων τῷ πνεύματι como referências ao "ensino de *Jesus*" e "à inspiração do *Espírito Santo*", e assim apresentou Apolo de forma equivocada, como um cristão que simplesmente recebeu mais instruções de Priscila e Áquila. Schweizer observa que, se Lucas tivesse a intenção de descrever a aceitação de Apolo na Igreja *una sancta,* Paulo o teria batizado. Schweizer reconhece que em 19.1-7 Lucas transformou o grupo de discípulos do batismo de João em cristãos imaturos. No entanto, ele insiste que o erro

....
[751] Lüdemann, *Dasfriihe Christentum,* p. 216; Weiser, *Die Apostelgeschichte: Kapitel 13-28,* p. 507; e Pesch, *Die Apostelgeschichte (Apg 13-28),* p. 160.

foi inconsciente. O foco principal do texto é a evolução do batismo nas águas para o batismo espiritual. Assim, Schweizer conclui que Lucas não está interessado em demonstrar que as Igrejas individuais em diversos locais fazem parte da *una sancta apostólica*. O principal objetivo de Lucas, refletido nessas perícopes em diferentes graus, é destacar a continuidade temporal que caracteriza a história da salvação à medida que se move do judaísmo para o cristianismo.

A crítica de Schweizer à tese de Kasemann é reveladora. No entanto, a reconstituição que ele faz da tradição-história de Atos 18.24-28 e 19.1-7 é improvável.[752] Apolo é descrito como um Ἰουδαῖος, mas isso provavelmente indica que ele, como Áquila, era um cristão judeu (18.2; cf. 10.28). Essa sugestão é apoiada pelo fato de Paulo não saber nada sobre a conversão de Apolo por Priscilla e Áquila (cf. 1Co 1.12; 3.4-6,22; 4.6; 16.12). Além disso, a expressão τὴν ὁδὸν τοῦ κυρίου, como grande parte da narrativa, reflete o estilo de Lucas em vez de retratar um *Vorlage judeu*. A expressão ἡ ὁδός é usada frequentemente em Atos com referência à crença e prática cristã (9.2; 19.9, 23; 22.4; 24.14,22), e κύριος naturalmente sugere o Senhor Jesus. A expressão ζέων τῷ πνεύματι, seja lucana ou tradicional, também sugere uma origem cristã (cf. Rm 12.11).

Parece que nem Kasemann, nem Schweizer apresentaram uma explicação satisfatória desses dois relatos. Talvez Lucas tenha sido mais fiel à tradição e à história do que se supõe. Ambos os relatos foram, sem dúvida, significativamente moldados por Lucas, mas esse fato não requer uma avaliação negativa do caráter tradicional e histórico dos elementos essenciais na narrativa. Não é improvável que existisse, predominantemente na Galileia, grupos de discípulos antigos de João Batista que passaram a acreditar em Jesus como Aquele que viria sem receber o batismo cristão (ou seja, em nome de Jesus) ou instruções sobre a natureza e disponibilidade do dom pentecostal.[753] Sendo assim, a narrativa de Lucas é plausível:

---

[752] Marshall, *Acts*, p. 304; Bruce, *Book of Acts*, pp. 381-82, e *New Testament History* (1982), p. 309; Beasley-Murray, *Baptism*, pp. 109-10; Hull, *Acts*, p. 112; Dunn, *Holy Spirit*, pp. 84-85.

[753] Para avaliações semelhantes, veja Lampe, *Seal*, pp. 75-76, e F. Pereira, *Ephesus: the Climax of the Universalism in Luke-Acts* (1983), pp. 106-108.

Apolo foi convertido por um membro de tal grupo; e os doze efésios foram provavelmente convertidos por Apolo. Lucas apresenta os dois relatos a fim de reconstituir as origens da Igreja em Éfeso, a principal conquista da carreira missionária de Paulo. Nessa apresentação conjunta, os dois relatos destacam que, enquanto Apolo serviu como um precursor, Paulo foi o personagem principal no estabelecimento da Igreja em Éfeso. Embora os efésios tenham chegado a acreditar em Jesus (possivelmente através da pregação de Apolo) antes de seu encontro com Paulo, é Paulo quem os convence a expressar seu compromisso com Jesus através do batismo cristão e, posteriormente, ministra a ordenança. O ritual do batismo, como pré-requisito normal para a recepção do Espírito, leva ao clímax da segunda perícope: através da imposição das mãos, Paulo comissiona os efésios como companheiros de trabalho na missão da Igreja, e os doze são, assim, dotados do dom profético.[754]

Dois pontos surgem dessa reconstrução e têm influência direta sobre esse inquérito a respeito da natureza da pneumatologia de Lucas e, portanto, merecem um exame mais aprofundado: (1) os doze efésios, assim como Apolo, eram discípulos de Jesus; (2) como resultado de seu encontro com Paulo, eles se tornaram seus companheiros de trabalho na missão da Igreja.

Uma série de fatores sugere que Lucas via Apolo e os doze efésios como discípulos de Jesus. A posição de Apolo dificilmente pode ser questionada, pois Lucas indica que ele foi "instruído no caminho do Senhor" e ἐδίδασκεν ἀκριβῶς τὰ περὶ τοῦ κυρίου ("ensinava com precisão as coisas concernentes a Jesus", 18.25). A primeira citação indica que, no mínimo, Apolo conhecia os principais pontos do ministério e do ensino de Jesus.[755] Já a segunda, que descreve a pregação de Paulo em 28.31,

---

[754] C.K. Barrett, "Apollos and the Twelve Disciples of Ephesus", em *The New Testament Age* (1984), p. 29; A.M. Hunter, "Apollos the Alexandrian", em *Biblical Studies: Essays in Honour of William Barclay* (1976), p. 148.

[755] Barrett, "Apollos and the Twelve", p. 30. Como Carson sugere, Apolo deve ter tido uma noção da morte e da ressurreição de Jesus (*A manifestação do Espírito,* p. 149).

sugere que Apolo pregou o evangelho cristão.[756] Além disso, a pregação de Apolo foi ministrada sob a inspiração do Espírito (ζέων τῷ πνεύματι).[757] Já que, segundo Lucas, o dom do Espírito não está vinculado ao ritual do batismo, não há contradição em seu retrato de Apolo como um pregador inspirado no Espírito e que ainda não tinha recebido o batismo cristão. Da mesma forma, a experiência que Apolo teve do Espírito Santo não pressupõe uma consciência do acontecimento ou da promessa pentecostal (cf. os capítulos 1 e 2 de Lucas). Portanto, isso não impede seu contato com os discípulos efésios, que não tinham ouvido falar da disponibilidade do Espírito. Pelo contrário, Lucas construiu cuidadosamente a narrativa para destacar a relação entre Apolo e os efésios (cf. 19.1), os quais só conheciam "o batismo de João" (18.25; 19.3).[758] A consequência é que os doze de Éfeso receberam a Cristo pelo ministério do pregador inspirado ativo na mesma cidade. Deve-se, portanto, concluir que, segundo o parecer de Lucas, os efésios eram, como Apolo, discípulos de Jesus. Essa conclusão é apoiada pela descrição de Lucas dos efésios como μαθηταί (19.1), pois, quando ele emprega essa palavra sem qualquer qualificação adicional, sempre se refere aos discípulos de Jesus.[759] Além disso, já que a πίστις consiste na essência do discipulado,[760] a descrição dos efésios como "crentes" (19.2) confirma meus achados.[761]

....

[756] Veja K. Aland, "Zur Vorgeschichte der christlichen Taufe", em *Neues Testament und Geschichte* (1972), p. 6; Lampe, "The Holy Spirit", p. 198; Beasley-Murray, *Baptism,* pp. 110-11; Giles, "Church Order (Part 1)", p. 199.

[757] O verbo aparece com frequência em Atos (10.28; 15.7; 18.25; 19.15,25; 20.18; 22.19; 24.10; 26.26) e sempre com referência ao conhecimento factual em vez de ao compromisso religioso. Sendo assim, a referência em Atos 18.25 se limita a explicar que o conhecimento de Apolo a respeito da prática do batismo se restringia ao ensino de João Batista.

[758] Veja Lucas 9.16, 18, 54; 10.23; 16.1; 17.22; 18.15; 19.29,37; 20.45; 22.39,45; Atos 6.1,2,7; 9.10, 19,26, 38; 11.26, 29; 13.52; 14.20,22,28; 15.10; 16.1; 18.23,27; 19.1, 9, 30; 20.1, 30; 21.4, 16. K. Haacker, "Einige Falle von 'erlebter Rede' im Neuen Testament", *NovT* 12 (1970), p. 75: "Der absolut Gebrauch von wird von alien Auslegern als eine Bezeichnung fur Christen erkannt".

[759] Veja K.H. Rengstorf, *TDNT,* IV, p. 447.

[760] F.F. Bruce, *Commentary on the Book of Acts* (1984), p. 385.

[761] K. Haacker, "Einige Falle von 'erlebter Rede' im Neuen Testament", *NovT* 12 (1970), pp. 70-77.

Várias objeções foram levantadas contra a afirmação de que Lucas considerava os efésios como discípulos de Jesus.

1. K. Haacker afirma que 19.1-3, que contém um dos muitos casos de "erlebter Rede" (monólogo interior) em Lucas-Atos, é escrito a partir da perspectiva de Paulo, e não da realidade como Lucas a percebeu: Paulo inicialmente *pensou* que os efésios eram "discípulos" e "crentes", mas ele rapidamente descobriu que, na verdade, não era o caso.⁷⁶² Todo o argumento de Haacker repousa na suposição de que Lucas não poderia conceber "discípulos" ou "crentes" como alguém que não tenha conhecimento do Espírito Santo.

Ele rejeita Atos 8.15-17 como uma contradição a essa afirmação, insistindo que, "nessa passagem, a conversão ao cristianismo é considerada incompleta até a recepção do Espírito".⁷⁶³ Ainda assim, como eu já notei, Lucas afirma explicitamente que os samaritanos "creram" (8.12) antes de receberem o Espírito — o mesmo ponto que Haacker deve negar para apresentar sua tese de "erlebter Rede" — e, portanto, o argumento de Haacker não se sustenta.

2. J. Dunn também procura minimizar a força da descrição de Lucas em 19.1-3. Ele afirma que Lucas usa o pronome relativo τινας com μαθητής em 19.1, a fim de destacar o isolamento dos efésios com relação à Igreja: "eles são discípulos, mas não pertencem *aos* discípulos".⁷⁶⁴ No entanto, já que Lucas usa o mesmo pronome no singular com μαθητής a fim de descrever Ananias (At 9.10) e Timóteo (At 16.1), devemos rejeitar essa tentativa de diminuir a força da expressão de 19.1. Dunn também insiste que a pergunta de Paulo em 19.2 reflete "suspeita e surpresa": os efésios afirmavam ser homens de fé, mas Paulo questiona se isso era um fato.⁷⁶⁵ O argumento de Dunn nesse momento baseia-se na observação de que o Paulo das epístolas não poderia contemplar a ideia de que os "crentes" estavam sem o Espírito (Rm 8.9; 1Co 12.3; Gl 3.2; 1Ts. 1.5-6; Tt 3,5). No

---

[762] Haacker, "Erlebter Rede", p. 75. A tradução é minha.

[763] Dunn, *Holy Spirit,* pp. 84-85; citação de p. 85 (destaque do autor).

[764] Dunn, *Holy Spirit,* p. 86. Veja também C.B. Kaiser, "The 'Rebaptism' of the Ephesian Twelve: Exegetical Study on Acts 19:1-7". RefR 31 (1977-1978), p. 59.

[765] Weiser. *Die Apostelgeschichte: Kapitel 13-28,* p. 513.

entanto, essa objeção não leva em conta o fato de que a narrativa como existe atualmente (em particular, vv. 2-4) foi significativamente moldada por Lucas. O diálogo entre Paulo e os efésios é uma construção lucana[766] que destaca a necessidade dos efésios de que o Espírito Santo habite neles e de que eles passassem a ser membros da Igreja pelo batismo cristão. Paulo teria, sem dúvida, relacionado a história de forma diferente,[767] pois a possível separação entre a fé e a recepção do Espírito Santo *por si só* se constitui um pressuposto para a pergunta: "Recebestes o Espírito Santo quando crestes" (εἰ πνεῦμα ἅγιον ἐλάβετε πιστεύσαντες, 19.2)?

3. J.K. Parratt afirma que os efésios ouviram a pregação de João Batista de modo indireto e, portanto, embora tivessem recebido "o batismo de João", não tinham entendido todo o seu significado.[768] A tese se baseia em Atos 19.4, em que Paulo relata o significado do ritual de João Batista. Parratt insiste que somente após a instrução paulina os efésios compreendem que João havia proclamado o arrependimento e a fé em Jesus como Messias. Tendo compreendido a verdade, eles acabam sendo batizados. No entanto, tendo em vista as referências anteriores aos efésios como "discípulos" e "crentes", é improvável que 19.4 ("isto é, em Jesus") represente o ensino sobre o qual os efésios até então não sabiam.

Em vez disso, o versículo deve ser visto como um resumo do argumento de Paulo a favor da adequação e da necessidade do batismo em nome de Jesus, um argumento que se baseia no que os efésios já sabiam: Jesus é aquele que João Batista disse que havia de vir.[769] Por esse motivo, Lucas não diz: "creram e foram batizados" (8.12, 13; 18.8; cf. 2.41; 16.14-15, 33-34); ele simplesmente afirma: ἀκούσαντες δὲ ἐβαπτίσθησαν εἰς τὸ ὄνομα τοῦ κυρίου Ἰησοῦ ("Ao ouvir isso, foram batizados em nome do Senhor Jesus", 19.5). A tese de Parratt, assim como a de Haacker e a

---

[766] Possivelmente Lucas tenha resumido um relato mais longo a respeito do acontecimento. De qualquer modo, não precisamos questionar as características essenciais do relato de Lucas: ele se limita a contar a história a partir de sua própria perspectiva teológica.

[767] J.K. Parratt, "The Rebaptism of the Ephesian Disciples", *ExpTim* 79 (1967-1968), pp. 182-183.

[768] Büchsel, *Geist Gottes*, p. 142 (n. 6 da p. 141).

[769] Marshall, *Fundamentos da narrativa teológica de São Lucas*, p. 169.

de Dunn, deve ser rejeitada diante das evidências. Minha conclusão de que Lucas via os efésios como discípulos de Jesus se mantém.

Essa conclusão tem consequências importantes para a presente análise sobre a pneumatologia de Lucas, porque apoia a minha afirmação de que Lucas não vê o dom do Espírito como um elemento necessário na conversão. Na perspectiva de Lucas, a conversão gira em torno do gracioso ato de perdão de Deus (por exemplo, At 5.31-32; 10.43).[770] E, embora a fé acompanhada de arrependimento e o batismo nas águas estejam geralmente bem próximos, em termos de resposta humana a fé e o arrependimento são os elementos decisivos na conversão,[771] pois formam o único pré-requisito para receber o perdão de Deus (Lc 5.20; 24.47; At 3.19; 5.31; 10.43; 13.38; 26.18).[772] Portanto, já que o perdão é dado pela fé, e Lucas considerou os efésios como pessoas de fé (discípulos e crentes) antes de receberem o dom do Espírito, ele não pode ter considerado o dom como o meio pelo qual Deus concedeu perdão aos efésios. Concluindo, Lucas separa a conversão (o perdão concedido em resposta à fé) dos doze efésios de sua recepção do dom do Espírito.

Esta avaliação, com as manifestações proféticas associadas à recepção do Espírito Santo pelos efésios (19.6, ἐλάλουν τε γλώσσαις καὶ ἐπροφήτευον),[773] indica que Lucas via o dom como uma capacitação profética concedida aos convertidos. Além disso, a associação do dom com a imposição das mãos sugere que, segundo Lucas, o dom profético permitiu que os efésios participassem efetivamente na missão da Igreja. O derramamento do Espírito equivale à resposta de Deus à integração que

---

[770] Dunn, *Holy Spirit*, pp. 96-98.

[771] Dunn observa que, enquanto o batismo nas águas nunca é declarado como único pré-requisito para receber o perdão, Lucas fala várias vezes sobre o arrependimento ou a fé como a única exigência (*Holy Spirit*, p. 97).

[772] A expressão ἐλάλουν τε γλώσσαις denota a fala ininteligível, porém inspirada; sob o ponto de vista de Lucas, constitui um tipo especial de profecia (veja também At 2.17). Mesmo assim, já que προφετεύω expressa uma gama extensa de atividade de elocução que abrange tanto a fala inspirada compreensível (cf. Lc 1.67) quanto a ininteligível, as duas palavras não podem ser consideradas sinônimos (assim também diz Schneider, *Die Apostelgeschichte II. Teil*, p. 264). Nesse exemplo, o verbo ἐπροφήτευον pode indicar formas adicionais de discurso inspirado (inteligíveis) que acompanham o falar em línguas.

[773]

Paulo faz dos efésios ao empreendimento missionário da Igreja (realizado através da imposição de mãos). O dom profético permite que os efésios, assim como os samaritanos e Paulo, cumpram a tarefa para a qual foram comissionados e, nas manifestações proféticas que ele inspira, dá sinais de que os doze fazem parte da comunidade profética.

Minha análise é comprovada pela forma como Lucas destaca o papel estratégico desempenhado pelos discípulos efésios na tarefa missionária. Os discípulos continuaram acompanhando Paulo de perto em Éfeso (19.9, 30; 20.1)[774] e foram, sem dúvida, ativos no notável esforço missionário que ocorreu durante os dois anos em que Paulo permaneceu nessa cidade (19.10). Tendo em vista a acusação dada em 20.28, podemos supor que os doze efésios formaram, no mínimo, parte dos "anciãos da Igreja" em Éfeso (20.17) que viajaram a fim de Mileto para ouvir o discurso de despedida de Paulo.[775] O próprio encargo: "Olhai, pois, por vós e por todo o rebanho sobre que o Espírito Santo vos constituiu bispos [...]" (v. 28) sugere que o Espírito se deparou com os doze efésios (19.6) a fim de equipá-los para a tarefa que estava à frente — uma tarefa que, no seu caso, incluía dar andamento ao trabalho na região de Éfeso, que Paulo havia iniciado. Portanto, a perspectiva de Lucas é que o dom do Espírito recebido pelos efésios era o mesmo dom recebido pelos samaritanos, por Paulo, pela casa de Cornélio e pelos discípulos em Jerusalém no dia do Pentecostes. Em cada caso, o Espírito vem sobre o indivíduo ou grupo como uma capacitação profética, permitindo que aquele que o recebe participe efetivamente da missão que foi confiada ao povo profético de Deus.

---

[774] Pereira, *Ephesus*, p. 112.

[775] Essa sugestão é apoiada pelo fato de que Paulo se dirige aos anciãos de Éfeso "do mesmo modo que aqueles que tinham acabado de se converter, que tinham estado com Paulo desde o primeiro dia" (Haenchen, *Acts*, p. 590; veja 20.18). É possível também que a referência em 19.7 ao número dos discípulos ser cerca de doze é o modo de Lucas destacar que esses homens formavam o núcleo da Igreja em Éfeso.

CONCLUSÃO

Esta análise de Lucas e Atos revelou que Lucas retrata de modo coerente o dom do Espírito como uma capacitação profética que permite a quem o recebe cumprir uma tarefa ordenada por Deus. Desde o início de sua obra de dois volumes, Lucas destaca a dimensão profética da atividade do Espírito Santo. A abundância de discursos inspirados pelo Espírito Santo nas narrativas da infância anuncia a chegada da era do seu cumprimento (Lc 1.41-42,67-79; 2.25-26). Essa era é marcada pela atividade profética de João Batista, pelo ministério de Jesus e pela missão de sua Igreja, todos realizados pelo poder do Espírito Santo. João Batista, que era cheio do Espírito desde o ventre de sua mãe (Lc 1.15, 17), antecipa o início do ministério de Jesus. Ao elaborar cuidadosamente sua narrativa, Lucas amarra seu relato da unção pneumática de Jesus (Lc 3.22) com o anúncio dramático de Jesus em Nazaré (Lc 4.18-19), e assim indica que o Espírito foi derramado sobre Jesus na Jordânia, a fim de equipá-lo para sua tarefa como arauto messiânico. Os paralelos literários entre a descrição da unção de Jesus no rio Jordão e a dos discípulos de Pentecostes sugerem que Lucas interpretou o último acontecimento à luz do primeiro: o Espírito Santo se deparou com os discípulos em Pentecostes para equipá-los para sua vocação profética.

Esse julgamento é apoiado pela profecia de João Batista sobre o batismo vindouro com Espírito e com fogo (Lc 3.16), pois Lucas interpreta a atividade selecionadora do Espírito sobre a qual João profetizou como tendo sido realizada durante a missão da Igreja, que é dirigida e capacitada pelo Espírito Santo (At 1.5, 8). Esse fato é confirmado pela narração que Lucas faz do acontecimento pentecostal (At 2.1-13), pela sua interpretação desse acontecimento à luz de sua versão ligeiramente modificada de Joel 3.1-5a (LXX) e pela sua descrição posterior da Igreja como uma comunidade profética empoderada pelo Espírito. Seja no caso de João no ventre de sua mãe, de Jesus no rio Jordão, ou dos discípulos de Pentecostes, o Espírito Santo vem sobre todos eles como fonte de inspiração profética, concedendo uma visão especial e um discurso inspirador.

O caráter principal da pneumatologia profética de Lucas é particularmente evidente em sua modificação da tradição primitiva da Igreja. O detalhamento de Lucas, particularmente por meio da sua integração da palavra δύναμις na tradição do nascimento de Jesus pelo Espírito Santo, sua omissão da frase ἰάσασθαι τοὺς συντετριμμένους τῇ καρδίᾳ da citação de Isaías 61.1-2 (LXX) em Lucas 4.18-19 e sua edição da tradição que fala sobre a controvérsia a respeito de Belzebu (Lc 11.20; 12.10) refletem sua convicção de que a atividade do Espírito Santo não pode ser separada da inspiração profética.

Enquanto a Igreja Primitiva, seguindo os passos de Jesus, ampliou as funções tradicionalmente atribuídas ao Espírito Santo no judaísmo do século I e, assim, apresentou o Espírito Santo como fonte de poder de operar milagres, Lucas manteve a compreensão judaica tradicional do Espírito como fonte de uma visão especial e do discurso inspirado.

Lucas, de acordo com a Igreja Primitiva, não apresenta o recebimento do Espírito como algo necessário para que alguém ingresse ou permaneça na comunidade da salvação. Assim, na perspectiva de Lucas, os discípulos recebem o Espírito não como uma fonte de purificação nem de uma nova capacidade de manter a lei, muito menos como o vínculo essencial pelo qual eles (cada indivíduo) estão ligados a Deus, tampouco como uma amostra da salvação que está por vir; em vez disso, os discípulos recebem o Espírito como um *donum profético superadditum* que lhes permite participar efetivamente da tarefa missionária da Igreja. Por essa razão, o dom do Espírito é recebido principalmente em benefício do próximo.

Portanto, com relação à pneumatologia, Lucas tem mais em comum com a Igreja Primitiva do que com Paulo ou com os escritores cristãos posteriores que refletem o contato com a perspectiva de Paulo segundo a dimensão soteriológica da obra do Espírito Santo (por exemplo, João e alguns dos Pais Apostólicos).[776] Esse fato, com o caráter judaico da pneumatologia de Lucas, sugere que Lucas-Atos foi escrito em uma data relativamente precoce (70-80 d.C.). Essa avaliação também se baseia no caráter entusiasmado da pneumatologia de Lucas. Longe de representar uma perspectiva "católica primitiva" ou uma forma de "institucionalização" do Espírito, na perspectiva de Lucas o Espírito, frequentemente concedido soberanamente por Deus ou por figuras fora do círculo apostólico, transforma toda a comunidade cristã em um grupo de profetas.

Lucas também antecipou que o espírito profético inspiraria a Igreja de sua época (Lc 11.13; 12.10-12; At 2.38-39), como tinha feito a Igreja do passado (por exemplo, em At 2.4). À luz desse fato, eu sugeriria que uma das razões pelas quais Lucas escreveu foi oferecer orientação teológica e metodológica para a missão cristã que estava se desenvolvendo. Essa tese explica o destaque de Lucas à validade da missão aos gentios e à necessidade da capacitação do Espírito.

---

[776] Veja, por exemplo, 2Clemente 14.3-5; Carta de Inácio aos Efésios 9.1; Policarpo 14.2; Epístola de Barnabé 11.11; 19.7; Pastor de Hermas 1.3-5; 6.5-7.

PARTE III

A IMPORTÂNCIA DA PNEUMATOLOGIA DE LUCAS: INTRODUÇÃO À PERSPECTIVA PENTECOSTAL

INTRODUÇÃO

As evidências que apresentei têm questionado a suposição que tem guiado grande parte da discussão moderna sobre a pneumatologia da Igreja Primitiva, e particularmente a de Lucas. A maioria dos estudiosos supôs que a Igreja Primitiva, desde seus primeiros dias, via uniformemente o Espírito como a fonte da existência cristã. Minha análise sugere, no entanto, que não era o caso: a pneumatologia da Igreja Primitiva não era tão homogênea quanto a maioria dos principais estudos pós--Gunkel afirmou.

Lucas, em particular, representa uma voz distinta. Ele não só deixa de se referir aos aspectos soteriológicos da obra do Espírito tão proeminente nas epístolas de Paulo, mas também sua narrativa pressupõe uma pneumatologia que exclui essa dimensão. Em vez de apresentar o Espírito como a fonte da existência cristã, Lucas retrata consistentemente o Espírito como a fonte da inspiração profética.

Essa conclusão tem sua devida importância para a reflexão teológica contemporânea e a vida espiritual, e é especialmente relevante para aqueles que têm dificuldades com a ascensão do movimento pentecostal. Duas questões em particular vêm à mente. Os pentecostais clássicos há muito tempo afirmam um batismo no Espírito Santo (At 1.5; 2.4) "distinto e posterior à" conversão, e que a glossolalia é a "evidência física inicial" dessa experiência.⁷⁷⁷ Essas duas afirmações relativas ao batismo no Espírito geraram considerável discussão e controvérsia.

No entanto, grande parte da discussão tem sido baseada na suposição fraca que acabamos de mencionar. Como a minha reavaliação do caráter da pneumatologia cristã primitiva influencia essa discussão? Mais especificamente, quais são as implicações da pneumatologia distinta de Lucas para esses princípios da doutrina pentecostal? Nos dois capítulos seguintes procurarei responder a essas perguntas. O capítulo 12 se concentra na questão da "subsequência" e dialoga com partes relevantes do livro recente de Gordon Fee, *Gospel and Spirit* (Evangelho e Espírito).⁷⁷⁸ O capítulo 13 centra-se na questão da "evidência inicial" e interage com vários artigos do livro editado por Gary McGee, *Evidência inicial.*⁷⁷⁹

---

⁷⁷⁷ *Minutes of the 44th Session of the General Council of the Assemblies of God* (Portland, Oregon, 6-11 August 1991), pp. 129-30.

⁷⁷⁸ G.D. Fee, *Gospel and Spirit: Issues in New Testament Hermeneutics* (1991).

⁷⁷⁹ G. McGee (ed.), *Evidência inicial.* Natal: Editora Carisma (2019).

CAPÍTULO 12

A questão da segunda bênção

Desde os primeiros dias do moderno renascimento pentecostal, os pentecostais proclamaram que todos os cristãos podem, de fato, experimentar um batismo do Espírito Santo "distinto e posterior à experiência de novo nascimento".[780] Essa doutrina da subsequência fluiu naturalmente da convicção de que o Espírito se deparou com os discípulos em Pentecostes (At 2) não como fonte de nova existência de pacto, mas sim como fonte de poder para testemunha eficaz. Embora proeminentes pensadores cristãos, como R.A. Torrey e A.J. Gordon, também defendessem um batismo do Espírito Santo após a conversão, os teólogos bíblicos mais recentes rejeitaram em grande parte a doutrina da subsequência, particularmente em sua forma pentecostal. Influenciados sobretudo pela obra fundamental de James Dunn, *Baptism in the Holy Spirit* (Batismo no Espírito Santo), os não pentecostais geralmente equipararam o batismo do Espírito Santo à conversão. Os não

---

[780] *Minutes of the 44th Session of the General Council of the Assemblies of God*, p. 129.

pentecostais veem assim o batismo no Espírito como condição *sine qua non* da existência cristã, o elemento essencial na conversão-iniciação.[781]

Embora durante anos os pentecostais e os não pentecostais estivessem entrincheirados em suas respectivas posições e raramente entrassem em diálogo, desde 1970 essa situação mudou drasticamente. A avaliação simpática, mas crítica, de James Dunn, da doutrina pentecostal (que acabamos de mencionar), marca um divisor de águas no pensamento pentecostal, pois estimulou uma explosão de reflexão teológica criativa pelos que fazem parte do movimento. Por causa disso, o cenário teológico de hoje é consideravelmente diferente do de vinte anos atrás. No entanto, apesar dessas mudanças significativas, a questão da subsequência ainda permanece prioritária na pauta teológica atual. Esse fato é refletido no mais recente livro de Gordon Fee, *Gospel and Spirit,* que contém dois artigos (publicados anteriormente, mas atualizados) com esta edição.[782] Um ministro pentecostal e notável estudioso bíblico, Fee tem sido um participante ativo e influente no diálogo pentecostal-evangélico pós-Dunn. Enquanto ele fala de dentro da tradição pentecostal, seu ponto de vista geralmente reflete atitudes predominantemente tradicionais. Ofereço a seguinte avaliação da posição de Fee sobre a doutrina da subsequência, com a esperança de que possa destacar as principais questões relacionadas a essa discussão. Especificamente, afirmarei que a discussão de Fee ignora avanços importantes nos estudos do Novo Testamento e pentecostais, e que, quando esses avanços são levados em consideração, a intenção de Lucas de ensinar um batismo no Espírito distinto da conversão (pelo menos logicamente, se não cronologicamente) para cada crente — a essência da doutrina da subsequência — pode ser demonstrada facilmente.

---

[781] Embora os pentecostais representem uma comunidade diversificada, farei uma distinção entre os pentecostais como aqueles que afirmam um batismo no Espírito Santo subsequente à conversão e os não pentecostais como aqueles que não adotam essa posição.

[782] Fee, *Gospel and Spirit.* Os capítulos 6 e 7 são versões atualizadas dos seguintes artigos: "Hermeneutics and Historical Precedent—A Major Problem in Pentecostal Hermeneutics", em *Perspectives on the New Pentecostalism* (1976), pp. 118-132; "Baptism in the Holy Spirit: The Issue of Separability and Subsequence", Pneuma7 (1985), pp.87-99.

1. A crítica da Fee a respeito da posição pentecostal

Fee estabeleceu uma reputação de competência na área da hermenêutica, e sua crítica simpática da doutrina pentecostal da subsequência se concentra em deficiências nessa área. Ele observa que os pentecostais geralmente apoiam sua afirmação de que o batismo no Espírito é distinto da conversão apelando para vários episódios registrados no livro de Atos. Essa abordagem, em sua forma mais comum, recorre à experiência dos samaritanos (capítulo 8 de Atos), a Paulo (cap. 9) e aos Efésios (cap. 19) como modelo normativo para todos os cristãos. Mas Fee, seguindo a liderança de muitos não pentecostais, afirma que essa linha de argumentação repousa em uma base hermenêutica instável. A falha fundamental na abordagem pentecostal seria sua falha em apreciar o gênero do livro de Atos: Atos é uma descrição dos acontecimentos históricos. A menos que estejamos preparados para escolher líderes da Igreja lançando sortes, ou estejamos dispostos a incentivar os membros da Igreja a venderem todas as suas propriedades, não podemos simplesmente supor que uma narrativa histórica particular forneça alguma base para a teologia normativa. A preocupação de Fee é legítima: como distinguir entre os aspectos da narrativa de Lucas que são normativos e aqueles que não são?

A resposta de Fee é que o precedente histórico, para "ter valor normativo, deve estar relacionado à intenção do autor".[783] Ou seja, os pentecostais devem demonstrar que Lucas *pretendia* que os vários episódios citados em Atos estabelecessem um precedente para os futuros cristãos. Caso contrário, os pentecostais podem não falar legitimamente de um batismo no Espírito distinto da conversão que é, em qualquer sentido, normativa para a Igreja. De acordo com Fee, é justamente nesse ponto que a posição pentecostal falha.

Ele descreve dois tipos de argumentos oferecidos pelos pentecostais: argumentos da analogia bíblica; e argumentos de precedentes bíblicos. Os argumentos da analogia bíblica apontam a experiência de Jesus no

---
[783] Fee, *Gospel and Spirit*, p. 92.

Jordão (posterior ao seu nascimento milagroso pelo Espírito) e a experiência dos discípulos em Pentecostes (subsequente a João 20.22) como modelos normativos de experiência cristã. No entanto, esses argumentos, como todos os argumentos da analogia bíblica, são problemáticos, porque "raramente pode ser demonstrado que nossas analogias são intencionais no próprio texto bíblico."[784] Essas supostas analogias são particularmente problemáticas para as experiências de Jesus e dos apóstolos — como acontece antes da "grande linha de demarcação", o dia do Pentecostes —; são de um tipo tão diferente de ter experiência cristã, que mal podem ter valor normativo.[785]

Os argumentos do precedente bíblico buscam encontrar um padrão normativo da experiência cristã na experiência dos samaritanos, de Paulo e dos efésios. Fee afirma que esses argumentos também não conseguem convencer, porque não se pode demonstrar que Lucas pretendia apresentar nessas narrativas um modelo normativo. O problema aqui é duplo. Em primeiro lugar, as evidências não são uniformes: no entanto, vemos que, na experiência dos samaritanos e dos efésios, de Cornélio e de sua família, (At 10) parece que eles recebem o Espírito à medida que são convertidos. Em segundo lugar, mesmo quando a subsequência pode ser demonstrada, como acontece com os samaritanos em Atos 8, é duvidoso se isso pode estar ligado à intenção de Lucas. Fee sugere que a intenção primária de Lucas era validar a experiência dos cristãos à medida que o evangelho se espalhava além de Jerusalém.[786]

Isso leva Fee a rejeitar a posição pentecostal tradicional. Ele conclui que um batismo no Espírito distinto da conversão e destinado ao empoderamento não é claramente ensinado no Novo Testamento nem deve necessariamente ser visto como um padrão normativo (muito menos o único padrão) para a experiência cristã.[787] No entanto, essa rejeição da subsequência é, de acordo com Fee, realmente de pouca consequência,

---

[784] Fee, *Gospel and Spirit*, p. 108.
[785] Fee, *Gospel and Spirit*, p. 94.
[786] Fee, *Gospel and Spirit*, p. 97.
[787] Fee, *Gospel and Spirit*, p. 98.

pois a verdade central que marca o pentecostalismo é sua ênfase no caráter dinâmico e poderoso da experiência do Espírito. Se a presença poderosa do Espírito é experimentada na conversão ou depois é, em última análise, irrelevante, e insistir que todos devem seguir "um caminho" é dizer mais do que o Novo Testamento permite.[788] Em suma, Fee afirma que, embora os pentecostais precisem reformular sua teologia, sua experiência é válida.

Antes de passarmos para uma avaliação da posição de Fee, dois princípios precisam ser provados. Em primeiro lugar, embora Fee sugira que sua crítica à subsequência não impacte o essencial do pentecostalismo, essa afirmação é questionável. Deve-se notar que a posição de Fee é teologicamente indistinguível da de muitos outros estudiosos não pentecostais, como a do próprio James Dunn. Sua mensagem essencial é que os pentecostais não têm nada de novo para oferecer ao mundo cristão de forma mais ampla.

Enquanto o fervor pentecostal serve como um lembrete de que a experiência cristã tem uma dimensão dinâmica e poderosa, a teologia que dá definição e expectativa a essa dimensão é rejeitada. Além disso, a crítica de Fee não se limita a questionar a compreensão pentecostal do momento do batismo no Espírito (ou seja, se é experimentado simultaneamente ou após a conversão), mas desafia a compreensão pentecostal dessa experiência em seu nível mais profundo.

A questão central é se o batismo no Espírito Santo no sentido pentecostal (capítulo 2 de Atos) pode ser equiparado à conversão. Quem não é pentecostal afirma que os dois se resumem a uma só experiência, e Fee concorda, embora reconheça que o caráter dinâmico e carismático da experiência (por uma variedade de razões) em nosso contexto moderno muitas vezes é incipiente. A afirmação de Fee, qualificada como ela é, ainda subestima aspectos fundamentais da teologia pentecostal. Os pentecostais, conforme observei, geralmente afirmaram que o propósito do batismo no Espírito é capacitar os crentes para que eles possam ser testemunhas eficazes. Essa compreensão missiológica do batismo no Espírito Santo, enraizada no relato pentecostal dos capítulos 1 e 2 de

---

[788] Fee, *Gospel and Spirit*, p. 111.

Atos, traz uma definição importante à experiência. Em contraste com as descrições vagas de Fee sobre o batismo espiritual como "dinâmico", "poderoso" ou mesmo "carismático", os pentecostais articularam um propósito claro: o poder para a missão. Quando o dom pentecostal é confundido com conversão, esse foco missiológico (e lucano, conforme acrescentaria) se perde.

O pentecostalismo passa a ser um cristianismo com fervor (seja o que for que isso signifique), em vez de ser um cristianismo capacitado para a missão. Além disso, essa indefinição de foco inevitavelmente diminui o senso de expectativa. É sempre possível argumentar, como a maioria dos não pentecostais, que, enquanto todos experimentam a dimensão soteriológica do dom pentecostal na conversão, apenas alguns recebem dons de poder missiológico. O esforço de Fee para manter um senso de expectativa — embora rejeitando a distinção entre batismo no Espírito e conversão — falha nesse momento.

O que importa é o seguinte: se Fee estiver certo, os pentecostais não podem mais proclamar uma capacitação do Espírito que é distinta da conversão e disponível para todos os crentes, pelo menos não com o mesmo senso de expectativa, nem os pentecostais podem afirmar que o objetivo principal desse dom é conceder poder para a tarefa da missão. Resumindo, a doutrina da subsequência articula uma convicção crucial para a teologia e a prática pentecostal: o batismo no Espírito, no sentido pentecostal, é distinto da conversão (pelo menos logicamente, se não cronologicamente). Essa convicção, devo acrescentar, é parte integrante do contínuo senso de expectativa e eficácia do pentecostalismo na missão.

É muito relevante observar um segundo princípio: embora Fee concentre nossa atenção em uma questão importante, a natureza da intenção teológica de Lucas e sua crítica são baseadas em um pressuposto fundamental. Fee afirma repetidamente que "no Novo Testamento a presença do Espírito era o elemento principal da conversão cristã".[789] De fato, Fee declara: "o que devemos entender é que o Espírito era o elemento principal, o ingrediente principal", da nova existência do

---

[789] Fee, *Gospel and Spirit,* p. 98. Veja também pp. 94, 98, 109-17.

pacto.[790] Essa é a perspectiva de Paulo e de Lucas também! Fee afirma com confiança: "Nessa análise das coisas, me parece, todos os estudiosos do Novo Testamento estariam em um consenso geral".[791] Assim, na realidade, o artigo de Fee levanta duas questões importantes: primeiro, Lucas pretendia que o batismo no Espírito Santo fosse um dom distinto da conversão, concedendo poder para o testemunho eficaz, e disponível para cada crente? Além disso, em segundo lugar, será que é verdade que os escritores do Novo Testamento apresentam uniformemente o dom do Espírito como o elemento principal da conversão-iniciação? A parte restante desta análise buscará abordar essas questões. Começarei com a última pergunta, já que isso toca em um pressuposto fundamental para o argumento de Fee.

2. O novo contexto: definindo a questão crucial

Como observado anteriormente, a crítica de Fee à posição pentecostal se baseia em falhas hermenêuticas, particularmente no uso de precedentes históricos como base para o estabelecimento da teologia normativa. Fee demonstra habilmente as fraquezas inerentes aos argumentos pentecostais tradicionais baseados em analogias fáceis ou episódios selecionados de Atos. Aqui, ouvimos um eco da crítica oportuna de James Dunn aos argumentos para a subsequência baseasdo em uma combinação entre João 20.22 e a narrativa de Lucas em Atos.[792] Quando os artigos de Fee originalmente foram publicados, embora tenham sido dolorosos, serviram a um propósito valioso: eles desafiaram os pentecostais a abordar as questões novas e urgentes levantadas por seus irmãos não pentecostais. Essas questões eram ainda mais urgentes, tendo em vista a rápida assimilação do movimento pentecostal na América do Norte pelos evangélicos

---

[790] Fee, *Gospel and Spirit*, p. 114.
[791] Fee, *Gospel and Spirit*, p. 115.
[792] Dunn, *Holy Spirit*, p. 39.

tradicionais, um processo que em meados dos anos de 1970 já estava em plena atuação. Possivelmente por causa de sua posição como alguém "de dentro", Fee foi capaz de dar voz a uma mensagem bem necessária: os pentecostais não podiam mais confiar nos métodos interpretativos do movimento de santidade do século XIX e achar que abordariam de forma eficaz o mundo da Igreja contemporânea — um mundo que, com cada vigor, estava moldando o *ethos* do pentecostalismo.

No entanto, a paisagem teológica que Fee pesquisou em meados dos anos de 1970 e 1980 mudou consideravelmente. Os argumentos simplistas do precedente histórico, embora tenham se constituído o baluarte da teologia pentecostal, haviam sido substituídos por abordagens que dialogam com a hermenêutica moderna. Embora talvez isso não seja inteiramente verdade quando se trata da questão das línguas como evidência inicial, é certamente a defesa da doutrina da subsequência. *A teologia carismática de São Lucas*, de Roger Stronstad, ilustra esse fato. O livro publicado em 1984 marca uma mudança fundamental no pensamento pentecostal. A tese central de Stronstad é que Lucas é um teólogo *em seu próprio direito* e que sua perspectiva sobre o Espírito é diferente — embora complementar a — da de Paulo. Meu próprio estudo da pneumatologia de Lucas corrobora as descobertas de Stronstad.

Nos capítulos anteriores, eu tenho defendido que, ao contrário de Paulo, que frequentemente fala da dimensão soteriológica da obra do Espírito, Lucas nunca atribui funções soteriológicas ao Espírito. Além disso, sua narrativa pressupõe uma pneumatologia que exclui essa dimensão (por exemplo, Lc 11.13; At 8.4-17; 19.1-7). Para dizer positivamente, Lucas descreve o dom do Espírito exclusivamente em carismática (ou, mais especificamente, em termos proféticos) como fonte de poder para o testemunho eficaz. A narrativa de Lucas, então, reflete mais do que apenas uma pauta ou um destaque diferente: a pneumatologia de Lucas é diferente — embora *complementar* — da de Paulo.

Já analisei as evidências que acredito confirmar essa descrição da pneumatologia lucana, e não preciso repetir os dados aqui. No entanto, gostaria de mostrar como essa avaliação da pneumatologia de Lucas fornece uma base bíblica para a doutrina da subsequência.

Do ponto de vista bíblico, a questão-chave é: Qual é a natureza do dom pentecostal (capítulo 2 de Atos)? Conforme observei, é bastante claro que Lucas pretendia que seus leitores entendessem que esse dom (qualquer que seja a sua natureza) estava disponível para (e, de fato, deve ser experimentado por) todos. Fee e praticamente todos os não pentecostais afirmam que esse dom é o elemento principal da iniciação de conversão. Embora a maioria dos não pentecostais reconheça que a habilitação divina é proeminente na narrativa, esse aspecto do relato lucano é geralmente considerado como um reflexo de sua ênfase especial. Supõe-se que Lucas e Paulo compartilhavam essencialmente a mesma perspectiva pneumológica e, portanto, dimensões soteriológicas mais amplas da obra do Espírito também estão presentes. Então, o caráter universal do dom pentecostal é facilmente explicado: todos devem experimentar o dom, porque é o meio pelo qual as bênçãos do novo pacto são mediadas.

No entanto, a descrição da pneumatologia lucana descrita acima desafia essa avaliação não pentecostal do dom pentecostal. Portanto, já que Lucas vê o dom do Espírito exclusivamente em termos proféticos, não é possível associar o dom pentecostal à conversão ou salvação. De fato, colocando o relato pentecostal no quadro da teologia distinta de Lucas a respeito do Espírito Santo, os pentecostais são capazes de argumentar com força considerável que o Espírito se deparou com os discípulos em Pentecostes não como a fonte da nova existência do pacto, mas sim como fonte de poder para o testemunho eficaz. Além disso, como o dom pentecostal tem um caráter profético em vez de soteriológico, deve ser distinguido do dom do Espírito que Paulo associa à conversão-iniciação. Logo, esse é um forte argumento para a doutrina de subsequência — ou seja, que o batismo no Espírito (no sentido pentecostal ou lucano) é logicamente distinto da conversão. A distinção lógica entre a conversão e o batismo no Espírito Santo é um reflexo da teologia distinta que Lucas apresenta a respeito do Espírito Santo.

Note que esse argumento não se baseia em analogia bíblica nem no precedente histórico. Não busca demonstrar que os discípulos receberam o Espírito, pelo menos da perspectiva de Lucas, antes de Pentecostes. Também não depende de passagens isoladas do livro de Atos. Em vez disso, a partir do escopo completo do trabalho de dois volumes de Lucas, ele se concentra na natureza da pneumatologia lucana e, a partir dessa estrutura, busca entender o caráter do dom pentecostal. A avaliação de que o dom é distinto da conversão está enraizada na função do dom: ele fornece poder para o testemunho, não a justificação, muito menos a purificação. A base para seu caráter normativo é o caráter universal do dom estabelecido na narrativa lucana em vez de partir de um precedente histórico.

Tudo isso indica que a crítica de Fee à hermenêutica pentecostal, focada em apelos ingênuos ao precedente histórico, não aborda a questão crucial de hoje: Será que Lucas, de forma semelhante a Paulo, apresenta o Espírito como fonte de nova existência do pacto? Fee, como eu notei, assume que é o caso, e declara confiantemente que, nesse ponto, "todos os estudiosos do Novo Testamento" concordariam. No entanto, essa declaração confiante, muito além do meu próprio estudo, ignora um grupo significativo de estudiosos do Novo Testamento. Há mais de um século, Herman Gunkel chegou a conclusões muito diferentes; e ele tem sido seguido nos anos mais recentes por E. Schweizer, D. Hill, G. Haya-Prats e Max Turner: todos eles escreveram obras que destacam o caráter distintivo da pneumatologia de Lucas.[793] A verdadeira questão não se concentra na hermenêutica e no precedente histórico, mas sim na exegese e na natureza da pneumatologia lucana.

A questão da intenção de Lucas, que paira de forma tão importante no argumento de Fee, claramente está subordinada à questão mais fundamental descrita anteriormente. Já que minha descrição da pneumatologia "distinta" de Lucas é precisa, então a intenção de ensinar um batismo no Espírito Santo distinto da conversão para empoderamento é facilmente demonstrada: basta definir que a narrativa lucana foi projetada para encorajar cada cristão a receber o dom pentecostal. Além disso, já que Lucas destaca Pentecostes como um cumprimento da profecia de Joel sobre um derramamento do Espírito sobre "toda a carne" (At 2.17-21), isso parece

---

[793] Gunkel, *Die Wirkungen;* Schweizer, πνευμα; Hill, *Greek Words;* Haya-Prats, *Force;* e Turner, "Luke and the Spirit".

ser evidente. De acordo com Lucas, a comunidade de fé é, pelo menos potencialmente, uma comunidade de profetas; e era sua expectativa que esse potencial seria realizado na Igreja de seu dia como havia sido no passado (Lc 3.16; 11.13; 2.38-39).

3. A pneumatologia distintiva de Lucas: uma resposta às objeções evangélicas

Fee não fica sozinho em sua falha na abordagem da questão principal da atualidade. Dois pressupostos comumente mantidos impediram muitos não pentecostais evangélicos de considerar o caráter marcante da pneumatologia lucana. O primeiro pressuposto está associado à inspiração das Escrituras; o segundo decorre da convicção da maioria dos evangélicos de que Lucas viajou com Paulo. Primeiro abordarei a objeção teológica e depois seguirei para a histórica.

Muitas vezes se supõe que, já que o Espírito Santo inspirou cada um dos vários autores do Novo Testamento, todos eles devem falar com uma só voz, ou seja, cada autor bíblico deve compartilhar a mesma perspectiva teológica. Assim, falar da pneumatologia distinta de Lucas é questionar o caráter divino e normativo das Escrituras.

No entanto, será que uma visão evangélica tradicional das Escrituras exige essa perspectiva? Em seu artigo útil, "An Evangelical Approach to Theological Criticism" [Uma abordagem evangélica tradicional à Crítica Teológica], I. Howard Marshall ressalta que uma doutrina conservadora das Escrituras assume que "as Escrituras como um todo são harmoniosas".[794] No entanto, ele observa que essa suposição não exclui diferenças teológicas entre os vários autores bíblicos. Em vez disso, sugere que as diferenças existentes são "diferenças no desenvolvimento harmonioso em

---

[794] I.H. Marshall, "An Evangelical Approach to 'Theological Criticism'", *Themelios* 13 (1988), p. 81.

vez de contradições irreconciliáveis".[795] Portanto, gostaria de sugerir que uma visão elevada das exigências das Escrituras não se refere a dizer que Lucas e Paulo têm a mesma perspectiva pneumatológica, mas sim que a pneumatologia distinta de Lucas é, em última análise, reconciliável com a de Paulo, e que ambas as perspectivas podem ser vistas como contribuindo para um processo de desenvolvimento harmonioso.

É imperativo notar que, quando falo da pneumatologia distinta de Lucas, não estou afirmando que a perspectiva de Lucas é irreconciliável com a de Paulo. Pelo contrário, pretendo sugerir que as pneumatologias de Lucas e Paulo são diferentes, mas compatíveis; e as diferenças não devem ser confundidas, pois ambas as perspectivas oferecem uma visão valiosa do trabalho dinâmico do Espírito Santo. Claramente Paulo tem a visão mais desenvolvida para perceber toda a riqueza do trabalho do Espírito.

Ele nos ajuda a entender que o Espírito é a fonte da purificação do cristão (1Co 6.11; Rm 15.16), justiça (Gl 5.5, 16-26; Rm 2.29, 8.1-17, 14.17) e comunhão íntima com Deus (Gl 4.6; Rm 8.14-17), bem como fonte de energia para a missão (Rm 15.18-19; Fl 1.18-19). Paulo atesta tanto as dimensões soteriológicas quanto as proféticas (bem como carismáticas) da obra do Espírito.

A perspectiva lucana é menos desenvolvida e mais limitada. Ela testemunha unicamente a dimensão profética da obra do Espírito, e assim nos dá um vislumbre de apenas uma parte da visão mais completa de Paulo. No entanto, Lucas, como Paulo, tem uma contribuição importante a fazer. Ele nos chama a reconhecer que a Igreja, em virtude de sua recepção do dom pentecostal, é uma comunidade profética empoderada para uma tarefa missionária. Em suma, não só as perspectivas pneumatológicas de Lucas e Paulo são complementares: ambas representam contribuições importantes para uma teologia bíblica holística e harmoniosa do Espírito.

Isso nos leva a outro ponto importante: se as diferenças entre as perspectivas de Lucas e Paulo não forem reconhecidas, a riqueza total do testemunho bíblico não pode ser compreendida. É por isso que é trágico quando, em nome da inspiração bíblica, a diversidade teológica legítima

---

[795] Marshall, "Theological Criticism", p. 83.

dentro do cânon é repudiada. Devemos examinar os textos bíblicos e ser sensíveis à diversidade teológica que existe, porque as harmonizações, quando são impostas sobre o texto, trazem consequências terríveis e acarretam um preço alto. No caso de Lucas e Paulo, esse preço é o apoio bíblico para uma posição pentecostal no batismo no Espírito.

Os evangélicos geralmente identificam Lucas como aquele que viajou com Paulo. Sendo assim, é compreensível que alguns possam estar inclinados a questionar se a pneumatologia lucana realmente poderia ser diferente da de Paulo. Teria sido possível que Lucas permanecesse influenciado pela perspectiva soteriológica do apóstolo sobre o Espírito?

Eu sugeriria que um exame minucioso de Lucas–Atos revela que foi exatamente isso o que aconteceu. Vários fatores indicam que essa conclusão não deve nos surpreender, embora Lucas, como companheiro de viagem de Paulo, provavelmente tenha passado um tempo considerável com o apóstolo. Em primeiro lugar, é geralmente reconhecido que Lucas não estava familiarizado com nenhuma das epístolas de Paulo.[796] Assim, o contato de Lucas com a teologia de Paulo foi provavelmente limitado a conversas pessoais ou fontes secundárias (orais ou escritas). Também é bastante provável que Lucas não conhecesse as epístolas de Paulo porque elas ainda não eram amplamente acessíveis ou reconhecidas em setores não paulinos da Igreja. Isso sugere que a perspectiva de Paulo ainda não tinha influenciado significativamente esses elementos mais amplos e não paulinos da Igreja Primitiva.

Em segundo lugar, já que outros aspectos da teologia de Paulo não influenciaram Lucas significativamente, minha sugestão é ainda mais plausível. Um exemplo da independência teológica de Lucas com relação a Paulo (ou seja, que ele não imita Paulo) pode ser encontrado em sua lógica a respeito da salvação. Enquanto Lucas destaca que a salvação é

---

[796] M. Hengel, *Acts,* pp. 66-67; J.C. O'Neill, *The Theology of Acts in its Historical Setting* (1970), p. 135; C.K. Barrett, "Acts and the Pauline Corpus", *ExpTim* 88 (1976), pp. 2-5; e R. Maddox, *The Purpose of Luke-Acts* (1982), p. 68. Com certeza, Paulo menciona Lucas em Colossenses 4.14; Filemom v. 24; 2 Timóteo 4.11, todos provavelmente escritos em Roma. Embora isso sugira que Lucas sabia que Paulo tinha escrito essas epístolas, tal fato não indica que Lucas as viu ou as leu. Além disso, já que Lucas-Atos não revela nenhum contato com as epístolas (citações ou referências), é improvável que Lucas as tenha lido.

encontrada em Jesus porque ele é Senhor e Messias, ele não desenvolve da mesma maneira que Paulo as consequências completas da cruz como meio de salvação.⁷⁹⁷ Novamente vemos que as perspectivas de Lucas e Paulo se complementam: elas nos levam de forma conjunta a uma compreensão mais profunda e completa da verdade.

Em terceiro lugar, os resumos de Lucas da pregação de Paulo — geralmente vistos como representações precisas do evangelho de Paulo por aqueles que afirmam que Lucas viajou com Paulo — não contêm nenhum traço da pneumatologia soteriológica de Paulo. Isso indica que, se, como é mais provável o caso, Lucas ouviu Paulo pregar ou entrou em discussões com o apóstolo, e, assim, chegou a uma compreensão precisa de seu evangelho, é inteiramente possível, de fato provável, que ele o fez sem chegar a um acordo com a perspectiva pneumatológica mais completa de Paulo.

Esses pontos são oferecidos como um desafio para deixar o texto de Lucas-Atos falar por si mesmo. O que quer que pensemos desses pontos específicos, um fato é inegável: as suposições sobre até que ponto Lucas foi influenciado por Paulo devem ser julgadas à luz das evidências que temos disponíveis para nós, não sobre a especulação do que poderia ter sido.

4. Conclusão

Os pentecostais estão buscando chegar a um acordo com as dimensões mais amplas, mais recentes e, em grande parte, evangélicas de sua herança. O recente livro de Gordon Fee, *Gospel and the Spirit,* representa a busca de um estudioso respeitado. Na época em que os ensaios contidos neste livro foram originalmente escritos, eles forneceram um serviço valioso. Também ajudaram os pentecostais a reconhecer sua necessidade de abordar as novas e urgentes questões levantadas por seus irmãos não pentecostais. A busca de Fee encorajou outros a fazer a viagem. No entanto, o cenário

---

797 Marshall, *Fundamentos da narrativa teológica de São Lucas.* Natal: Editora Carisma, 2019, p. 175.

teológico mudou consideravelmente desde a publicação inicial dos artigos de Fee. Embora esses artigos tenham sido atualizados, eles não mostram uma consciência do novo terreno. Assim, abordam preocupações que têm pouca relevância.

Hoje, a questão crucial não se concentra na hermenêutica e no precedente histórico, mas sim na exegese e na natureza da pneumatologia lucana. Se Fee e os estudiosos não pentecostais quiserem dialogar significativamente com a pesquisa pentecostal contemporânea, eles precisarão abordar essa questão.

CAPÍTULO 13

As línguas como evidência do batismo no Espírito Santo

1. Uma história em duas perguntas

No capítulo anterior, sugeri que os pentecostais lançaram uma nova luz sobre uma questão extremamente importante: Qual é a natureza do dom pentecostal? Focamos agora nossa atenção em uma segunda pergunta distinta: Qual é a natureza da relação entre línguas (glossolalia) e o dom pentecostal? É imperativo reconhecer que são duas questões diferentes. De fato, grande parte da confusão em torno dessas questões decorre da falha em enxergar essa distinção. Por um lado, esse fracasso levou muitos pentecostais erroneamente a equiparar o dom pentecostal com línguas. Por outro lado, é a razão pela qual muitos não pentecostais, com uma visão restrita, se concentraram na hermenêutica do precedente histórico e ignoraram a questão fundamental sobre a natureza da pneumatologia de Lucas.

É imperativo distinguir essas questões, porque elas devem ser abordadas e, em última instância, respondidas de formas diferentes. A questão sobre a natureza do dom pentecostal é uma questão de teologia bíblica. É uma pergunta que o próprio Lucas aborda claramente.

De fato, em capítulos anteriores examinei evidências de Lucas-Atos que sustentam minha alegação de que Lucas apresenta consistentemente o dom pentecostal em termos proféticos como fonte de poder para o testemunho eficaz; e, além disso, que ele conscientemente encoraja seus leitores a experimentar esse dom. Aqui a intenção de Lucas é clara. No entanto, a questão das línguas como evidência inicial nos leva ao campo da teologia sistemática. Na teologia bíblica, focamos a agenda dos autores bíblicos. Procuramos ouvir as perguntas que eles levantam e as respostas que eles oferecem. G.B. Caird descreveu adequadamente a tarefa da teologia bíblica como ouvir o diálogo dos autores bíblicos sentados em uma mesa redonda.[798] Na teologia bíblica, ouvimos sua discussão. Em contraste, na teologia sistemática frequentemente começamos com a agenda e as questões do nosso cenário contemporâneo. Trazemos as questões urgentes do nosso dia para o texto bíblico e, à medida que lutamos com as implicações que emergem do texto para nossas perguntas, procuramos respondê-las de forma consistente com a testemunha bíblica. Na teologia sistemática, não nos sentamos passivamente, ouvindo a discussão na mesa redonda. Em vez disso, trazemos nossas perguntas para o diálogo e ouvimos as várias respostas ditas. Em última análise, buscamos integrar essas respostas em uma resposta coerente.

A relação entre as línguas e o batismo no Espírito Santo é uma questão de teologia sistemática. Larry Hurtado observa corretamente que a questão do que constitui "a evidência inicial" de uma pessoa ter recebido o "batismo no Espírito" simplesmente não é levantada no Novo Testamento.[799]

---

[798] L.D. Hurst apresenta um resumo da posição de Caird ("New Testament Theological Analysis", em *Introducing New Testament Interpretation* [1989], p. 145).

[799] L.W. Hurtado, "Normal, mas não normativo: a evidência inicial e o Novo Testamento". Em *Evidência inicial* (2019), p. 241.

No entanto, como observa Hurtado, isso não necessariamente "torna a doutrina inválida" nem indica que a questão sobre a relação entre línguas e batismo espiritual é de teologia sistemática. Larry Hurtado observa corretamente que "a questão do que constitui "a evidência inicial" de uma pessoa ter recebido o "batismo no Espírito" simplesmente não é levantada no Novo Testamento.[800] Lucas, como enfatizo, não é exceção neste momento. Ou seja, nem Lucas nem qualquer outro autor bíblico deliberadamente se propõe a demonstrar que a glossolalia é a evidência física inicial dessa experiência empoderadora (e dimensão da atividade do Espírito) que os pentecostais apropriadamente chamam de "batismo no Espírito Santo".[801]

No entanto, Hurtado continua a sugerir que, neste caso, a doutrina é inválida, mas tratarei suas objeções posteriormente. Por enquanto, é importante notar que não é apenas legítimo, mas muitas vezes necessário trazer nossas perguntas ao texto ou (como Caird poderia colocá-lo) ao diálogo na mesa redonda. Aqui também devemos ouvir atentamente à voz das Escrituras. Embora os autores bíblicos não possam abordar diretamente nossas questões, nosso objetivo é identificar as implicações para nossas questões que emergem das várias perspectivas teológicas que representam.[802]

2. As limitações da teologia bíblica

A doutrina das línguas evidenciais é frequentemente tratada puramente em termos das categorias da teologia bíblica. Isso se aplica às apresentações pentecostais e às avaliações não pentecostais. Os pentecostais têm

---

[800] Hurtado, p. 241.

[801] Fee, "Hermeneutics and Historical Precedent", p. 118-32; veja também "The Issue of Separability and Subsequence", p. 87-99.

[802] Esse é o caso, apesar do artigo excelente de D.A. Johns, "Novas diretrizes hermenêuticas na doutrina da evidência inicial do pentecostalismo clássico", em *Evidência inicial* (2019), pp. 193-218. O artigo de Johns se concentra na metodologia e, assim, por definição, representa uma afirmação provisória.

geralmente apoiado a doutrina argumentando que os vários relatos em Atos apresentam um padrão normativo para a experiência cristã. Embora nem sempre isso seja claramente articulado, existe por trás dessa abordagem a noção de que Lucas conscientemente elaborou sua narrativa a fim de destacar o caráter normativo das línguas evidenciais. No entanto, como Gordon Fee apontou, esse tipo de argumento não foi convincente.[803] No capítulo anterior, notei que a crítica de Fee aos argumentos baseados em precedentes históricos foi significativa, porque desafiou os pentecostais a lidar com esse fato.

A incapacidade dos pentecostais de oferecer um apoio teológico claro à doutrina das línguas evidenciais é demonstrada mais claramente na recente publicação de *Evidência inicial*.[804] Os artigos de Hurtado e J. Ramsey Michaels representam mais elaborações da mensagem básica expressa por Fee há mais de uma década.[805] Os pentecostais não conseguiram convencer porque não foram capazes de demonstrar que Lucas pretendia apresentar nas narrativas-chave de Atos um modelo normativo de experiência cristã. O problema novamente é duplo. Em primeiro lugar, a evidência não é uniforme: se Lucas pretendia ensinar a evidência das línguas como normativas, por que ele não apresenta consistentemente línguas como resultado imediato do batismo espiritual (por exemplo, At 8.17; 9.17-18)? Em segundo lugar, mesmo quando a glossolalia está ligada ao batismo no Espírito Santo, é duvidoso quando essa conexão é feita a fim de apresentar a evidência inicial das línguas como uma doutrina normativa. Em outras palavras, é difícil argumentar que Lucas, ao longo de sua narrativa, pretendia ensinar essa doutrina da mesma forma que ela é articulada pelos pentecostais modernos. Esse não parece ser o seu enfoque.

Conforme observamos acima, devemos ter cuidado para não chegar à conclusão injustificada de que esse julgamento necessariamente invalida

---

[803] Hurtado, "Normal", pp. 241-54, e J. Ramsey Michaels, "Evidências do Espírito ou o Espírito como evidência? Algumas reflexões não pentecostais", em *Evidência inicial,* Editora Carisma, 2019, p. 255-73.

[804] Fee, "Hermeneutics and Historical Precedent", pp. 83-99.

[805] Hurtado, "Normal", p. 191.

a doutrina da evidência inicial das línguas. No entanto, essa é precisamente a conclusão que geralmente é traçada. A razão é claramente articulada por Fee, que sugere que a teologia normativa, nesse momento, deve ser fundamentada na "intenção primária" de Lucas, ou "intenção de ensinar".[806] Mas certamente isso é excessivamente restritivo. Nem todas as questões do ensino normativo estão enraizadas diretamente na intenção do autor. Hurtado observa a ilustração citada a respeito da doutrina da Trindade, que não é ensinada explicitamente no Novo Testamento, mas desenvolvida com base em inferências do ensino bíblico. Não é válido perguntar sobre o caráter da pneumatologia de Lucas, e então ter dificuldade com as consequências que surgem de sua pneumatologia para nossas questões contemporâneas? Apenas "a forma mais grave de biblicismo" negaria a validade desse tipo de exercício.[807]

Um foco exclusivo na "intenção primária" ou "intenção de ensinar" de um autor muitas vezes leva a uma forma de visão limitada que ignora as implicações de um texto individual para a perspectiva teológica do autor. Essa miopia é ilustrada no tratamento de Fee do episódio samaritano em Atos 8.4-17.[808] Ele argumenta que essa passagem é, em última análise, irrelevante para discussões sobre a doutrina da subsequência para a "intenção primária" de Lucas em outro lugar. Agora, a intenção primária da narrativa, como Fee sugere, pode ser enfatizar que a expansão do evangelho além dos limites do judaísmo teve "aprovação divina e apostólica". E, eu concordaria, é improvável que Lucas conscientemente procurou ensinar aqui que o dom do Espírito é normalmente separado da fé salvífica. No entanto, isso não nos permite ignorar as claras implicações da narrativa para a pneumatologia de Lucas. Na verdade, o fato de Lucas separar o dom do Espírito da fé salvífica revela claramente sua distintitiva perspectiva pneumatológica. Paulo não poderia — de fato, não poderia — ter interpretado e narrado o evento dessa forma. Além disso,

---

[806] Gordon Fee, *Entendes o que lês?* (São Paulo: Vida Nova, 2011), pp. 94-96; veja também Fee, *Gospel and Spirit*, p. 97.
[807] Carson, *A manifestação do Espírito*, p. 49-50.
[808] Carson, *A manifestação do Espírito*, p. 117-18.

essa separação refuta a interpretação comumente aceita do dom lucano como "o clímax da conversão-iniciação". Em outras palavras, o valor de uma passagem para avaliar a perspectiva teológica de determinado autor não pode ser reduzido à sua "intenção primária". Uma passagem deve ser compreendida em termos de sua configuração e intenção originais, mas o aporte teológico que carrega pode transcender sua "intenção primária". Cada evidência deve ser levada a sério à medida que buscamos reconstruir a perspectiva teológica do autor bíblico. Isso leva a uma conclusão importante em relação ao método teológico.

A busca pela teologia normativa é muitas vezes uma tarefa dupla, abraçando tanto as disciplinas da teologia bíblica quanto sistemática. Primeiro, devemos reconstruir a perspectiva teológica dos autores bíblicos, permitindo-lhes tomar seus lugares de direito na mesa redonda. Essa tarefa de reconstrução não pode limitar-se a um levantamento da "intenção primária" de passagens isoladas; em vez disso, exige uma análise cuidadosa do significado teológico de toda a obra do autor. Em segundo lugar, depois que a tarefa de reconstrução teológica é concluída, devemos trazer nossas perguntas à mesa e ouvir atentamente o diálogo que se seguiu. Aqui buscamos ouvir as respostas (por inferência) às nossas perguntas que emergem das diversas perspectivas teológicas dos autores bíblicos. Nas seções a seguir, procurarei empregar esse método duplo na tentativa de avaliar a doutrina pentecostal das línguas evidenciais.

3. As contribuições da teologia bíblica

Vamos reunir os autores bíblicos na mesa redonda. Para meus propósitos, Lucas e Paulo serão suficientes. No entanto, antes de levantarmos nossa questão, seria bom simplesmente ouvir. Devemos ouvir a discussão deles sobre assuntos significativos relacionados à manifestação das línguas e à fala profética. Paulo é o primeiro a responder. Embora sua declaração não seja definitiva para nossa pergunta, é significativa, no entanto.

Paulo afirma que *todo cristão pode* — e de *fato deve* — *ser edificado por meio da manifestação privativa das línguas.*

Essa afirmação é significativa, pois alguns sugeriram que Paulo limita o discurso de línguas a alguns da comunidade que foram talentosos. Os comentários de D. A. Carson em *A manifestação do Espírito* são representativos dessa posição.[809] Com base na pergunta retórica em 1Coríntios 12.30 ("Será que todos falam em línguas?"), Carson argumenta que é inapropriado insistir que todos possam falar em línguas: nem todos têm o mesmo dom. Esse princípio é central para Carson descartar as línguas como evidência de uma experiência distinta de pós-conversão. No entanto, Carson não reconhece a complexidade da questão: 12.30 deve ser conciliado com 14.5 ("Eu gostaria que todos vocês falassem em línguas"). Além disso, ele não considera se a referência em 12.30 se limita à manifestação pública das línguas. Se, como o contexto sugere, é o caso, então o caminho está aberto para que cada crente seja edificado pessoalmente por meio da manifestação privada das línguas. É impressionante que Carson não discuta essa opção exegética quando reconhece que, embora todos não sejam profetas (12.29), todos podem profetizar (14.31).[810] O comentário de Paulo em 14.18 ("Dou graças a Deus por falar em línguas mais do que todos vós") com a referência que observamos em 14.5, indica que Paulo considerou a manifestação privada das línguas edificante, desejável e disponível para cada cristão.[811] Parece que Carson interpretou Paulo equivocadamente e restringiu de modo inadequado o discurso de línguas a um grupo seleto dentro da comunidade cristã.

Agora voltamos nossa atenção para Lucas. Sua contribuição é multifacetada. Primeiro, Lucas nos lembra *do caráter profético do dom pentecostal.* Notei que Lucas descreve o dom do Espírito, *exclusivamente,* em termos proféticos, como a fonte de poder para um testemunho eficaz. Ou seja, Lucas não apresenta, de forma análoga a Paulo, o Espírito como agente soteriológico (fonte de purificação, justificativa ou santificação). Se perguntarmos mais especificamente sobre o impacto do Espírito em Atos de Lucas, vemos que a perspectiva de Lucas é bastante semelhante à

---

[809] Carson, *A manifestação do Espírito*, pp. 49-50.
[810] Carson, *A manifestação do Espírito*, pp. 117-118.
[811] Observe também 1Coríntios 14.4: "Aquele que fala em língua edifica-se...".

do judaísmo de sua época. O judaísmo do primeiro século, como notei, identificou o dom do Espírito como a fonte da inspiração profética. Essa visão era dominante para o judaísmo que deu origem à Igreja Primitiva, com o Livro da Sabedoria e os hinos de Qumran fornecendo as únicas exceções. Assim, por exemplo, Isaías 44.3 ("Derramarei meu Espírito sobre a tua posteridade") foi interpretado pelos rabinos como uma referência ao derramamento do Espírito da profecia sobre Israel; e a transformação do coração referida em Ezequiel 36.26-27 foi vista como um pré-requisito para o derramamento escatológico do Espírito, que geralmente é interpretado à luz de Joel 2.28-29 como a restauração do Espírito da profecia.

Como fonte de inspiração profética, o Espírito Santo concede a revelação especial e o discurso inspirado. Essas funções gêmeas são exemplificadas pelos muitos casos em que os rabinos falam em "ver" ou "falar *no Espírito*". Uma citação inicial que observei, o texto de *ARN* A.34, também é ilustrativa: "Por dez nomes o Espírito Santo foi chamado, a saber: parábola, metáfora, enigma, discurso, palavra inspirada, glória, instrução, encargo, profecia e visão".[812] Observe aqui como os vários 'nomes' identificados com o Espírito Santo apresentam revelação carismática (por exemplo, "profecia", "visão") e discurso (por exemplo, "discurso", "instrução", "encargo").

Já afirmei anteriormente que Lucas também apresenta o Espírito como fonte de inspiração profética. Isso é evidente desde o início de seu Evangelho, que traz efusões de discurso profético de Isabel (Lc 1.41-42), Zacarias (Lc 1.67) e Simeão (Lc 2.25-28). Destaca-se nos relatos preparatórios do sermão de Jesus em Nazaré (Lc 4.18-19) e no sermão de Pedro no dia de Pentecostes (At 2.17-18). Ambos os relatos indicam que o dom lucano do Espírito Santo está intimamente ligado ao discurso inspirado. Além disso, as referências ao discurso inspirado no Espírito pontuam a obra de dois volumes de autoria de Lucas (por exemplo, Lc 10.21; 12.10-12; At 4.31; 6.10). Assim, quando Lucas nos lembra do caráter profético do dom do Espírito, ele está de fato afirmando que o dom pentecostal está intimamente ligado ao discurso inspirado.

---

[812] Tradução extraída do livro de J. Goldin, *The Fathers*.

4. As contribuições da teologia sistemática

Estamos agora em posição de ir além das contribuições iniciais e fundamentais da teologia bíblica, e particularmente Paulo e Lucas. Devemos colocar nossas perguntas diante deles: Qual é a natureza da relação entre línguas (glossolalia) e o dom pentecostal? Mais especificamente, as línguas são a "evidência física inicial" do batismo no Espírito Santo (At 1.5; 2.4)?

Paulo deve permanecer em silêncio nesse momento. Já notei que a teologia paulina não está em contradição com as línguas evidenciais. No entanto, uma vez que Paulo não fala especificamente do dom pentecostal, não podemos reconstruir sua contribuição para a discussão neste momento.

Lucas, no entanto, tem muito a dizer. Quanto à questão das "evidências físicas iniciais", pode-se estar inclinado a ouvir em sua resposta uma alusão à revelação carismática e ao discurso inspirado, incluindo expressões inteligíveis e ininteligíveis (glossolalia). Certamente Lucas apresenta o dom pentecostal como fonte de inspiração profética, e essa inspiração inclui todas essas três atividades (revelação carismática, fala inteligível e glossolalia). No entanto, enquanto refletimos sobre a pergunta e ouvimos atentamente, podemos perceber que a resposta de Lucas é mais precisa. Afinal, as "evidências físicas" sugerem sinais visíveis ou audíveis que provam que a pessoa recebeu o dom pentecostal. Assim, podemos, sem mais delongas, eliminar a revelação carismática da resposta de Lucas. A revelação carismática, a menos que proferida de alguma forma, não pode servir como "evidência física", pois carece de uma dimensão visível ou audível. Além disso, como se pode distinguir o discurso inteligível inspirado do que não é inspirado? Embora todos possamos pensar em momentos em que a fala inteligível foi proferida de uma maneira que indicava a inspiração do Espírito (espontânea, edificante, apropriada), a questão é que julgamentos desse tipo são bastante sutis ou aproximados. O falar em línguas, no entanto, devido ao seu caráter incomum e demonstrativo (a própria razão pela qual é muitas vezes caluniado ou superestimado), é particularmente adequado para servir como "evidência". Em suma, se fizermos a pergunta sobre "evidência física inicial" de Lucas, o falar em línguas exclusivamente "se encaixa no relato", por causa de seu caráter intrinsecamente demonstrativo.

Há evidências, além da pneumatologia maior de Lucas, que sugerem que essa conclusão se encaixa na perspectiva de Lucas. O sinal decisivo do favor de Deus sobre os gentios é a recepção do dom do Espírito, manifesto no falar em línguas (At 10.46). É esse sinal que surpreende os companheiros circuncidados de Pedro e resulta em sua instrução para batizar os convertidos gentios (At 10.45-48). Essa ênfase no valor do sinal do falar em línguas está enraizada na pneumatologia profética de Lucas. Já que, de acordo com Lucas, a recepção do Espírito é um privilégio exclusivo dos "servos" de Deus e produz discurso milagroso e audível, o dom de línguas por sua própria natureza fornece uma prova cabal de que os membros não circuncidados da casa de Cornélio passaram a fazer parte da comunidade da salvação. O valor do sinal do falar em línguas também recebe destaque no relato pentecostal (2.4-5, 17-20). Seja pelos lábios de um judeu em Jerusalém ou de um gentio em Cesareia, a manifestação de falar em línguas identifica o orador como um membro da comunidade profética do fim dos tempos.

Estou agora em posição de resumir minhas descobertas. Tenho argumentado que a doutrina das "línguas como evidência inicial", embora não seja claramente encontrada no Novo Testamento, é uma dedução adequada extraída do caráter profético do dom pentecostal e do caráter comprobatório do dom de línguas. Embora essa manifestação, como uma forma de discurso inspirado ou profético, seja parte integrante do dom pentecostal, Paulo faz uma contribuição significativa para a discussão, destacando o caráter potencialmente universal do falar em línguas. Passarei a fazer uma avaliação da minha abordagem e das minhas descobertas.

5. As limitações da teologia sistemática

Minha abordagem para a questão das línguas não se baseia em argumentos de precedentes históricos. Não tenho, com base em uma análise de passagens isoladas do livro de Atos, procurado demonstrar que Lucas pretendia ensinar as línguas evidenciais. Em vez disso, a partir de todo o escopo do trabalho de dois volumes de Lucas, eu me concentrei na natureza da pneumatologia lucana e, a partir desse arcabouço teológico, procurei responder à nossa pergunta contemporânea sobre "evidências iniciais". As evidências significativas de Paulo também foram consideradas. O caráter normativo das línguas probatórias surge não da intenção primária do evangelista, mas sim como uma consequência da pneumatologia profética de Lucas e da perspectiva complementar de Paulo.

Larry Hurtado, como notei, reconhece que as doutrinas não podem ser descartadas simplesmente porque não são ensinadas de forma clara nas Escrituras. A princípio, é válido basear a doutrina em deduções extraídas do texto. Além disso, na prática, embora eu reconheça que a doutrina da Trindade não é explicitamente ensinada nas Escrituras, eu afirmo sua validade. No entanto, Hurtado sugere que a doutrina das línguas evidenciais não pode ser comparada à da Trindade, e que, embora esta seja válida, não seria o caso das línguas evidenciais. O movimento cristão, desde seus primeiros estágios, estava empenhado em tentar entender Deus à luz de Cristo.[813]

Assim, as declarações trinitárias posteriores representam o ápice de um processo que pode remontar à era apostólica. Hurtado contrasta as origens apostólicas do pensamento trinitário com a origem relativamente moderna das línguas evidenciais: "a questão de saber se há um nível separado de empoderamento espiritual após a regeneração, com uma 'evidência' necessária, parece não ser refletida em nenhuma passagem do Novo Testamento".[814]

No entanto, o julgamento de Hurtado precisa de um novo exame. Como notei, uma análise cuidadosa de Atos indica que desde seus primeiros dias a Igreja estava ciente de "um nível separado de empoderamento espiritual após a regeneração". Esse nível de empoderamento foi descrito por Lucas em termos do dom e da promessa pentecostais. Além disso, o

---

[813] Hurtado, "Normal", p. 192.
[814] Hurtado, "Normal", p. 192.

processo de desenvolvimento na compreensão da Igreja Primitiva da obra do Espírito é claramente demonstrado nos escritos de Marcos, Mateus, Lucas, Paulo e João. As evidências sugerem que Paulo foi o primeiro cristão a atribuir significado soteriológico ao dom do Espírito e que sua visão não impactou setores não paulinos da Igreja Primitiva até depois da escrita de Lucas-Atos (provavelmente em torno de 70 d.C.). Isso significa que desde seus primeiros dias a Igreja só conhecia "um nível de empoderamento espiritual subsequente à [ou pelo menos logicamente distinta da] regeneração". A compreensão mais completa de Paulo tinha que ser integrada a essa perspectiva mais primitiva. Isso indica que a doutrina pentecostal do batismo no Espírito também tem raízes apostólicas.

Posso até reconhecer que a "evidência física inicial"[815] é uma formulação teológica relativamente recente. De fato, até a redação da frase é condicionada por circunstâncias históricas. O foco em "evidências" nos lembra de um dia em que o método científico tinha tomado a nossa imaginação. No entanto, essa formulação moderna está relacionada a um processo de desenvolvimento doutrinário que se reflete no Novo Testamento e que tem sido largamente ignorado pelos exegetas modernos. Qual é a natureza do dom pentecostal? Essa pergunta está com a Igreja desde o primeiro dia pentecostal. A pergunta que tenho discutido neste capítulo "Qual é a natureza da relação entre línguas (glossolalia) e o dom pentecostal?", sem dúvida gerou considerável discussão entre os companheiros de Pedro.

Assim, é praticamente certo que ela acompanhou a expansão da Igreja entre os gentios.[816] E parece ser uma pergunta inevitável para aqueles que tentariam conciliar a linguagem de Paulo a respeito dos dons com o dom pentecostal de Lucas. Parece que o pedigree da doutrina pentecostal não é tão pobre quanto Hurtado sugeriria.

Isso não sugere que as formulações pentecostais modernas sejam inspiradas. Todas as formulações teológicas são o produto dos seres

---

[815] P.P. Esler, "Glossolalia and the Admission of Gentiles into the Early Christian Community", *BTB* 22 (1992), pp. 136-42.

[816] A expressão "sinal complementar" seria uma alternativa útil e viável.

humanos e, portanto, para o bem ou para o mal, são tentativas humanas de chegar a um acordo com o significado da Palavra de Deus. Todas essas formulações estão sob o julgamento da Escritura. A frase "evidência física inicial", como todas as formulações teológicas, tem suas limitações. O foco em "evidências" pode facilmente levar a uma confusão entre o dom e o sinal. O dom pentecostal não se resume às línguas. Consiste em um empoderamento que permite ao seu destinatário participar efetivamente na missão de Deus. A manifestação das línguas é uma evidência da dimensão pentecostal da obra do Espírito, mas não do dom em si. Um destaque desordenado nas "evidências" pode resultar em cristãos que, olhando para o passado distante, podem se lembrar do momento em que o "conquistaram", mas para quem a dimensão pentecostal do poder de testemunha é atualmente desconhecida.[817]

No entanto, essa formulação humana também capta apropriadamente o sentimento de expectativa buscado por Lucas e Paulo: o falar em línguas se constitui parte integrante do dom pentecostal, que é edificante e universalmente disponível; portanto, quando se recebe o dom, a manifestação em línguas é *esperada*. Além disso, a manifestação das línguas é um poderoso lembrete de que a Igreja é, em virtude do dom pentecostal, uma comunidade profética capacitada para uma tarefa missionária.

Isso, é claro, não esgota o significado teológico da glossolalia. Frank Macchia, em um artigo estimulante, apela de modo adequado para outra reflexão sobre o significado teológico do falar em línguas.[818] Na minha avaliação, Macchia destaca três áreas de significado especial.

Missiologia: não é significativo que o falar em línguas acompanhe (ou seja um "sinal" decisivo) da iniciativa de Deus em romper barreiras raciais e econômicas?[819]

---

[817] F.D. Macchia, "The Question of Tongues as Initial Evidence: A Review of *Initial Evidence*, edited by Gary B. McGee", *JPT2* (1993), pp. 117-127.

[818] Veja M. Dempster, The Church's Moral Witness: A Study of Glossolalia in Luke's Theology of Acts', *Paraclete* 23 (1989), pp. 1-7.

[819]

Escatologia: a manifestação das línguas nos lembra que nós, como aqueles no primeiro Pentecostes, vivemos nos "últimos dias" — o período da graciosa libertação de Deus que imediatamente precede o Dia do Senhor (At 2.17)— e que Deus nos chamou para fazer parte de seu glorioso plano de salvação.

Eclesiologia: as línguas foram descritas como um "sacramento" pentecostal (um sinal visível de uma realidade espiritual), mas que não está vinculado ao clero ou à instituição, e, portanto, tem um poderoso efeito democratizante na vida da Igreja. É pura coincidência que o falar em línguas tenha frequentemente sido acompanhado de uma visão renovada para o ministério entre os leigos?

6. Conclusão

Tenho afirmado que a doutrina pentecostal das línguas evidenciais é uma dedução adequada extraída do caráter profético da pneumatologia de Lucas (e, mais especificamente, o dom pentecostal) e a afirmação de Paulo do caráter edificante e potencialmente universal da manifestação privada das línguas. Meu argumento pode ser resumido da seguinte forma:

> 1. Paulo afirma que a manifestação privada das línguas é edificante, desejável e universalmente disponível. Em suma, todos devem falar em línguas.
>
> 2. Lucas afirma que o dom pentecostal está intimamente ligado à fala inspirada, da qual a língua-fala é uma forma proeminente, tendo um caráter probatório único.
>
> 3. Portanto, quando se recebe o dom pentecostal, *deve-se esperar* a manifestação das línguas, e essa manifestação das línguas é um sinal exclusivamente demonstrativo (evidência) de que se recebeu esse dom.

Embora a doutrina das línguas evidenciais seja formulada na linguagem moderna e atenda às preocupações contemporâneas, ela está ligada a um processo de desenvolvimento doutrinário que remonta à era apostólica.

De fato, a questão que essa doutrina aborda, sem dúvida, acompanhou a expansão da Igreja entre os gentios e parece ser inevitável para aqueles que tentariam conciliar a linguagem de dom de Paulo com o dom pentecostal de Lucas. A doutrina nos chama a manter um senso bíblico de expectativa, pois nos lembra que a manifestação das línguas é parte integrante do dom pentecostal, edificante e universalmente disponível.

Acima de tudo, a manifestação das línguas é um poderoso lembrete de que a Igreja é, em virtude do dom pentecostal, uma comunidade profética chamada e capacitada a testemunhar ao mundo.

CAPÍTULO 14

Conclusão

Ninguém negaria que Paulo atribui significado soteriológico ao dom do Espírito. Segundo Paulo, a recepção do Espírito permite que alguém entre e permaneça dentro da comunidade da salvação, pois, na perspectiva de Paulo, o Espírito revela a cada cristão o verdadeiro significado da morte e ressurreição de Jesus Cristo, e progressivamente transforma-o na imagem de Cristo. Assim, Paulo declara que o Espírito é a fonte da purificação, da justiça, da comunhão íntima com Deus e da transformação final através da ressurreição.

No entanto, notei que a dimensão soteriológica da atividade do Espírito que forma uma parte tão proeminente da pneumatologia de Paulo aparece raramente na literatura do judaísmo do período interbíblico. A literatura está unida em sua descrição do Espírito como uma capacitação profética.

Como fonte de uma visão especial e da fala inspirada, o Espírito permite que o profeta, sábio ou o próprio Messias cumpram tarefas especiais. Dessa forma, o dom do Espírito é apresentado como um *donum superadditum* em vez de uma necessidade soteriológica. As únicas exceções significativas a essa perspectiva são encontradas em escritos mais antigos: sabedoria e hinos de Qumran.

A dimensão soteriológica está totalmente ausente da pneumatologia de Lucas. De acordo com a perspectiva judaica descrita acima, Lucas retrata de modo coerente o dom do Espírito como uma capacitação profética que permite ao seu destinatário cumprir uma tarefa particular. O Espírito capacita João por causa do seu papel como precursor profético; Jesus, por sua tarefa como arauto messiânico; e os discípulos, por sua vocação como testemunhas. Além disso, vimos que Lucas não só deixa de se referir a aspectos soteriológicos do trabalho do Espírito, mas sua narrativa pressupõe uma pneumatologia que exclui essa dimensão. Portanto, não se pode afirmar que Lucas reconheceu o significado soteriológico do dom pneumático, mas simplesmente optou por destacar as consequências proféticas e missiológicas do dom. A pneumatologia "profética" de Lucas deve ser distinguida da "pneumatologia soteriológicas de Paulo"

Observamos que as tradições da Igreja Primitiva utilizadas por Lucas também não atribuem funções sotenológicas ao Espírito.

Embora a Igreja Primitiva, seguindo a liderança de Jesus, amplie as funções tradicionalmente atribuídas ao Espírito no judaísmo do primeiro século e, portanto, apresente o Espírito como fonte de poder de trabalho milagroso (assim como inspiração profética), a pneumatologia "carismática" da Igreja Primitiva é essencialmente a mesma que a pneumatologia "profética" de Lucas. O dom do Espírito é visto como uma doação para tarefas especiais concedidas àqueles que já estão dentro da comunidade da salvação.

Essas observações sugerem que Paulo foi o primeiro cristão a atribuir funções soteriológicas ao Espírito; e, além disso, que esse elemento soteriológico da pneumatologia de Paulo não influenciou setores mais amplos (não paulinos) da Igreja Primitiva até depois da escrita de Lucas-Atos (70-80). Isso não deve nos surpreender, dado o fato impressionante de que Lucas aparentemente não estava familiarizado com as epístolas de Paulo. Uma vez que outros aspectos distintos da teologia de Paulo não influenciaram significativamente Lucas ou os outros evangelistas sinópticos, essa sugestão é ainda mais crível.

Deve-se, portanto, afirmar que a pneumatologia da Igreja Primitiva não era tão homogênea quanto a maioria dos principais estudos pós--Gunkel tem mantido. Pelo contrário, as evidências indicam que três perspectivas pneumatológicas distintas coexistiram: a pneumatologia "carismática" da Igreja Primitiva, a pneumatologia "profética" de Lucas e a pneumatologia "soteriológica" de Paulo. As diferenças entre as pneumatologias da Igreja Primitiva e Lucas, por um lado, e a perspectiva de Paulo, por outro, são bem definidas.

Essa conclusão tem implicações importantes para a reflexão teológica da Igreja contemporânea. Indica que a tarefa de articular uma teologia bíblica holística do Espírito é mais complexa do que se supõe. Mais especificamente, coloca em questão tentativas de síntese teológica que não explicam adequadamente as distintas perspectivas pneumatológicas da Igreja Primitiva (Marcos, Mateus), e particularmente Atos de Lucas. De fato, à medida que reexaminamos as bases sobre as quais o nosso fazer teológico é construído, somos lembrados de que a Igreja, em virtude de sua recepção do dom pentecostal, é uma comunidade profética capacitada para uma tarefa missionária.

APÊNDICE

O Espírito de Deus em Atos

Das 59 referências ao Espírito de Deus em Atos, 36 estão inequivocamente ligadas à atividade profética. Embora a distinção entre as duas atividades listadas abaixo seja às vezes arbitrária, já que muitas vezes se sobrepõem, o emprego dessas referências de Lucas em Atos pode ser convenientemente resumido da seguinte forma: o Espírito é o agente da fala inspirada (1.8,16; 2.4,14,17, 18, 33; 4,8, 25, 31; 5,32; 6,10; 7,51; 9,31; 10,44, 45; 13.9; 18.25; 19.6; 28.5) e revelação especial através da qual dirige a missão da Igreja (1.2; 7.55; 8.29; 10.19; 11.12,28; 13,2,4; 15,28; 16,6,7; 19,21; 20,22,23; 21,4,11). Com base na minha análise nos capítulos anteriores, pode-se afirmar que a conexão entre o Espírito e a atividade profética está implícita nas 23 referências restantes (1,5; 2,38; 5,3, 9; 6.3,5, 10; 8.15, 17, 18, 19, [39]; 9.17; 10.38,47; 11.15,16,24; 13.52; 15.8; 19.2, 12; 20.28). Quatro grupos de textos são frequentemente citados como prova de que Lucas via o Espírito como a fonte da vida religiosa e ética do cristão;[820] no entanto, esses textos são consistentes com a afirmação feita agora há pouco.

Atos 2.42-47

Como Haya-Prats observa, não há indicação de que Lucas considerou os diversos aspectos da vida comunitária mencionados nesse resumo (assim também 4.31-36; 5.11-16) como sendo o resultado direto da atividade do Espírito.[821]

---

[820] Veja, por exemplo, von Baer, *Der heilige Geist*, pp. 188-90; Bovon, *Luc le theologian*, p. 232; e Dunn. *Holy Spirit*, pp. 50-51.

[821] Haya-Prats, *Force*, pp. 150-156.

Atos 5.1-11

A narrativa de Lucas nesse momento pressupõe que o Espírito da profecia atua em Pedro; assim, ele está ciente do engano perpetrado por Ananias e Safira e descreve-o como uma ofensa contra o Espírito (5.3,9). Embora aqui o Espírito Santo sem dúvida influencie a vida religiosa e ética da comunidade cristã, ele faz isso como o Espírito da profecia, dando voz a revelações especiais que, por sua vez, direcionam as ações dos diversos constituintes da Igreja. O dom do Espírito Santo nunca é apresentado como a principal fonte direta e principal de transformação moral no indivíduo; em vez disso, permanece para Lucas um *donum superadditum* profético que dirige a comunidade (indiretamente através do profeta) em ocasiões especiais.

Atos 6.3, 5,10; 11.24

A descrição dos diáconos como "cheios do Espírito e da sabedoria" e de Estêvão e Barnabé como "cheios de fé e do Espírito Santo" indica que esses homens foram dotados do dom profético (um *Amtscharisma* essencial para o cumprimento de seu chamado) através do qual receberam sabedoria e confiança especiais. Essa sabedoria e fé inspiradas no Espírito permitiram que Estêvão (6.10) e Barnabé (11.23-24) falassem com autoridade.

Atos 13.52

A χαρά ("alegria") neste caso é notável e atribuída ao Espírito Santo, porque é vivenciada diante da perseguição (At 13,50; 14,19-20). Aqui, como em Atos 4.31, o Espírito se depara com um grupo perseguido de discípulos, a fim de equipá-los com ousadia para a tarefa de missão (cf. At 13.49). Lucas provavelmente escreveu Atos 13.52 tendo a promessa de Lucas 12.12 em mente.Esta conclusão não só está bem de acordo com o contexto imediato, mas é sugerida pelo uso de πίμπλημι com o Espírito, que em outros lugares em Atos está sempre associado a uma doação de poder para a missão, resultando em discurso inspirado (2.4; 4.8. 31; 9.17; 13.9; cf. Lc 1.41,67). Os paralelos entre essa declaração sumária e a de Atos 4.31 são particularmente marcantes.

REFERÊNCIAS

ADLER, N., *Das erste christliche Pfingstfest: Sinn und Bedeutung des Pfingstberichtes Apg. 2,1-13* (Munster: Aschendorff'sche Verlagsbuchhandlung, 1938).

ALAND, K., 'Zur Vorgeschichte der christlichen Taufe', in *Neues Testament und Geschichte: Historisches Geschehen und Deutung im Neuen Testament* (FS for O. Cullmann; ed. H. Baltensweiler and B. Reicke; Tubingen: J.C.B. Mohr, 1972), pp. 1-14.

ALEXANDER, P.S., 'Rabbinic Judaism and the New Testament', *ZNW* 74 (1983), pp. 237-246.

ALLEN, L.C., *The Books of Joel, Obadiah, Jonah and Micah* (NICOT; Grand Rapids: Eerdmans, 1976).

ANDERSEN, F.I., '2 (Slavonic Apocalypse of) Enoch', in Charlesworth (ed.), *Pseudepigrapha,* I, pp. 91-221.

ANDERSON, A.A., 'The Use of "Ruah" in 1QS, 1QH, and 1QM', *JSS* 7 (1962), pp. 293-303.

ANDERSON, H., '4 Maccabees', in Charlesworth (ed.), *Pseudepigrapha,* II, pp. 531-64.

BAER, H. von, *Der heilige Geist in den Lukasschriften* (Stuttgart: Kohlhammer, 1926).

BARRETT, C.K., *The Holy Spirit and the Gospel Tradition* (London: SPCK, 1947).

_____'Acts and the Pauline Corpus', *ExpTim*88 (1976), pp. 2-5.

_____'Apollos and the Twelve Disciples of Ephesus', in *The New Testament Age: Essays in Honor of Bo Reicke* (ed. W.C. Weinrich; Macon, GA: Mercer University Press, 1984), I, pp. 29-39.

BAUERNFEIND, O., *Die Apostelgeschichte* (THKNT, 5; Leipzig: Deichert, 1939).

BEASLEY-MURRAY, G.R., *Baptism in the New Testament* (Exeter: Paternoster Press, 1962).

_____'Jesus and the Spirit', em *Melanges Bibliques* (ed. A. Descamps and A. de Halleux; Gembloux: Duculot, 1970), pp. 463-78.

BEHM, J., 'γλῶσσα', *TDNT,* I, pp. 719-27.

BEST, E., 'The Use and Non-Use of Pneuma by Josephus', *NovT* 3 (1959), pp. 218-225.

_____'Spirit-Baptism', *NovT* 4 (1960), pp. 236-43.

BILLERBECK, P., 'Ein Synagogengottesdienst in Jesu Tagen', *ZNW* 55 (1965), pp. 143-161.

BLACK, M. (ed.), *Apocalypsis Henochi Graece* (PVTG, 3; Leiden: Brill, 1970).

_____ *The Book of Enoch* (Leiden: Brill, 1985).

BLOCH, R., 'Methodological Note for the Study of Rabbinic Literature', em *Approaches to Ancient Judaism: Theory and Practice* (ed. W.S. Green; Missoula. MT: Scholars Press, 1978), pp. 51-75.

BOCK, D.L., *Proclamation from Prophecy and Pattern: Lucan Old Testament Christology* (JSNTSup, 12; Sheffield: JSOT Press, 1987).

BORNKAMM, G., *Jesus of Nazareth* (trad. I. McLuskey e F. McLuskey com J.M. Robinson; London: Hodder & Stoughton, 1960).

BOVON, F., *Luc le thlologien: Vingt-cinq ans de recherches (1950-1975)* (Paris: Delachaux & Niestl*. 1978).

_____'Aktuelle Linien lukanischer Forschung', in *Lukas in neuer Sicht* (BTS, 8; Neukirchen-Vluyn: Neukirchener Verlag, 1985). pp. 9-43.

BOWKER, J., *The Targums and Rabbinic Literature* (Cambridge: Cambridge University Press, 1969).

BRANDENBURGER, E., *Fleisch und Geist: Paulus und die dualistische Weisheit* (WMANT, 29; Neukirchen-Vluyn: Neukirchener Verlag, 1968).

BRAUDE, W.G., *The Midrash on Psalms* (2 vols.; New Haven: Yale University Press, 1959).

_____ *Pesikta Rabbati: Discourses for Feasts, Fasts, and Special Sabbaths* (2 vols.; New Haven: Yale University Press, 1968).

BRAUMANN, G.. 'Das Mittel der Zeit', *ZNW* 54 (1963), pp. 117-145.

BROER, I., 'Der Geist und die Gemeinde: Zur Auslegung der lukanischen Pfingstgeschichte (Apg 2,1-13)', *BibLeb* 13 (1972), pp. 261-283.

BROWN, R.E., *The Birth of the Messiah: A Commentary on the Infancy Narratives in Matthew and Luke* (London: Geoffrey Chapman, 1977).

_____'Luke's Method in the Annunciation Narratives of Chapter One', in *Perspectives on Luke-Acts* (ed. C.H. Talbert; Edinburgh: T. & T. Clark. 1978).

BRUCE, F.F., *The Acts of the Apostles: The Greek Text with Introduction and Commentary* (London: Tyndale Press, 1951).

_____ *Commentary on the Book of Acts* (NICNT; repr.; Grand Rapids: Eerdmans, 1984 [1954]).

_____'The Holy Spirit in the Acts of the Apostles'. *Int* 27 (1973), pp. 166-83.

_____'The Speeches in Acts: Thirty Years After', in *Reconciliation and Hope* (ed. R. Banks; Grand Rapids: Eerdmans, 1974), pp. 53-58.

_____ *New Testament History* (Basingstoke: Pickering & Inglis, 1982).

BRUNER, F.D., *A Theology of the Holy Spirit: The Pentecostal Experience and the New Testament Witness* (Grand Rapids: Eerdmans, 1970).

BUBER, S., *Midrasch Tanchuma* (Wilna, 1885).

BUCHSEL, F., *Der Geist Gottes im Neuen Testament* (Gutersloh: C. Bertelsmann, 1926).

BULTMANN, R., *The History of the Synoptic Tradition* (trans. J. Marsh; Oxford: Blackwell, 1968).

_____, *TDNT*, I, pp. 19-21.

BURCHARD, C., *Der dreizehnte Zeuge: Traditions- und kompositionsgeschichtliche Untersuchungen zu Lukas' Darstellung der Fruhzeit des Paulus* (FRLANT. 103; Gdttingen: Vandenhoeck & Ruprecht, 1970).

BURROWS, M., *More Light on the Dead Sea Scrolls* (New York: Viking, 1958).

BUSSE, U., *Das Nazareth-Manifest Jesu: Eine EinfUhrung in das lukanischen Jesubild nach Lk 4,16-30* (SBS, 91; Stuttgart: Katholisches Bibelwerk, 1977).

CARSON, D., *A manifestação do Espírito: A contemporaneidade dos dons à luz de 1Coríntios 12-14* (Vida Nova: São Paulo, 2013).

CHARLES, R.H., *The Book of Jubilees* (London: A. & C. Black, 1902).

_____ *The Book of Enoch* (Oxford: Clarendon Press, 1912).

CHARLESWORTH, J.H. (ed.), *The Old Testament Pseudepigrapha* (2 vols.; London: Darton, Longman, & Todd. 1983, 1985).

CHEVALLIER, M.A., *L'Esprit et le Messie dans le bas-juda'fsme et le Nouveau Testament* (EHPR, 49; Paris: Presses Universitaires de France, 1958).

_____ *Souffle de dieu: Le Saint-Esprit dans le Nouveau Testament* (PTh, 26; Paris: Editions Beauchesne, 1978).

CHILTON, B., 'Announcement in Nazara: An Analysis of Luke 4.16-21',- em *Gospel Perspectives: Studies of History and Tradition in the Four Gospels* (ed. R.T. France and D. Wenham; Sheffield: JSOT Press, 1981). II. pp. 147-72.

COLLINS, J.J., 'Artapanus', in Charlesworth (ed.), *Pseudepigrapha,* II, pp. 889-903.

COLSON, F.H., and G.H. Whitaker. *Philo* (10 vols. and 2 suppl. vols.; ed. R. Marcus; LCL; London: Heinemann, 1929-1962).

CONZELMANN, H., *The Theology of St Luke* (trad. G. Buswell; Philadelphia: Fortress Press. 1961).

_____ *Die Apostelgeschichte* (HNT, 7; Tubingen: J.C.B. Mohr, 1963), ET, Acts of the *Apostles* (Herm; Philadelphia: Fortress Press, 1987).

CRANFIELD, C.E.B.. *The Gospel according to Saint Mark* (CGTC; Cambridge: Cambridge University Press, 5ª ed., 1977).

CROCKETT, L., 'Luke IV. 16-30 and the Jewish Lectionary Cycle: A Word of Caution', *JJS*17 (1966), pp. 13-46.

DANBY, H., *The Mishnah* (Oxford: Clarendon Press, 1933).

DAVIES, W.D., *Paul and Rabbinic Judaism: Some Rabbinic Elements in Pauline Theology* (London: SPCK, 1948).

_____' Paul and the Dead Sea Scrolls: Flesh and Spirit', in *The Scrolls and the New Testament* (ed. K. Stendahl; London: SCM Press, 1958), pp. 157-82.

DAVIS, J.A., *Wisdom and Spirit: An Investigation of I Corinthians 1.18-3.20 against the Background of Jewish Sapiential Tradition in the Greco-Roman Period* (Lanham, MD: University Press of America, 1984).

DELOBEL, J., 'La redaction de Lc., IV, 14-16a et le "Bericht vom Anfang"', em *L'evangile de Luc: Problemes litteraires et theologiques* (Memorial Lucien Cerfaux; ed. F. Neirynck; Gembloux: J. Duculot, 1973), pp. 203-23.

DEMPSTER, M., 'The Church's Moral Witness: A Study of Glossolalia in Luke's Theology of Acts', *Paraclete* 23 (1989), pp. 1-7.

DENIS, A.M. (ed.), *Fragmenta Pseudepigraphorum Quae Supersunt Graeca* (PVTG, 3; Leiden: Brill, 1970).

DERRETT, J.D.M., 'Simon Magus (Act 8.9-24)', *ZNW* 73 (1982), pp. 52-68.

DIBELIUS, M., *A Fresh Approach to the New Testament and Early Christian Literature* (Hertford: Stephen Austin & Sons, 1936).

_____ *Studies in the Acts of the Apostles* (trad. M. Ling; London: SCM Press, 1956).

_____ " The Speeches in Acts and Ancient Historiography', in *Studies in the Acts of the Apostles* (London: SCM Press, 1956).

DIEZ MACHO, A., *Neophyti I* (6 vols.; Madrid: Consejo Superior de Investigaciones Científicas, 1968).

DUNN, J.D.G., *Baptism in the Holy Spirit: A Re-examination of the New Testament Teaching on the Gift of the Spirit in Relation to Pentecostalism Today* (London: SCM Press, 1970).

_____ 'Spirit-Baptism and Pentecostalism', *SJT* 23 (1970), pp. 397-407.

_____ 'Spirit and Kingdom', *ExpTim* 82 (1970), pp. 36-40.

_____ 'Spirit-and-Fire Baptism'. *NovT* 14 (1972), pp. 81-92.

_____ 'I Corinthians 15.45: Last Adam, Life-giving Spirit', in *Christ and Spirit in the New Testament: In Honour of Charles Francis Digby Moule* (ed. B. Lindars and S.S. Smalley; Cambridge: Cambridge University Press, 1973), pp. 127-42.

_____ *Jesus and the Spirit: A Study of the Religious and Charismatic Experience of Jesus and the First Christians as Reflected in the New Testament* (London: SCM Press, 1975).

_____ 'The Birth of a Metaphor: Baptized in the Spirit', *ExpTim* 89 (1977), pp. 134-38, 173-75.

_____ *Unity and Diversity in the New Testament: An Inquiry into the Character of Earliest Christianity* (London: SCM Press, 1977).

_____ '"They Believed Philip Preaching (Acts 8.12)": A Reply', *IBS* 1 (1979), pp. 177-83.

_____ 'Baptism in the Spirit: A Response to Pentecostal Scholarship on Luke-Acts', *JPT* 3 (1993), pp. 3-27.

DUPONT, Jacques, *The Sources of Acts: The Present Position* (trans. K. Pond; London: Darton, Longman & Todd, 1964).

_____ *Les tentations de Jesus au desert* (SN, 4; Paris: de Brouwer, 1968).

_____ *Nouvelles etudes sur les Actes des Apôtres* (LD, 118; Paris: Cerf, 1984).

_____ 'La nouvelle Pentecôte (Ac 2, 1-11)', in *Nouvelles Etudes,* pp. 193-98.

_____ 'Ascension du Christ et don de 1'Esprit d'apres Actes 2,33', in *Nouvelles etudes,* pp. 199-209.

EISLER, R., *The Messiah Jesus and John the Baptist according to Flavius Josephus'*

Recently Rediscovered 'Capture of Jerusalem' and the Other Jewish and Christian Sources (London: Methuen, 1931).

ELLIS, E.E., *The Gospel of Luke* (NCB; London: Oliphants/Marshall, Morgan, & Scott, 1974).

EPSTEIN, I. (ed.). *The Babylonian Talmud* (35 vols.; London: Soncino, 1935-52).

ERVIN, H., *Conversion-Initiation and the Baptism in the Holy Spirit* (Peabody, MA: Hendrickson, 1984).

ESLER, P.P., 'Glossolalia and the Admission of Gentiles into the Early Christian Community', *BTB* 22 (1992). pp. 136-42.

ETHERIDGE, J.W., *The Targums of Onkelos and Jonathan Ben Uzziel on the Pentateuch* (New York: Ktav, 1968).

EWERT, D., *The Holy Spirit in the New Testament* (Kitchener, Ontario: Herald Press, 1983).

FARRIS, S.C., 'On Discerning Semitic Sources in Luke 1-2', em *Gospel Perspectives: Studies of History and Tradition in the Four Gospels* (ed. R.T. France and D. Wenham; Sheffield: JSOT Press, 1981), II. pp. 201-37.

_____ *The Hymns of Luke's Infancy Narratives: Their Origin, Meaning and Significance* (JSNTSup, 9; Sheffield: JSOT Press, 1985).

FEE, G.D., 'Hermeneutics and Historical Precedent—A Major Problem in Pentecostal Hermeneutics', em *Perspectives on the New Pentecostalism* (ed. R.P. Spittler; Grand Rapids: Baker, 1976), pp. 118-132.

_____ 'Baptism in the Holy Spirit: The Issue of Separability and Subsequence', *Pneuma* 7 (1985), pp. 87-99.

_____ *The First Epistle to the Corinthians* (NICNT; Grand Rapids: Eerdmans, 1987).

_____ *Gospel and Spirit: Issues in New Testament Hermeneutics* (Peabody, MA: Hendrickson, 1991).

_____, G.D., and D. Stuart, *Entendes o que lês?* (São Paulo: Vida Nova, 2011).

FITZMYER, J.A., *The Gospel according to Luke* (2 vols.; AB, 28; New York: Doubleday, 1981, 1985).

FLENDER, H., *Saint Luke: Theologian of Redemptive History* (trad. R.H. Fuller e I. Fuller; London: SPCK, 1970).

FLEW, R.N., *Jesus and his Church* (London: Epworth Press, 1960 [1938]).

FLUSSER, D., 'The Dead Sea Scrolls and Pre-Pauline Christianity', em *Aspects of the Dead Sea Scrolls* (ed. C.

Rabin and Y. Yadin; SH, 4; Jerusalem: Magnes, 1967), pp. 215-66.

FOAKES-JACKSON, F.J., e K. Lake (eds.), *The Beginnings of Christianity* (5 vols.; London: Macmillan, 1920-33).

FOERSTER, W., 'Der heilige Geist im Spatjudentum', *NTS* 8 (1961-62), pp. 117-34.

FREEDMAN, H., and M. Simon, *The Midrash Rabbah* (5 vols.; London: Soncino, 1977).

CASQUE, W.W., "The Speeches of Acts: Dibelius Reconsidered', em *New Dimensions in New Testament Study* (ed. R.N. Longenecker and M.C. Tenney; Grand Rapids: Zondervan, 1974), pp. 232-250.

GEORGE, A., 'L'Esprit Saint dans 1'oeuvre de Luc', *RB* 85 (1978), pp. 500-542.

GIBLET, J., 'Baptism in the Spirit in the Acts of the Apostles', *OC* 10 (1974), pp. 162-71.

GILES, K., 'Is Luke an Exponent of "Early Protestantism"? Church Order in the Lukan Writings (Part 1)', *EvQ* 54 (1982), pp. 193-205.

_____' Salvation in Lukan Theology', *RTR* 42 (1983), pp. 10-16, 45-49.

GINSBERGER, M., *Pseudo-Jonathan* (Berlin: Calvary, 1903).

Gloel, J., *Der heilige Geist in der Heilsverkiindigung des Paulus* (Halle: Niemeyer, 1888).

GOLDBERG, A.M., *Untersuchungen iiber die Vorstellung von der Schekhinah in der friihen rabbinischen Literatur* (SJ, 5; Berlin: de Gruyter, 1969).

GOLDIN, J., *The Fathers according to Rabbi Nathan* (YJS, 10; New Haven: Yale University Press, 1955).

GOLDSCHMIDT, L. (ed.), *Der Babylonische Talmud* (8 vols.; Leipzig: Otto Harrassowitz, 1897-1922).

GREEN, M., */ Believe in the Holy Spirit* (Grand Rapids: Eerdmans, 1975).

GRUNDMANN, W., *Das Evangelium nach Lukas* (THKNT, 3; Berlin: Evangelische Verlagsanstalt, 1961).

GUNKEL, H., *Die Wirkungen des heiligen Geistes nach der popularen Anschauung der apostolischen Zeit und nach der Lehre des Apostels Paulus* (Gottingen: Vandenhoeck & Ruprecht, 1888), ET, *The Influence of the Holy Spirit: the Popular View of the Apostolic Age and the Teaching of the Apostle Paul* (trad. R.A. Harrisville and P.A. Quanbeck II; Philadelphia: Fortress Press, 1979).

GUTHRIE, D., *New Testament Theology* (Leicester: Inter-Varsity Press, 1981).

HAACKER, K., 'Etnige FSlle von "erlebter Rede" im Neuen Testament', *NovT* 12 (1970), pp. 70-77.

HAENCHEN, E., 'Schriftzitate und Textiiberlieferung in der Apostelgeschichte', *ZTK* 51 (1954), pp. 153-167.

_____ *The Acts of the Apostles* (trans. B. Noble and G. Shinn; Oxford: Basil Blackwell, 1971).

HAMERTON-KELLY, R.G., 'A Note on Matthew XII.28 Par. Luke XI. 20', *NTS* 11 (1964-1965), pp. 167-169.

HARRINGTON, D.J., 'Pseudo-Philo', in Charlesworth (ed.), *Pseudepigrapha*, II, pp. 297-377.

HARRINGTON, O.J., e A.J. Saldarini, *Targum Jonathan of the Former Prophets* (ArBib, 10; Edinburgh: T. & T. Clark, 1987).

HAYA-PRATS, G., *L'Esprit force de l'tglise: Sa nature et son activite d'apres les Actes des Apotres* (trans. J. Romero; LD, 81; Paris: Cerf, 1975).

HEDRICK, C.W., 'Paul's Conversion/Call: A Comparative Analysis of the Three Reports in Acts', *JBL* 100 (1981), pp. 415-32.

HENGEL, M., *Judaism and Hellenism: Studies in their Encounter in Palestine during the Early Hellensitic Period* (2 vols.; trad. J. Bowden; London: SCM Press, 1974).

_____ *Acts and the History of Earliest Christianity* (trad. J. Bowden; London: SCM Press, 1979).

HILL, D., *Greek Words and Hebrew Meanings: Studies in the Semantics of Soteriological Terms* (SNTSMS, 5; Cambridge: Cambridge University Press, 1967).

_____' The Rejection of Jesus at Nazareth (Lk 4.16-30)'. *NovT* 13 (1971), pp. 161-180.

_____ *New Testament Prophecy* (London: Marshall, Morgan, & Scott. 1979).

_____" The Spirit and the Church's Witness: Observations on Acts 1:6-8', *IBS* 6 (1984), pp.16-26.

HOLM-NIELSEN, S.,*Hodayot: Psalms from Qumran* (AThD, 2; Aarhus: Universitetsforlaget, 1960).

HOIST, R., 'Re-examining Mk 3.28f. and its Parallels', *ZNW* 63 (1972), pp. 122-24.

HOLTZ, T., 'Christliche Interpolationen in "Joseph und Aseneth"', *NTS* 14 (1967-68), pp. 482-97.

_____ *Untersuchungen fiber die alttestamentlichen Zitate bet Lukas* (TU, 104; Berlin: Akademie Verlag, 1968).

HORST, P.W. van der, 'Pseudo-Phocylides', em Charlesworth (ed.), *Pseudepigrapha,* II, pp. 565-582.

HUBBARD, B.J., 'Commissioning Stories in Luke-Acts: A Study of their Antecedents, Form and Content', *Semeia* 8 (1977), pp. 103-126.

HULL, J.H.E., *The Holy Spirit in the Acts of the Apostles* (London: Lutterworth, 1967).

HURST, L.D., 'New Testament Theological Analysis', em *Introducing New Testament Interpretation* (ed. S. McKnight; Grand Rapids: Baker, 1989), pp. 133-61.

HURTADO, L.W., 'Normal, mas não normativo: Evidência Inicial e o Novo Testamento', in McGee (ed.). *Evidência Inicial*. Natal: Editora Carisma, 2019 pp. 241-254.

ISAAC, E., '1 (Ethiopic Apocalypse of) Enoch', em Charlesworth (ed.), *The Old Testament Pseudepigrapha, I*, pp. 5-89.

ISAACS, M., *The Concept of Spirit: A Study of Pneuma in Hellenistic Judaism and its Bearing on the New Testament* (HM, 1; London: Heythrop College, 1976).

JEREMIAS, J., *The Prayers of Jesus* (London: SCM Press, 1967).

_____ *New Testament Theology: The Proclamation of Jesus* (trans. J. Bowden; London: SCM Press, 1971).

_____ *Die Sprache des Lukasevangeliums: Redaktion und Tradition im Nicht-Markusstoff des dritten Evangeliums* (KEKNT, Sonderband; Gottingen: Vandenhoeck & Ruprecht, 1980).

JERVELL, J., *The Unknown Paul: Essays on Luke-Acts and Early Christian History* (Minneapolis: Augsburg, 1984).

JOHNS, D. A., 'Novas diretrizes hermenêuticas na doutrina da evidência inicial do pentecostalismo clássico, in McGee (ed.), *Evidência Inicial*. Natal: Editora Carisma, 2019, pp. 193-218.

JIINGST, J., *Die Quelle der Apostelgeschichte* (Gotha: Friedrich Andreas Perthes, 1895).

KAISER, C.B., 'The "Rebaptism" of the Ephesian Twelve: Exegetical Study on Acts 19:1-7', *RefR* 31 (1977-78), pp. 57-61.

KIISEMANN, E., 'Die Johannesjiinger in Ephesus', in *Exegetische Versuche und Besinnungen* (Gottingen: Vandenhoeck & Ruprecht, 6th edn, 1970), I, ET, 'The Disciples of John the Baptist in Ephesus', em *Essays on New Testament Themes* (SBT, 41; London: SCM Press, 1964).

KECK, L.E., 'The Spirit and the Dove', *NTS* 17 (1970), pp. 41-68.

KLEIN, M.L., *The Fragment-Targums of the Pentateuch according to their Extant Sources* (2 vols.; AnBib, 76; Rome: Biblical Institute Press, 1980).

KNIBB, M.A., 'Martyrdom and Ascension of Isaiah', in Charlesworth (ed.), *Pseudepigrapha*, II, pp. 143-76.

_____ *The Qumran Community* (Cambridge: Cambridge University Press, 1987).

KNOX, W.L., *The Acts of the Apostles* (Cambridge: Cambridge University Press, 1948).

KOCH, D.-A., 'Geistbesitz, Geistverleihung und Wundermacht: ErwSgungen zur Tradition und zur lukanischen Redaktion in Act 8.5-25', *ZNW* 77 (1986), pp. 64-82.

KREMER, J., *Pfingstbericht und Pfingstgeschehen: Eine exegetische Untersuchung zur Apg 2,1-13* (SBS, 63-64; Stuttgart: KBW, 1973).

KUHN, H.W., *Enderwartung und gegenwtirtiges Heil: Untersuchungen zit den Gemeindeliedern von Qumran* (SUNT. 4; Gottingen: Vandenhoeck & Ruprecht, 1966).

KUHN, K.G., im Neuen Testament und die damit zusammenhangenden Vorstellungen', *ZTK* 49 (19S2), pp. 200-222.

_____ *Konkordanz zu den Qumrantexten* (Gottingen: Vandenhoeck & Ruprecht, 1960).

LAMPE, G.W.H., *The Seal of the Spirit* (London: Longmans, Green & Co., 1951).

_____ The Holy Spirit in the Writings of St Luke', in *Studies in the Gospels* (ed. D.E. Nineham; Oxford: Basil Blackwell, 1957), pp. 159-200.

_____ *God as Spirit: The Bampton Lectures, 1976* (Oxford: Clarendon Press, 1977).

LA POTTERIE, I de, 'L'onction du Christ: Etude de thdologie biblique', *NRT* 80 (1958), pp. 225-52.

LAURENTIN, A., 'Le pneuma dans la doctrine de Philon', *ETL* 27 (1951), pp. 390-437.

LAURENTIN, R., *Les evangiles de l'enfance du Christ: Verite de noel au-deih des mythes* (Paris: Desclee, 1982).

LE DÉAUT, R., 'Pentecost and Jewish Tradition', *DL* 20 (1970), pp. 250-267.

LEGRAND, L., 'L'arriere-plan neotestamentaire de Lc. 1,35', *RB* 70 (1963), pp. 161-92.

LEISEGANG, H., *Der heilige Geist: Das Wesen und Werden der mystich-intuitiven Erkenntnis in der Philosophie und Religion der Griechen* (Leipzig: B.G. Teubner, 1919).

_____ *Pneuma Hagion: Der Ursprung des Geistbegriffs der synoptischen Evangelien aus der griechischen Mystik* (Leipzig: J.C. Hinrichs, 1922).

LENTZEN-DEIS, F., *Die Taufe Jesu nach den Synoptikem: Literarkritische und gattungsgeschichtliche Untersuchungen* (Frankfurt am Main: Josef Knecht, 1970).

LEVEY, S.H., *The Targum of Ezekiel* (ArBib, 13; Edinburgh: T. & T. Clark, 1987).

LIEBERMANN, S., *Midrash Debarim Rabbah: Edited for the First Time from the Oxford ms., n. 147 with an Introduction and Notes* (Jerusalem: Bamberger & Wahrmann, 1940).

LINCOLN, A.T., 'Theology and History in the Interpretation of Luke's Pentecost', *ExpTim* 96 (1984-85), pp. 204-209.

LINDARS, B., *New Testament Apologetic* (London: SCM Press, 1961).

LOHFINK, G., *The Conversion of St. Paul: Narrative and History in Acts* (trad. B.J. Malina; Chicago: Franciscan Herald Press, 1976).

LOHMEYER. E., *Das Evangelium des Markus* (Gottingen: Vandenhoeck & Ruprecht, 1959).

LOHSE, E., 'Lukas als Theologe der Heilsgeschichte', in *Die Einheit des Neuen Testament* (Gottingen: Vandenhoeck & Ruprecht, 1973), pp. 145-64.

_____ 'πεντηκοστή' *TDNT,* VI, pp. 44-53.

_____' Die Bedeutung des Pfingstberichtes im Rahmen des lukanischen Geschichtswerkes', in *Die Einheit des Neuen Testament* (Gdttingen: Vandenhoeck & Ruprecht, 1973), pp. 178-92.

_____ (ed.), *Die Texte aus Qumran: Hebräisch und deutsch* (Munich: Kosel, 1971).

LONGENECKER, R., *Paul: Apostle of Liberty* New York: Harper & Row, 1964).

LÖNIG, K., *Die Saulustradition in der Apostelgeschichte* (NTA NS, 9; Miinster: Aschendorff, 1973).

LÜDEMANN, G., *Das frühe Christentum nach den Traditionen der Apostelgeschichte* (Gdttingen: Vandenhoeck & Ruprecht, 1987).

MACCHIA, F.D., 'The Question of Tongues as Initial Evidence: A Review of *Initial Evidence,* edited by Gary B. McGee', *JPT 2* (1993), pp. 117-127.

MADDOX, R., *The Purpose of Luke-Acts* (FRLANT, 126; Gdttingen: Vandenhoeck & Ruprecht, 1982).

MANDELBAUM, B., *Pesikta de Rab Kahana* (New York: The Jewish Theological Seminary of America, 1962).

MANNS, F., *Le symbole eau-esprit dans le juda'isme ancien* (SBF, 19; Jerusalem: Franciscan Printing Press, 1983).

MANSON, T.W., *The Sayings of Jesus* (London: SCM Press, 2nd edn, 1949).

_____ *The Teaching of Jesus* (Cambridge: Cambridge University Press, 1952).

MARGULIES, M., *Midrash Haggadol on the Pentateuch, Genesis* (Jerusalem: Mossad Harev Kook, 1947).

MARMORSTEIN, A., *Studies in Jewish Theology* (ed. J. Rabbinowitz and M.S. Lew; London: Oxford University Press, 1950).

MARSHALL, I.H., 'Hard Sayings: VII. Lk 12.10', *Theology* 67 (1964), pp. 65-67.

_____ *Fundamentos da Narrativa Teológica de São Lucas* (Natal: Editora Carisma, 2019).

_____ The Meaning of the Verb "to Baptize"', *EvQ* 45 (1973), pp. 130-40.

_____ *The Origins of New Testament Christology* (Leicester: Inter-Varsity Press, 1976).

_____' The Significance of Pentecost', *SJT* 30 (1977), pp. 347-69.

_____ *The Gospel of Luke: A Commentary on the Greek Text* (NIGTC; Grand Rapids: Eerdmans, 1978).

_____ *The Acts of the Apostles: An Introduction and Commenatry* (TNTC, 5; Leicester: Inter-Varsity Press, 1980).

_____' Luke and his "Gospel", *in Das Evangelium und die Evangelien* (ed. P. Stuhlmacher; WUNT, 28; Tubingen: J.C.B. Mohr, 1983), pp. 289-308.

_____'An Evangelical Approach to "Theological Criticism"', *Themelios* 13 (1988), pp. 79-85.

MCGEE, G. (ed.), *Evidência Inicial: perspectivas históricas e bíblica sobre a doutrina pentecostal do batismo no Espírito*. Natal: Editora Carisma, 2019.

MCNAMARA, M., *Palestinian Judaism and the New Testament* (GNS, 4; Wilmington, DE: John Carroll University Press, 1983).

MENZIES, Robert P., 'Spirit and Power in Luke-Acts: A Response to Max Turner', *JSNT* 49 (1993), pp. 11-20.

_____' James Shelton's *Mighty in Word and Deed:* A Review Article', *JPT 2* (1993), pp. 105-15.

_____' Luke and the Spirit: A Reply to James Dunn', JPT 4 (1994), pp. 115-138.

METZGER, B., *A Textual Commentary on the Greek New Testament* (London: United Bible Societies, 2ª edição, 1975).

_____' The Fourth Book of Ezra', in Charlesworth (ed.), *Pseudepigrapha,* I, pp. 517-59.

MICHAELS, J. Ramsey, 'Evidências do Espírito ou o Espírito como evidência? Algumas reflexões não pentecostais, *in* McGee (ed.). *Evidência Inicial*. Natal: Editora Carisma, 2019, pp. 255-272.

MINEAR, P.S., 'Luke's Use of the Birth Stories', in *Studies in Luke-Acts*(ed. L.E. Keck e J.L. Martyn; London: SPCK, 3rd edn, 1978), pp. 111-130.

_____*To Heal and to Reveal: The Prophetic Vocation According to Luke* (New York: Seabury, 1976).

MONTAGUE, G.T., *The Holy Spirit: Growth of a Biblical Tradition* (New York: Paulist Press, 1976).

MOORE, C.A., *Daniel, Esther, and Jeremiah: The Additions* (AB, 44; New York: Doubleday, 2nd edn, 1978).

MORGENTHALER, R., *Die lukanische Geschichtsschreibung als Zeugnis: Gestalt und Gehalt der Kunst des Lukas* (2 vols.; ATANT, 15; Zurich: Zwingli-Verlag, 1949).

MORRICE, W.G., *Joy in the New Testament* (Exeter: Paternoster Press, 1984).

MORRIS, L., *The New Testament and Jewish Lectionaries* (London: Tyndale Press, 1964).

MQLLER, D., 'Geisterfahrung und Totenauferweckung: Untersuchung zur Totenauferweckung bei Paulus und in den ihm vorgegebenen Oberlieferungen' (unpublished

PhD dissertation, Christian-Albrecht-UniversitMt zu Kiel, 1980).

MULLINS, T.Y., 'New Testament Commission Forms, Especially in Luke-Acts', *JBL* 95 (1976), pp. 603-614.

MUNCK, J., *Paul and the Salvation of Mankind* (Atlanta: John Knox, 1959).

MUSSNER, F., "In den letzen Tagen (Apg 2,17a)', *BZ* 5 (1965), pp. 263-265.

NEUSNER, J., 'The Teaching of the Rabbis: Approaches Old and New', *JJS* 27 (1976), pp. 23-35.

_____ *The Tosefta: Translated from the Hebrew* (6 vols.; New York: Ktav, 1977-86).

NICKELSBURG, G.W.E., *Jewish Literature between the Bible and the Mishnah: A Historical and Literary Introduction* (London: SCM Press, 1981).

NOACK, B., The Day of Pentecost in Jubilees, Qumran, and Acts', *AST!* 1 (1962), pp. 73-95.

NOTSCHER, F., 'Heiligkeit in den Qumranschriften', *RevQ* 2 (1960), pp. 315-44.

OLIVER, H.H., 'The Lucan Birth Stories and the Purpose of Lk-Acts', *NTS* 10 (1964), pp. 202-26.

O'NEILL, J.C., *The Theology of Acts in its Historical Setting* (London: SPCK, 2ª edição, 1970).

O'REILLY, L., *Word and Sign in the Acts of the Apostles: A Study in Lucan Theology* (AnGreg, 243; Rome: Editrice Pontificia Universita Gregoriana, 1987).

O'TOOLE, R.F., 'Acts 2:30 and the Davidic Covenant of Pentecost', *JBL* 102 (1983), pp. 245-258.

OTZEN. B., 'ir', *ThWAT, 111,* pp. 830-839.

PARRATT, J.K., 'The Rebaptism of the Ephesian Disciples', *ExpTim* 79 (1967-68), pp. 182-83.

PEARSON, B.A., *The Pneumatikos-Psychikos Terminology in I Corinthians: A Study in the Theology of the Corinthian Opponents of Paul and its Relation to Gnosticism* (SBLDS, 12; Missoula, MT: SBL, 1973).

PEREIRA, F., *Ephesus: Climax of Universalism in Luke-Acts. A Redaction-Critical Study of Paul's Ephesian Ministry (Acts 18.23-20.1)* (JTF, 10.1; Anand, India: Gujarat Sahitya Prakash, 1983).

PERROT, C., 'Luc 4, 16-30 et la lecture biblique de l'ancienne Synagogue', *RSR* 47 (1973), pp. 324-40.

PCSCH, R., *Die Apostelgeschichte (2* vols.; EKKNT; Zurich: Benzinger Verlag, 1986).

PFLEIDERER, O., *Paulinism: A Contribution to the History of Primitive Christian Theology* (trad. E. Peters; 2 vols.; London: Williams & Norgate, 1877).

_____ *Das Urchristenthum: Seine Schriften und Lehren in geschichtlichem Zusammenhang* (Berlin: Georg Reimer, 1887).

POTIN, J., *La fete juive de la Pentecote* (LD, 65; Paris: Cerf, 1971).

RAHLFS, A. (ed.), *Septuaginta* (Stuttgart: Deutsche Bibclgesellschaft, 2nd edn, 1979).

REICKE, B., 'Jesus in Nazareth—Lk 4,14-30', in *Das Wort und die Wdrter* (FS for Gerhard Friedrich; ed. H. Balz and S. Schulz; Stuttgart: W. Kohlhammer, 1973), pp. 47-55.

RENGSTORF, K.H., *Das Evangelium nach Lukas* (NTD, 3; Gottingen: Vandenhoeck & Ruprecht, 1937).

_____, '*TDNT,* IV, pp. 390-461.

RESE, M., *Alttestamentliche Motive in der Christologie des Lukas* (SNT, 1; Giitersloh: Gutersloher Veriagshaus, 1969).

ROBINSON, W.C., *Der Weg des Herrn* (trad. G. Strecker and G. Strecker; WBKEL, 36; Hamburg: Herbert Reich Evangelischer Verlag, 1964).

RODD, C.S., 'Spirit or Finger', *ExpTim* 72 (1960-61), pp. 157-158.

ROEBECK, C.M., 'The Gift of Prophecy in Acts and Paul, Part I'. *StBT* 5 (1975), pp. 15-38.

ROLOFF, J., *Die Apostelgeschichte* (NTD; Gottingen: Vandenhoeck& Ruprecht, 1981).

RUNIA, D.T., *Philo of Alexandria and the Timaeus of Plato* (PA. 44; Leiden: Brill, 1986).

RUSSELL, D.S., *The Method and Message of Jewish Apocalyptic* (London: SCM Press, 1964).

RUSSELL, E.A., "They Believed Philip Preaching" (Acts 8.12)', *IBS* 1 (1979), pp. 169-176.

RYLAARSDAM, J.C., *Revelation in Jewish Literature* (Chicago: The University of Chicago Press. 1946).

_____ ' Feast of Weeks'. *IDB,* IV, pp. 827-828.

SANDMEL, S., 'Parallelomania', *JBL* 81 (1962), pp. 1-13.

SAUVAGANT, B., 'Se repentir, etre baptise", recevoir l'Esprit, Actes 2,37 ss.', *FV* 80 (1981), pp.77-89.

SCHÄFER, P., 'Die Termini "Heiliger Geist" und "Geist der Prophetic" in den Targumim und das Verhaltnis der Targumim zueinander', VT 20 (1970), pp. 304-314

_____ *Vorstellung vom heiligen Geist in der rabbinischen Literatur* (SANT, 28;

Munich: Kosel-Verlag, 1972).

SCHLIER, H., 'Zu Rom l,3f', in *Neues Testament und Geschichte: Historisches Geschehen und Deutung im Neuen Testament* (FS for O. Cullmann; ed. H. Baltensweiler and B. Reicke; Tubingen: J.C.B. Mohr. 1972), pp. 207-18.

SCHNAOEL, E J., *Law and Wisdom from Ben Sira to Paul: A Tradition Historical Enquiry into the Relation of Law, Wisdom, and Ethics* (WUNT, 2.16; Tubingen: J.C.B. Mohr, 1985).

SCHNEIDER, G., 'Jesu geistgewirkte Empfängnis (Lk l,34ff), *TPQ* 119 (1971), pp. 105-116.

_____ *Die Apostelgeschichte (2* vols.; HTKNT, 5; Freiburg: Herder, 1980, 1982).

_____ Die Bitte um das Kotnmen des Geistes im lukanischen Vaterunser (Lk 11.2 v.l)', em *Studien turn Text und zur Ethik des Neuen Testaments: Festschrift zum 80. Geburtstag von Heinrich Greeven* (ed. W. Schrage; Berlin: de Gruyter, 1986), pp. 344-73.

SCHRAMM, T., *Der Markus-Stoff bei Lukas: Eine Literarkritische und Redaktionsgeschichtliche Untersuchung* (SNTSMS, 14; Cambridge: Cambridge University Press, 1971).

SCHILRER. E., *The History of the Jewish People in the Age of Jesus Christ* (rev. e ed. G. Vermes, F. Millar and M. Black; 3 vols.; Edinburgh: T. & T. Clark, 1973-86).

SCHTIRMANN, H., 'Der "Bericht vom Anfang": Ein Rekonstruktionsversuch auf Grand von Lk 4,14-16', in *Traditionsgeschichtliche Untersuchungen zu den synoptischen Evangelien* (Dusseldorf: Patmos, 1968), pp. 69-80.

_____ *Das Lukasevangelium, 1. Teil: Kommentar zu Kap. 1,1-9,50* (HTKNT, 3; Freiburg: Herder, 1969).

_____ ' Zur Traditionsgeschichte der Nazareth-Perikope Lk 4,16-30', em *Melanges Bibliques* (ed. A. De"scamps and A. de Halleux; Gembloux: Duculot, 1970), pp. 187-205.

_____ ' Die geistgewirkte Lebensentstehung Jesu', in *Einheit in Vielfalt*(FS for Hugo Aufderbeck; ed. W. Ernst and K. Feiereis; Leipzig: St Benno, 1974), pp. 156-69.

SCHWEIZER, E., ' The Spirit of Power: The Uniformity and Diversity of the Concept of the Holy Spirit in the New Testament' (trans. J. Bright and E. Debor), *Int* 6 (1952), pp. 259-78.

_____'πνεῦμα', *TDNT,* VI, pp. 389-455.

_____'Die Bekehrung des Apollos, Apg 18,24-26', em *Beitrdge zur Theologie des Neuen Testaments: Neutestamentliche Aufsdtze (1955-1970)* (Ziirich: Zwingli Verlag, 1970), pp. 71-79.

SCROGGS, R., 'Paul: ΣΟΦΟΣ and ΠΝΕΥΜΑΤΙΚΟΣ, *NTS* 14 (1967), pp. 33-55.

SECCOMBE, D.P., 'Luke and Isaiah', *NTS* 27 (1981), pp. 252-59.

SHELTON, J.B., *Poderoso em palavras e obras: O papel do Espírito Santo em Lucas-Atos* (Natal: Editora Carisma, 2018).

SLOAN, R.B., *The Favorable Year of the Lord: A Study of Jubilary Theology in the Gospel of Luke* (Austin, TX: Schola Press, 1977).

SMALLEY, S.S., 'Redaction Criticism', in *New Testament Interpretation: Essays on Principles and Methods* (ed. I.H. Marshall; Grand Rapids: Eerdmans, 1977), pp. 181-95.

SPERBER, A., *The Bible in Aramaic* (4 vols.; Leiden: Brill, 1959-68).

SPITTA, F., *Die Apostelgeschichte: Ihre Quellen und deren geschichtlicher Wert* (Halle: Waisenhaus, 1891).

SPITTLER, R.P., 'Testament of Job', in Charlesworth (ed.), *Pseudepigrapha,* I,pp. 829-68.

STAHLIN, G., Die Apostelgeschichte (NTD, 5; Gottingen: Vandenhoeck & Ruprecht, 1970).

STEMBERGER, G., *Der Leib der Auferstehung: Studien zur Anthropologie und Eschatologie des palästinischen Judentums im neutestamentlichen Zeitalter (ca. 170 v. Chr.-lOO n. Chr.)* (AnBib, 56; Rome: Biblical Institute Press, 1972).

STENNING, J.F., *The Targum of Isaiah* (repr.; Oxford: Clarendon Press, 1953 [1949]).

STRACK, H.L., *Introduction to the Talmud and Midrash* (Philadelphia: Jewish Publication Society of America, 1931).

STRACK, H.L., and P. Bilierbeck, *Kommentar zum Neuen Testament aus Talmud und Midrasch* (4 vols.; Munich: Beckshe, 1922-28).

STREETER, B.H., *The Four Gospels: A Study in Origins* (London: Macmillan, 1924).

STRONSTAD, R., *A Teologia Carismática de Lucas* (Rio de Janeiro: CPAD, 2018).

TACHAU, P., 'Die Pfingstgeschichte nach Lukas: Exegetische Oberlegungen zu Apg. 2,1-13', *EE* 29 (1977), pp. 86-102.

TAEGER, J.W., *Der Mensch und sein Heil: Studien zum Bild des Menschen und zur Sicht der Bekehrung bei Lukas* (SNT, 14; GUtersloh: GUtersloher Verlagshaus, 1982).

TALBERT, C.H., *Literary Patterns, Theological Themes, and the Genre of Luke-Acts* (SBLMS, 20; Missoula, MT: SBL and Scholars Press. 1974).

_____'Shifting Sands: The Recent Study of the Gospel of Luke', em *Interpreting the Gospels* (ed. J.L. Mays; Philadelphia: Fortress Press, 1981), pp. 197-213.

TALMON, S., "The Calendar Reckoning of the Sect from the Judaean Desert', in *Aspects of the Dead Sea Scrolls* (ed. C. Rabin and Y. Yadin; SH, 4; Jerusalem: Magnes, 1967), pp. 162-99.

TANNEHILL, R.C., *The Narrative Unity of Luke-Acts: A Literary Interpretation.* I. *The Gospel according to Luke* (Philadelphia: Fortress Press, 1986).

TATUM, W.B., 'The Epoch of Israel: Luke MI and the Theological Plan of Luke-Acts', *NTS* 13 (1966-67), pp. 184-195.

TAYLOR, V. *The Passion Narrative of St Luke: A Critical and Historical Investigation* (SNTSMS, 19; Cambridge: Cambridge University Press, 1972).

THACKERAY, H.J., and R. Marcus (eds.), *Josephus with an English Translation* (9 vols.; LCL; London: W. Heinemann, 1926-65).

TIEDE, D.L., *Prophecy and History in Luke-Acts* (Philadelphia: Fortress Press, 1980).

_____ ' The Exaltation of Jesus and the Restoration of Israel in Acts 1', *HTR* 79 (1986), pp. 278-286.

TREVES, M., "The Two Spirits of the Rule of the Community', *RevQ* 3 (1961), pp. 449-452.

TRITES, A.A., *The New Testament Concept of Witness* (SNTSMS, 31; Cambridge: Cambridge University Press, 1977).

TUCKETT, C., 'Luke 4,16-30, Isaiah and Q', in *Logia: Les paroles de Jesus—The Sayings of Jesus* (ed. J. Delobel; BETL, 59; Leuven: Leuven University Press, 1982), pp. 343-54.

TURNER, Max, 'The Significance of Spirit Endowment for Paul', *VE* 9 (1975), pp. 56-69.

_____ 'Luke and the Spirit: Studies in the Significance of Receiving the Spirit in Luke-Acts', unpublished Ph.D. dissertation; University of Cambridge, 1980.

_____ 'Spirit Endowment in Luke-Acts: Some Linguistic Considerations', *VE* 12 (1981), pp. 45-63.

_____ 'Jesus and the Spirit in Lucan Perspective', *TynBul* 32 (1981), pp. 3-42.

_____ ' The Spirit of Christ and Christology', em *Christ the Lord* (ed. H.H. Rowdon; Leicester: Inter-Varsity Press, 1982), pp. 168-190.

_____ 'Spiritual Gifts then and now', *VE* 15 (1985), pp. 7-64.

_____ The Spirit and the Power of Jesus' Miracles in the Lukan Conception', *NovT* 33 (1991), pp. 124-52.

_____ " The Spirit of Prophecy and the Power of Authoritative Preaching in Luke-Acts: A Question of Origins', *NTS* 38 (1992), pp. 66-88.

VAUX, R. de. *Ancient Israel: Its Life and Institutions* (trans. J. McHugh; London: Darton, Longman, & Todd, 1961).

Verbeke, G., *L'evolution de la doctrine du Pneuma du Stoicisme a S. Augustin* (Paris: Desclée de Brouwer, 1945).

VERMES, G., *Scripture and Tradition in Judaism: Haggadic Studies* (SPB, 4; Leiden: Brill. 2ª ed., 1973).

_____ *Jesus the Jew: A Historian's Reading of the Gospels* (London: Collins, 1973).

_____ 'Jewish Studies and New Testament Interpretation', *JJS* 31 (1980), pp. 1-17.

_____ *The Dead Sea Scrolls in English* (Sheffield: JSOT Press, 3rd edn, 1987).

VIOLET, B., *Die Esra-Apokalypse (IV. Esra)* (GCS. 18; Leipzig: Hinrichs, 1910).

VOS, J.S., *Traditionsgeschichtliche Untersuchungen zur paulinischen Pneumatologie* (Assen: Van Gorcum. 1973).

WEISER, A., *Die Apostelgeschichte* (2 vols.; OTKNT, 5; Giitersioh: Gutersloher Verlagshaus. 1981).

WEISS, B., *Lehrbuch der biblischen Theologie des Neuen Testaments* (Berlin: Hertz, 2ª ed., 1873).

WENDT, H.H., *Die Begriffe Fleisch und Geist im biblischen Sprachgebrauch* (Gotha, 1878).

_____ *Die Apostelgeschichte* (KEKNT, 3; GOttingen: Vandenhoeck & Ruprecht, 1913).

WERNBERG-MOLLER, P., 'A Reconsideration of the Two Spirits in the Rule of the Community', *RevQ* 3 (1961), pp. 413-441.

WILCKENs, U., *Die Missionsreden der Apostelgeschichte: Form- und traditionsgeschichtliche Untersuchungen* (WMANT, 5; Neukirchen-Vluyn: Neukirchener Verlag, 3ª ed., 1974).

WINTERMUTE, O.S., 'Jubilees', in Charlesworth (ed.), *Pseudepigrapha,* II, pp. 35-142.

WOLFF, H.W., *Joel and Amos* (ET; Herm; Philadelphia: Fortress Press, 1977).

WOLFSON, A., *Philo* (2 vols.; Cambridge, MA: Harvard University Press, 1948).

WORRELL, J.E.. 'Concepts of Wisdom in the Dead Sea Scrolls' (unpublished PhD dissertation, Claremont Graduate School, 1968).

WRIGHT, R.B., 'Psalms of Solomon', in Charlesworth (ed.), *Pseudepigrapha,* II, pp. 639-670.

YADIN, Y., *The Temple Scroll: The Hidden Law of the Dead Sea Sect* (London: Weidenfeld & Nicolson, 1985).

YATES, J.E., 'Luke's Pneumatology and Luke 11.20', in *Studio Evangelica.* II. *Papers Presented to the Second International Congress on New Testament Studies* (ed. F.L. Cross; TU, 87; Berlin: Akademie Verlag, 1964), pp. 295-99.

ZIEGLER, J. (ed.), *Duodecim prophetae: Septuaginta Vetus Testamentum Graecum* (Gottingen: Vandenhoeck & Ruprecht, 1967), XIII.

ZUCKERMANDEL, M.S., *Tosefta unter Zugrundelegung der Erfurter und Wiener Handschriften* (Trier: Fr. Lintz'schen Buchhandlung, 1882).

ABREVIATURAS

AB	Anchor Bible	DL	Doctrine and Life
AnBib	Analecta Biblica	EE	Der Evangelische Erzieher
AnGreg	Analecta Gregoriana	EHPR	Etudes d'Histoire et de Philosophie Religieuses
ArBib	The Aramaic Bible		
ASTI	Annual of the Swedish Theological Institute	EKKNT	Evangelisch-Katholischer Kommentar zum Neuen Testament
ATANT	Abhandlungen zur Theologie des Alten und Neuen Testaments	EvQ	The Evangelical Quarterly
		ETL	Ephemerides Theologicae Lovanienses
AThD	Acta Theologica Danica	Exp Tim	Expository Times
BETL	Bibliotheca Ephemeridum Theologicamm Lovaniensium	FRLANT	Forschungen zur Religion und Literatur des Alten und Neuen Testaments
BibLeb	Bibel und Leben	Fv	Foi et Vie
BTB	Biblical Theology Bulletin	GCS	Die griechischen christlichen Schriftsteller der ersten drei Jahrhunderte
BTS	Biblisch-Theologische Studien		
BZ	Biblische Zeitschrif		
CGTC	Cambridge Greek Testament Commentary	GNS	Good News Studies
		HM	Heythrop Monographs

HNT	Handbuch zum Neuen Testament	NICNT	The New International Commentary on the New Testament
HTKNT	Herders Theologischer Kommentar zum Neuen Testament	NICOT	The New International Commentary on the Old Testament
HTR	*Harvard Theological Review*	NIGTC	The New International Greek Testament Commentary
IBS	*Irish Biblical Studies*		
IDB	*The Interpreter's Dictionary of the Bible*	*NovT*	*Novum Testamentum*
Int	*Interpretation*	*NRT*	*Nouvelle Revue Theologique*
JBL	*Journal of Biblical Literature*	NTA	Neutestamentliche Abhandlungen
JJS	*Journal of Jewish Studies*		
JPT	*Journal of Pentecostal Theology*	NTD	Das Neue Testament Deutsch
JSNT	*Journul for the Study of the NW Testament*	*NTS*	*New Testament Studies*
		OC	One in Christ
JSNTSup	Journal for the Study of the New Testament Supplement Series	OTKNT	Ökumenischer Taschenbuchkommentar zum Neuen Testament
JSOT	*Journal for the Study of the Old Testament*	PA	Philosophia Antiqua
		PGM	Papyri Graecae Magicae
JSS	*Journal of Semitic Studies*	PTh	Le Point Theologique
JTF	*Jesuit Theological Forum*	PVTG	Pseudepigrapha Veteris Testamenti Graece
JTS	*Journal of Theological Studies*		
KEKNT	Kritisch-exegetischer Kommentar tiber das Neue Testament	RB	*Revue Biblique*
		RefR	*The Reformed Review*
		RevQ	*Revue de Qumran*
LCL	Loeb Classical Library	RSR	*Revue des Sciences Religieuses*
LD	*Lectio Divina*		
NCB	New Century Bible	*RTR*	*Reformed Theological Review*

SANT	Studien zum Alten und Neuen Testament	THKNT	Theologischer Handkornmentar zum Neuen Testament
SBF	Studium Biblicum Franciscanum	ThWAT	G.J. Botterweck and H. Ringgren (eds.), *Theologisches Wiirterbuch zum Alten Testament*
SBL	Society of Biblical Literature		
SBLDS	Society of Biblical Literature Dissertation Series	TNTC	Tyndale New Testament Commentaries
		TPQ	*Theologisch-praktische Quartalschrift*
SBLMS	Society of Biblical Literature Monograph Series	TU	Texte und Untersuchungen zur Geschichte der altchristlichen Literatur
SBS	Stuttgarter Bibelstudien		
SBT	Studies in Biblical Theology	*TynBul*	*Tyndale Bulletin*
		VE	*VOX Evangelica*
SH	Scripta Hierosolymitana	*VT*	*Vetus Testamentum*
SJ	Studia Judaica	WBKEL	Wissenschaftliche Beitrage zur kirchlich-evangelischen Lehre
SJT	*Scottish Journal of Theology*		
SN	*Studia Neotestamentica*	WMANT	Wissenschaftliche Monographien zum Alten und Neuen Testament
SNT	Studien zum Neuen Testament		
SNTSMS	Society for New Testament Studies Monograph Series	WUNT	Wissenschaftliche Untersuchungen zum Neuen Testament
		YJS	Yale Judaica Series
StBT	*Studia Biblica et Theologica*	ZNW	Zeitschriftfir die neutestamentliche Wissenschaft
SUNT	Studien zur Umwelt des Neuen Testaments		
		ZTK	Zeitschriffir Theologie und Kirche
TDNT	G. Kittel, G. Friedrich (eds.), *Theological Dictionary of the New Testament*		

carisma
EDITORA